华东政法大学课程和教材建设委员会

主　任：叶　青
副主任：曹文泽　顾功耘　刘晓红　林燕萍　唐　波
委　员：刘宪权　吴　弘　刘宁元　程金华　杨正鸣
　　　　余素青　范玉吉　张明军　何　敏　易益典
　　　　杨忠孝　丁绍宽　王　戎　孙黎明　何益忠
　　　　金其荣　贺小勇　徐永康
秘书长：唐　波（兼）

高等院校经济学管理学系列教材

国际经济学（第二版）

International Economics (2nd Edition)

唐晓云　贾彩彦◎主　编
晏玲菊　刘　杨　吴　航◎副主编

北京大学出版社
PEKING UNIVERSITY PRESS

图书在版编目(CIP)数据

国际经济学/唐晓云,贾彩彦主编. —2版. —北京:北京大学出版社,2016.3
(高等院校经济学管理学系列教材)
ISBN 978 - 7 - 301 - 26907 - 7

Ⅰ. ①国… Ⅱ. ①唐… ②贾… Ⅲ. ①国际经济学—高等学校—教材 Ⅳ. ①F11 - 0

中国版本图书馆 CIP 数据核字(2016)第 022105 号

书　　名	国际经济学(第二版) Guoji Jingjixue
著作责任者	唐晓云　贾彩彦　主编
责 任 编 辑	杨丽明
标 准 书 号	ISBN 978 - 7 - 301 - 26907 - 7
出 版 发 行	北京大学出版社
地　　　址	北京市海淀区成府路 205 号　100871
网　　　址	http://www.pup.cn
电 子 信 箱	sdyy_2005@126.com
新 浪 微 博	@北京大学出版社
电　　　话	邮购部 62752015　发行部 62750672　编辑部 021 - 62071998
印 　刷 　者	三河市北燕印装有限公司
经 　销 　者	新华书店
	730 毫米×980 毫米　16 开本　21.75 印张　390 千字 2007 年 8 月第 1 版 2016 年 3 月第 2 版　2016 年 3 月第 1 次印刷
定　　　价	48.00 元

未经许可,不得以任何方式复制或抄袭本书之部分或全部内容。
版权所有,侵权必究
举报电话: 010 - 62752024　电子信箱: fd@pup.pku.edu.cn
图书如有印装质量问题,请与出版部联系,电话: 010 - 62756370

前　　言

当今,经济全球化的步伐不断加速,国家之间的经济联系更为密切,社会对国际经济问题的关注和兴趣也在不断增加。国际经济学是经济学科中一个新兴的领域,不仅包括重要的基本原理,而且随着实践的发展,理论也不断得到拓展。因此,编写一本从形式到内容都有新意的国际经济学教材是一个有意义的事。

本书在内容选择上,体现了三个基本原则:(1)内容主流,注重更新。在借鉴国内外同类教材经验的基础上,全面系统介绍了国际经济学的基本理论、研究方法及其应用,同时注重反映相关领域的新的研究动向与发展,以及新的经济实践活动。(2)强调开放性。在积极借鉴国外先进、有价值的理论和实践成果的同时,充分吸收和总结我国国际经济和贸易研究和实践中的新成果,力求从全球化的高度把握现代经济学科的最新成就和特点,比如我国快速发展的海外直接投资活动。(3)突出讨论教学。案例分析是启发式和互动式教学的需要,本书每章都设有专栏资料以供讨论学习,有助于理论和实践分析的统一。

本书在结构安排上也独具特色,一方面,考虑到国际经济学的学习必须建立在宏微观经济学知识基础之上,开篇对相关的知识作了预备介绍;另一方面,由于国家之间的相互贸易、货币交换和跨国投资构成了当今全球性经济往来的主要内容,因此本书章节也以此为基础,结构清晰合理。

本书主要用于高校经济、管理专业本科教学,也可以作为从事经济、管理理论研究和实际工作的参考用书。

本书分工如下:

唐晓云:第1、13、14、15、16章;

晏玲菊:第2、3、4、5章;

贾彩彦:第6、7、10章;

刘　杨:第8、9、11、12章;

吴　航:第17、18、19、20章。

目 录

第1章 导论 … (1)
　1.1 国际经济学与现实生活 … (1)
　1.2 国际经济学的对象和方法 … (6)
　1.3 本书的内容和结构安排 … (8)

第2章 比较成本与国际贸易的微观基础 … (10)
　2.1 国际贸易理论的基本分析工具 … (10)
　2.2 国际贸易理论基础 … (19)
　2.3 比较成本理论 … (26)
　2.4 对比较成本理论的评价 … (34)
　本章小结 … (37)
　关键词 … (37)
　讨论与思考练习 … (37)

第3章 要素禀赋与国际贸易 … (39)
　3.1 要素禀赋理论模型 … (39)
　3.2 要素禀赋状况与贸易模式 … (42)
　3.3 里昂惕夫之谜及其解释 … (47)
　3.4 要素禀赋理论的扩展 … (53)
　3.5 对要素禀赋理论的评述 … (59)
　本章小结 … (60)
　关键词 … (60)
　讨论与思考练习 … (60)

第4章 要素积累、特定要素与国际贸易 … (61)
　4.1 要素积累与国际贸易 … (61)
　4.2 特定要素与国际贸易 … (67)
　本章小结 … (71)
　关键词 … (72)
　讨论思考练习 … (72)

第5章 需求、技术变化与国际贸易 … (73)
　5.1 代表性需求理论 … (73)

5.2　技术差距与产品生命周期理论 …………………………………… (77)
　　5.3　技术进步与国际贸易 ……………………………………………… (81)
　　本章小结 …………………………………………………………………… (84)
　　关键词 ……………………………………………………………………… (84)
　　讨论与思考练习 …………………………………………………………… (84)

第6章　规模经济、不完全竞争与国际贸易 …………………………………… (85)
　　6.1　外部规模经济与国际贸易 ………………………………………… (85)
　　6.2　垄断竞争与国际贸易 ……………………………………………… (90)
　　6.3　寡头垄断与国际贸易 ……………………………………………… (95)
　　本章小结 …………………………………………………………………… (99)
　　关键词 ……………………………………………………………………… (100)
　　讨论与思考练习 …………………………………………………………… (100)

第7章　贸易政策概述 …………………………………………………………… (101)
　　7.1　国际贸易政策的主要内容 ………………………………………… (101)
　　7.2　自由贸易政策和保护贸易政策 …………………………………… (102)
　　7.3　幼稚产业保护理论 ………………………………………………… (103)
　　7.4　凯恩斯贸易保护理论 ……………………………………………… (106)
　　7.5　战略性贸易政策 …………………………………………………… (108)
　　7.6　其他贸易保护理论 ………………………………………………… (114)
　　7.7　贸易政策工具的分类 ……………………………………………… (117)
　　本章小结 …………………………………………………………………… (119)
　　关键词 ……………………………………………………………………… (120)
　　讨论与思考练习 …………………………………………………………… (120)

第8章　关税体制及其经济分析 ………………………………………………… (121)
　　8.1　关税的概述 ………………………………………………………… (121)
　　8.2　关税的局部均衡分析 ……………………………………………… (125)
　　8.3　最优关税 …………………………………………………………… (130)
　　8.4　关税的结构理论 …………………………………………………… (132)
　　8.5　关税的一般均衡分析 ……………………………………………… (134)
　　本章小结 …………………………………………………………………… (136)
　　关键词 ……………………………………………………………………… (136)
　　讨论与思考练习 …………………………………………………………… (136)

第 9 章 非关税壁垒 (138)
9.1 进口配额 (138)
9.2 出口补贴 (141)
9.3 其他非关税壁垒 (144)
本章小结 (147)
关键词 (147)
讨论与思考练习 (147)

第 10 章 国际贸易与经济发展战略 (149)
10.1 国际贸易和经济发展 (149)
10.2 国际贸易与发展中国家的战略选择 (155)
10.3 出口不稳定与经济发展 (162)
本章小结 (164)
关键词 (165)
讨论与思考练习 (165)

第 11 章 国际收支 (166)
11.1 国际收支 (166)
11.2 国际收支平衡表 (167)
11.3 国际收支平衡与失衡 (175)
11.4 国际收支差额的宏观经济分析 (178)
本章小结 (182)
关键词 (182)
讨论与思考练习 (182)

第 12 章 外汇与外汇市场 (183)
12.1 外汇与汇率 (183)
12.2 外汇市场概述 (191)
12.3 外汇市场交易 (194)
12.4 汇率制度 (199)
本章小结 (202)
关键词 (203)
讨论与思考练习 (203)

第 13 章 汇率决定理论 (204)
13.1 铸币平价理论 (204)
13.2 购买力平价理论 (205)
13.3 利率平价理论 (210)

13.4　资产市场分析法 …… (213)
本章小结 …… (218)
关键词 …… (219)
讨论与思考练习 …… (219)

第 14 章　国际收支调整理论 …… (220)
14.1　弹性分析法 …… (220)
14.2　吸收分析法 …… (224)
14.3　货币分析法 …… (227)
本章小结 …… (230)
关键词 …… (230)
讨论与思考练习 …… (230)

第 15 章　内外平衡理论 …… (231)
15.1　开放经济下的宏观经济政策目标 …… (231)
15.2　政策搭配原理 …… (231)
本章小结 …… (236)
关键词 …… (236)
讨论与思考练习 …… (236)

第 16 章　开放经济下的宏观经济政策 …… (237)
16.1　蒙代尔—弗莱明模型 …… (237)
16.2　固定汇率下的宏观经济政策 …… (241)
16.3　浮动汇率下的宏观经济政策 …… (246)
本章小结 …… (249)
关键词 …… (249)
讨论与思考练习 …… (249)

第 17 章　国际货币制度 …… (251)
17.1　金本位制 …… (251)
17.2　布雷顿森林体系 …… (256)
17.3　牙买加体系 …… (266)
17.4　固定汇率制与浮动汇率制之争 …… (269)
17.5　最优货币区理论及欧洲货币一体化的实践 …… (271)
本章小结 …… (279)
关键词 …… (279)
讨论与思考练习 …… (279)

第 18 章　国际要素流动 (280)
- 18.1　资本国际流动及其经济效应 (280)
- 18.2　劳动力国际流动及其经济效应 (285)
- 18.3　生产要素流动与商品贸易的关系 (287)
- 本章小结 (289)
- 关键词 (289)
- 讨论与思考练习 (289)

第 19 章　国际直接投资 (291)
- 19.1　国际直接投资理论 (291)
- 19.2　中国的外资引进 (295)
- 19.3　中国的对外直接投资 (302)
- 本章小结 (317)
- 关键词 (317)
- 讨论与思考练习 (318)

第 20 章　经济一体化与关税同盟 (319)
- 20.1　区域经济一体化 (319)
- 20.2　关税同盟理论 (330)
- 本章小结 (334)
- 关键词 (335)
- 讨论与思考练习 (335)

参考文献 (336)

第1章 导　　论

1.1　国际经济学与现实生活

据海关总署统计,2014年中国进出口总值43030.4亿美元,同比增长3.4%。进出口增速快于世界主要经济体和新兴发展中国家,占全球市场份额稳中有升,继续保持全球第一货物贸易大国地位。对外贸易增速主要受国际市场需求、产业竞争力和营商环境等多方面因素的影响。2014年,中国外贸面临复杂严峻的国内外形势。世界经济仍处在国际金融危机后的深度调整期,国际市场需求增长乏力;中国劳动力、土地、资源能源等要素成本上升,外贸传统竞争优势有所弱化;部分地区局势动荡,增加了国际贸易风险和不确定性,这些都给外贸的稳定增长带来不利影响。除上述因素外,2014年进口增速放缓对全年进出口增速也产生了直接影响。由于大宗商品价格下跌使中国进口量增价跌,客观上拉低了进口增速。原油、铁矿石、铜精矿、铜材、化肥、橡胶、谷物和大豆8类产品数量增幅均在9.5%—33.8%之间,但进口价格均出现较大幅度下降,由此带来进口付汇减少约460亿美元,拉低进口增速2.4个百分点。中国外贸发展的国际环境和国内发展条件已发生重大变化,外贸持续30多年的高速增长的时代一去不复返了,已经进入新常态。

2014年,全球外国直接投资流入量达1.26万亿美元,比2013年下跌8%。中国2014年吸收外资规模达1196亿美元(不含银行、证券、保险领域),同比增长1.7%,外资流入量首次成为全球第一。近年来,中国政府加快构建开放型经济新体制,进一步扩大对外开放,加快政府职能转变,大力推进以简政放权为重点的各项改革,在中国(上海)自由贸易试验区探索对外商投资实行准入前国民待遇加负面清单管理模式,同时加大对外商投资企业合法权益的保护,吸引外资规模一直保持在较高水平。美国一直是全球吸收外资第一大国。2014年,美国威瑞森公司以1300亿美元向其英国股东沃达丰回购股份,使当年流入美国的外资净值大幅减少,导致2014年美国吸收外资大幅减少至860亿美元,美国在全球的位次也从2013年的第一位降至第三位。

专栏 1-1

中国宜保持较快的外贸增长

对外贸易的增长速度高于经济增长速度,这是由中国的基本国情和对外贸易对经济发展的作用决定的。从长期看,出口与进口是基本持平的,也就是说,海外净需求是逼近零的。

因此,从总需求角度看,对外贸易对经济增长的作用是相当有限的。实际上,对外贸易对中国这样一个发展中国家的经济发展具有不可替代的重要作用,这是由对外贸易的资源配置效应决定的。第一,中国是一个资源禀赋极不均衡的国家,一方面人均自然资源匮乏,另一方面人力资源过剩。中国确立了到本世纪中叶人均国民收入达到中等发达国家水平的宏伟目标,要实现这一目标中国将面临严重的自然资源瓶颈,难以完全在国内解决。与此同时,不少劳动密集型产品也必须依赖国际市场的需求。因此,中国只有扩大劳动密集型产品的出口,通过扩大国际市场的交换,才能突破经济发展的资源瓶颈。第二,作为一个发展中国家,中国与发达国家存在着较大的技术差距,这既是中国的劣势,也是中国的发展潜力所在。国际经验表明,技术引进的成本是自主创新的 1/5 左右,因此,从国际市场引进技术与设备将是未来相当一段时期中国技术进步的一个重要来源,也是加速中国技术进步的捷径。第三,国际市场对中国一些新兴产业竞争力的提高具有重要意义。中国虽然是一个 13 亿人口的大国,但由于人均收入水平较低,对一些生产具有较强规模经济且价格较高的消费品而言,国内市场规模不足以支撑这些产业的发展,必须部分地依赖国际市场,才能形成具有国际竞争力的产业。第四,国际贸易具有较强的学习效应,国内厂家通过进出口贸易了解国际市场信息和国外企业的管理、技术与经营,在边干边学与边看边学中增加模仿和创新行为,有利于从整体上提高中国企业的素质。第五,进口产品在国内市场的竞争压力,也是促进国内企业提高技术与管理的重要动力。

——隆国强:《正确看待我国的外贸依存度》,载国研网。

从 1776 年亚当·斯密发表《国富论》到现在的 200 多年时间里,经济科学的发展非常迅速,毫无疑问,它是社会科学中发展最快的一个领域。今天的经济学已经达到了相当繁荣的程度,它所涉及的领域越来越广泛,所包含的分支越来越多。国际经济学就是在近代经济学中新兴起来的一个热门的领域,而且正日益引起人们的兴趣和关注。它以国际经济交往活动作为研究对象,力图揭

示出国家之间开展的各种经济活动,诸如贸易、金融和投资等活动的内在规律性,以达到增进人类生活福利的目的。

国际经济学的诞生和发展是经济生活日益走向国际化的需要,在现实经济生活中的作用越来越重要。

作为消费者,人们日常使用的物品有相当部分来自于国外。例如,在繁华的都市,走进琳琅满目的大小商店,人们总能发现不少的进口商品。世界各国消费的咖啡,大部分产于巴西。人们驾驶的汽车、使用的电视机等耐用消费品,大部分是由发达国家,如美国、日本或德国的企业所制造的。即使是在偏僻的乡村,人们也不会对进口商品大惊小怪了。还应看到,除了那些人们一眼就能辨别出来的进口商品,在许许多多本国企业生产出来的商品里,都可能包含着进口的零部件。越是生活在较为发达的社会,越是具有较高的生活水平,人们使用进口商品的比例就越大。同样,劳务商品也越来越国际化,比如,随着人们生活水平的上升,出国旅游正日益普遍化。如果缺乏起码的国际经济学知识,就会对日常的消费难以作出有效的安排,更无法达到效用最大化的目标。

作为生产者或劳动者,目前,企业的生产必须有国际的眼光。明智的企业管理者总是放眼全球,以真正达到资源的有效利用,实现利润最大化的目标。在一个遥远的国度,可能正好有着本企业产品的最佳销售市场。企业所需要的投入要素,应当在全球范围内进行广泛的比较和选择,以尽可能把成本降到最低。因此,企业使用的技术和工艺往往是在不同的国家里研究发明出来的。今天,在大型企业里,员工有着不同的肤色、操着不同的语言已相当普遍。企业的投资日益走向国际化,资本保值的途径也国际化了。即使一个企业完全无意走向国际市场,在家门口也会面临激烈的国际竞争。因此,作为管理者就需要充分了解进口商品的行情。可以说,没有比较多的国际经济学知识,就不能成为一个合格的管理者。其实,就是做一个普通的打工者,就业机会也往往与国际经济活动有关。提供工作岗位的可能是国外的投资者,或者是国外的消费者,只要具备从事国际经济交往的劳动技巧,就具有很强的竞争能力。

作为政府,要做好对宏观经济的管理,也必须很好地了解和运用国际经济学的知识。近代经济发展的历史经验充分地证明,闭关锁国政策只能带来贫穷和落后,但积极有效地对外开放也不能单凭热情就能达到预期的目标。一方面,对国际经济交往的某些错误观念,造成一些国家长期实行不合理的发展战略,以致孤立于世界潮流之外,与先进国家之间的差距越拉越大。另一方面,对经济活动的规律缺乏正确的认识,使不少国家没有从国际经济交流中享受到应有的利益。国际贸易的迅速增长,并没有在每一个国家都成为带动经济进步的引擎,有时甚至会导致产业结构滞后,成为人们生活贫穷的重要原因。国际市场上资金的快速转移,使得某些国家不时出现突发性的金融危机。引进外资的目的是促进本国的经济增长,但有的国家却因此陷入债务深渊。在今天的现实生活中,政府即使单纯地对国内经济进行调控,也往往摆脱不了外部经济的影响。例如,在开放的经济条件下,政府的货币政策必然会受到国际资金市场供求格局的制约,从而增加政府宏观调控的困难。

概而言之,国际经济学与我们生活的各个方面息息相关。要对当今世界有所认识,要成为有知识的消费者、生产者和政府管理者,必须具备国际经济学的知识。

专栏 1-2

2014 年十大国际经济新闻

1. 中国经济保持增长成为稳定世界经济的重要因素

2014 年前三季度,中国国内生产总值增长 7.4%。在增长速率保持中高速合理区间的同时,产业结构迈向中高端,发展转向创新驱动,经济发展呈现出新的格局。

2. 中国外交活动频密,成果丰硕,世界瞩目

2014 年以来,中国领导人密集出访。国家主席习近平先后 7 次出访,走遍了亚洲、欧洲、美洲、大洋洲的 18 个国家,取得了举世瞩目的经济外交成果,不仅利于中国自身发展,也为世界经济可持续发展注入新的动力。

"一带一路"战略在 2014 年已从理念设计、总体框架到完成战略规划,开始进入务实合作阶段。丝路基金、亚洲基础设施投资银行先后成立,为地区发展奠定坚实的基础;中国倡议推动的金砖国家开发银行和应急储备安排宣布成立;"高铁外交"受到世界瞩目;人民币在深化国际经贸金融交往、维护国际金融体系稳定等方面作用越来越大。

3. APEC 会议成功举行,中国力促区域合作

亚太经合组织(APEC)第 22 次领导人非正式会议 11 月上旬在北京举行。此次会议决定启动亚太自贸区一体化进程,提出加快完善亚太地区基础设施建设,打造全方位互联互通格局,为推动亚太地区经济一体化明确了务实的方向。

4. 阿里巴巴在美上市,搅动全球电子商务

随着移动设备应用的不断普及,世界最大的电子商务市场正在向亚洲转移。截至今年 6 月底,中国移动互联用户已达到 5.27 亿人,首次超过通过电脑上网的人数。随着阿里巴巴集团在美国成功上市,全球十大互联网企业排行榜中,中国企业已占四席。中国电子商务的繁荣,正在物流运输、金融服务、移动支付等领域催生大量商机。

5. 国际油价连续暴跌,大宗商品价格下滑

由于全球经济增长趋势偏弱导致原油需求增速放缓,同时全球原油产量充裕,特别是美国页岩油的开发令包括美国在内的非欧佩克国家的原油产量大幅提升。这一供求格局的转变,使得国际油价进入6月之后持续下跌,目前已下降近40%。

此外,今年以来部分粮食价格、铁矿石等基础金属价格走势也一路下滑,国际大宗商品价格颓势难止。国际油价和大宗商品价格下滑,将给世界经济的复苏带来多重影响,并将影响到国际经济政治格局的调整。

6. 20国集团峰会召开,致力改革促进增长

20国集团(G20)领导人第九次峰会11月16日落下帷幕。峰会发表公报强调,促进全球经济增长、改善民生和就业是当前最重要的任务。

20国集团领导人承诺将加强合作推动经济增长,增强经济韧性,加大努力以实现经济强劲、可持续、平衡增长。公报说,如果政策承诺全部落实,到2018年20国集团GDP将额外增长2.1%,这将为全球经济创造超过2万亿美元的财富,并增加数百万个就业岗位。

7. 新兴国家增长放缓,对世界经济复苏产生不利影响

2014年以来,受美国调整金融政策等影响,巴西、南非、印度等新兴市场遭受了金融冲击:外资撤离、汇率下跌、股票和债券市场遭受重创。加之国际市场大宗商品价格普遍下跌,对俄罗斯、南美、非洲、中东等主要以出口资源作为经济支撑的国家产生严重冲击。新兴国家增长普遍放缓。如俄罗斯2014年的经济增长率仅为0.5%,巴西经济增长连续三年疲软,拉丁美洲和加勒比地区今年经济平均增长将只有1.1%,为2009年以来最低。

8. 美国经济复苏步履渐稳,量宽政策平静退出

2014年以来,美国经济摆脱年初极端天气的不利影响,第二季度和第三季度GDP按年率计算分别增长4.6%和5%。10月29日,美联储宣布结束第三轮量化宽松(QE3)政策,同时明确下一步政策重点将转向加息。

9. 中美发布气候声明,绿色经济方兴未艾

今年11月,中美两国发表《中美气候变化联合声明》,宣布两国各自2020年后应对气候变化的行动目标,为全球气候谈判注入了正能量。国际舆论认为,联合声明将使中美两国实现双赢,同时对推动气候变化进程和各方行动具有重要意义。各国为在可持续发展目标下共同推动减排行动,2014年已进行了一系列气候谈判,并对2015年巴黎气候大会寄予厚望。在此大背景下,各国也在积极推动清洁能源等绿色产业,通过多种政策手段来引导绿色经济的发展,让经济从目前的高能耗、高排放模式逐步转向低排放甚至"零排放"的可持续发展模式。

10. 日本经济后继乏力,已深陷技术性衰退

日本经济今年一改年初向好形势,不断出现恶化,4月份提高消费税政策执行后日本经济持续下滑。安倍经济学已经到了极限,日本重建财政的目标变得遥遥无期。日本GDP继第二季度下降7.3%之后,第三季度继续萎缩1.9%,连续两个季度GDP下降意味着陷入所谓技术性衰退。

——原文刊载于《经济日报》2014年12月31日第十版。

1.2 国际经济学的对象和方法

任何一门学科之所以能成为独立学科并与其他学科区别开来,首先在于它有着特定的研究对象。作为国际经济学研究对象的国际经济活动,不同于一个国家内部不同地区之间的经济交往,正是这一点,使国际经济学成为经济学中很具特色的分支,使国际经济学的研究同其他方面的经济研究有着很大的差异,使得从事国际经济活动需要具备特殊的知识背景。

国际经济学是在微观经济学和宏观经济学的基础上发展起来的一门独立的经济学科。简单地讲,国际经济学研究的是跨越国界的经济行为,它与一般的仅仅在一个国家内部进行的经济活动有着重大的差别,并由此产生一系列复杂而又富有挑战性的问题。它是以各国间的经济活动及国际经济关系为研究对象,研究国际范围内资源的最优配置以及国际经济关系对资源配置的影响。其研究目的,在于揭示各个国家和地区之间经济联系的内在机制。

国际经济学特别关注国际贸易理论、国际贸易政策、外汇市场及国际收支平衡表和宏观开放经济学。国际贸易理论分析贸易的基础和所得;国际贸易政策考察贸易鼓励和贸易限制的原因和效果;外汇市场描述一国货币与他国货币交换的框架;国际收支平衡表测度一国与外部世界交易的总收入与总支出的情况;宏观开放经济学研究在出现不均衡(赤字或盈余)时的国际收支的调整机制,更重要的是,它分析一国经济内外部之间的关系,以及在不同国际货币制度下,一国经济与世界其他国家经济的相互依存性和相互关系。

国际贸易理论和政策是国际经济学的微观经济学部分,因为它们把单个国家看作基本单位,并研究单个商品的(相对)价格。另一方面,由于国际收支平衡表涉及总收入和总支出,调整政策影响国家收入水平和价格总指数,因而它们是国际经济学的宏观经济学部分,这些内容常被称为宏观开放经济学或国际金融。

国际经济关系不同于地区间的经济关系(例如,同一国家内不同地区间的经济关系),因此,需要一些不同的分析工具,进而必须把国际经济学作为经济学的一个独立的分支来看待。这就是说,国家经常对商品劳务和生产要素在国际间的流动施加某些限制,而不限制其在国内各地区间的流动。此外,国际间的流动也因语言、风俗习惯和法律的不同而受到某些限制;国际间商品、劳务及资源的流动也增加了外汇收入及支出额,并常常引起外汇价格的变动。

国际经济学所使用的研究方法,总体上与其他经济学领域没有大的差别,但是在假设和出发点等方面需要作一些修改。一般而言,在学习国际经济学这门课程时,如果能很好地运用在其他课程中学习到的经济分析方法,在理解上就不会存在什么大的困难。这里,我们对国际经济分析中常用的方法再作一个简短的概述。

1. 宏观分析和微观分析

在国际经济学这门课程里,宏观层次的经济分析占有主导性的地位。在多数场合,有关国际经济问题的分析是以国家作为基本的单位,即采用的是典型的总量分析方法。比如,关于国际贸易所进行的讨论,主要是在国家层次上进行的,即不同的国家之间如何进行劳动分工。因为只有在对国际贸易的模式有了基本的理解之后,才能对企业和个人如何进行决策作出更合理的回答。国际经济学中许多问题都需要从全球的角度进行思考。当然,国际经济问题也有不少要从企业或居民的层次上进行分析,比如从企业决策角度考虑国际投资,从居民消费的角度讨论贸易的模式等。有的场合宏观和微观的分析结合在一起。的确,现实生活往往要求从不同的角度来考虑问题。

2. 定性分析和定量分析

就目前而言,国际经济问题的分析绝大部分是定性的研究,即主要是对事情发展的内在规律性进行探讨,以求能很好地解释现实生活,预测未来的变化趋势。一方面由于国际经济现象的复杂性,另一方面由于数量研究方法的进展有限,目前要对国际经济的一些重大问题进行准确的数量分析还是很难的。无疑,国际经济学有许多方面已经可以用数量的方法来进行研究和表达了,预计将来这方面还会不断取得新的进展,使有关的研究分析更为准确,更有应用价值。不过,经济学不是数学,将来也不会被数学取代,数量分析只是经济分析中可供选择的工具之一,不宜过分地迷信数量分析。实际上,西方经济学中许多数量的分析方法,只是一种表达形式,仍然只是对事物进行定性的描述。

3. 静态分析和动态分析

当今的国际经济处在非常迅速的变化过程之中,然而有关的理论研究在很多场合还是要使用静态的分析方法,即抓住某个时点上的状态作为深入剖析的对象,力图揭示出事物的内在规律性。本书关于国际贸易与分工的基础、贸易政策的经济效应、汇率的决定与国际收支调节以及国际投资问题等,都是主要在静态分析的基础上进行的。应当说,任何一种事物本身的性质都有相对的稳定性,这是静态分析被实践证明是有效方法的原因。当然,在许多场合对国际经济的分析需要、也能够采用动态的分析方法,即着眼于对事物的过程进行分析研究,比如,关于贸易与经济发展等,主要是从动态的角度来考虑的。我们可以这样说,在绝大多数情况下需要把静态分析和动态分析结合起来。

4. 实证分析和规范分析

经济学从本质上讲是一门实证科学,即其最重要的功能和价值在于阐明经济运行过程本身是什么,然后才能合理地回答应该怎么办的问题。国际经济学当然首先是要对现实生活作出解释,比如回答贸易是怎么产生的,资本是怎样流动的,政策会怎样影响国际间的资金和商品流动等。然而,对所有问题的讨论,公开地或潜在地,事前地或事后地,总会出现一个应当怎么办的问题。学习和研究国际经济学的人总是属于一定的民族,带有特定的目的,因而使国际经济学在很大程度上具有规范分析的色彩。不过从总体上看,国际经济学实证分析的性质要大大强于其规范分析的性质。

1.3 本书的内容和结构安排

本书由四部分组成。

首先是国际贸易的基本理论部分,共有5章。第2—6章依次阐述古典的比较成本理论、资源禀赋理论,以及现代经济学对国际贸易理论的补充和发展。按照从简单到复杂的表达顺序,在这五章中逐步地将比较优势理论展开,以方便阅读和理解,帮助初学者把握国际经济学入门的思维方式和分析方法。第5章从经济发展的动态角度来考察国际贸易。

其次是关于国际贸易政策的理论部分,共有4章。第7章首先对国际贸易政策作总体性的概述。然后重点讨论赞成实行贸易保护政策的各种理由。第8章分析贸易限制中最常采用的关税措施及经济效应。第9章讨论非关税和与出口鼓励有关的政策。第10章讨论经济发展模式和贸易政策的选择问题。

再次是有关外汇和国际收支调节的理论与政策。第11章介绍国际收支平衡表的基本原理和分析方法,并讨论有关国际收支的自动调节机制。第12章和第13章对外汇市场和汇率决定的理论作概括性的阐述。第14章、第15章和第16章分别讨论国际收支理论和开放经济背景下的国内外均衡理论,以及失衡后的主动和政策调节机制。第17章阐述国际货币体系。

最后是关于要素跨国流动理论分析。第18章阐述要素跨国流动,包括资本国际流动和劳动力国际流动。第19章论述直接投资和间接投资的相关经济理论,跨国公司和发展中国家的海外投资问题。第20章阐述区域经济一体化的相关理论,简要地对关税同盟的问题进行理论分析。

第2章 比较成本与国际贸易的微观基础

2.1 国际贸易理论的基本分析工具

国际贸易理论是国际经济学中非常重要的一部分,研究的是具体的商品、服务和生产要素的国际交换,其基础是微观经济学,分析工具主要是市场经济学中的微观经济分析方法。微观经济学主要分析生产者和消费者的行为,分析商品市场和要素市场的供求。具体来说,微观经济学分析厂商怎样在技术、政策、预算等各种条件的限制下追求利润的最大化,分析消费者怎样在有限的收入下追求最大满足(效用最大化)。对市场的研究则主要集中在供求的变动和市场均衡的实现。在没有贸易时,国内市场被称为"封闭的"市场,均衡价格由国内的供给和需求决定。在有贸易的情况下,国内市场变成了"开放的"市场,均衡价格的形成除了受国内供求,还受国外供求,即进口和出口的影响。无论是"封闭"还是"开放"的市场,国际贸易理论关于生产者和消费者行为的基本假设,对市场均衡的定义等与微观经济学都是一样的。

2.1.1 经济学分析的基本概念

在学习国际贸易理论的基础之前,我们先学习经济学分析中几个常用的重要概念。

1. 消费者预算线

消费者的购买行为受偏好的支配,受预算的约束。偏好决定的是购买意愿,预算决定的是购买能力。消费者预算线(budget line),也叫消费可能线、家庭预算线,或者等支出线。消费者预算线表示在消费者收入和商品价格假定的条件下,消费者全部收入所能购买到的商品的不同数量的组合。

如果用 X, Y 表示消费者可购买的商品组合,P_X 和 P_Y 分别为两种商品的价格,m 为消费者可支配的货币收入。则消费者预算约束为:

$$P_X \cdot X + P_Y \cdot Y = m$$

2. 边际效用递减规律

边际效用递减规律(the law of diminishing marginal utility)是指随着某种商

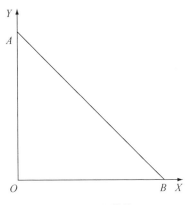

图 2.1　预算线

品消费量的增加,消费者在消费这种商品时的满足程度(总效用)会以越来越缓慢的速度增加,但所增加的效用(边际效用)在递减。边际效用递减是基于这一事实:你从某商品中得到的享受随着该商品消费的增多而下降。

可以用各种理由来解释边际效用递减规律,但最重要的一种是生理解释。效用,即满足程度,是人神经的兴奋,外部给一个刺激(即消费某种商品给以刺激,如吃面包刺激胃),人的神经兴奋就有满足感(产生效用)。随着同样刺激的反复进行(消费同一种商品的数量增加),兴奋程度就下降(边际效用递减)。这个规律对我们理解消费者的消费行为非常重要。

下面我们就以边际效用递减规律来看需求量与价格之间的关系。消费者购买商品是为了从消费这些商品中得到效用,这样,消费者为了购买一定数量商品所愿意付出的价格就取决于他从这一定数量商品中所得到的效用。效用大,愿付出的价格高;效用小,愿付出的价格低。随着消费者购买某商品的数量增加,该商品给消费者带来的边际效用是递减的,这样,消费者所愿付出的价格也在下降,所以,需求量与价格呈反方向变动。

3. 无差异曲线

无差异曲线(indifference curve),是用来表示两种商品或两组商品的不同数量的组合对消费者所提供的效用相同的曲线。无差异曲线是两种商品具有相同效用的不同数量组合点的轨迹。

无差异曲线向右下方倾斜,表示为了维持总效用水平不变,减少一种商品的消费量必须增加另一种商品的消费量;离原点越远的无差异曲线,代表的总效用水平越高;任何两条无差异曲线都不可能相交。

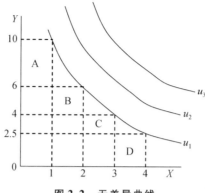

图 2.2　无差异曲线

表 2.1　两种商品的无差异组合

商品组合	x	y
A	1	10
B	2	6
C	3	4
D	4	2.5

边际替代率(marginal rate of substitution, MRS)是消费者在保持相同满足程度时增加一种商品数量与必须放弃的另一种商品数量之比,如为增加 X 就要放弃 Y,增加的 X 商品数量 DX 与所放弃的 Y 商品数量 DY 相比就是边际替代率,边际替代率写作 MRS_{XY}。表现在图 2.2 中,两种商品 X 与 Y 之间的边际替代率是无差异曲线相应点上的切线斜率的绝对值。

无差异曲线的概念也被广泛地用来分析整个经济对不同产品的需求。虽然在一个国家或经济社会里,每个人都有自己的享受标准和消费偏好,很难找到一组能反映每一个消费者满足程度的无差异曲线,但我们仍然能用一幅反映平均消费效用或反映大多数人消费偏好的无差异曲线图来分析,我们称之为"社会无差异曲线"(community indifference curves, CIC)。社会无差异曲线反映一国的平均消费偏好。

4. 消费者均衡

消费者均衡(equilibrium of the consumer),是指在既定收入和各种商品价格的限制下选购一定数量的各种商品以达到最满意的程度。如图 2.3 所示,对单位消费者而言,如果其预算约束线与其消费的无差异曲线相切,则在切点处消费者就达到了消费者均衡。此时他可以支付得起消费的 X 和 Y 的数量,同时还达到了效用最大化。因为任何对 E 点的偏离都要么是无法实现消费者均衡的消费点,比如在 AB 预算线右侧的点,或是不愿接受的消费点,比如在 AB 线左侧的点。

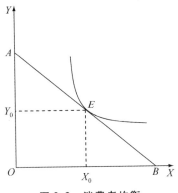

图 2.3 消费者均衡

5. 完全竞争

完全竞争(perfectly competitive),是指一种竞争不受任何阻碍和干扰的市场结构。完全竞争市场具有以下特征:(1)市场上有许多经济主体,这些经济主体数量众多,且每一主体规模又很小,所以,他们任何一个人都无法通过买卖行为来影响市场上的供求关系,也无法影响市场价格,每个人都是市场价格的被动接受者。(2)产品是同质的,即任何一个生产者的产品都是无差别的。(3)各种资源都可以完全自由流动而不受任何限制,这包括:第一,劳动可以毫无障碍地在不同地区、不同部门、不同行业、不同企业之间无障碍流动。第二,任何一个生产要素的所有者都不能垄断要素的投入。第三,新资本可以毫无障碍地进入,老资本可以毫无障碍地退出。(4)市场信息是完全的和对称的,厂商与居民都可以获得完备的市场信息,双方不存在相互欺骗。

这些条件是非常苛刻的,所以,现实中的完全竞争市场非常罕见,比较接近的是农产品市场,但是现实中是否存在着真正意义上的完全竞争市场并不重要,重要的是说明在假设的完全竞争条件下,市场机制如何调节经济。完全竞争厂商的短期均衡条件是其边际成本等于价格。

6. 机会成本

机会成本(opportunity cost),是指企业将一定资源做某种用途时所放弃的其他各种用途中的最大收入,或者将一定资源保持在这种用途上必须支付的成本。

一般而言,财务分析使用会计成本(accounting cost),它是企业在生产过程中按市场价格支付的一切费用,是业已发生的历史成本,这些成本一般可通过会计账目反映出来。会计师的工作是记录流入和流出企业的货币,他们衡量显性成本而忽略了隐性成本。

经济分析使用机会成本。由于经济分析的目的在于考察资源的最优配置,而采用机会成本能够促使各种要素用于最优的途径,故经济分析首先分别研究所有投入的机会成本。然后根据各种投入的机会成本计算产品的经济成本。机会成本不是指直接费用或时间,而是指所费资源所能得到的其他物品、服务和效用。机会成本包含财务成本,但财务成本不能概括机会成本的全部内涵。

所谓"机会成本"指的是为了多生产某种产品(例如大米)而必须放弃的其他产品(小麦)的数量。用小麦来衡量的每单位大米生产的机会成本为:

大米的机会成本 = 减少的小麦产量/增加的大米产量

大米的机会成本是小麦产量变动与大米产量变动的比率,从几何概念上讲,这也是生产可能性曲线的斜率。

7. 相对价格

相对价格(relative price),即以一种商品表示的另一种商品的价格。

设 P_c 和 P_w 分别代表布和小麦的价格。那么,布的相对价格是 $\dfrac{P_c}{P_w}$。

在一个竞争性经济中,个人总是在使收入最大化的目标下决定供给。劳动总会流向工资较高的部门。

假定生产 1 尺布需要 a_{lc} 人/时,生产 1 斤小麦需要 a_{lw} 人/时。则织布部门的小时工资率就等于一个工人在 1 小时里可以生产的价值 $w_c = \dfrac{P_c}{a_{lc}}$,同样,种麦部门工人的每小时工资 $w_w = \dfrac{P_w}{a_{lw}}$。如果 $w_c > w_w$,即织布部门的工资高,有 $\dfrac{P_c}{P_w} > \dfrac{a_{lc}}{a_{lw}}$,反之,如果 $\dfrac{P_c}{P_w} < \dfrac{a_{lc}}{a_{lw}}$,种麦部门的工资就较高。但每个人都想在高工资部门工作,由此,如果 $\dfrac{P_c}{P_w} > \dfrac{a_{lc}}{a_{lw}}$,本国就专门生产布;而如果 $\dfrac{P_c}{p_w} < \dfrac{a_{lc}}{a_{lw}}$,本国将专门生产麦,只有在 $\dfrac{P_c}{p_w} = \dfrac{a_{lc}}{a_{lw}}$ 时,才会两种商品都生产。

我们知道,$\dfrac{a_{lc}}{a_{lw}}$ 是以麦表示的布的机会成本,而 $\dfrac{P_c}{P_w}$ 是布的相对价格。由此,我们可以说,如果布的相对价格高于其机会成本,本国将会专门生产布;如果其相对价格低于其机会成本,就会专门生产麦。

在没有国际贸易时,本国只能自己生产两种商品。但要两种商品都生产,就必须使布的相对价格等于其机会成本。由于布的机会成本又等于布与麦的单位劳动投入的比例,因此我们可以得出一个简单的结论:在没有国际贸易时,商品的相对价格等于他们的相对单位劳动投入。

8. 生产可能性曲线

生产可能性曲线(production possibility frontier, PPF),是指一个国家在充分有效地使用其所有资源时能生产的各种商品数量的组合,代表一国的生产能力。

在边际机会成本不变的条件下,生产可能性曲线可以是一条直线。机会成本不变的假设是建立在只有一种要素投入而要素的生产率又是固定的基础上的。在大多数情况下,每种产品的生产都有两种以上的要素投入:劳动和土地,或者劳动和资本。在其他生产要素(如土地、资本)不变的情况下,不断地增加一种要素(劳动)的投入,每个新增要素投入(劳动)所增加的产量(称为"边际产量")会越来越少,经济学中称之为"边际产量递减规律"。在这种边际机会成本递增条件下,生产可能性曲线是一条凹向原点的曲线。它说明一个国家每多生产一个单位的 X 商品,就必须放弃更多的 Y 商品的产量(边际转换率, marginal rate of transformation),这是 X 商品边际机会成本递增的表现。反过来说,Y 商品的边际机会成本也是递增的。

在我们将要介绍的贸易理论中,古典学派的斯密、李嘉图是假设机会成本不变的,在他们的模型中,劳动是唯一的要素投入,劳动生产率也是固定的。新古典学派的贸易模型是建立在机会成本递增的假设上的,他们假设有两种以上的要素投入,各种要素的边际产量是递减的。

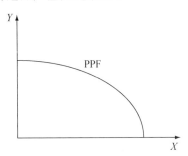

图 2.4　生产可能性曲线

9. 商品市场均衡

生产可能性边界上任何一点都表示生产效率和充分就业得以实现,但究竟选择哪一点,则还要看两个商品的相对价格,即它们在市场上的交换比率。

现在假设 X 和 Y 的价格分别为 P_x 和 P_y。根据假设,商品市场和要素市场都是完全竞争的,因此,在均衡时,商品的价格应等于其边际成本。如果用 Y 来衡量 X 的价格和成本的话,则相对价格 $\dfrac{P_x}{P_y}$ 就是用 Y 衡量的 X 的价格,X 的机会成本则是以 Y 衡量的 X 的边际成本,因此,当两者相等,即相对价格等于机会成本时,生产点在生产可能性边界上的位置也就确定了。

若改用图示说明,则在图 2.5 中,当相对价格线 $P_0\left(P_0=\dfrac{P_x}{P_y}\right)$ 与生产可能性边界相切时,切点 E 就是生产均衡点,在这一点 X 和 Y 供给分别为 X_e 和 Y_e。另外,无论 X 和 Y 的名义价格是多少,X 和 Y 的供给仅取决于相对价格水平,与名义价格无关。如果 X 的相对价格上升,如图中 p_1 线所示,则生产均衡点由 E 转移到 E',X 的供给增加,Y 的供给则下降。

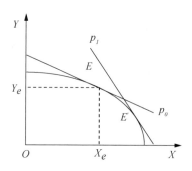

图 2.5　商品市场均衡

2.1.2　一般均衡分析方法

针对某种商品的分析,我们通常使用的是局部均衡(partial equilibrium)分析方法,局部均衡分析是指假定其他市场的情况不变,单独分析某一市场(或经济单位)的价格和供求变动的一种分析方法。这种分析方法没有考虑各部分之间的联系,不够全面,但简单、易于了解。相对而言,一般均衡(general equilibrium)是就整个体系加以观察和分析,指经济中所有经济单位及其市场同时处于均衡的一种状态。

在一般均衡条件下,每个消费者都能在给定价格下提供自己所拥有的投入要素,并在各自的预算约束下购买产品来达到自己的消费效用最大化;每个企业都会在给定价格下决定其产量和对投入的需求,来达到其利润的最大化;每个市场(产品市场和投入市场)会在一定价格体系下达到总供给与总需求的相等(均衡)。

1. 封闭条件下的一般均衡

从本节开始,我们将前面介绍过的生产可能性边界和社会无差异曲线综合在一起,分析在封闭和开放两种情况下,一国一般均衡价格或相对价格的决定。这里,首先讨论封闭条件下一国的一般均衡。

在封闭状况下,决定一国经济一般均衡的条件有以下三个:① 生产达到均衡;② 消费达到均衡;③ 市场出清。

图 2.6 描述了满足上述三个条件的 A 国经济的一般均衡状态。一般均衡解为生产可能性边界与社会无差异曲线相切的切点 E。在 E 点,两条曲线拥有共同的切线,该切线斜率的绝对值等于 X 商品的相对价格 $p\left(p=\dfrac{P_x}{P_y}\right)$。也就是说,这两条曲线共同决定了均衡状态下一国的相对价格水平、生产及消费。

图 2.6 中,在 E 点,生产者利润达到了最大化,因为生产可能性边界在该点的机会成本等于相对价格,此时 X 商品的相对价格为 1;消费者也同样达到效用最大化,因为社会无差异曲线在该点的边际替代率也等于相对价格。另外,图中生产点与消费点重合,所以两种商品的生产均等于消费,即市场出清。

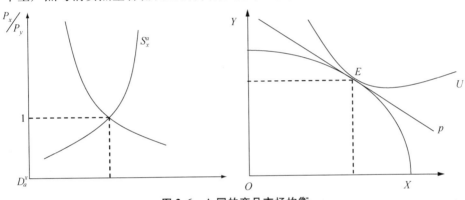

图 2.6　A 国的商品市场均衡

2. 封闭下的相对价格差异与国际贸易的发生

现在引入另外一个国家,看看两国相对价格之间的差异意味着什么。图 2.7 描述了另外一个国家——B 国在封闭条件下的一般均衡。均衡时,B 国 X 商品的相对价格为 $2\left(\left(\dfrac{P_x}{P_y}\right)_B=2\right)$,大于对应于图 2.7 的 A 国 X 商品的相对价格 $1\left(\left(\dfrac{P_x}{P_y}\right)_{yA}=1\right)$。

现在设想,如果允许商品在两国之间自由流动,即在开放经济状况下,会发生什么情况呢?一开始 A 国 X 商品的相对价格要低于 B 国,所以 B 国的消费者会发现,从 A 国生产者那里购买 X 商品,要比从本国生产者手里购买 X 便宜,因此 B 国会从 A 国进口 X 商品;反过来,B 国的 Y 商品的相对价格(Y 的相对价格为 X 相对价格的倒数 $\left(\left(\dfrac{P_x}{P_y}\right)_B=\dfrac{1}{2}\right)$,要低于 A 国 Y 商品的相对价格

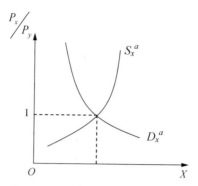

图2.7 A国相对价格与封闭均衡

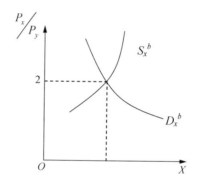

图2.8 B国相对价格与封闭均衡

$\left(\left(\frac{P_x}{P_y}\right)_A = 1\right)$,同样,A国的消费者也会发现从B国购买Y商品要比在本国购买便宜,所以A国也会从B国进口Y商品,于是两国之间便发生了贸易。

从这个简单的例子中,我们可以发现国际贸易的发生是以两国相对价格存在差异为先决条件,即国际贸易是建立在相对价格差异的基础之上的。

由于A国在封闭条件下X商品的相对价格低于B国X商品的相对价格,因此,我们称A国在X商品上具有比较优势(comparative advantage),在Y商品上处于比较劣势(comparative disadvantage);同样B国在Y商品上具有比较优势,在X商品处于比较劣势。从这个意义上讲,两国之间的贸易方向取决于比较优势,即每个国家出口其具有比较优势的商品,进口其处于比较劣势的商品。这一分析思路就是比较成本或比较优势理论的核心,是古典贸易理论的核心内容,是新古典贸易理论和现代贸易理论的重要基础。

2.2 国际贸易理论基础

国际贸易理论是贸易实践和经济思想共同进化的产物。1500 年前后的国际分工和世界市场的出现推动了现代意义上的国际贸易的产生和发展，与此同时，国际贸易学说伴随着这一历史进程不断向前发展。对国际贸易的系统研究始于重商主义经济学时代，而第一个建立国际贸易的市场经济学分析框架的是亚当·斯密，后来大卫·李嘉图对国际贸易理论作出了开创性贡献。他们关于国际贸易的思想和学说为现代贸易理论提供了分析框架。

2.2.1 重商主义

对国际贸易的系统研究，始于重商主义经济学时代。这个时期从大约 14 世纪末到 18 世纪，正是资本主义经济的资本原始积累阶段。除了在国内对农民的剥夺之外，国际贸易和海外掠夺是西欧国家资本原始积累的重要手段之一。在 15 世纪，随着西欧各国生产力的发展，商品经济日益发达，交换的目的已从以互通有无为主变成了以积累货币财富为主。当时积累财富的主要手段是获取黄金，而西欧本身黄金的开采和储备已很有限，迫切需要通过国际贸易和对外掠夺来满足在西欧国家中出现的"黄金渴望"。15 世纪末 16 世纪初的一系列地理新发现则给了西欧人通过扩大国际贸易和掠夺海外殖民地来积累资本（黄金）的机会。

重商主义的发展分为两个阶段：第一阶段从 15 世纪到 16 世纪中叶，为早期重商主义；第二阶段从 16 世纪下半叶到 18 世纪，为晚期重商主义。无论早期还是晚期重商主义，都把货币看作是财富的唯一形态，都把货币的多寡作为衡量一国财富的标准。在当时，货币主要是一些贵重金属，如金、银。[①] 这一观点反映了资本原始积累时期，商业资本家对财富的认识。在他们看来，国内市场上的贸易是由一部分人支付货币给另一部分人，从而使一部分人获利，另一部分人受损。国内贸易的结果只是社会财富在国内不同集团之间的再分配，整个社会财富的总量并没有增加，而对外贸易可以改变一国的货币总量。重商主义者认为，一国可以通过出口本国产品从国外获取货币，从而使国家变富，但同时也会由于进口外国产品造成货币输出，从而使国家丧失财富。因此，重商主义对贸易的研究主要集中在如何进行贸易，具体来说，怎样通过鼓励商品输出、限制商品进口以增加货币的流入，从而增加社会财富。重商主义者为政府开出

---

① 所以重商主义强调国库和王室成员所拥有的贵金属的多寡是衡量国家是否繁荣昌盛的最重要标志，为此，历史上，重商主义有时又被称为"重金主义"。

的调节经济的处方是取消进口,因为进口会导致本国贵金属的流失,同时鼓励出口,因为出口会导致贵重金属的流入。重商主义者的这些思想实际上只是反映了商人的目标,或者说只是以商人的眼光来看待国际贸易利益,因此,这种经济思想被称为"商人主义"(mercantilism)或"重商主义"。

对怎样能够做到多输出少进口,晚期的重商主义与早期的观点有所不同。早期重商主义强调绝对的贸易顺差(有时也称为"出超"),即出口值超过进口值,他们主张多卖少买或不买并主张采取行政手段,控制商品进口,禁止货币输出以积累货币财富。早期重商主义者的这种思想被称为货币平衡论。与早期重商主义不同,晚期重商主义重视的是长期的贸易顺差和总体的贸易顺差。从长远看,在一定时期内的外贸逆差是允许的,只要最终的贸易结果能保证顺差,保证货币最终流回国内就可以。从总体看,不一定要求对所有国家都保持贸易顺差,允许对某些地区的贸易逆差,只要对外贸易的总额保持出口大于进口(顺差)即可。因此,晚期重商主义的思想被称为贸易平衡论。晚期重商主义者为了鼓励输出实现顺差,积极主张国家干预贸易。重商主义者提出了一系列政策以鼓励本国商品出口,限制外国商品进口。其中不少政策迄今仍被许多国家使用。例如,"出口退税",即当商品出口时,国家全部地或部分地退还商人原先缴纳的税款;当进口商品经过本国加工后重新输出时,国家则退还这些商品在进口时所交付的关税。

根据重商主义的观点,一个国家如何管理它的国内和国际事务以提高自身的利益,是建设国家的中心问题,而拥有一个强大的对外贸易部门则是该问题的答案。如果一个国家能够实现贸易顺差,就可以得到世界其他国家支付的黄金和白银,这种收入将增加消费,提高国内的产出和就业水平。为了促成贸易顺差,重商主义学派主张政府进行贸易管制,并建议采用关税、配额和其他商业政策将进口限制在最低水平,以保护一个国家的贸易地位。

尽管重商主义的贸易思想有不少错误和局限性,但他们提出的许多重要概念为后人研究国际贸易理论与政策打下了基础,尤其是关于贸易的顺差逆差进一步发展到后来的"贸易平衡""收支平衡"概念。重商主义关于进出口对国家财富的影响,对后来凯恩斯的国民收入决定模型亦有启发。更重要的是,重商主义已经开始把整个经济作为一个系统,而把对外贸易看成这一系统非常重要的一个组成部分。

专栏 2-1

重商主义在 21 世纪仍然活跃

尽管大多数国家声称更倾向于自由贸易,但许多国家仍然对国际贸易施加诸多限制。大多数工业国为了保护国内就业，对农产品、纺织品、鞋、钢材以及其他许多产品实行进口限制。同时，对于一些对国家参与国际竞争和未来发展至关重要的高科技产业，如计算机和电信则提供补贴。发展中国家对国内产业的保护性更强。通过过去几年的多边谈判，已减少或取消了对部分产品的一些明显的保护措施（如关税和配额），但另一些较为隐蔽的保护方式（如税收利益及研究和发展补贴）却增加了。不断发生的众多贸易争端也证实了这一点。

在过去几年中，美国和欧盟就以下事件发生了争端：欧盟禁止美国出口用激素喂养的牛的牛肉；欧盟从非洲国家进口香蕉取代了从中美的农场进口香蕉，从而影响了美国的商业利益；欧盟为了发展新式超大型喷气客机向空中客车公司提供补贴，因而减少了波音747客机的销售；美国政府向部分出口商提供税收折扣；美国在2002年对进口钢材征收了30%的进口税。在美国、日本以及其他发达国家和发展中国家之间还有许多类似的贸易争端。的确，被保护产品的清单很长，各式各样。为了面对外来竞争保护国内就业，并鼓励高科技产业的发展，需要采取贸易限制，这些都是典型的重商主义理论。重商主义的势头虽然有所减弱，但在21世纪仍然活跃。

——〔美〕贾格迪什·巴格瓦蒂：《现代自由贸易》，雷薇译，中信出版社2003年版。

2.2.2 绝对成本理论

亚当·斯密（Adam Smith）在其1776年出版的《国民财富的性质和原因的研究》一书中，对重商主义思想进行了深刻批判，他指出衡量一国财富的不是其所拥有的贵重金属的多少，而是这些贵金属所能购买的商品数量。一国拥有的贵重金属再多，但如果可供消费的商品的数量和种类少得可怜，那么该国的实际生活水平也不会高。可供消费的商品增加，才意味着一国财富的增加。怎样才能增加一国的财富？亚当·斯密认为扩大生产才能提高本国的生活水平，而生产的扩大最根本的动力是劳动生产率的不断提高，劳动生产率的提高又取决于社会分工——专业化的不断深化，简而言之，财富增加依赖于劳动分工，这就是亚当·斯密的劳动分工学说的基本思想。亚当·斯密进一步将其学说应用于国际贸易，认为国与国之间的贸易可以使每个国家都增加财富。原因如下：国际贸易可以通过市场的拓展，将社会分工由国内延伸到国外，而国内分工变为国际分工，社会分工范围的扩大，意味着专业化程度的提高，劳动生产率的不断提高，最终将促进实际收入意义上的财富增长。亚当·斯密实际上证明了国际贸易是实现专业化分工利益的重要途径，他的这一思想为自由贸易提供了有力的论据。

亚当·斯密提出了绝对优势这一概念,来解释国际贸易的基础,他认为贸易之所以发生,其基础在于各国生产成本存在绝对差异。他的这一理论虽然不够全面,并存在着一些缺陷,但它的启示意义却是巨大的,为之后的国际贸易理论的发展指明了正确方向。

关于绝对优势理论,亚当·斯密是这样阐述的:"如果一件东西在购买时所费的代价比在家内生产时所花费的小,就永远不会想在家内生产,这是每一个精明的家长都知道的格言。裁缝不想制作他自己的鞋子,而是向鞋匠购买。鞋匠不想制作他自己的衣服,而雇裁缝裁制……他们都感到,为了他们自身的利益,应当把他们的全部精力集中使用到比邻人处于某种有利地位的方面,而以劳动生产物的一部分或同样的东西,即其一部分的价格,购买他们所需的任何其他物品。在每一个私人家庭的行为中是精明的事情,在一个大国的行为中就很少是荒唐的。如果外国能以比我们自己制造还便宜的商品供应我们,我们最好就用我们有利地使用自己的产业生产出的物品的一部分向他们购买。"[1]

根据亚当·斯密的看法,国家之间的商品交换是建立在绝对成本的基础之上的。这就是说,假如一国在某种商品的生产方面的效率比别的国家低,即成本比别国高,那么它就应当进口国外的这种商品。反之,就应当把这类商品出口到国外去销售。这样,可以提高一国的劳动效率,参与国际贸易的双方都能改进国民福利。

下面通过一个例子来说明绝对成本学说的思想。假设英国和法国都生产小麦和布两种商品,由于资源条件和生产技术等方面的原因,两国的生产成本是不相同的。为了将问题简化,暂不考虑货币等因素,商品的成本唯一地由劳动的消耗构成,劳动时间的多少直接就是衡量商品成本的尺度。两国在生产同一商品时的成本差异见表 2.2:

表 2.2 绝对成本的例子:封闭的法国和英国

	布		小麦	
	劳动时间	产量	劳动时间	产量
法国	100	1	100	1
英国	60	1	120	1
合计	160	2	220	2

在表 2.2 中,法国生产 1 个单位布的成本为 100 小时的劳动,而英国相应的

---

[1] 〔英〕亚当·斯密:《国民财富的性质和原因的研究》,郭大力、王亚南译,商务印书馆 1972 年版。

成本是60小时,因此,英国在生产布上拥有绝对优势;另一方面,对于法国来说,本国生产1个单位小麦的成本为100小时的劳动,而英国是120小时,所以法国在种植小麦上具有绝对优势。因此,英国应该出口布,进口小麦,法国应该出口小麦,进口布。概括地讲,绝对成本学说思想就是,将本国某种商品的成本同国外相同产品的成本进行直接的比较,以生产成本的绝对差异来决定是进口还是出口该种商品,进而实现国家之间的劳动分工。当本国某商品的成本高于外国的同类商品时,就应当减少国内的生产,进口外国商品。如果本国某商品的成本低于外国商品,就应当增加生产,让商品出口到外国市场。绝对成本的这一原则,有时又被称为绝对利益说,即成本绝对低时就享有绝对的利益。

根据绝对成本来进行相互贸易和劳动分工,参与的双方都能获得利益。在上面的例子中,如果两国都根据绝对利益实行专业化生产,然后再相互进行交换,在投入资源总量不变的条件下,不改变生产技术,能使总产量增加,各自从中分享一部分利益。具体情况可能是,法国专门生产小麦,全部劳动总共能生产出2个单位的小麦,这与分工前两国的产量一样多。而英国则专门生产布,全部的劳动量可生产出3个单位的布,比分工前多了1个单位(见表2.3)。在没有国际分工时,英国不可能生产出3个单位的布,而必须要生产1个单位的小麦和1个单位的布,用以满足国内市场上的需求。考虑到这一点,英国会愿意用1.5个单位的布去交换法国1个单位的小麦,因为交换后它还能得到1个单位的小麦和1.5个单位的布,比以前增加了0.5个单位布的消费,从而改进了福利。同时,法国在维持原有的1个单位小麦消费的条件下,可以比以前增加0.5个单位布的消费量,福利水平也得到了提高(见表2.4)。

表2.3 绝对成本的例子:开放的法国和英国

	布		小麦	
	劳动时间	产量	劳动时间	产量
法国			200	2
英国	180	3		
合计	180	3	200	2

表2.4 参与国际贸易后的法国和英国

	布	小麦
法国	1.5	1
英国	1.5	1
合计	3	2

造成绝对成本差异的具体原因可能有很多,斯密着重指出了自然条件和地理因素的影响。因此,亚当·斯密的国际分工论有较强的地域分工色彩。同时,亚当·斯密认为,如果各国完全按照市场准则行事,政府不干预国家之间的商品流动,即实行自由贸易的政策,那么各国都能从国际贸易中获得最大的利益。

"绝对优势"理论解释了产生贸易的部分原因,也首次论证了贸易双方都可以从国际分工与交换中获得利益的思想。国际贸易可以是一个"双赢"的局面而不是一个"零和游戏"。可以说,斯密把国际贸易理论纳入市场经济的理论体系,开创了对国际贸易的经济分析。但是,绝对优势贸易理论的局限性很大,因为在现实社会中,有些国家比较先进发达,有可能在各种产品的生产上都具有绝对优势,而另一些国家可能不具有任何生产技术上的绝对优势,但是贸易仍然在这两种国家之间发生,而斯密的理论无法解释这种绝对先进和绝对落后国家之间的贸易。

专栏 2-2

英国古典政治经济学家亚当·斯密简介

亚当·斯密于1723年诞生在苏格兰法夫郡(County Fife)的克考第(Kirkcaldy)。斯密自小博览群书,在十四岁时就进入格拉斯哥大学(Glasgow University)学习。他选定了人文科学的方向,在逻辑、道德哲学、数学和天文学方面都成绩斐然。1740年,他又进入牛津大学深造,闭门苦读了六年。由于某些政治事件的原因,斯密不得不于1746年回到克考第。之后,他经常到爱丁堡作演讲,内容涵盖法学、政治学、社会学和经济学。这时,斯密开始对政治经济学表现出了特殊的兴趣。

到了50年代,斯密就提出经济自由主义的基本思想。从1751年开始,斯密在格拉斯哥大学连续任教十二年,先后讲授逻辑学和道德哲学(即社会科学),颇受学生欢迎。在这段被他称为"一生中最幸福的时期"中,斯密参加了政治经济学俱乐部活动(被称为"俱乐部人"),而且他每年总要到爱丁堡呆上二至三个月,宣扬他的经济自由思想。他曾在演讲中说道:"应该让人的天性本身自然发展,并在其追求自己的目的和实施其本身计划的过程中给予它充分自由……"

1759年,斯密发表了他的第一部科学巨著:《道德情操论》。这部著作标志着他哲学和经济思想的形成。反封建的平等思想在他的学说中占据显著地位,他否定了宗教道德和"天赋道德情操论",而代之以另一抽象原则——"同情心"。在《道德情操论》创作的过程中,内在的兴趣和时代的需要(发展格拉斯哥工商业）使斯密沉湎于政治经济学的研究之中。在1762—1763年的讲稿里，他提出了一系列出色的唯物主义思想，在讲稿的经济学部分中，已出现了在《国富论》中得到发展的思想萌芽。

1765—1766年在法国巴黎期间，斯密批判性地借鉴重农主义学派，沿着英国传统的道路，在劳动价值论的基础上创立了自己的经济理论。同法国唯物主义伦理学的重要代表爱尔维修结识后，斯密又将其关于新伦理的思想用于政治经济学，创造了关于人的本性和人与社会相互关系的概念，成了古典学派观点的基础。斯密通过"经济人"这一概念，提出了一个具有重大理论意义和实际意义的问题：关于人的经济活动的动因和动力问题。而"看不见的手"这一提法指出了客观经济规律的自发作用。斯密又把利己主义和经济发展自发规律相结合，提出了自然秩序这一概念。这是他放任主义政策的原则和目的。当他最后写作《国富论》之时，竞争和自由是他的经济学的基石，成为一条主线贯穿于整部《国富论》之中。1767年春，斯密回到克考第开始写作。

1776年3月，《国民财富的性质和原因的研究》（即《国富论》）在伦敦出版并在其后被翻译成多种语言。著作中坚定地提出经济自由主义，重新定义了价值、劳动分工、生产过程、自由贸易、制度发展、天赋人权、政府的作用和资本的作用。书中所提出的尖锐的社会、政治问题很快引起了广大读者的注意。斯密将其渊博的学问、深刻的洞察力和别具一格的幽默贯注于这部著作之中。《国富论》无疑是政治经济学史上最引人入胜的著作之一。当时一位有名的学者指出，这不仅是一篇经济专题论文，而且是"一本描述时代的非常有趣的书"。

斯密成名后，曾在海关工作，但大部分时间还是致力于精炼修改他的这部著作。1790年7月，斯密于爱丁堡逝世，享年68岁。

——［英］约翰·伊特韦尔、［美］彼得·纽曼、［美］默里·米尔盖特等编：《新帕尔格雷夫经济学大辞典》（第四卷），陈岱孙等译，经济科学出版社2003年版，第384—404页。

现在最富裕的国家，固然在农业和制造业上都优于邻国，但制造业方面的优越程度，必定大于农业方面的优越程度。富国的土地，一般都耕耘得较好，投在土地上的劳动与费用也比较多，生产出来的产品按照土地面积与肥沃的比例来说也较多；但是，这样较大的生产量，很少在比例上大大超过所花的较大劳动量和费用。在农业方面，富国劳动生产力未必都比贫国劳动生产力大得多，至少不像制造业方面一般情况那样大得多。所以，如果品质同样优良，富国小麦在市场上的售价，未必都比贫国低廉。就富裕和进步的程度说，法国远胜于波兰，但波兰小麦的价格，与品质同样优良的法国小麦同样低廉。与英格兰比较，论富裕，论进步，法国可能要逊一筹，但法国产麦省出产的小麦，其品质之优良完全和英格兰小麦相同,而且在大多数年头,两者的价格也大致相同。可是,英格兰的麦田耕种得比法国好,而法国的麦田,据说耕种得比波兰好得多。贫国的耕作,尽管不及富国,但贫国生产的小麦,在品质优良及售价低廉方面,却能在相当程度上与富国竞争。但是,贫国在制造业上不能和富国竞争,至少在富国土壤气候位置适宜于这类制造业的场合,贫国不能和富国竞争。法国绸所以比英国绸又好又便宜,就是因为织绸业,至少在今日原丝进口税很高的条件下,更适合于法国气候,而不十分适合于英国气候。但英国的铁器和粗毛织物,却远胜于法国,而且品质同样优良的英国货品,在价格上比法国低廉得多。据说,波兰除了少数立国所需的粗糙家庭制造业外,几乎没有什么制造业。

——〔英〕亚当·斯密:《国民财富的性质和原因的研究》,郭大力、王亚南译,商务印书馆1972年版。

2.3　比较成本理论

英国古典政治经济学家大卫·李嘉图(David Ricardo,1772—1823)在其代表作《政治经济学及赋税原理》(1817)一书中,提出了比较成本理论。该理论的核心思想是,参与国际分工和国际贸易的双方,不一定都要有某一商品的生产绝对成本低,只要各自生产相对成本较低的商品进行交换,双方都可以获利,即"两优取其最优,两劣取其次劣"。当然,比较成本理论所确立的经济分析法则,并不只是局限于国际贸易方面,今天已经被广泛地应用于许多其他经济领域的分析上。

2.3.1　比较成本理论解释

李嘉图采用劳动价值理论来分析国家间贸易的原因,并由此出发揭示国际贸易的基本规律。具体地说,各种商品的生产成本最终都是来自于对人类劳动的耗费,可以折算成一定数量的劳动时间并进行相互比较。在李嘉图看来,在商品的交换价值由生产中所耗费的劳动量决定的条件下,每个人都会致力于生产对自己来说劳动成本相对较低的商品。他举例说:"如果两个人都生产鞋和帽子,其中一人在两种商品的生产上都比另一个人有优势,不过在帽子生产上只领先于其竞争对手1/5或20%,而在鞋的生产上却要领先于其竞争对手1/3或33%;那么,这个具有优势的人专门生产鞋,而那个处于劣势的人专门生产帽子,难道不是对于他们双方都有利吗?"[①]

---

① 〔英〕大卫·李嘉图:《政治经济学及赋税原理》,郭大力、王亚南译,商务印书馆1972年版。

比如，由英国生产呢绒，需要消耗一系列的投入，其中包括原材料、人工和其他方面的消耗等，可以折算为一定量的劳动耗费。假定生产1单位呢绒的总成本是80小时的劳动。类似地，英国生产1单位酒的总成本是120小时的劳动，而葡萄牙生产1单位酒和呢绒这两种商品的总成本分别是30和60小时的劳动。两国两种商品的成本差异见表2.5：

表2.5 比较成本的例子：葡萄牙和英国

单位商品劳动时间	酒	呢绒
葡萄牙	30	60
英国	120	80

显然，根据绝对成本理论，这两个国家无法进行贸易。因为无论是在呢绒还是在酒的生产方面，英国的成本都比葡萄牙高，英国没有什么商品的成本处于绝对领先的地位，即没有什么商品可出口到葡萄牙去。类似地，葡萄牙也似乎没有什么商品应当从英国进口，因为葡萄牙在两种商品的生产上都处于绝对领先的地位。

那么，这两国之间有没有可能进行贸易并从中获利呢？李嘉图提出了用比较成本的办法来考虑这个问题，进而发展了国际贸易可以普遍适用的原则。

在上面的例子中，尽管英国两种商品的成本都比葡萄牙高，但它们之间却存在着较明显的相对差别。英国生产呢绒的成本要比葡萄牙高，但两者的比例为80∶60，而两国生产的酒的成本比例为120∶30。很明显，英国生产呢绒的成本相对要低一些，而在酒的生产方面成本相对较高。反过来，葡萄牙虽然在两种商品的生产成本上都比英国低，然而相对而言，葡萄牙在酒的生产方面成本更低。如果两国按照比较成本的差别进行专业化生产，然后开展相互贸易，双方都获得经济上的利益。

在一般均衡分析中，我们已经初步了解相对价格差异带来的国际贸易可能。必须指出，李嘉图的"比较成本法"是个简化了的理论模式，有着许多重要的假定作为前提条件。

(1) 存在理性经济行为；

(2) 没有货币；

(3) 世界上只有两个国家，它们只生产两种产品，此即所谓的两个国家、两种产品模型或 2×2 模型；

(4) 两种产品的生产都只有一种要素投入：劳动，此时生产可能性线是直线；

(5) 两国在不同产品上的生产技术不同，存在着劳动生产率上的差异；

(6) 给定生产要素的供给量,要素可以在国内不同部门流动但不能在国家之间流动;

(7) 规模报酬不变,即单位生产成本不随生产规模的增减而变化;

(8) 完全竞争市场;

(9) 无运输成本;

(10) 两国之间的贸易是平衡的。

以上假设条件对正确理解"比较成本法"十分重要。下面我们就运用一般均衡分析法讨论李嘉图的比较成本贸易理论。

存在葡萄牙和英国两国,分别表示为 A、B;生产两种商品,酒和呢绒,分别表示为 S、T。用单位劳动时间来表示商品成本。

例1:

	S	T
A	30	160
B	120	40

在这里,很明显,A 国和 B 国分别具有生产 S 和 T 商品的优势。按照绝对优势理论,两国可以开展贸易,取得贸易收益。

例2:

	S	T
A	30	60
B	120	80

在这里,B 国在两种商品生产上都没有优势。但是,相对于 A 国而言,B 国在 S 和 T 商品上的劣势程度并不一样。在完全竞争条件下,商品价格等于单位生产成本(这里只有劳动投入 a);由于在两个商品生产部门工资率相等,因此,对 A 国的 S、T 商品而言:

$$P_S^A = W^A a_S^A$$
$$P_T^A = W^A a_T^A$$

两式相除,得到

$$\left(\frac{P_S}{P_T}\right)^A = \frac{a_S^A}{a_T^A}$$

同样,在 B 国存在

$$\left(\frac{P_S}{P_T}\right)^B = \frac{a_S^B}{a_T^B}$$

如果 $\dfrac{a_S^A}{a_S^B} < \dfrac{a_T^A}{a_T^B}$，或者 $\dfrac{a_S^A}{a_T^A} < \dfrac{a_S^B}{a_T^B}$，或者 $\left(\dfrac{P_S}{P_T}\right)^A < \left(\dfrac{P_S}{P_T}\right)^B$，我们就称 A 国在商品 S 生产上具有比较优势。即商品 S 价格在 A 国比在 B 国相对便宜。在例 2 中，$\dfrac{30}{60} < \dfrac{120}{80}$。所以，英国在呢绒的生产上具有比较优势；相对地，葡萄牙在酒的生产上具有比较优势。

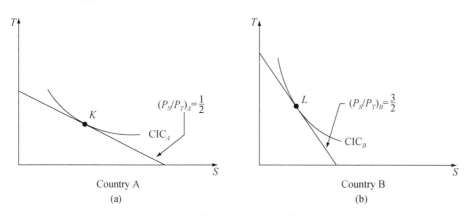

图 2.9　封闭状况下的两国的均衡

图 2.9 表示 A、B 两国贸易前的均衡状况。商品 S 相对价格在 A 国比在 B 国相对便宜，$\left(\dfrac{P_S}{P_T}\right)_A < \left(\dfrac{P_S}{P_T}\right)_B$，$1/2 < 3/2$，即 A 国在商品 S 生产上具有比较优势。所以两国有通过贸易参与国家分工的可能。随着贸易的开展，由于消费者对 S 的需求由 B 国转向 A 国，在 A 国 S 产品的需求增加，B 国对 S 产品的需求减少；在这一过程中，A 国 S 商品的相对价格升高，而 B 国 S 商品的相对价格降低。

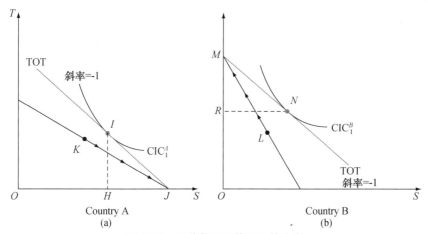

图 2.10　开放状况下的两国的均衡

2.3.2 比较成本利益

如果我们暂时不考虑两国开展贸易的交易成本，商品的专业化生产不存在资源转移和技术条件等方面的限制，政府也不干涉商品在两国之间的流通，那么，两国根据比较成本进行分工和贸易所出现的结果如下：

我们假设 A、B 两国之间的贸易条件(term of trade, TOT)是：A 出口 1 个单位 S 换回 B 国 1 个单位 T。(见图 2.10)

表 2.6 比较成本带来的贸易收益

单位商品劳动时间	贸易前		贸易中		贸易后	
	酒 S	呢绒 T	酒 S	呢绒 T	酒 S	呢绒 T
葡萄牙 A	(1)30	(1) 60	(3)		(2)	(1)
英国 B	(1)120	(1) 80		(2.5)	(1)	(1.5)
合计	(2)	(2)	(3)	(2.5)	(2.5)	(3)

首先，两国作为一个整体的总产量增加。假如两国维持各自独立的自给自足的局面，利用现有的劳动总量进行生产，现有商品的总产量是 2 单位呢绒和 2 单位酒。一旦按照比较成本进行分工，英国专门生产呢绒，原先用于生产酒的 120 小时的劳动就可以生产 1.5 单位的呢绒，使其总产量达到 2.2 单位。类似地，如果葡萄牙将先前本国用于生产呢绒的 60 小时劳动也转移到生产酒上去，则可以得到 2 单位的酒，使酒的总产量达到 3 单位，两种商品的产量都比分工前增加了。

其次，两国能够通过交换来分享利益。在相互分工的条件下，两国都要依赖对方来满足自身的需求。同时，对于两国来说，国际市场上的交换条件都必须要比国内好。因为当英国专门生产呢绒时，必定是在与葡萄牙的交换中能获得比自己生产时还要多的酒，否则就会退出国际贸易。无疑，葡萄牙也是出于完全相同的考虑，才与英国进行贸易。现在假设两国之间呢绒和酒的交换比例是 1∶1，各以 1 单位商品交换对方 1 单位的商品，这是两国都愿意接受的，因为它满足了前述对双方都有利的条件。于是，英国在保持原有的 1 单位酒的消费条件下，呢绒的消费量增加了 0.5 单位；而葡萄牙在不降低呢绒消费的前提下，使酒的消费量增加了 1 单位。

最后，两国都能够提高自身的劳动生产率。经济问题的产生归根到底是由于资源的有限性，人们总是力图在资源为一定的条件下来最大限度地满足消费需求，或在达到的效用为一定的情况下最大限度地节约资源的消耗。按照比较成本进行分工，两国不增加劳动总量的投入，也不改变现有的劳动技术条件，就能使总产量增加,消费福利水平上升,其实质是通过改变现有资源的配置而提高了劳动效率。这一点具有非常重要的意义,它是各国参与国际贸易的根本出发点,也是国际贸易能对各国经济运行产生深刻影响的原因所在。

通过以上分析,我们现在来概括一下李嘉图模型中贸易对一国经济的影响和所得:

(1) 发生贸易后各国出口具有比较优势的产品,进口没有比较优势的产品,造成具有比较优势的产品(出口产品)的相对价格上升(或没有比较优势的进口产品的相对价格下降);

(2) 相对价格的变化促进各国实行专业分工,专门从事本国具有比较优势的产品的生产,不生产不具有比较优势的产品;

(3) 在新的生产贸易下,各国的社会福利水平提高。贸易所得来自于产品的消费和生产两个方面的有效配置。通过贸易,一国可以消费超出其生产能力的产品。

当然,现实生活中国家之间进行商品交换时要考虑许多复杂的因素,但比较成本揭示出来的根本性原理不会改变。比如,如果把商品运输成本考虑进来,只是相应地在成本中增加一部分就行了,仍然可以按照比较成本来选择一国的进出口模式。政府的干预也是起着大体相似的作用。根据比较成本的差异,我们能够很好地说明不同的商品如何在国家之间进行流通,而政策本身是不能决定这一点的,只是在一定程度上"扭曲"了国际贸易的格局。

2.3.3 比较成本法则

现在我们来概括一下比较成本理论的核心思想。所谓比较成本,也就是关于对商品成本进行国际间相对比较的一种办法。比较成本的原则是将一国不同产品成本的比率与他国相应产品成本的比率进行比较;或者说,对不同国家之间产品成本的比率进行比较之后,以成本的相对高低来决定一国进口什么和出口什么。由此可见,"两优择其甚,两劣权其轻",是比较优势理论的基本原则。"正是这样一条原则,决定了葡萄酒应该在法国或葡萄牙生产,玉米应该在美国或波兰生产,而机器和其他商品应该在英国生产"[①]。

例如,在前面的例子中,英国生产两种商品,即呢绒和酒的成本比率是80:120,或者说是等于2:3;而葡萄牙生产两种商品的成本比率是60:30,即2:1。将这两个国家相应产品的成本比率进行比较,可发现它们的成本之比是不同的。因此,两国可以、也应当根据比较成本的差异来进行分工和贸易。这

---

① 〔英〕大卫·李嘉图:《政治经济学及赋税原理》,郭大力、王亚南译,商务印书馆1972年版。

里，英国根据比较成本选择专业化生产呢绒，而葡萄牙则相应地选择专业化生产酒，结果使双方都能在经济上获得利益。

可见，比较成本在思路上与绝对成本有很大的不同。李嘉图强调的是在相互比较的基础上，两国在两种商品生产上所处优势或劣势程度的差异，以及由此产生的贸易机会和贸易利益。它不是在本国某种产品与外国相应产品之间对成本进行直接的比较，而是着眼于本国不同产品之间成本比率与外国相应的成本比率的比较。这里，比较的视野不同，比较的范围也扩大了。另一方面，决定进出口模式的是比较成本的相对差异，选择的标准也更加灵活。进一步讲，比较成本的思路是较为接近现实情况的。由于生产要素在国家之间的流动受到限制和其他许多方面的原因，各国的生产成本都是在相对独立的条件下决定的，直接对两国同样产品的成本进行比较实际意义不是很大。

比较成本是各国在对外贸易中普遍遵循的一个准则。不同国家在选择进出口模式时，客观上也往往只能按照比较成本理论的原则进行决策，至少在由市场来调节一国的对外贸易模式时，比较成本的原则会得到充分的体现。从表面上看，许多国家开展对外贸易是从互通有无的角度出发的，进口的商品往往是本国不生产的或供应短缺的，而出口的商品则往往是本国生产能力很强的。通过进一步的分析不难发现，许多场合某些产品的国内供给能力不足，本身就是进行国际贸易的结果。比如，当今发达国家大量从发展中国家进口劳动密集型的工业产品，如服装、日用工业品等，显然，这不是因为他们缺乏相应产品的生产能力，而是出于比较成本的考虑，把生产能力集中到自身成本比较低的产业部门中去了。同样，发展中国家实际能出口的商品也不是根据主观确定的，而是客观上由比较成本决定的。

专栏 2-3

英国古典政治经济学家李嘉图简介

大卫·李嘉图（David Ricardo，1772—1823）于 1772 年出生于英国伦敦一个富有的交易所经纪人家庭。他所受的学校教育不多，14 岁就开始跟随父亲在交易所做事。后来，因婚姻和宗教问题与父亲脱离关系，自己经营交易所，干得非常成功，十年之后就拥有了 200 万英镑的财产。功成名就后，他利用空闲时间学习了自然科学。1799 年，李嘉图在巴思逗留期间偶然得到一本《国富论》，成为这本书的一个真正"赞赏者"。同时，当时英国脱离金本位制的特定环境使李嘉图对政治经济学产生了很大的兴趣。最终，他在分析、批判前人经济理论的基础上，结合时代提出的问题，将经济理论推上了一个新的阶段。

李嘉图对经济理论的研究及著作，几乎涉猎了经济学中的所有方面，他首先研究的是货币。李嘉图是货币数量论的倡导者。他在1809年和1811年发表的几篇文章和几个小册子中,批判了当时的货币流通制度,并且拟定了一个实事求是的纲领,甚至提出要创立新的国家银行,显示了他极大胆的建议方式和极雄辩的著作能力。他的货币理论思想主要有:(1)稳定货币流通是发展经济的最重要条件;(2)这种稳定只有以黄金为基础的条件下才有可能实现;(3)在流通中黄金可以在相当大程度上,甚至完全为按固定平价兑换黄金的纸币所取代。之后,他出版了《论谷物低价对资本利润的影响》。书中,他主要研究了价值理论。他以斯密的价值理论为出发点研究价值问题,力图在基本点上纠正和揭露斯密价值学说的混乱和矛盾。他坚持了耗费劳动量决定商品价值的原理,并将这一原理始终贯穿在他的经济理论中。他考虑了劳动性质与价值的关系,认为各种不同性质的估价由市场决定,并且主要决定于劳动者的相对熟练程度和所完成的劳动强度。最不利条件下的劳动决定价值。决定商品价值的是劳动总量,即不仅包括生产该商品时所需的劳动,而且包括生产用于该过程的资本物所需的劳动。

李嘉图对国际贸易理论有开创性的贡献。他是贸易自由的坚决支持者。在他的主要著作《政治经济学及赋税原理》中,李嘉图以一个有关国际贸易的一般理论支持了自己的观点。该理论包括比较优势学说——该学说或许可以说成是政治经济学中最广泛地为人所接受的"真理"(马歇尔,1887)。在《政治经济学及赋税原理》的"论对外贸易"一章中,他对苏格兰和葡萄牙的外贸进行了研究并用精彩的例子"葡萄酒"和"棉布"说明了比较成本,同时得到了贸易使贸易参与国更加富裕的结论,即后来所谓的比较优势原则。这个基本思想在后来被无数经济学者们引用并发展。他还根据比较耗费原则得出了与他的在贸易自由条件下和谐发展国际经济关系理论相适应的结论。

终其一生,李嘉图都以严谨的思维、数学逻辑性和精确性著称。他是古典政治经济学的集大成者。他发展了斯密的工资、利润和地租的观点,即社会三个主要阶层最初收入的观点。他认为,地租只是从利润中扣出的部分,从而利润被说成是收入的最初的基本形式,而资本是收入的基础,即利润实质上就是剩余价值。这又是他在科学上取得的光辉成就之一。1817年4月,他的名著《政治经济学及赋税原理》出版。该书包含了他丰富的经济思想,在经济史上有着很重要的地位。1819年,他成为一名议员,积极参与讨论银行改革、税收提议等问题,并成为伦敦政治经济俱乐部的奠基人。

——〔英〕约翰·伊特韦尔、〔美〕彼得·纽曼、〔美〕默里·米尔盖特等编:《新帕尔格雷夫经济学大辞典》(第四卷),陈岱孙等译,经济科学出版社2003年版,第196—214页。

2.4 对比较成本理论的评价

2.4.1 比较成本理论的贡献

比较成本理论的提出,奠定了国际贸易理论分析的基本框架。后来出现的各种国际贸易理论,都可以视为对比较成本法则的继承和发展。从分析方法的角度来看,比较成本理论至少在三个方面有着划时代的影响:

1. 成本理论提出了各国可以普遍遵循的参与国际贸易的标准

根据对国际间商品成本比率的比较,任何一国家都有参与国际贸易的可能和必要。这是因为一个国家无论怎么先进,总会存在相对落后的经济部门,把资源集中到相对有利的生产部门然后再进行国际交换,会获得比自给自足条件下更高的福利水平。一个国家无论多么落后,总能找到成本比较低的生产部门,从而把这样的产品推向国际市场,获得进口商品的能力。国际贸易的发展正是建立在各国普遍参加和经济上对各国都有利的基础上的。

2. 比较成本理论指出了各国参与国际商品交换的具体范围

一方面,比较成本差异决定了一国贸易模式,即该国应出口哪些商品,同时进口哪些商品,从而成为国际分工的基础。另一方面,比较成本还告诉人们,两国间进行商品交换,交换比例或比价总是处在一个特定的区间。在当今的现实生活中,客观上各国都是以特定的模式参与国际贸易,并且要在一定的贸易比价条件下才能获得经济利益。

3. 比较成本的分析是以国际贸易不同于国内贸易为前提的

李嘉图提出的比较成本仍以劳动价值理论为基础,然而他并不是把国内市场上通行的等价交换原则简单地搬过来,而是用不同的方法思考国家间的商品交换。比较成本把各国的商品成本看作是相对独立决定的,实际上也就是肯定了国际贸易有着与国内贸易不同的特征,这一点至今仍然有很大的现实意义。国际经济学对各种形式的国际经济交流的分析,总是高度重视不同国家间的现实差别并以此为前提来概括理论和制定政策。

2.4.2 比较成本理论的局限

当然,比较成本在理论上也存在不足之处。长期以来与比较成本联系在一起的理论分析和政策含义上的争议主要有两个方面:

1. 比较成本法则本身属于静态分析,缺乏动态分析

当不同国家商品的成本比率为一定时,比较成本告诉人们贸易模式的决定方法,即一国如何通过成本比较来选择进口什么商品,出口什么商品。也就是

说,比较成本法则是关于既定条件下的国际分工理论。然而,一个国家除了关心现在客观上以什么方式参与国际贸易外,往往还要考虑怎么以自己认为合理的方式来参与国际交换。怎么才能有效地改变一国参与国际贸易的模式,换言之,如何改变客观生活中的成本比率,比较成本理论没有对此作出回答。

这个问题对于发展中国家来说尤其具有重大的现实意义。发展中国家成本比较低的商品,往往是技术比较落后的大量使用劳动力生产出来的商品,或者主要是大量耗费资源生产出来的商品。出口这一类商品虽然在经济上也是有利的,但通常会遇到两个突出矛盾:一是需求有限,价格偏低。二是会造成本国的产业结构滞后,对国民经济的长远发展不利。简单地按照比较成本法则行事,发展中国家面临的困境会日益严重,这是引起对比较成本理论批评最多的地方。应当说,这个问题也不只是发展中国家的问题。将比较成本法则动态化是经济学者在国际贸易研究中一直努力的领域之一。

2. 比较成本理论是一种高度抽象的单一因素分析

李嘉图把商品的成本归结为劳动时间的耗费,不同国家的商品成本比率不同,实质上都是来源于劳动生产率的不同,即在同一劳动时间内能提供的商品数量不同。这种用劳动价值论来解释国际贸易内在原因的思路具有很大的科学价值。然而,这里仍然有两个问题有待解决:第一,影响产品生产所耗费的劳动时间的具体因素有哪些?李嘉图没有给出深入的分析。第二,除了生产效率的差异外,其他因素是否也能构成国际贸易的基础?答案是肯定的。随着国际贸易理论研究的不断发展,对这些问题的回答日益深入,也日趋丰富,它们构成了国际贸易理论发展的主要内容,本书在后面的章节中将作系统的论述。

2.4.3 比较成本与比较优势

在比较成本理论的基础上,逐渐演化出了"比较优势"(comparative advantage)一词,并成为国际贸易研究和相关领域中常用的术语。

比较优势思想与比较成本是一致的。一国的相对成本比较低的生产部门,也就是享有比较优势的部门,同时也可以说就是一国能够从国际交换中获得比较利益的部门。从它们所具有的实际内容来讲,比较成本、比较优势和比较利益三者没有差别。然而,它们观察问题的具体角度是有差异的。

比较成本,正如前面的分析中阐明的,从各国商品生产的角度来思考国际交换和国际分工的基础。比较优势主要是从国际竞争的角度来考虑问题,重点关注的是一国哪些商品能够进入国际市场。比较利益则更多的是从经济效益的角度来考虑的,着重于通过国际交换增进国民福利。在大多数场合下,三者无疑是一致性的。一般情况下,比较成本、比较优势和比较利益可以互相替代。

比较优势原理是国际贸易的基本原理。这里通行的是相对的比较原则，即在总体的对比中选择一国效率相对领先的部门作为出口部门，然后进口相应的产品来满足国内市场的需求，以达到节约国内劳动时间、增进国民福利的目的。值得注意的是，比较优势需要通过国际比较来衡量，它并不一定与按国内标准所作出的判断一致。比如，有些国家引以为自豪的产业部门，却并不是该国具有比较优势或国际竞争能力的产业部门，而有些传统的产业却能长期地享有竞争优势。指出这一点对企业和个人的决策有重要的价值。

专栏 2-4

小国与大国之间的贸易

在李嘉图的两国贸易模型中，一个隐含的假设是，两国的规模大小相似。因此，在自由贸易的情况下，两国各自放弃不拥有比较优势的产品而将所有的资源用于生产本国拥有比较优势的产品。但在现实世界中，贸易中两国的大小可能相差很大，比如中国与斯里兰卡相比，无论是人口还是土地面积，前者都是后者的几十倍甚至一百多倍。即使中国有生产小麦的比较优势，斯里兰卡有生产大米的比较优势，两国进行自由贸易，中国也不可能只生产小麦而不生产大米，因为即使把斯里兰卡全部生产的大米都出口到中国来也满足不了中国的最低消费。因此，如果大国与小国发生贸易，小国可以只生产其拥有比较优势的产品，而大国则不会实行专业化，只生产一种产品。大国仍然需要两种产品都生产。

另外一个问题是，小国与大国进行贸易，哪一国从自由贸易中获得的收益会更大呢？一般来说，贸易所得与贸易前后相对价格的变化幅度成正比。换句话说，如果产品出口价格越高，或是进口产品的价格越低，一国从贸易中获得的利益就越大。

那么，小国与大国贸易，谁的价格变化会更大一些呢？

举个例子来说，假设贸易前中国的大米市场的交易量为 1 亿吨，价格为每吨 1000 元。斯里兰卡大米市场交易量为 100 万吨，价格为每吨 500 元。发生贸易后中国从斯里兰卡进口了 50 万吨大米。这 50 万吨大米对于 1 亿吨的市场来说，只占 0.5% 的份额，影响甚微，对中国大米市场价格的影响不会很大。但是，对于斯里兰卡来说，50 万吨意味着相当于原有市场的 50% 现在出口到了国外，大米价格会大幅上升。虽然自由贸易的结果会使两国的大米价格都发生变动，但相对于封闭时两国的市场价格来说，中国只降了一点点以至于小到可以忽略不计，而斯里兰卡的大米价格则可以涨到非常接近于中国市场价格（将近每吨 1000 元）。由此可见，在小国与大国的贸易中，小国的利益增长幅度大于大国的利益增长幅度。

本章小结

本章首先简要地介绍了国际贸易理论学习的基本概念和一般均衡分析方法。随后重点介绍了国际贸易理论基础，包括重商主义思想、亚当·斯密的绝对成本说以及大卫·李嘉图的比较成本说。可以说，重商主义开启了系统研究国际贸易的时代，亚当·斯密为国际贸易分析建立起了第一个市场经济学分析框架，而大卫·李嘉图则在绝对成本说的基础上对国际贸易理论作出了开创性发展。这些关于国际贸易的思想和学说为现代贸易理论提供了分析框架。然而，比较成本说仅有静态分析，缺少动态分析，且只考虑了国际贸易的劳动生产率原因，是一种高度抽象的单一因素理论。

关键词

消费者预算线　边际效用递减规律　无差异曲线　消费者均衡　完全竞争　机会成本　相对价格　生产可能性曲线　商品市场均衡　一般均衡分析方法　重商主义　绝对成本　比较成本

讨论与思考练习

1. 各国间为什么会发生贸易？国际贸易理论是如何解释的？
2. 一般均衡与局部均衡分析方法有什么区别？为什么要用一般均衡来分析国际贸易？
3. 根据重商主义的观点，一国必须保持贸易顺差。在两国模型中是否可能？为什么？
4. 在分析中国加入世界贸易组织（WTO）的利弊时，有人说"为了能够打开出口市场，我们不得不降低关税，进口一些外国产品，这是我们不得不付出的代价"。请分析评论这种说法。
5. "贸易中的'双赢理论'本是强权理论。对于弱国来说，自由贸易的结果是只能变得更穷"。请评论上述观点。
6. 简述亚当·斯密的国际贸易理论。
7. 李嘉图的比较成本说有什么重大意义？试联系实际加以说明。
8. 西方经济学者是怎样修正李嘉图的"比较成本说"的？他们从中得出了哪些理论结论？
9. 下表列出了加拿大和中国生产 1 单位计算机和 1 单位小麦所需的劳动时间。假定生产计算机和小麦都只用劳动，加拿大的总劳动为 600 小时，中国总劳动为 800 小时。

	计算机	小麦
中国	100 小时	4 小时
加拿大	60 小时	3 小时

（1）计算不发生贸易时各国生产计算机的机会成本。

（2）哪个国家具有生产计算机的比较优势？哪个国家具有生产小麦的比较优势？

（3）如果给定世界价格是 1 单位计算机交换 22 单位的小麦，加拿大参与贸易可以从每单位的进口中节省多少劳动时间？中国可以从每单位进口中节省多少劳动时间？如果给定世界价格是 1 单位计算机交换 24 单位的小麦，加拿大和中国分别可以从进口每单位的货物中节省多少劳动时间？

（4）在自由贸易的情况下，各国应生产什么产品，数量是多少？整个世界的福利水平是提高还是降低了？试用图分析。（以效用水平来衡量福利水平）

第3章 要素禀赋与国际贸易

亚当·斯密和大卫·李嘉图的贸易学说是以古典劳动价值论作为理论基础,通过分析不同国家在生产同一种商品上劳动耗费的相对差异,分别提出了绝对优势成本和比较成本理论,为国际贸易理论研究提供了经济学分析框架。然而,比较成本说只考虑了国际贸易的劳动生产率原因,没有进一步说明效率差异的来源,是一种高度抽象的单一因素理论。两位瑞典经济学家埃利·赫克歇尔(Eli F. Heckscher,1879—1952)和伯梯尔·俄林(Bertil Ohlin,1899—1979)则提出并建立起要素禀赋理论框架。要素禀赋理论承认比较优势是国际贸易产生的现实基础,但却脱离古典劳动价值论的理论轨道,另辟"蹊"径,用各国的生产要素自然禀赋取代各国在商品生产与贸易中的劳动投入,开拓了国际贸易理论研究的"新"路子。因此,要素禀赋理论一经创立,就在国际经济学界广为传播,被普遍接受,并奉为经典,成为现代国际贸易理论的主流以及以后国际贸易理论诸多流派的重要理论渊源。

3.1 要素禀赋理论模型

3.1.1 基本概念

1. 生产要素和要素价格

生产要素(factors of production),是指生产活动必须具备的主要因素或生产中必须投入或使用的主要手段。生产要素通常指土地、劳动和资本要素,加上企业家的管理,成为四要素,也有人把技术知识、经济信息当作生产要素。

要素价格(factor price),指生产要素的使用费用或要素的报酬。例如,土地的租金、劳动的工资、资本的利息、管理的利润等。

2. 要素密集度和要素密集型产品

要素密集度(factor intensity),是指产品的生产过程中某种要素投入比例的大小。如果某种要素投入的比例大,则称该要素密集程度高。根据产品生产过程所投入的生产要素中占比例最大的生产要素种类的不同,可把产品划分为不同种类的要素密集型产品。在只有两种商品(商品 X 和商品 Y)、两种要素(资本和劳动)的情况下,如果商品 Y 生产过程中投入的资本和劳动的比例大于商品 X 生产过程中投入的资本和劳动的比例,则称商品 Y 是资本密集型产品,而商品 X 是劳动密集型产品。例如,生产农产品投入的土地占的比例最大,便称农产品是土地密集型产品;生产服装投入的劳动所占的比例最大,则称之为劳动密集型产品(labor intensive commodity);生产电子计算机投入的资本所占的比例最大,于是称为资本密集型产品(capital intensive commodity),等等。

3. 要素禀赋和要素丰裕度

要素禀赋(factor endowment),是指一国拥有的某种生产要素的数量。要素丰裕度(factor abundance),是指一国所拥有的各种生产要素的相对丰富性。如何定义不同国家的要素丰富程度,理论上有两种方式:

一是用实物单位总量来定义。假定 B 国的可用资本总量是 TK,可用劳动总量是 TL;A 国可用资本总量是 TK^*,可用劳动总量是 TL^*。如是 B 国的资本/劳动比率大于 A 国的资本/劳动比率($TK/TL > TK^*/TL^*$),或表示为$(TK/TL)_B > (TK/TL)_A$,那么,我们就说 B 国是资本相对丰富的,A 国是劳动相对丰富的。值得注意的是,我们这里对比的是资本和劳动的比率,而不是资本和劳动的绝对数量,即使 B 国的资本绝对数量小于 A 国,但只要 $TK/TL > TK^*/TL^*$,B 国仍然是资本相对丰富的。

二是用要素价格来定义。假定 PK 是 B 国资本价格,PL 是劳动价格;PK^* 和 PL^* 是 A 国的资本和劳动价格,如果 $PK/PL < PK^*/PL^*$,那么,我们就说 B 国是资本相对丰富的,A 国是劳动相对丰富的。

一般地,资本的价格是利率 r,劳动的价格是工资率 w,如果 $r/w < r^*/w^*$,则 B 国是资本相对丰富的,A 国是劳动相对丰富的。同样,一个国家的资本是否相对丰富,并不是看其利率的绝对水平是否小于对方国家利率的绝对水平,即使 B 国的利率高于 A 国的利率,但只要 $r/w < r^*/w^*$,则 B 国就是资本相对丰富的。

这两种要素丰富程度的定义方法是存在区别的,用实物单位比例方法仅仅考虑了要素的供给因素,没有考虑要素的需求因素,而用相对价格比例方法则同时考虑了供给和需求两方面的因素。

由于我们假定两国的需求偏好相同,所以在这种情况下,这两种定义方法的结论是一致的。因为如果 $TK/TL > TK^*/TL^*$,在相同的需求条件下和相同的生产技术条件下,则必然有 $PK/PL < PK^*/PL^*$。

3.1.2 基本假设

要素禀赋理论是一个两国家、两产品、两要素理论模型,即 $2 \times 2 \times 2$ 模型,其基本假设条件为:

(1) 两种生产要素:假定为劳动和资本。

（2）两种可贸易产品：假定为 F 和 C。无论生产 F 还是生产 C，都要使用劳动（L）和资本（K），但使用的比例不同。假定 F 是劳动密集型产品，C 为资本密集型产品。

（3）两个国家：假定为 A 和 B。A 是劳动充裕的国家，B 是资本充裕的国家。

（4）每个国家的生产要素都是给定的。劳动和资本可以在国内各部门自由流动，但不在国际间流动。

（5）生产技术相同：前面已经指出，李嘉图在提出比较成本理论时，是以同样商品的生产在不同国家需要不同的劳动时间耗费为基础的，也就是以不同国家的劳动生产率差异作为出发点的。俄林则假定，如果各国的劳动生产率一样，即使使用相同的生产要素，比如说等量的劳动和资本，生产出相同数量的商品，仍然会有进行国际贸易的必要性。

（6）两国的消费偏好相同：社会无差异曲线的位置和形态是相同的。

（7）生产规模报酬不变：无论是 A 国还是 B 国，无论生产 F 商品还是 C 商品，如果要素投入增加 10%，那么产量也增加 10%。

（8）商品市场和要素市场均为完全竞争市场。

（9）无贸易障碍：运输成本为零，无关税或其他阻碍国际贸易自由的障碍。

（10）充分就业假设：两国资源都得到充分利用，不存在闲置资源的情况。

（11）贸易平衡：两个国家的进口都等于其出口，不存在贸易顺差或逆差的情况。

专栏 3-1

不同国家或地区的相对资源禀赋情况

下表给出了 1993 年不同国家或地区所占资本、熟练工人和非熟练工人三项世界资源禀赋的份额。从表中我们可以看到，美国拥有世界资本的 20.8%，19.4% 的熟练工人和 2.6% 的非熟练工人。所有这些资源之和占世界这几项总资源的 5.6%。由于美国在资本和熟练工人上占有相对较多的份额（与占世界资本、熟练工人和非熟练工人这三项资源之和的 5.6% 相比，分别为 20.8% 和 19.4%），我们可以推知美国在资本密集型和技术密集型商品上具有比较优势，而在非技术密集型商品上具有比较劣势。其他工业化国家的情形也与之类似。

不同国家或地区资源禀赋的占有率（%）

国家和地区	资本	熟练工人	非熟练工人	总资源
美国	20.8	19.4	2.6	5.6
欧盟	20.7	13.3	5.3	6.9

(续表)

国家和地区	资本	熟练工人	非熟练工人	总资源
日本	10.5	8.2	1.6	2.9
加拿大	2.0	1.7	0.4	0.6
经合组织其他国家	5.0	2.6	2.0	2.2
墨西哥	2.3	1.2	1.4	1.4
拉丁美洲其他国家	6.4	3.7	5.3	5.1
中国内地	8.3	21.7	30.4	28.4
印度	3.0	7.1	15.3	13.7
中国港澳台、新加坡	2.8	3.7	0.9	1.4
亚洲其他地区	3.4	5.3	9.5	8.7
东欧(包括俄罗斯)	6.2	3.8	8.4	7.6
石油输出国组织	6.2	4.4	7.1	6.7
世界其他地区	2.5	4.0	10.0	8.9
总计	100.0	100.0	100.0	100.0

中国、印度、亚洲其他地区、东欧(包括俄罗斯)、石油输出国组织和世界其他地区的情况恰好相反。可以推测,墨西哥和拉丁美洲其他地区在资本密集型商品上具有比较优势,在技术密集型商品上具有比较劣势,墨西哥的非技术密集型商品既不具有比较优势也不具有比较劣势,拉丁美洲其他地区的非技术密集型商品则具有比较优势。中国香港、韩国、中国台湾和新加坡在资本密集型和技术密集型商品上具有比较优势。

——W. R. Cline, Trade and Income Distribution, Institute of International Economics, pp. 183—185.

3.2 要素禀赋状况与贸易模式

3.2.1 要素禀赋与贸易模式

根据以上基本假设,两国的生产和贸易模式可以作如下表述:

各个国家之间生产要素禀赋的相对差异是产生国际贸易的原因。因而,一国在相对密集地使用该国相对丰裕的生产要素的那种商品的生产上享有比较优势。在使用劳动和资本两种要素的贸易模型中,资本与劳动比率相对较低的国家,劳动要素相对丰裕而资本要素相对稀缺,因而在劳动密集型商品的生产上享有比较优势;反之,资本与劳动比率相对较高的国家,资本要素相对丰裕而劳动要素相对稀缺,因而在资本密集型商品的生产上享有比较优势。据此,前者应该集中致力于生产和出口劳动密集型商品,进口资本密集型商品;后者应该集中致力于生产和出口资本密集型商品,进口劳动密集型商品。如此开展国际贸易,两国都能够获得贸易利益。

显然,在有关各国的生产要素自然禀赋状况一定,各国的资本和劳动比率一定的条件下,它们各自比较优势的归属与定位,以及在此基础上开展国际贸易时的贸易结构、商品流向与贸易利益来源是确定的。

3.2.2 一般均衡分析

现假定 A、B 两国,使用劳动和资本两种要素,生产劳动密集型的 F 商品和资本密集型的 C 商品。如果 A 国的劳动要素相对丰裕,B 国的资本要素相对丰裕,则 A、B 两国按照"赫克歇尔—俄林定理"开展贸易都能获取贸易利益(见图 2.1)。

我们知道,凹向原点的生产可能性曲线表示机会成本是递增的。机会成本递增的原因是生产要素具有以下特征:(1) 不同质;(2) 商品生产中两种要素的比例不是固定不变的。这表明,随着产量的增减,一国生产某种产品所需的要素比例将发生变化。例如,随着产量的增加,一国多生产 1 单位某产品所需放弃的另一产品的量也在增加。再如,某国部分土地是平原,适宜种植小麦,部分土地是山地,适宜放牧,生产乳制品。该国最初同时生产小麦和乳制品,但现在要集中力量生产乳制品。这样,用减少小麦产量节约的土地生产乳制品的机会成本将会不断增加,这就导致生产可能性曲线凹向原点。

在图 2.1 中,A、B 两国的生产可能性曲线都是凹向原点的,但形状不同。根据假设,B 国是资本充裕的,商品 C 是资本密集型商品,A 国是劳动充裕的,商品 F 是劳动密集型商品。因此,B 国将比 A 国生产更多的 C,而 A 国将比 B 国生产更多的 F。于是,两国的生产可能性曲线形状不同,PPF_b 更陡峭,而 PPF_a 更平缓。

从图 2.1 可见,在开展贸易以前,A 国的生产与消费均衡点为其生产可能性边界与国内市场价格线的切点 a 点,B 国的生产与消费均衡点为其生产可能性边界与国内市场价格线的切点 b 点。

两国按照"赫克歇尔—俄林定理"开展贸易必然意味着两国共同遵守的贸易条件一定优于它们各自的国内交换比率。比较图中的国际市场价格线 R_i 与 R_a 和 R_b,可以明显地看到,R_i 在 F 轴上的斜率大于 R_a 在 F 轴上的斜率;R_i 在 C 轴上的斜率大于 R_b 在 C 轴上的斜率。即 A、B 两国按照由 R_i 表示的贸易条件开展贸易,其出口商品的相对价格水平都较之国内市场交易有所提高,它们的贸易条件都得到了改善。

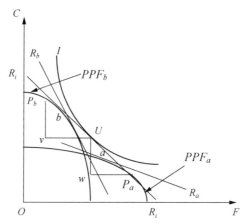

图 3.1 "赫克歇尔—俄林定理"与贸易均衡和贸易利益

从图 3.1 还可以看到,R_i 同 PPF_a 相切于 P_a 点,同 PPF_b 相切于 P_b 点,同位置较高的消费无差异曲线 I 相切于 U 点。表明 A、B 两国为了发挥本国的比较优势分别调整了国内的生产构成,相应地增加了本国优势产品的生产。按照 R_i 进行相互间的贸易,两国都可以在 I 曲线的 U 点上进行消费。同贸易前的消费均衡点相比,两国的贸易利益是显而易见的。

当然,只要国际贸易条件优于两国各自的国内交换比率就一定会导致两国间的贸易,但两国间的贸易要达到均衡却要经过一个不断调整的过程。不过,市场力量最终必将使两国的出口供给和进口需求调整至两两对等,两国间的贸易也将随之处于均衡状态。从图 2.1 中两国的贸易三角形 △P_awU 和 △P_bvU 可见,A 国 F 商品的出口供给 S_f^a 为 P_aw,C 商品的进口需求 D_c^a 为 wU,B 国 C 商品的出口供给 S_c^b 为 P_bv,F 商品的进口需求 D_f^b 为 vU。十分明显,在国际市场价格线为 R_i 时,两国间的贸易达到均衡,有以下相互需求恒等式:

$$D_c^a = wU = P_bv = S_c^b$$
$$D_f^b = vU = P_aw = S_f^a$$

3.2.3 要素价格均等化理论

在一个两国贸易模型中,两国间完全自由的贸易将使两国的生产要素价格趋于一致。如果两国都实行不完全的国际分工,即都同时生产两种商品,则自由贸易的最终结果必然是两国的生产要素价格完全一致。这种生产要素价格的均等化在一定程度上可以起到替代生产要素在两国之间自由流动的作用。

"要素价格均等化命题"表述了开展国际贸易的条件下价格机制的作用。根据要素禀赋理论,各国为了发挥各自的比较优势,获取贸易利益,都应该生产并出口较为密集地使用本国较为丰裕的生产要素的商品。但是,为了论证各国生产要素自然禀赋的相对差异是国际贸易的基础,要素禀赋理论又认为各国生产要素的供给相对固定,其价格由完全竞争的要素市场上的供求关系来决定。

假定 $\left(\frac{K}{L}\right)_a < \left(\frac{K}{L}\right)_b$ 或 $\left(\frac{W}{I}\right)_a < \left(\frac{W}{I}\right)_b$,则 A 国应该生产并出口劳动密集型的 F 商品,B 国应该生产并出口资本密集型的 C 商品。然而,比较优势基础上的自由贸易的发展必然表现为 A 国国内 F 商品的生产规模扩大,C 商品的生产规模缩小;B 国国内 C 商品的生产规模扩大,F 商品的生产规模缩小。两国国内两种商品相对生产规模的改变,势必会对两国的要素市场产生重大影响。A 国国内要素市场上劳动要素的需求相对增大,资本要素的需求相对减小;B 国国内要素市场上资本要素的需求相对增大,劳动要素的需求相对减小。

与此同时,A 国增加 F 商品的出口,实际上是"连带着"将物化在 F 商品中的相对更多的劳动要素输往国外,增加 C 商品的进口,实际上是"连带着"向国内输入相对更多物化在 C 商品中的资本要素。B 国的情况恰恰相反,贸易的深入开展使相对更多的资本要素物化在 C 商品中被输往国外,同时又自国外输入相对更多物化在 F 商品中的劳动要素。

如此双管齐下,两国的国内要素市场上劳动要素和资本要素的供求关系都在悄悄地发生改变。原本劳动要素相对丰裕,资本要素相对稀缺的 A 国,劳动要素的丰裕程度已大不如从前,资本要素也不是那么稀缺了。而在 B 国的要素市场上,资本要素变得不那么丰裕,劳动要素的稀缺程度也大大减轻了。于是,人们看到,在 A 国的国内要素市场上,劳动要素的价格上升,资本要素的价格下降,致使 $\left(\frac{W}{I}\right)_a$ 趋于上升;在 B 国的国内要素市场上,资本要素的价格上升,劳动要素的价格下降,致使 $\left(\frac{W}{I}\right)_b$ 趋于下降。这种情况看起来就好像是生产要素在国际间发生了流动,因而改变了本来相对固定的各国国内的要素供给,最终改变了各国国内的生产要素价格。

针对开展贸易以后两国国内要素市场上要素价格比率 $\frac{W}{I}$ 发生相向变动的趋势,俄林这样写道,"对每一个国家说来,包含着更大比例的价格更为便宜的要素的商品出口到国外,这种要素同以前相比变得相对稀缺,而同时,包含着更大比例的本国相对稀缺的要素的商品自国外进口,这种要素变得亦不那么稀缺。通过要素转移可以达到同样的结果。可见,国际贸易可以起到替代国际间要素流动的作用"①。据此,俄林认为"存在着某种导致生产要素价格均等化的

---

① 〔瑞典〕伯尔蒂尔·俄林:《地区间贸易和国际贸易》,王继祖等译校,商务印书馆 1986 年版。

趋势"①。但同时他又认为,由于"某些商品只能在某个国家生产,然后再出口到外国","国际贸易中还存在着很多障碍","工业对要素的需求是对多种要素的组合需求,且这种需求组合不能随意改变","此外,要素也不能充分地自由流动","所以,要素价格的完全一致几乎是不可想象的,当然也是完全不可能的"②。

专栏3-2

赫克歇尔小传

赫克歇尔(Eli Filip Heckscher,1879—1952),瑞典著名经济学家、经济史学家,乌普萨拉大学哲学博士,曾任斯德哥尔摩商学院经济统计学教授和斯德哥尔摩学院经济史教授。作为瑞典著名经济学家,赫克歇尔以其杰出的生产要素禀赋论闻名于世。在赫克歇尔的学术生涯中,他将绝大部分精力致力于经济史研究,"生产要素禀赋论"是他在长期潜心研究各国及瑞典经济史过程中逐渐形成的。赫克歇尔的博士论文《瑞典经济发展中铁路的重要性》就是研究经济史问题。1929年,赫克歇尔创建斯德哥尔摩经济史研究所,并任第一任所长,成为瑞典经济史研究的创始人。赫克歇尔对经济史有独特理解,强调经济理论的重要性,对经济史的研究兼有经济学家和统计学家的特点。其对经济史的研究主要涉及两个方面:一是对欧洲各国政府干预经济的历史研究;二是对瑞典经济史的研究。代表作主要有《重商主义》《大陆体系》《世界大战经济》《1914—1925年的瑞典货币政策》以及《瑞典经济史》等。赫克歇尔于1931年出版的《重商主义》一书曾被公认为其最重要的经济史著作。他通过选择典型国家的典型经济政策加以分析,从而该书成为"作为欧洲共同问题的重商主义经济政策史论"。有关"商品渴望"(hunger for goods)、"商品恐惧"(fear of goods)的概念构成了该书的核心部分,并成为后来赫克歇尔进行经济学阐述的基本工具之一。

俄林小传

俄林(Bertil Ohlin,1899—1979),瑞典著名经济学家和政治学家,以《贸易理论》获经济学博士学位,是当代瑞典学派的奠基人和主要代表人物。1977年,俄林获诺贝尔经济学奖。1917—1919年,他进入斯德哥尔摩商学院学习,师从赫克歇尔。曾任丹麦哥本哈根经济学教授、斯德哥尔摩商学院教授。其主要经济论著有《贸易理论》(1924)、《对外贸易与贸易政策》(1925)、《地区间贸易与国际贸易》(1933)、《货币政策与公共工程:解决失业的工具》(1934)、《国际经

---

① 〔瑞典〕伯尔蒂尔·俄林:《地区间贸易和国际贸易》,王继祖等译校,商务印书馆1986年版。
② 同上。

济重键》(1936)、《资金市场与利率政策》(1941)、《经济活动的国际布局(论文集)》(1977)等。此外,俄林还以专家的身份为联合国、国际联盟等国际组织撰写研究报告,主要有 1931 年的《世界经济萧条的进程与阶段》,1955 年的《欧洲经济合作社会观》。1969—1975 年,俄林担任诺贝尔经济学奖委员会主席。

俄林在经济学上的主要贡献在于他提出的生产要素禀赋论,这一学说奠定了现代国际贸易理论的基础,并使他荣获诺贝尔经济学奖。瑞典皇家科学院认为,"俄林的古典研究《地区间贸易与国际贸易》,使他被认为是现代国际贸易理论的创始人。其理论显示,生产要素将决定国际贸易与国际分工的形态,并且说明了国际贸易对资源配置、相对价格与收入分配的影响。俄林指出区域贸易与国际贸易的相似与差异之处,并且说明国际贸易与产业区位之间的关系"。俄林在现代西方经济学史上的第二大贡献在于经济稳定政策方面的成就。从二三十年代起,俄林长期致力于建立宏观经济理论,注重研究总有效需求水平同总供给的关系。此外,他在区域经济学、通货膨胀和"超充分就业"问题的研究中也做出了贡献。

——胡代光、高鸿业:《西方经济学大辞典》,经济科学出版社 2000 年,第 1170、1179 页。

3.3 里昂惕夫之谜及其解释

3.3.1 里昂惕夫之谜

按照要素禀赋理论的基本原理,一个国家应出口密集使用本国丰裕的生产要素的商品,进口密集使用本国稀缺的生产要素的商品。美国作为一个资本相对丰裕的国家,应该出口资本密集型商品,进口劳动密集型商品。但是,在 20 世纪 50 年代初,美国经济学家华西里·W. 里昂惕夫(Wassily W. Leontief)研究了美国进出口的历年数据后,发现美国出口的是劳动密集型产品,进口的是资本密集型产品。这一结论在理论界引起了巨大的震动,成为一个难解的谜,被称为"里昂惕夫之谜"(Leontief Paradox)。

根据美国 1947 年的统计资料,里昂惕夫将美国的 200 个不同行业归并为 50 个生产部门,发现其中 38 个生产部门直接参与了国际市场交换。接下来,里昂惕夫对价值为 100 万美元的出口商品和进口替代商品(import replacements)的生产(包括最终产品的生产和中间产品的生产)中所使用的资本要素和劳动要素的数量进行了精心的计算。①

里昂惕夫的计算结果却同要素禀赋理论的基本原理大相径庭:美国出口商品中的"资本/劳动比率"小于进口替代商品。换句话说就是,尽管全世界都普遍认为美国是一个资本要素最为丰裕、劳动要素相对稀缺的国家,但美国并没有如要素禀赋理论所要求的那样,出口它具有比较优势的资本密集型产品,进口它处在比较劣势地位的劳动密集型产品。恰恰相反,美国是在出口劳动密集型产品,进口资本密集型产品。

如果用 $\left(\frac{K}{L}\right)_X$ 和 $\left(\frac{K}{L}\right)_M$ 分别表示美国价值100万美元的出口商品和进口替代商品中的"资本/劳动比率",从里昂惕夫的验证结果看,$\left(\frac{K}{L}\right)_X$ 为13991.21美元,$\left(\frac{K}{L}\right)_M$ 为18183.92美元。$\left(\frac{K}{L}\right)_X$ 仅相当于 $\left(\frac{K}{L}\right)_M$ 的76.9%,或者说 $\left(\frac{K}{L}\right)_M$ 是 $\left(\frac{K}{L}\right)_X$ 的1.3倍(见表3.1)。

表3.1　1947年美国每百万美元出口商品和进口替代商品对国内资本和劳动的需要量

	出口商品	进口替代商品
资本使用量(按1947年美元价格计算)	2550780	3091339
劳动使用量(人年)	182.313	170.004

资料来源:〔美〕里昂惕夫:《国内生产与对外贸易:美国资本地位再考察》,载《美国哲学学会会刊》1953年第97卷,第522页。

里昂惕夫以及当时一些经济学家们怀疑是否因为第二次世界大战刚刚结束,美国经济尚处在某种非正常状态,故而影响到此次验证所采用的美国1947年统计资料的真实性,进而使验证结果发生了偏移。所以,在1956年,里昂惕夫又使用同样的方法,根据美国1951年对外贸易的统计资料,再一次对要素禀赋理论进行了经验验证。然而,令人遗憾的是,里昂惕夫的第二次验证得出了同第一次验证几乎完全一样的结果(见表3.2)。

表3.2　1951年美国每百万美元出口商品和进口替代商品对国内资本和劳动的需要量

	出口商品	进口替代商品
资本使用量(按1951年美元价格计算)	2256800	2303400
劳动使用量(人年)	174	168

资料来源:〔美〕里昂惕夫:《要素比例和美国的贸易结构:理论经验再分析》,载《经济学统计学季刊》1956年第38期。

---

① 〔美〕W. W. 里昂惕夫:《国内生产与对外贸易:美国资本地位再考察》,载《美国哲学学会会刊》1953年第97卷,第334页。

从表中所列美国1951年对外贸易中资本要素和劳动要素的需要量资料可以看到，$\left(\frac{K}{L}\right)_X$ 为12970.11美元，$\left(\frac{K}{L}\right)_M$ 为13710.71美元。$\left(\frac{K}{L}\right)_X < \left(\frac{K}{L}\right)_M$。这就是说，即便是根据1951年的资料，资本要素相对丰裕、劳动要素相对稀缺的美国仍是在出口劳动密集型产品，进口资本密集型产品。

里昂惕夫对要素禀赋理论两度验证的结果都表明，美国对外贸易的结构和商品流向同历来被学术界奉为经典的要素禀赋理论明显相互矛盾，这样的验证结果无法用传统的贸易理论加以解释与说明，因此被称为"里昂惕夫悖论"或"里昂惕夫之谜"。

3.3.2 对里昂惕夫之谜可能的解释

"里昂惕夫之谜"引起经济学家们对传统国际贸易理论正确性的极大关注，对"里昂惕夫之谜"进行解释的不同尝试包括：

1. 劳动者技能水平差异说

这个观点最早由里昂惕夫本人提出，后来又由美国经济学家基辛（D. B. Keesing）加以发展，使用劳动效率差异来解释里昂惕夫之谜。

里昂惕夫认为，问题产生的根本原因在于各国的劳动生产率不同，而美国的劳动熟练程度或劳动效率比其他国家高。1947年，美国工人的生产率大约是其他国家的3倍。按生产率计算的美国工人数与美国拥有的资本量之比相对其他国家高，美国就成了劳动力丰富而资本稀缺的国家。所以美国出口劳动密集型产品，进口资本密集型产品，这与要素禀赋理论揭示的规律是一致的。

但这种解释很快遭到许多人的质疑。一些人认为，如果说美国的生产率是其他国家的3倍，那么美国的工人人数和资本都应同时乘以3，这样美国的资本相对充裕度并不受影响。而实际研究也否定了里昂惕夫的观点。例如，美国经济学家克雷宁（Krelnin）经过验证，认为美国工人的劳动效率和欧洲工人的劳动生产率相比，最多高出1.2—1.5倍，因此，里昂惕夫的上述解释是站不住脚的，里昂惕夫本人后来也否定了自己的解释。

基辛（D. B. Keesing）对这个问题作了进一步研究。他利用1960年美国的人口普查数据，将美国企业职工的劳动分为熟练劳动和非熟练劳动两类。熟练劳动包括科学家和工程师、技术员和制图员、其他专业人员、厂长和经理、机械工人和电工、熟练的手工操作工人、办事员和销售员等的劳动；非熟练劳动指不熟练和半熟练工人的劳动。根据这种熟练劳动和非熟练劳动的分类，他对14个国家1962年的进出口商品构成进行了分析，得出熟练程度不同的国际贸易产生的重要原因之一，是资本较丰富的国家倾向于出口熟练劳动密集型商品，资本较缺乏的国家则倾向于出口非熟练劳动密集型商品的结论。

表 3.3 是基辛研究的 14 国中的美国、瑞典、德国、意大利、印度 5 国进出口商品生产所需的熟练劳动和非熟练劳动的比重。在出口商品中,美国的熟练劳动比重最高,非熟练劳动比重最低;印度的熟练劳动比重最低,非熟练劳动比重最高。在进口商品中,情况恰好相反,美国的熟练劳动比重最低,非熟练劳动比重最高;印度的熟练劳动比重最高,非熟练劳动比重最低。这表明发达国家在生产含有较多熟练劳动的商品上具有比较优势,欠发达国家在生产含有较少熟练劳动的商品上具有比较优势。换言之,劳动熟练程度不同是国际贸易产生的重要原因之一。

表 3.3　5 个国家进出口商品所需熟练劳动和非熟练劳动比重(%)(1962)

国家	出口		进口	
	熟练劳动	非熟练劳动	熟练劳动	非熟练劳动
美国	54.6	45.4	42.6	57.4
瑞典	54.0	46.0	47.9	52.1
德国	52.2	47.8	44.8	55.2
意大利	41.1	58.9	52.3	47.7
印度	27.9	72.1	53.3	46.7

数据来源:范家骧:《国际贸易理论》,人民出版社 1985 年版,第 89 页。

2. 人力资本说

人力资本说是美国经济学家凯能(P. B. Kenen)等人提出来的,用人力资本差异来解释"里昂惕夫之谜"的产生。人力资本说认为,国际贸易中的资本既包括物质资本,也包括人力资本。所谓人力资本,即所有能够提高劳动生产率的教育投资、工作培训、保健费用等支出,其作用是提高劳动者的技能,进而提高劳动生产率。里昂惕夫计算的资本只包括物质资本,而忽略了劳动资本。由于劳动不可能是同质的,熟练劳动是投资的结果,也是资本支出的产物。美国出口产业相对于其进口替代产业,劳动力因接受了更多教育、培训投资等,因而比外国劳动包含更多的人力资本。简单地用美国的资本和劳动人数或劳动时间来计算美国进口产品的资本劳动比,可能没有反映美国人力资本和其他国家人力资本的区别。如果把前期投资形成的档期的人力资本分离出来,再将其加入到实物资本中,并重新计算里昂惕夫的结果,就会发现美国出口产品的 K/L 高于美国进口产品的 K/L,从而很明显地得出美国出口资本密集型产品、进口劳动密集型产品这一结论。但是这种解释的困难在于,人们很难准确获得人力资本的真正价值以及相关数据。

3. 自然资源说

自然资源说认为,里昂惕夫之"谜"之所以产生,一个重要的原因就是里昂惕夫在对美国的对外贸易进行经验验证研究时,仅拘泥于要素禀赋理论关于贸易模型只包含资本和劳动两种要素的假定,忽略了自然资源这样一种非常重要的要素。一旦将自然资源要素纳入理论讨论的范畴,"谜底"也就自然而然地毫无玄妙可言了。

此类观点认为:第一,在美国,有些自然资源的确是相对稀缺的,或者美国为了对本国的自然资源加以"战略性保护",显得相对稀缺。因此,美国每年都从国外大量进口自然资源密集型商品。第二,在实际的生产过程中,自然资源要素投入同资本要素投入之间一般说来存在极强的相互跟进(或称相互补充)的关系(complementary relations),而且在大多数情况下,资本要素和自然资源要素不可以相互替代。这就是说,需要耗费大量自然资源的商品,在其生产过程中,一般也要投入大量的资本要素。

从以上两点认识出发,里昂惕夫之"谜"是不难理解的。美国进口商品中资本要素的相对密集程度较高只是一种"表面现象",从中不能推出美国变成了一个资本要素相对稀缺的国家,因而需要从国外进口资本密集型商品的结论。这种现象只是反映了美国大量进口的自然资源密集型商品(natural resources intensive goods)同时又是资本密集型商品的客观现实。

4. **商品的要素密集性质"逆转"说**

要素密集性质"逆转",是指同一种产品在劳动充裕的国家是劳动密集型产品,在资本充裕的国家是资本密集型产品。这种学说认为,在不同的国家之间,某种特定商品的要素密集性质并不一定具备趋同性。实证研究表明不同国家之间特定商品的生产要素密集性质的"逆转"不仅是完全可能的,而且是现实存在的。值得注意的是,仅就两个国家的相互比较而论,虽然商品的要素密集性质的确可能发生"逆转",但两国间却鲜有建立在要素禀赋状况基础上的双边贸易,发生要素密集性质"逆转"的商品更多的是在第三方市场上展开竞争。世界大米生产与贸易就是一个较为有说服力的佐证。作为资本要素相对丰裕的国家,美国在大米生产过程中使用了大量的重型农用机械、化肥、农药和其他设备、技术。东南亚的泰国、越南、缅甸等国作为传统的优质大米生产国,从它们自身的要素禀赋状况出发,则基本上是采用密集使用廉价劳动要素的方法从事大米的生产。这样,同样是生产大米这种特定的商品,在美国同东南亚国家的相互比较中,要素密集性质的"逆转"是不言而喻的。在世界大米市场上,美国生产的"资本密集型"大米遇到了东南亚国家生产的"劳动密集型"大米的激烈竞争。

5. **消费偏好"逆转"说**

该种学说认为,依照各国的要素禀赋状况判断它们各自的比较优势,以及在此基础上形成的对外贸易结构和商品流向,资本要素相对丰裕的国家出口资本密集型商品,劳动要素相对丰裕的国家出口劳动密集型商品等等,都只是从供给的角度考察要素供给与商品供给的相互一致性,因而也是很不全面的。一旦资本要素相对丰裕的国家的消费者对资本密集型商品有超强的消费偏好,或劳动要素相对丰裕的国家的消费者对劳动密集型商品有超强的消费偏好,这样一种消费偏好的"逆转"就极有可能导致资本要素相对丰裕的国家的国内市场上资本密集型商品的供给相对不足,或者导致劳动要素相对丰裕的国家的国内市场上劳动密集型商品的供给相对不足。这就必然要求两国通过进口来对国内市场的供给进行补充。仅就商品生产中资本和劳动的耗费比例决定的两类商品的贸易模型分析,一类商品的进口最终都是要由另一类商品的出口来支付。于是,就出现了"资本要素相对丰裕的国家出口劳动密集型商品用以进口资本密集型商品",或者"劳动要素相对丰裕的国家出口资本密集型商品用以支付劳动密集型商品的进口"这样看起来极不合理的"反常"现象。

6. 贸易政策"扭曲"效应说

美国经济学家罗伯特·鲍德温(Robert Baldwin)对要素禀赋理论的经验验证基本上重现了20年前里昂惕夫的验证结果。鲍德温试图从美国实施的贸易政策中为"里昂惕夫之谜"找到合理的解释,提出了存在着贸易政策对贸易结构的"扭曲"效应的观点,进而认为美国在特定条件下的关税政策和其他贸易保护政策以及促进出口的一系列政策措施产生的"扭曲"效应正是"里昂惕夫之谜"的"谜底"。[①] 依鲍德温的意见,美国作为世界上资本要素存量最大、劳动要素相对稀缺的国家,其劳动密集型产业处在相对劣势地位,因而自然而然地就成为美国的关税政策和其他一系列贸易保护主义措施的主要保护对象。美国为此设置的关税壁垒和非关税壁垒势必阻碍外国生产的劳动密集型商品进入美国市场。这样就相对缩小了美国进口商品总量中劳动密集型商品所占的比重,相应地增大了美国进口商品中资本密集型商品的比重。

美国在用关税政策和其他贸易保护主义措施阻碍外国生产的劳动密集型商品进入美国市场的同时,又以出口补贴、出口信贷、出口退税、同其他国家签订双边贸易协定等一系列手段,刺激美国的企业尽可能地将劳动密集型商品向外国出口,以便同外国的同类商品争夺在国际市场上的占有率。这样就相对增加了劳动密集型商品在美国出口商品总量中的比重,相应地缩小了资本密集型商品在美国全部出口商品中的比重。

如此双管齐下,贸易政策的"扭曲效应"发生作用的结果就是,最终导致美

[①] 参见〔美〕R. E. 鲍德温:《美国贸易中商品结构的决定因素》,载《美国经济评论》1971年第61期。

国全部进口商品中劳动要素的相对密集程度下降和资本要素的相对密集程度上升;全部出口商品中劳动要素的相对密集程度上升和资本要素的相对密集程度下降。

有学者指出,鲍德温的研究看到了贸易政策对贸易结构以及进出口商品中要素比例产生的"扭曲"效应,是值得肯定的。但是,根据鲍德温的计算,即便是将美国的关税政策和其他一系列贸易政策产生的"扭曲"效应考虑在内,1962年美国进口商品中每人年劳动投入的实际资本装备(K/L 比率)也只会相应地调低大约 5%(从 17915.97 美元/人年调整到 17020.17 美元/人年),仍比同期美国出口商品中每人年劳动投入的实际资本装备(14320.61 美元/人年)高出 18.85%。也就是说,鲍德温强调的贸易政策"扭曲"效应并不能完全解释"里昂惕夫之谜"。①

概括起来看,"里昂惕夫之谜"不仅引发了对要素禀赋理论的广泛经验验证研究,更重要的是,"谜"还驱使各国经济学家纷纷展开对"谜底"的多方苦苦探寻,对里昂惕夫的"新发现"赋予不同的解释。他们或者探讨要素的异质性对贸易结构和商品流向的影响,或者在理论研究框架中引入新的要素,或者试图研究经济生活中的某些"扭曲"可能产生的效应。总之,尽管这些学说的分析方法各异,在理论上的侧重面也不尽相同,但都有一个共同点,那就是这些经济学家们都赞成要素禀赋理论的基本原理,希冀通过他们的研究将要素禀赋理论建立在更为科学的基础上,另外,在研究方法上,这些经济学家们都是把曾经被赫克歇尔和俄林在建立要素禀赋理论体系时,作为假定前提抽象掉的某些条件,重新纳入贸易理论研究的框架。尤为可贵的是,他们几乎都不约而同地强调了科学技术进步对国际贸易理论模型以及贸易结构和商品流向的影响。这样的研究思路以及得出的研究结论符合当今世界经济和国际贸易发展的实际,同时也从不同的角度,在不同的层面上丰富和发展了国际贸易理论。

3.4 要素禀赋理论的扩展

赫克歇尔—俄林模型将国际贸易与收入分配结合起来,或者更确切地说将国际贸易和生产要素价格结合起来,对国际贸易理论做出了"革命性贡献"②。20 世纪 40 年代,许多经济学家,如保罗·萨缪尔森(Paul A. Samuelson)、沃夫冈·斯托尔帕(Wofgang F. Stolper)、塔德乌什·雷布钦斯基(Tadeusz Rybczynski)

---

① See Dennis R. Aplleyard & Alfred J. Field, Jr., International Economics, the McGraw-Hill Companies, Inc., 2001, p.145.
② Harry Flam and June Flanders, Hechshcer-Ohlin Trade Theory, The MIT Press, 1991, p.7.

等人，在赫克歇尔和俄林的研究基础上对要素禀赋理论进行了拓展。对要素禀赋理论的研究和发展中，较为著名且对国际贸易理论界产生较大学术影响的是"斯托尔帕—萨缪尔森命题"。

3.4.1 "斯托尔帕—萨缪尔森定理"

斯托尔帕和萨缪尔森1941年发表的一篇文章中，第一次在两种要素、两种商品的一般均衡模型的明确表述中对赫克歇尔—俄林定理作了具体的发展。他们的观点被称为"斯托尔帕—萨缪尔森定理"(the Stolper-Samuelson Theorem，简称S-S定理)。概括起来看，S-S定理可以作如下表述：

在一个使用两种要素的模型中，如果某种原因致使某种要素密集使用的商品的相对价格提高，必将导致该种要素的价格趋于上升，而另一种要素的价格趋于下降。因此，在实际的收入分配中，前一种要素的所有者处于相对有利的地位，后一种要素的所有者处于相对不利的地位。

斯托尔帕和萨缪尔森是从分析关税和其他保护主义措施对国际贸易和收入分配的影响入手展开论述的。显然，在现实的经济生活中，需要获得保护的只能是那些较密集地使用本国相对稀缺的生产要素的产业部门。

他们的分析表明，只要导致某种要素密集型商品的相对价格提高的因素（如贸易保护主义措施等）仍在发挥作用，该种要素密集型商品就将继续扩大其生产规模，另一种要素密集型商品的生产规模将持续萎缩。只要商品的要素密集性质不发生改变，必然会交替出现前一种要素供不应求和后一种要素供过于求的局面，因而势必导致前者的价格上升，后者的价格下降，进而改变要素价格比率。

在不考虑运输费用和其他成本因素的条件下，生产要素的价格直接构成商品的价格。在实际的收入分配中，受到保护的产业部门的生产者以及价格趋于上升的那种生产要素的所有者当然就处在相对有利的地位，而未受保护的生产部门的生产者以及价格趋于下降的那种生产要素的所有者就处在相对不利的地位。这就是"斯托尔帕—萨缪尔森定理"的一般结论。

将"斯托尔帕—萨缪尔森定理"与"赫克歇尔—俄林定理"结合起来，可以看到国际贸易对一国国内收入分配的影响，也可以看到各国采取相应的对外贸易政策的经济背景。

根据"赫克歇尔—俄林定理"，自由贸易的最终结果是使一国相对丰裕要素的所有者的收入相对提高，相对稀缺要素的所有者的收入相对降低。"斯托尔帕—萨缪尔森定理"则是从相反的方向论述了同一个问题，由于贸易保护主义逆比较优势的基本原理而行之，使一国相对稀缺要素的所有者的收入相对提高,相对丰裕要素的所有者的收入相对降低。这样,针对迥然相异的对外贸易政策,一国国内就形成了不同利益集团(interest groups)。

这样看来,一国国内占有相对丰裕的生产要素,因而在特定产品上享有比较优势的利益集团,一般都倾向于采取自由贸易政策。反之,只占有相对稀缺的生产要素,因而在另一类产品上处于比较劣势地位的利益集团,一般都倾向于采取贸易保护主义政策。如早期的美国同英、法、德等国相比,土地相对丰裕,而资本相对稀缺,因此,美国中西部和南部的农场主,都竭力主张在对欧洲进行农产品贸易上采取自由贸易政策。而美国东北部新英格兰地区的产业资本家则强烈要求在对欧洲进行工业制成品贸易上实行保护主义政策。

就各国的贸易政策取向而论,大凡在诸多方面都享有比较优势的国家,一般都主张实行自由贸易政策。如工业革命时期以及工业革命以后相当一段时期内,在国际经济实力对比中处于领先地位的英国、第二次世界大战以后直至上世纪80年代中期以前的美国、日本、德国这样的贸易大国。反之,大凡在诸多方面都处在比较劣势地位的国家,一般都要求采取贸易保护主义政策。如19世纪的德国、美国和"明治维新"以后很长一段时间内的日本。上世纪80年代中期以后,美国在国际市场上遇到来自于日、德等发达国家和一部分新兴工业化国家和地区强有力的竞争,原有的某些优势逐渐削弱,这正是近20年来美国的贸易保护主义之风日盛的经济背景。当然,美国的情况实际上相当复杂。上世纪90年代以后,它率先跨入知识经济的门槛,在以信息产业为主体的高新技术产业中享有巨大的比较优势,而美国的其他一些劳动密集型产业(如制衣业、钢铁业等)却深受国际竞争力衰退的困扰不能自拔。在这样的背景下,时常听到美国在贸易政策上发出多种不甚和谐的声音就不难理解了。

3.4.2 国际贸易与生产要素价格均等化

我们前面的分析集中于生产要素相对价格差异对国际贸易的影响。但贸易本身也会对一国的生产要素产生作用,导致各国间同质生产要素的价格趋向均等化。

1. 进出口贸易与要素需求

对生产要素的需求取决于市场对商品的需求。这是因为在生产技术条件为一定时,市场上的商品需求总量和结构,会直接影响一国内部对各种生产要素的需求总量及其相应的需求结构。当一个国家参与到国际贸易中来时,就会使市场上商品的供求关系发生显著的变化,从而对生产要素的需求也发生较大的变化,改变一国生产要素的相对价格体系。

前面的分析着重指出了,在给定的时点上,即当对生产资源的需求为一定时,生产资源的相对丰裕度决定其价格,从而会形成一国特定的对外贸易模式。然而,如果把国际贸易当作一个过程来考虑,则一国对生产要素的需求是处在不断的变化之中的,相对而言,生产资源的供给具有相当大的刚性,至少在短期内是如此。比如说,一国的土地要素即自然资源的状况几乎是不能改变的,要增加劳动力的供给,也不是在短期内就能实现的,而当一国的劳动大军进入市场之后,又不能随意地减少。虽然资本存量可以较为容易地加以改变,但通常需要较长的时间。因此,一国调整对生产资源的需求往往也就成为明智而又必要的选择。

出口贸易直接增大对一国内部供应丰裕的生产要素的需求。前面已经指出,一国某些商品的成本相对低,是由于它在生产过程中密集使用的要素价格较低,而这是由于国内正好这种类型的生产要素供给丰裕。因此,当一国扩大对国外的出口贸易时,也就必然导致内部的生产规模增大,对本国供给丰裕的生产资源的需求上升,市场机制会使原先低廉的价格上扬。

另一方面,进口贸易能直接减少一国对供应短缺的生产要素的需求。由于进口商品部分或全部地满足了市场的需求,因而国内可以部分或全部放弃相关商品的生产。于是,一国原本供给紧张的生产要素,会由于生产结构的调整而变得相对充足。因此,某些在没有国际贸易条件下价格较高的生产要素,现在由于有了国际贸易而使价格下降。

国际贸易在影响一国内部不同要素价格变动的同时,也就使不同国家之间的生产要素相对价格走向均等化。假设不同国家之间的生产要素具有同质性,那么,一国的出口不仅提高了本国供给丰裕的生产要素的价格,从而改变本国要素的相对价格,同时也降低了进口国供应短缺的生产要素的价格,即引起进口国要素相对价格发生变动。结果使两国的要素相对价格趋向均等化。比如,设A国为资本丰裕型国家,B国为劳动丰裕型国家,因而前者资本相对于劳动而言价格较低,出口资本密集型产品;后者劳动的价格相对于资本来说较低,出口劳动密集型产品。随着A国对B国资本密集型产品出口的增多,不仅A国本身的资本相对于劳动价格会上升,而且B国也会由于进口的增多而减少对资本的需求,劳动相对于资本的价格上涨。当两国资本与劳动的相对价格达到相等时,进出口贸易的规模就不会再扩大了。

专栏 3-3

工业国家真实工资水平的接近

下表显示发达工业国家中制造业的小时工资随时间推移而向美国该行业

的工资水平靠拢。特别要指出的是,外国的平均工资占美国工资的比例从1959年的27%上升至1970年的43%,1983年的65%,1990年的97%,直至2000年的98%。虽然在这一时期国际贸易的迅速扩大可能是导致工资水平接近的主要原因,其他一些因素也发挥了重要的作用。例如美国和其他发达工业国家之间科技差距的缩小;其他国家劳动力的增长慢于美国以及国际间劳动力流动性的扩大。

发达工业国家制造业的十几小时工资与美国十几小时工资的百分比(%)

国家	1959年	1970年	1983年	1990年	2000年
日本	11	24	51	86	96
意大利	23	42	62	79	85
法国	27	41	62	102	91
英国	29	35	53	85	84
德国	29	56	84	142	140
加拿大	42	57	75	84	90
未加权平均	27	43	65	97	98
美国	100	100	100	100	100

——〔美〕多米尼克·萨尔瓦多:《国际经济学》,朱宝宪等译,清华大学出版社2004年版,第113页。

2. 要素价格变动与利益分配

国际贸易所引起的生产要素相对价格的均等化,造成收入分配的变化,两者是密集联系在一起的,然而并不是一回事。

当进出口贸易导致对生产要素的需求上升或下降时,显然各类生产要素的所有者所受到的影响是不同的。比如说,在上面的例子中,A国出口的资本密集型产品逐步增多时,国内对资本要素的需求上升,这会导致市场上的利息率升高,资本所有者获得比以前更多的收入。另一方面,A国随着劳动密集型产品进口的扩大,国内对劳动要素的需求下降,从而工资水平会降低。当然,这是从完全静态分析中推导出来的结论。即使从动态的角度来考虑,进出口贸易总是会使一国某些种类的生产要素的所有者的收入增加较快,而其他一些要素所有者的收入增加相对较慢,国民收入分配的相对结构必然在国际贸易的发展过程中有较明显的改变。

3. 阻碍要素价格均衡化的因素

上面阐述的生产要素价格均等化定律,只是指国际贸易发展过程中存在的一种趋势,它当然也在客观上发挥着重要的作用。比如,实际经验证明,二次世界大战后一国家和地区奉行劳动密集型的出口发展战略,工资上升的速度大大超过生产力水平大体相同的其他国家。无疑,现实生活中,不同国家的同质生产要素的收益率仍然有着显著的差异,似乎也不存在完全同一的可能性。这是因为有许多现实的因素在阻碍着生产要素价格均等化的实现。

资源的非同质性也许是妨碍要素价格均等化的一个重要原因。比如,在上述例子中,假设 B 国出口的劳动密集型产品,完全能满足 A 国市场上的需求;但如果 A 国对劳动密集型产品的质量要求部分地超过 B 国生产所能达到的水平,那么,B 国的出口就不能有效地在 A 国出现对劳动的替代,因而 A 国的工资不会相对地下降或下降的幅度很有限。类似地,资本要素也有一个内在的技术水平问题,竞争很难使两国的利率达到一致。

资源转移的成本及其技术过程的刚性,也会阻碍要素价格实现均等化。俄林假设一国的各种生产要素可以任意地进行分割和组合,总能得到充分的利用,这个条件是无法满足的。一方面,在一国进行专业化生产时,资源从一个部门转移到另一个部门要付出成本,这常常使出口和进口都不能达到优化的规模。另一方面,给定时点上不同生产要素只能按固定的比例进行组合,因而对不同生产要素的需求不可能是任意的。举例来说,当一国扩大资本密集型产品的产量时,与这种过程适应的劳动总量可能构成一种限制,因而资本密集型产品的生产规模在较早的时点上就停止增长,结果使得利率上升和工资相对下降的幅度都是有限的。

此外,人为的因素也使得要素价格的真正均等化成为不可能。正如在前面的分析中指出的那样,国际贸易从深层次上影响到国内的收入分配格局,因而各种利益集团必然会赞成对国际贸易加以限制,各国并不能真正完全按照比较优势的准则来进行资源配置。比如,发达国家对来自发展中国家的劳动密集型工业品和农产品等设置各种贸易壁垒,目的就在于维护本国劳工的就业和收入;另一方面,发达国家也以各种措施来鼓励本国资本技术密集型的产品生产,使资本所有者获得了超出市场竞争机制决定的收益率等。

当然,人们对要素价格均等化定律具有不同的解释,因而对其实际的作用的认识和如何评价出现了很大的差别。比如,有人认为,根据要素价格均等化定律,国际贸易会使各国之间的收入水平最终达到一致,这显然是过于乐观了。又比如,要素价格均等化条件下的收入均等化怎么解释,也是不一致的。收入均等是指单位劳动小时的工资还是人均的国民收入呢?两者的含义和影响因素都大不相同。尽管如此,要素价格均等化还是国际贸易分析中的一个重要定律,特别是把它当作说明国际贸易对资源配置格局存在影响的一种规律性现象,应当说是客观的。

3.5 对要素禀赋理论的评述

虽然俄林是从商品价格的绝对差异出发来分析国际贸易是怎样产生的,但他是用各国资源禀赋的相对丰裕度来解释国际贸易产生的原因,基本的思路和分析方法仍然与比较成本理论相一致,并在某些方面把国际贸易中的比较优势理论向前推进了一步。

首先,通过对资源禀赋的具体分析,初步指出了有关比较优势的现实决定因素。资源禀赋理论对影响商品成本的实际经济因素所进行的研究,大大超出了李嘉图的比较成本理论。这里不只是以成本的国际差别作为贸易的条件,更主要的是指出了生产资源的相对丰裕度影响要素的价格,从而决定不同国家商品生产成本的相对高低,即资源的相对丰裕度决定一国的进出口模式。李嘉图把影响比较成本的因素高度抽象地归纳为劳动消耗的不同,虽然具有理论上逻辑严密的优点,但影响劳动耗费的多种因素值得认真研究,这方面是由资源禀赋理论首先提出了基本的分析框架。

其次,通过对要素价格均等化的分析,揭示出了国际贸易对资源配置的重要影响。比较成本理论已经指出,国家之间进行劳动分工,然后开展相互贸易,能够增加世界作为一个整体的产量,使各国从中分享到利益。但它仅仅是在静态的意义上指出了国际贸易对消费者福利的影响,没有说明贸易本身对资源配置会起什么样的反作用。要素价格均等化定律则指出,国际贸易的开展会改变一国内部的生产要素的相对价格,影响生产要素所有者之间的收入分配格局。这些对深入地分析国际贸易中的各种问题是有很大意义的。

最后,资源禀赋理论的应用性明显增强。既然是具体的生产要素相对丰裕度决定一国的进出口贸易模式,人们就比较容易直观地判断出一国的比较优势之所在。现实生活中,利息率和工资水平的高低等信息较易获得,也便于比较,因而资源禀赋理论能给不同的国家提供较好的指导作用。实际上,二次世界大战后不少发展中国家和地区,就是以资源禀赋理论为依据,大力发展劳动密集型的出口贸易,有效地促进了国民经济的增长,提高了民众的生活水平,亚洲新兴的工业化国家和地区是这方面较为成功的例子。

另一方面,资源禀赋理论也还留有一些重要的问题没能解决。比如,这里对生产资源的分析仅仅局限于土地、资本和劳动三种形态上,既没有把技术作为一种相对独立的重要资源来看待,也没有对技术的作用加以具体的研究。此外,俄林关于不存在规模经济的假定,关于生产资源同质性的假定等,都与现实生活有着很大的距离,这些都已成为当今时代分析国际贸易问题时不可忽视的因素。

本章小结

本章主要介绍了赫克歇尔—俄林要素禀赋理论（H-O 理论）。该定理在一系列严格假设下，将一国的要素充裕度与其贸易格局相联系，指出比较成本差异及其原因是各国生产要素禀赋存在差异，并指出各国的要素禀赋状况将决定自身的贸易模式。里昂惕夫对美国的贸易模式的检验发现，美国的贸易模式与理论结论发生了冲突，被称为里昂惕夫之谜。随后，多位学者从不同角度对里昂惕夫之谜进行了解释。

关键词

要素密集度　要素禀赋　H-O 理论　里昂惕夫之谜　要素密集性质逆转　消费偏好逆转　S-S 定理

讨论与思考练习

1. 假设在自给自足条件下，中国的汽车价格是 20 万/辆，需求量为 100 万辆。中美两国进行汽车贸易，国际市场价格为 15 万/辆，中国自己生产 60 万辆，从美国进口 60 万辆。中国的消费者是获得收益还是受到损失？生产者呢？总福利增加了吗？请用图和数值说明。

2. 假设大米是劳动密集型产品，钢铁是资本密集型产品。没有贸易发生以前，英国的大米/钢铁相对价格为 4，菲律宾的大米/钢铁的相对价格为 0.5。假设两国自由贸易的结果使大米/钢铁相对价格变成 2，请用社会无差异曲线说明贸易发生后两国福利的改变，并标出各国的贸易三角。

3. 在 H-O 模型中，假设在没有贸易的情况下，中国大米的国内市场价格是每吨 100 美元，而国际市场上的大米价格是每吨 120 美元。在允许自由出口的情况下，中国的大米价格会出现什么趋势？如果中国以国际市场价格出口 1000 吨大米的话，中国的纯收益（或纯损失）是多少？（用图和数字说明）

4. "一种产品的国内市场价格与国际市场价格相差越大，该产品的自由贸易所带来的收益越大"。请评论并用图说明。

5. 假设 A、B 两国生产技术相同且在短期内不变：生产一单位衣服需要的资本为 1，需要的劳动为 3；生产一单位食品需要的资本为 2，需要的劳动为 2。A 国拥有 160 单位劳动和 100 单位资本；B 国拥有 120 单位劳动和 80 单位资本。则哪个国家为资本充裕的国家？哪种产品为劳动密集型产品？假设所有要素都充分利用，计算各国各自最多能生产多少服装或多少食品？假设两国偏好相同，两国间进行贸易，哪个国家会出口服装？哪个国家会出口食品？

第4章 要素积累、特定要素与国际贸易

4.1 要素积累与国际贸易

前面关于国际贸易的分析,都是在各国的要素禀赋状况、生产技术水平和消费者选择等不变的假定下,讨论比较优势的确定和贸易利益的分享,实际上只是进行静态的考虑。然而,上述几个方面,如资源禀赋和技术水平会随着时间的推移而变化,从而对国际贸易产生深刻的影响,接下来我们将考虑要素积累与国际贸易的理论研究。

4.1.1 要素增长与生产可能性曲线的移动

没有要素积累的经济增长实际上是很难想象的,而在长期内经济都没有增长的国家也是比较少有的。随着时代的发展,尤其是在近代社会里,某些生产要素,如资本和技术等正在以相当快的速度增长,某些生产要素的增长虽然比较慢,但从长远看是稳步地增加,比如世界各国的劳动力数量一直在上升。

由于生产要素种类繁多,为了分析方便,我们还是采用前面用过的两个国家生产两种商品,使用两种生产要素的模型。两种商品即 X 商品和 Y 商品,两种要素是资本和劳动,假定 A 国出口的是资本密集型的商品 X,B 国出口的是劳动密集型商品 Y。同时还假定,所有资本和劳动都可用标准化的单位来计量,新增加的要素与原有的生产要素是同质的,要素总量增加的过程中不存在规模经济效益。

当可供利用的技术条件为一定时,生产要素的总量和结构直接决定了一国生产可能性曲线的位置和形状。生产要素的总量越大,生产可能性曲线就离原点越远,某种生产要素的供给相对越丰裕,生产可能性曲线就越会向代表密集使用该要素的商品上凸出。因此,随着一国生产要素总量的积累,一国的生产可能性曲线就会发生移动,而具体的移动方式要由要素增加的特征来决定。

理论上可假设存在的一种情况是,资本和劳动两种生产要素按照相同的比例增长,这就是所谓的均衡增长,从而导致一国的生产可能性曲线平行地向外推移(如图4.1)。在要素均衡增长的条件下,两种商品生产规模按同样的比例扩大,贸易也会按同样的比例和同样的国际价格继续向相同的方向流动。对于

生产要素增长不同步对经济的影响,可以使用图4.2来进行描述说明。

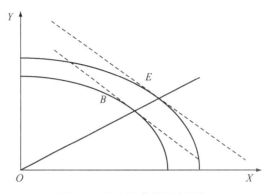

图 4.1　生产要素的同步增长

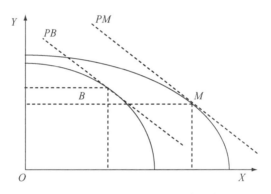

图 4.2　生产要素的不同步增长

假定 A 国资本要素增加,劳动要素不变,资本要素增长后,PPF 变化可用图 4.2 说明。资本增长前,资本充裕的 A 国由于开展贸易,国内均衡点在 B 点,均衡价格线为 PB。如果 A 国资本要素突然增加,A 国 PPF 的位置和形态将变化:向外扩展,并在 X 轴上的截距增加更多。如果其他条件不变,A 国将在新的 PPF 的 M 点达到新均衡,同时,斜率 PB = PM,即国际均衡价格不变。M 点与 B 点相比,X 产量增加,Y 产量下降,且 X 产量增加幅度大于资本要素增加的幅度。

为什么 X 产量增加的幅度肯定大于资本要素增加的幅度? 这是因为资本要素增加必然导致密集使用资本要素的 X 生产行业更大规模地扩张。新增加的资本要素为了实现充分就业,就必须使用一定的劳动要素,而劳动要素数量并没有增加,新增加的资本要素要就业就必须从 Y 商品的生产行业调集转移部分劳动。但这部分劳动的转移必然导致 Y 生产行业中部分资本要素的失业(因为生产要素配合比例固定),失业的资本要素也必须同时转移到 X 生产行业。这样一来,X 产量增加的幅度就会大于资本要素增加幅度。

如果一个国家的资本供给总量增加了,那么该国资本密集型商品的生产规模就会扩大,产量就会增加;而劳动密集型商品的生产规模就会缩小,产量就会减少,并且资本密集型商品产量的增加幅度将大于资本要素增加的幅度。为什么?因为资本供给总量的增加改变了要素状况,资本更加充裕,资本价格更加低廉。由于生产要素配合比例要求固定,同时又要保证要素充分就业,因而新增加的资本配置给资本密集型产业将更加合理,资本密集型产品的产量将大大增加。但是,新增资本要充分就业就必须从劳动密集型产业抽调劳动要素与新增资本要素相配合,而在抽调劳动密集型产业的劳动时,其资本要素会出现失业。所以,伴随劳动力的产业转移必然发生资本转移,劳动密集型产业的劳动和资本必然同时减少,劳动密集型商品的产量也会减少,最终资本密集型商品产量的增加幅度会大于资本要素增加的幅度。

4.1.2 雷布钦斯基定理

雷布钦斯基针对要素禀赋理论关于一国要素供给不变的假定前提,分析研究了某种原因导致一国生产要素的供给发生改变对国际贸易条件以及国际贸易均衡带来的影响。国际经济学理论界将雷布钦斯基在这方面的观点概括为雷布钦斯基定理(Rybczynski Theorem)。

雷布钦斯基定理可表述如下:在要素价格和商品价格不变,商品生产中两种要素的投入比例既定且均实现充分就业的前提下,某种要素的供给增加,将导致该种要素密集型商品的产量以更大的幅度增加,同时绝对减少另一种要素密集型商品的产量,进而影响到一国的国际贸易条件。如属一国原本相对稀缺的要素供给增加,该国的国际贸易条件相对改善,如属一国原本相对丰裕的要素供给增加,该国的国际贸易条件相对恶化。

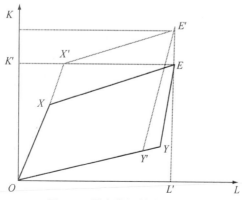

图 4.3 雷布钦斯基定理图示

在图 4.3 中，E 点表示一国要素变化前的要素禀赋点，直线 OX、OY 的斜率分别表示均衡时 X、Y 两个部门的要素使用比例。由于 X 是资本密集型产品，所以直线 OX 在直线 OY 之上。坐标图中 X、Y 点所对应的劳动、资本量分别表示两个部门的要素投入量。根据要素充分利用这一假设条件，$OXEY$ 应是一平行四边形。另外，由于规模收益不变，X、Y 的产出分别与线段 OX、OY 的长度成等比例关系，所以不妨碍直接用线段 OX、OY 分别表示两个部门的产出水平。

假定资本增加，劳动保持不变，则图中资本增加后要素禀赋点由 E 变 E'。在商品相对价格不变的条件下，要素禀赋点变动后，X、Y 两个部门的要素使用比例仍保持原来水平不变。这时，因要保证所有要素充分利用，新的平行四边形为 $OX'E'Y'$。相应地，X、Y 两个部门的产出水平分别为 OX' 和 OY'。由图可知，X 部门产出增加了，而 Y 部门的产出则减少了。

4.1.3 要素积累与贸易条件

1. 贸易条件

根据不同的分析，贸易条件可以分为如下若干种：

(1) 商品贸易条件

它又称为贸易条件，是出口价格指数与进口价格指数之比（进出口比价，ratio between import and export prices）。通常，如果没有明确的限定，贸易条件就是指商品贸易条件。这也是最基本和最常用的一种。其计算公式如下：

$$N = \left(\frac{P_x}{P_m}\right)$$

公式中，N 代表商品贸易条件；P_x 代表出口价格指数；P_m 代表进口价格指数。

算出的结果，如指数上升（大于 100），表明贸易条件改善，换句话说，表明出口结果较进口结果上涨，意味着每出口一单位商品能换回的进口商品数量比原来增多，即贸易条件比基期有利，贸易利益增大；如指数下降（小于 100），则表明贸易条件恶化，换言之，表明出口结果较进口结果相对下降，意味着每出口一单位商品换回的进口商品数量比原来减少，即贸易条件比基期不利，贸易利益减少。

举例说明：假定某国商品贸易条件以 1950 年为基期是 100，1980 年时出口价格指数下降 5%，为 95；进口价格指数上升 10%，为 110，那么这个国家 1980 年的商品贸易条件为：

$$N = (95/110) \times 100 = 86.36$$

这表明该国商品贸易条件从 1950 年的 100 下降到 1980 年的 86.36，商品贸易条件恶化了 13.64。

第4章 要素积累、特定要素与国际贸易

(2) 收入贸易条件

它是指一国出口商品的实际收入水平,以反映一国出口商品的实际购买能力。它相当于商品贸易条件与出口数量指数的乘积,即考虑到出口数量变化的因素。

$$I = \left(\frac{P_x}{P_m}\right) \times O_x$$

I 代表收入贸易条件;O_x 代表出口数量指数。

例:设进出口价格指数与上例相同,出口数量从 1950 年的 100 上升到 1980 年的 120,那么,1980 年的收入贸易条件为:

$$I = (95 \div 110) \times 120 = 103.63$$

它说明尽管商品贸易条件恶化了,但由于出口量的增加,本身的购买能力(进口能力)提高了 3.63,即收入贸易条件好转。

(3) 单项因素贸易条件

它是在商品贸易条件的基础上,考虑到出口商品劳动生产率变化的因素,即出口商品劳动生产率提高或降低对贸易条件的影响。

$$S = \left(\frac{P_x}{P_m}\right) \times Z_x$$

S 代表单项因素贸易条件;Z_x 代表出口商品劳动生产率指数。

例:设进出口价格指数与上例相同,出口商品劳动生产率由 1950 年的 100 上升到 1980 年的 130,则该国的单项因素贸易条件为:

$$S = (95 \div 110) \times 130 = 112.27$$

这说明,尽管商品贸易条件恶化,但此间出口商品劳动生产率提高,贸易条件仍然得到改善。

长期以来,工业发达国家向发展中国家出口的商品(工业制成品)价格不断上涨,而从发展中国家进口的商品(初级产品)价格则上涨较慢或相对下跌,造成交换比价的"剪刀差"不断扩大。这表示贸易条件有利于工业发达国家,而不利于发展中国家。

2. 要素积累与贸易条件

雷布钦斯基定理可以用来说明要素积累对生产可能性边界的影响效果。这也是该定理的一个重要应用之一。要素禀赋增加后,生产可能性边界的两个端点所分别对应的 X、Y 的最大产出都会增加,因此,整条边界线将向外移动,但生产边界外移的方向性则取决于要素禀赋变化的类型。

这里仍以资本增加、劳动不变为例。在图 4.4 中,对应于一个不变的相对价格 P,资本增加前,相对价格线 P 与生产可能性边界相切于 Q 点;资本增加后,相对价格线 P' 与新的生产可能性边界相切于 Q' 点。根据雷布钦斯基定理,

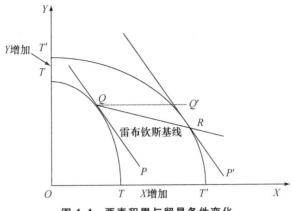

图 4.4 要素积累与贸易条件变化

新的生产均衡点 Q' 应位于原来的生产均衡点 Q 的右下方。其中,通过 Q 与 Q' 两点是直线 R,称为雷布钦斯基线。

由于相对价格 P 可任意取值,因而,对应于任意一相同的商品相对价格,资本增加后,资本密集型产品 X 的产出都增加,而劳动密集型产品 Y 的产出则减少。这意味着生产可能性边界的外移相对偏向于 X 坐标。图中横坐标上 X 产出增加的比例要大于纵坐标上 Y 产出增加的比例。

由于在任意一相同的商品相对价格下,资本增加后,资本密集型产品的供给相对于劳动密集型产品的供给将提高,在需求不变的情况下,这意味着资本增加后资本密集型产品的相对价格将下降。同样,如果劳动增加,资本不变,那么要素禀赋变化后,劳动密集型产品的相对价格则将下降。

专栏 4-1

荷 兰 病

开发新的出口资源有时也会带来问题,一个例子是"福利恶化型增长",即对一个出口国来说,出口的扩张会使世界市场价格下跌,并最终使该国的福利恶化。另一个例子被称为"荷兰病",这是根据荷兰在北海开发新的天然气资源所碰到的问题命名的。

当时的情况是荷兰已是一个工业化国家,但随着巨大天然气储量的发现,其国内生产发生了巨大的变化:天然气生产得越多,生产出口产品的制造业就越萧条。尽管当时有两次石油冲击,使包括天然气在内的石油价格暴涨,荷兰因此发了一笔横财,但这好像更加剧了荷兰经济滑坡。人们就把这种情况称为"荷兰病"。不过,荷兰病并不只出现在荷兰,后来的一些新开发了自然资源的国家(包括英国、挪威、澳大利亚、墨西哥和其他一些国家)好像也都感染上了类似的经济病。

在许多情况下，开发新的自然资源所获得的意外收益确实会造成对原有出口产业生产和盈利的不利影响，也会因为同样的原因而发生非工业化现象，即新兴部门从传统的工业部门吸引资源而使其出现萎缩。造成这种情况的原因之一是因为新兴部门支付的工资高，利润高，因此劳动和资本都从传统的工业部门流入新兴的自然资源部门。

也可以从另外一个角度来解释这种现象。自然资源出口的增加，使该国获得了更多的外国货币，因而该国货币在外汇市场上升值。货币升值使外国消费者面临更昂贵的价格，因而减少对该国商品和服务的需求，造成对该国传统出口品的需求下降，以致这些部门出现萎缩。从长期来看，贸易总是要平衡的，增加了一种产品的出口，就要增加进口，或者必须减少另一种产品的出口。在本例中，传统的出口部门成了牺牲品。

我们知道，在这种情况下，有两种方式可能使传统的产业扩张。第一种方式是，如果自然资源的价格下降，那么就会促进以此为主要中间投入品进行生产和销售的传统产业扩张。第二种方式是可以对新的自然资源产业征税，然后将所征的税用于鼓励传统的产业。然而，我们要注意的是生产资源从传统工业转移到自然资源产业不一定是坏事。之所以指责自然资源的发展和出口是其他传统工业萎缩的罪魁祸首，是因为人们传统上假设工业是一个国家繁荣的关键。但无论如何，在开发资源产业的过程中，传统工业的萎缩是一种副产品。

——海闻、林德特、王新奎：《国际贸易》，格致出版社、上海人民出版社2012年版，第138—139页。

4.2 特定要素与国际贸易

在要素禀赋理论中，我们假设生产要素是同质的，即生产要素可以用于不同部门的生产，并且能够在不同部门自由流动。然而，萨缪尔森和琼斯创建发展了特定要素模型。这个模型假定一个国家使用三种要素生产两种产品，其中劳动是一种流动要素，可以在两个部门间流动，其他要素则是特定要素，只能被用于特定部门生产特定产品。从微观经济学对要素能否自由流动的区分看，如果 H-O 模型属于一种长期分析，那么特定要素模型则是短期内要素不能流动的 H-O 模型。

4.2.1 特定要素模型

在特定要素模型中,我们假设两种商品 X 和 Y,三种生产要素劳动、资本和土地,分别用 L、K 和 T 表示。其中,劳动是公共要素,资本和土地为特定要素,资本只能用于生产商品 X、土地只能用于生产商品 Y。假设以上三种要素均充分就业,所有的资本被用于生产 X,所有的土地被用于生产 Y,而劳动则被全部用于生产两种产品。假定用于生产 X 和生产 Y 的资本和土地投入不变,而劳动将在两个部门进行分配,但是分配多少不确定。因此,两种产品的产量可分别表示为:

$$Q_X = f(K, L_X)$$
$$Q_Y = f(T, L_Y)$$

其中,L_X 和 L_Y 分别表示生产 X 和 Y 投入的劳动量。在 K 和 T 不变的情况下,X 和 Y 的产量分别是投入两种产品的劳动量的函数。

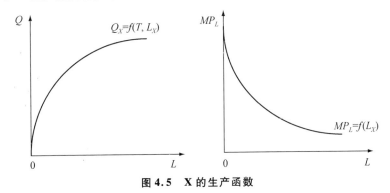

图 4.5 X 的生产函数

图 4.5 描述了产品 X 产量同劳动投入之间的关系。随着劳动投入的增加,X 产量上升,但由于资本投入不变,劳动的边际产出将随着投入的劳动量的增加而减少。同理可得产品 Y 产量同劳动投入之间的关系。

由于企业利润最大化时支付的工资等于劳动所创造的价值,X 和 Y 生产部门对劳动的需求由边际劳动产出和价格决定。在图 4.6 中,左边是产品 X 的劳动需求曲线,等于 X 的价格 P_X 乘以生产 X 的边际劳动产出 MP_{LX};右边是产品 Y 的劳动需求曲线,等于 Y 的价格 P_Y 乘以生产 Y 的边际劳动产出 MP_{LY}。工资越低,两个部门对劳动的需求越多。当工资等于 W^* 时,两个部门将使用完总劳动,劳动力市场达到均衡,同时决定了 X 和 Y 两部门的产量。

第 4 章　要素积累、特定要素与国际贸易　　69

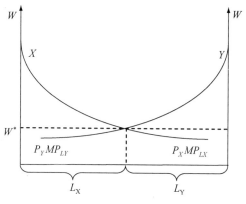

图 4.6　劳动力分配

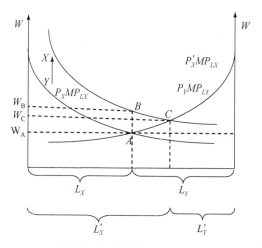

图 4.7　特定要素与国际贸易

4.2.2　特定要素与国际贸易

在特定要素模型里，假定 A、B 两国同时生产 X 和 Y 两种产品，两部门对公共要素劳动的需求由两种产品的边际劳动生产率和产品价格决定。图 4.7 中，$P_X MP_{LX}$ 和 $P_Y MP_{LY}$ 分别表示产品 X 和 Y 的劳动需求。在发生国际贸易前，国内劳动力市场达到均衡，均衡点为 A。假定产品 X 的国际市场价格高于 A 国国内价格，则 A 国将出口 X。根据劳动需求曲线的定义，X 价格上涨将会引起 $P_X MP_{LX}$ 向上移动至 $P'_X MP_{LX}$。由于短期内 X 部门雇佣的劳动人数不变，X 行业工资将会由 W_A 上涨到 W_B。然而，劳动是公共要素，可以在两部门之间自由流动，X 行业工资上涨会使 Y 部门劳动转移到 X 行业中来。从 Y 部门转移的劳动把 X 部门工资从 W_B 拉低到 W_C。当然，Y 部门为了防止劳动的进一步减少，支付将会不断上调，最终调至 W_C 与 X 部门工资相同。此时，劳动力市场在商品市场开放的情况下再次达到均衡点 C。两部门的劳动分配由 L_X 和 L_Y 调整为 L'_X 和 L'_Y。

国际贸易使一国国内出口产品价格上升、进口竞争产品价格下降。在国内要素供给不变的情况下，出口导致出口行业劳动需求曲线向上平移，劳动力市场均衡点将由 A 经过 B 后达到 C。在新的均衡点上，贸易使出口部门产量上升，劳动投入增加，进口部门产量下降，劳动投入减少；出口部门的特定要素收益增加，进口部门的特定要素收益减少。

4.2.3 要素增长的影响

接下来，我们将考虑要素增长产生的影响。

1. 公共要素增长的影响

假定要素市场上公共要素劳动供给增加，同时特定要素资本和土地供给量保持不变。两部门的劳动需求曲线将发生变化(见图 4.8)。

劳动力的增加使原来的劳动力市场规模扩大，由原来的 00′ 增至 00″。由于 X 和 Y 产品价格不变，因此两部门的劳动需求不变。然而，劳动供给的增加将迫使劳动力市场均衡价格下降。最终，劳动市场中的均衡价格由 W^* 调整至 $W^{*'}$。此时，X 部门和 Y 部门雇佣的劳动力都将增加，分别增加($L'_X - L_X$)和 ($L'_Y - L_Y$)。因此，公共要素增长的结果是：第一，两部门劳动投入都将上升，但增加的幅度由两部门的劳动需求弹性决定；第二，两部门的产量也将随之上升，上升幅度由两部门的生产函数决定；第三，两部门的实际工资都下降；第四，两部门特定要素的收益均增加。

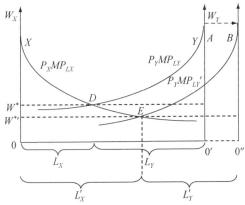

图 4.8 劳动增加后的劳动分配

2. 特定要素增长的影响

现在考虑公共要素不变,一国的特定要素增加的影响。假定 A 国的公共要素劳动的供给量不变,资本要素增加。由于资本只用于产品 X 的生产中,资本的增长使 X 生产部门的边际劳动生产率提高了(由 MP_{LX} 上升至 MP_{LX*})。在产品价格不变的情况下,X 部门劳动生产率的提高使该部门的劳动需求曲线向上平移(见图 4.9)。与贸易对劳动市场的影响相似,图 4.9 中,劳动力市场均衡由 A 点经由 B 点最终移动到 C 点。

资本增长将产生以下影响:第一,X 部门劳动投入增加,X 产量增加;第二,Y 部门劳动投入减少,Y 产量减少;第三,资本收益上升,土地收益下降。

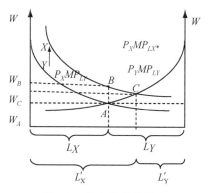

图 4.9 资本增长的影响

▶ 本章小结

本章主要介绍要素积累对国际贸易的影响以及特定要素模型。随着时间的推移,必然发生要素积累,一国的要素积累对国际贸易产生何种影响?雷布钦斯基在一国要素供给不变的假定前提下,分析研究了某种原因导致一国生产要素的供给发生改变对国际贸易条件以及国际贸易均衡带来的影响,发现在要素价格和商品价格不变,商品生产中两种要素的投入比例既定且均实现充分就业的前提下,某种要素的供给增加,将导致该种要素密集型商品的产量以更大的幅度增加,同时绝对减少另一种要素密集型商品的产量,进而影响到一国的国际贸易条件。而萨缪尔森和琼斯创建发展的特定要素模型则在一个国家使用三种要素生产两种产品,其中劳动是一种流动要素,可以在两个部门间流动,其他要素则是特定要素,只能被用于特定部门生产特定产品的假定下,分析了短期内要素不能流动的 H-O 模型,认为无论是公共要素变动还是特定要素变动都会对两个部门的产出和要素价格产生影响。

关键词

要素积累　雷布钦斯基定理　贸易条件　公共要素　特定要素　特定要素模型

讨论与思考练习

1. 如何根据罗伯津斯基定理，解释要素禀赋不同的两个国家生产可能性边界之间的差别？
2. 如果一国的资本与劳动同时增加，那么在下列情况下，两种产品的生产以及该国的贸易条件如何变化？
   (1) 资本、劳动同比例增加；
   (2) 资本增加的比例大于劳动增加的比例；
   (3) 资本增加的比例小于劳动增加的比例。
3. 试析外资流入对东道国贸易条件和比较优势的影响。
4. 在战后几十年间，日本、韩国等东亚的一些国家或地区的国际贸易商品结构发生了明显变化，主要出口产品由初级产品到劳动密集型产品，再到资本密集型产品，试对此变化加以解释。
5. 如果某一特定要素增加，那么要素变动将导致两部门产量及要素收入的何种变化？
6. 根据特定要素模型，分析 X 商品价格上升对本部门特定要素收入的影响和对 Y 部门特定要素收入的影响。
7. 美国国会在 2000 年就是否给予中国永久正常贸易地位议案进行投票表决。此案在美国国内引起了很大争议。反对该提案的主要是美国的各个工会组织，而支持的多是大公司。为什么？
8. 请分析，在特定要素模型中斯托尔珀—萨缪尔森定理和罗伯津斯基定理是否仍继续成立？

第5章 需求、技术变化与国际贸易

5.1 代表性需求理论

5.1.1 从需求的角度考虑国际贸易

迄今为止,前面所介绍的各种理论对国际贸易的解释都是单纯从供给的角度出发的。他们的共同特点是都只考虑商品生产方面的差异,比如资源禀赋论集中强调生产要素相对丰裕度对商品成本的影响。1961年,瑞典经济学家斯塔凡·布伦斯塔姆·林德(Staffan Burenstam Linder)在《论贸易与转换》一书中从需求角度来考虑国际贸易的产生和发展,提出了代表性需求理论(又称偏好相似理论,the preference similarity theory),从需求方面探讨了国际贸易发生的原因。该理论的核心思想是:两国之间贸易关系的密切程度是由两国的需求结构与收入水平决定的。

代表性需求理论具有下列基本假设:

首先,一种产品的国内需求是其能够出口的前提。林德认为一种产品是否生产取决于国内市场的有效需求,而若要出口,还须有来自国外市场的有效需求。当厂商决定生产什么产品时,完全要看他所能获得利润的多少。要使生产有利可图,则先决条件是这种产品先在国内有市场。总之,厂商根据消费者的收入水平与需求结构来决定其生产方向与内容,而生产的必要条件是存在对其产品的有效需求。

其次,一国的需求由其"代表性消费者"的需求倾向决定。影响一个国家需求结构的最主要的因素是平均收入水平。不同收入阶层的消费者偏好不同,收入越高的消费者越偏好奢侈品,收入越低的消费者越偏好必需品。一国的"代表性消费者"的需求倾向会随着该国人均收入的提高逐渐转向奢侈品并造成社会需求的转移。当人们收入提高,对工业消费品特别是奢侈品的需求增加时,本国的工业品和奢侈品生产也会增加。

最后,世界不同地方的消费者,如果收入水平相同,则其偏好也相同,即需求的重叠部分越大。这样,一国生产很容易与另一国的需求相适应,两国之间开展贸易的可能性就越大,贸易量也越大。

根据上面的基本假设，可推断两国的消费结构与收入水平之间的关系是一致的。如果两国的平均收入水平相近，则两国的需求结构也必定相似；反之，如果两国的收入水平相差很大，则它们的需求结构也必存在显著的差异。例如，欧美的一些高收入国家收入水平比较接近，打高尔夫球是一项比较普及的运动。但在非洲的一些低收入国家里，虽有少数富人有能力从事这种运动，但打高尔夫球不是代表性需求，这些国家的人民大量需要的可能是食品等生活必需品。

两国之间的需求结构越接近，则两国之间进行贸易的基础就越雄厚。若两国的需求结构相同，则对任意一个国家的厂商来说，他会发现对其产品的需求，除了国内，还有国外。那么厂商不断扩大生产，改进技术，通过贸易（出口）来扩大其产品的有效需求，获取更多的利润，就成为一种自然的选择。结果是，产量增加的速度超过需求增长的速度，从而使该国有能力向别国出口。对于该国出口的工业产品，只有与之收入相近的国家才会有需求。因此，进口工业产品的主要国家也是收入较高的国家。

对代表性需求理论而言，重叠需求是两国开展贸易的基础，当两国的人均收入水平越接近时，重叠需求的范围就越大，两国重复需要的商品都有可能成为贸易品。所以，收入水平相似的国家，相互间的贸易关系也就越密切；反之，如果收入水平相差悬殊，则两国之间重复需要的商品可能很少，甚至不存在，贸易的密切程度也就很小。

林德实际上是从需求的角度来分析说明当代工业国家之间贸易和同一工业行业的双向贸易。根据林德的理论，需求是引起工业变动和产业贸易的基础，收入变动又是引起需求变动的主要因素。收入增加的结果是工业制成品的贸易在人均收入较高的国家之间得到更大发展。

关于代表性需求理论的适用性，林德曾指出，其理论主要是针对工业产品或制成品。他认为，初级产品的贸易是由自然资源的禀赋不同引起的，所以初级产品的需求与收入水平无关。另外，就算生产国缺少对初级产品的国内需求，它也可能成为出口品。也就是说，初级产品的贸易可以在收入水平相差很大的国家之间进行，所以初级产品的贸易可以用要素禀赋理论来说明。而工业产品的品质差异较明显，其消费结构与一国的收入水平有很大的关系。从需求方面看，发生在工业品之间的贸易与两国的发展水平或收入水平有密切关系。所以，偏好相似理论适用于解释工业品贸易。另外，发达国家的人均收入水平较高，它们之间对工业品的重复需要范围较大，因此工业品的贸易应主要发生在收入水平比较接近的发达国家之间。

代表性需求理论与要素禀赋理论各有其不同的适用范围。概括而言，要素禀赋理论主要解释发生在发达国家与发展中国家之间的产业间贸易,即工业品与初级产品或资本密集型产品与劳动密集型产品之间的贸易;而代表性需求理论则适合于解释发生在发达国家之间的产业内贸易,即制造业内部的一种水平式贸易。

5.1.2 收入水平、需求结构与贸易的密切程度

市场的需求结构是与收入水平相适应的。一方面,收入水平不同的人对商品的需求明显不同。低收入者和高收入者对商品的选择有不同的偏好,因此,当国民收入水平一定时,就决定了相应的社会需求结构,即对商品的品质和加工程度的要求围绕着一个平均的数值在一定的幅度内波动。另一方面,随着人均收入水平的提高,公众对商品的选择会向加工精细、质量和功能都较好的方面移动。与收入水平相适应的商品需求范围,既是国内贸易也是国际贸易的基础。当某种商品超出了一国的需求结构范围时,不管它在成本、技术或在其他方面具有什么样的优势,都是不可能进口或者出口的。

两国的人均国民收入水平越接近,则需求结构越相似,开展相互贸易的可能性就越大,相互间的贸易联系就越密切。举例来说,如果 A、B 两国的人均国民收入水平一样,则两国的需求结构就是一致的。这时,A 国所有的商品都存在向 B 国出口或进口的可能性。因为 A 国生产的所有商品都在 B 国的需求范围内,而 B 国生产的所有商品也会在 A 国的需求范围内。这时,如果具备成本差异和其他方面的条件,两国的贸易关系就会相当地密切。当然,这里是指双边贸易与国民收入总量的相对比例,至于贸易的总规模则更多的是与国民经济总量联系在一起的。

在图 5.1 中,横轴 Y 代表人均的国民收入水平,纵轴 Q 代表商品的加工程度和质量水平,斜线表示两者的相互联系,随着人均收入水平的上升,社会对商品的加工程度和质量水平的要求上升。现假设 A 国的人均收入水平为 Y_1,公众希望得到的商品的平均质量值为 b,有市场需求的商品在质量等级 a 至 b 的范围内变动。B 国的人均收入水平为 Y_2,公众希望得到的商品的平均质量为 e,在该国具有市场需求的商品在 c 至 f 区间变动。于是,两国贸易的可能性区间是 cd,它也被称为需求重叠的区间。因为只有在这个范围内,两国对商品存在共同的需求,某个国家在某些商品上享有比较优势,就可以向另一个国家出口,或者可以通过从另一个国家进口来满足本身的需求。反之,在 ac 区间里,不管 A 国的成本多么低,都无法向 B 国出口,因为后者根本不存在相应的需求。而在 ef 区间内,无论 B 国的技术多么领先,A 国都不会进口其商品,因为国内没有相应的需求存在。

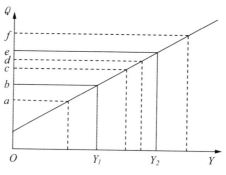

图 5.1 收入水平和国际贸易

从更深层次上来考虑,国民收入水平影响到投资、技术和需求结构的升级等方面,从而对两国之间的贸易发展有重大的作用。通常情况下,投资是国民收入水平的函数,相当大的一部分投资是由技术革新所诱发出来的。因此,相近的国民收入水平意味着相似的技术创新能力,以及生产出相似的具有较高质量水平的能力。所以,在经济发展过程中相互提供对方需要的产品的可能性也越大。另一方面,收入水平相近的国家,消费者可自由支配的收入是大体相同的,故而不仅对商品的选择偏好相似,而且需求转移的方向和速度也比较接近。因而随着收入水平的提高,相互之间的贸易关系得以保持先前的密切程度,甚至可能变得更为紧密。

强调需求因素对国际贸易的重要作用的确是很有意义的。产品的出口必须首先考虑对方是否存在有效的需求,要注意本国需求结构滞后可能对商品出口竞争能力的潜在不利影响,这些都从新的角度对比较优势的决定因素作出了进一步的分析。当然,从总体上看,代表性需求理论应当是作为对其他贸易理论的补充而不是否定。

综上所述,产业内贸易理论对发达国家之间大力发展工业制成品贸易作出比较符合实际的分析,指明它的产生原因和重要特点,弥补了赫—俄学说的缺陷和不足。应该说这是贸易理论的一大突破。代表性需求理论深入研究需求结构对国际贸易形成和发展的影响,也提供了一种新的思路。把规模经济视作贸易利益的来源,对分析国际贸易格局也有现实作用。但是,产业内贸易理论只是补充,而非取代比较利益学说。

5.2 技术差距与产品生命周期理论

5.2.1 技术差距理论

在科学技术革命日益深入发展的现时代,现实的国际经济交往中,国际贸易的结构、商品流向以及参与贸易的各国所享受到的国际贸易条件,越来越明显地受到各个国家在科学技术总体水平方面相对差距的左右。所以,传统的国际贸易理论关于参与国际贸易的各个国家技术一致的理论假定已经越来越同现实的国际贸易活动相背离。而现实存在的一个问题是,既然发达国家之间包括生产要素自然禀赋在内的诸多方面的经济状况都大体相当,那么究竟是什么原因导致特定的工业制成品从 A 国流向 B 国而不是相反呢?显然这里还有别的一些决定性因素在起作用。一些经济学家认定,其所以如此,仅仅只是因为在 A 国发生的技术革新和发明创造,使 A 国相对于 B 国来说,在一定的时期内,在某一特定的工业制成品的生产上,享有一定程度的比较成本优势。正是这种比较成本优势决定着 A、B 两国间的贸易结构和商品流向。另外,这种比较成本优势将保持下去,直到由之引发的 B 国的同类技术革新和发明创造导致对 A 国新产品的成功仿制,或 A 国的发明者通过技术转让的形式将其技术专利或生产特许权让渡给 B 国,因而此种技术差距不复存在时为止。国际经济学界一般将上述理论观点称为"技术差距理论"(technology gap theorem)。对技术差距理论可以作以下表述:虽然两国拥有大体相近的要素自然禀赋,但只要由于某种原因,一国同他国相比,在某一特定工业领域中享有技术差距上的比较优势,该国就应该向他国出口这类工业制成品。技术差距理论认为技术实际上是一种生产要素,并且实际的科技水平一直在提高,但是在各个国家的发展水平不一样,这种技术上的差距可以使技术领先的国家具有技术上的比较优势,从而出口技术密集型产品。随着技术被进口国模仿,这种比较优势消失,由此引起的贸易也就结束了。

5.2.2 产品生命周期理论

雷蒙德·维农(Raymond Vernon)发现在国际贸易中存在着明显的产品生命周期,并将其划分为以下四个阶段:新产品的创新阶段(innovation stage)、新产品的成熟阶段(maturity stage)、新产品趋于标准化阶段(standardizing stage)和新产品完全标准化阶段(full standardization stage)。维农认为,由于技术创新和新产品开发一般需要大量的风险投资,研究与开发的费用极大,还要求有雄厚的工业基础、科技实力和人力资本投资,所以,技术创新和新产品开发多率先发生在高收入的资本要素丰裕的国家(high wage and capital-rich countries)。另外,某种新技术产品的开发一般总是首先瞄准国内市场,这反映了技术创新国本身在较高收入水平上的特定消费倾向。因为从理论上说来,在较高的收入水平上,消费者总是趋于追求较高的消费层次,故对某种新技术产品的需求在一定时期内一般呈现稳定增长的态势。

1. 产品生命周期各阶段的特点

按照维农的分析,在某种新技术产品尚处在创新阶段的时候,技术创新国拥有明显的技术垄断优势,而且此时,该国国内市场对该中心技术产品的需求旺盛,利润丰厚,刺激着技术创新国扩大该种新技术产品的生产规模。在满足国内市场需求的同时,客观上也为该种新技术产品的出口准备了条件。与此同时,其他一些收入水平和消费结构同技术创新国较为类似的发达国家却正处于对此种新技术产品的模仿时滞之中,基本上不具备同技术创新国展开竞争的能力。另外,由于这些国家的消费者需求时滞短于生产者反应时滞的缘故,在这些国家的市场上就必然存在着对此种新技术产品的较大需求。在利益驱动的作用下,技术创新国势必充分利用相对技术优势带来的比较优势,在供应国内市场的同时,进一步扩大该种新技术产品生产规模,迅速地增加对某些特定国家(即收入水平和消费结构类似的其他发达国家)的出口。

2. 产品生命周期与国际贸易

随着技术创新国生产新产品的技术日趋成熟、生产过程逐步稳定,该种新技术产品就进入了成熟阶段。在这个阶段,该种新技术产品的生产过程中所需要的风险投资逐渐减少,直至基本消失,技术创新过程中曾经大量投入的人力资本也逐渐退出生产过程。

在生产技术和相应的生产设备业已基本定型的情况下,该种新技术产品的生产过程对一般性熟练劳动的需求相对大幅度提高,而技术创新国(如美国)又是一些高工资的国家,就致使该种新技术产品的生产成本上升,生产的边际利润率趋于下降。另一方面,在早期进口该种新技术产品的其他发达国家,一部分生产厂商也已经通过各种途径和方式,开始了对这种新技术产品的模仿生产,且随着时间的推移,这些国家对该种新技术产品的模仿时滞逐渐趋于消失。所以,在该种新技术产品的成熟阶段,技术创新国生产的增长速度开始减缓,在扣除其国内市场对该产品相对稳定且缓慢增长的需求以后,技术创新国该种新技术产品出口的增长速度也相应下降。直至其他发达国家(原进口国)对该种新技术产品的模仿时滞完全消退,技术创新国对这些国家的出口增至最高点。在这以后,技术创新国的该种新技术产品出口逐渐减少,标志着该种产品已经进入趋于标准化阶段。

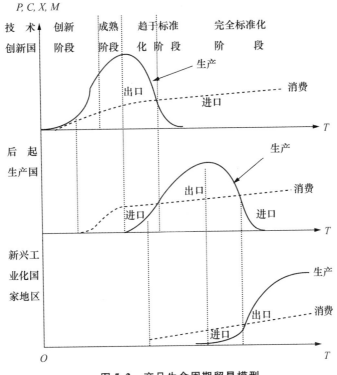

图 5.2 产品生命周期贸易模型

在新技术产品趋于标准化阶段,基于上述种种原因,技术创新国的生产成本进一步攀升,致使该种产品的生产规模进一步萎缩。另一方面,原进口该种新技术产品的其他发达国家已经完成了对这种产品的模仿过程,或通过其他技术转让的方式获得了该种新技术产品的生产技术,成功地仿制出类似的产品,或直接生产出该种新技术产品,向其国内市场推出。这就对原技术创新国形成了某种潜在的甚至现实的市场威胁。因为一般说来,这些原进口该种新技术产品的发达国家的工资水平都要相对低于原技术创新国,而在该种新技术产品趋于标准化的阶段,其生产过程中对一般性熟练劳动甚至半熟练劳动的需求相对较大,故同原技术创新国相比,这些后起生产国反而具备了比较成本优势,潜在的竞争威胁也就随之转化成现实的竞争威胁。后起生产国的大量仿制品或直接生产出的新产品不仅在其国内市场上不断地扩大市场占有率,而且还越来越多地打入处于较低技术层次,劳动要素丰裕,工资成本相对低廉,但经济发展势头强劲,市场潜力巨大的新兴工业化国家(或地区)。由于这些后起生产国在产品趋于标准化的条件下可以相对降低生产成本,因而它们能以比原技术创新国低的价格优势,使它们生产的此类新技术产品迅速扩大在新兴工业化国家(或地区）的市场份额。基于同样的原因，这些后起的生产国还无时不在觊觎原技术创新国的国内市场，对后者形成直接的威胁。

在某一新技术产品趋于标准化阶段，原技术创新国同该种产品的后起生产者（原进口国）之间在市场竞争中相对地位的变化导致了三方面的结果：第一，原技术创新国在生产规模萎缩而国内消费保持一定水平的条件下，该种新技术产品的出口全面下降；第二，后起的生产国上升为该种新技术产品的主要出口国，且其出口规模迅速扩大；第三，由于产品趋于标准化，生产成本下降，且其生产要素的投入构成向劳动要素相对密集的方向转移，为该种新技术产品的生产向劳动要素自然禀赋相对丰裕、市场潜力巨大的新兴工业化国家（或地区）转移提供了可能性。

总之，在某一新技术产品趋于标准化阶段，该种新技术产品的生产和销售（表现为进出口贸易）能够在更大的地域范围内迅速扩散开来。这种扩散就是新技术产品的国际转移和先进技术的国际传递。一旦某种新技术产品进入其生命周期的完全标准化阶段，原技术创新国迅速上扬的生产成本必然迫使其生产规模急剧缩减，直至完全停止。这样，它已无力继续出口这种产品了。在其国内市场需求继续维持在一定水平的情况下，原技术创新国不可避免地要成为该种新技术产品的净进口国。与此同时，在原技术创新国同后起的生产国之间曾经发生过的那种相对竞争地位的"移位现象"，在后起生产国同后来进口该种新技术产品的新兴工业化国家（或地区）之间重演。其结果是后起生产国的生产和出口趋于减少，而新兴工业化国家（或地区）该种新技术产品的生产规模迅速扩大，并开始大规模地向原技术创新国出口，逐步打入后起生产国的市场，且不断地扩大其市场占有率。最后，原技术创新国和后起的生产国都将相继退出该种新技术产品的生产领域和出口市场，成为净进口国，而任由新兴工业化国家（或地区）占据净出口国的地位。从原技术创新国的角度考察，这个过程就表现为该种新技术产品生命周期的终结。当然，国际间生产技术的传递与转移还将在新兴工业化国家（或地区）与处在更低技术层次、收入水平更低的国家之间继续进行下去，该种产品的国际贸易结构亦将相应地作出调整。然而，某项新技术以及新技术产品在国与国之间如此循环往复地传递与转移，都是产品生命周期贸易模型的具体体现。

3. 理论评价

产品生命周期理论首次将对外直接投资与国际贸易、产品生命周期纳入一个分析框架，同时将静态分析和动态分析有效地结合起来。（1）较为全面地阐释了开展对外直接投资的动机、时机与区位选择之间的动态关系；（2）说明企业的比较优势随着产品生命周期的阶段性发展而发生动态变化，因此各国可根据产品生命周期以及自身资源禀赋和比较优势开展跨国生产和国际贸易；(3) 说明由于新技术不断涌现，产品生命周期日益缩短，为保持技术领先地位，企业必须更加重视研究与开发，不断创新。

产品生命周期理论的不足如下：(1) 研究了二战后美国跨国公司在西欧的直接投资，因此难以解释后起投资国如西欧、日本与发展中国家的对外直接投资行为与规律；(2) 无法解释跨国公司全球生产体系建立起来以后遍及全球的投资行为，也无法说明非替代出口的投资增加以及跨国公司海外生产非标准化产品的现象；(3) 从目前全球直接投资的存量和流量来看，其中大部分是发生在美国、欧盟与日本等发达国家产业内的双向投资行为，对这一现象该理论无法解释。

5.3 技术进步与国际贸易

当代经济生活中科学技术进步的作用越来越重要，这也同样反映在国际贸易的变化上。在发达国家，技术进步已经成为国民生产总值增长的主要源泉，其相对的贡献大大超过了资本和其他投入要素的增长，国际贸易的发展更是信赖于科学技术的进步。这里我们将分析一国自身不同时点上技术条件发生变化对国际贸易的影响。

5.3.1 技术进步的类型

英国经济学家约翰·希克斯提出的有关技术进步的定义是广泛适用的。所有的技术进步都会使单位产出所需要的资本、劳动或其他物质性要素的投入得到节约，但依照对资本和劳动要素节约程度的不同，他将技术进步划分为三种类型：

1. 中性技术进步

这发生在当要素相对价格不变时，资本和劳动两种要素的生产率按照相同的比例增长，以致在实现了技术进步之后生产过程中的两种要素的比例保持不变。结果在使用等量的资源时两种商品的产量按照同一比例增加，或生产同一单位产品时两种要素的消耗按同一比例下降。

2. 劳动节约型技术进步

这是指由于技术的进步，生产过程中劳动要素的生产率大于资本要素生产率的增长，以至于出现资本对劳动的替代。单位商品的生产过程中需要比以前更多的资本，而只需要较少数量的劳动。这时，如果资源的问题保持不变，则密集使用劳动要素的商品会获得较大的增长，或至少会比密集使用资本要素的商品增长快。

3. 资本节约型技术进步

这是指在技术进步的过程中,资本要素生产率的增长快于劳动要素生产率的增长,出现劳动代替资本的现象。单位商品生产过程中资本/劳动的比例增加,也就是说,每一单位资本要素比以前使用更多数量的劳动。所以,如果资源问题不变,则密集使用资本要素的商品会在产量上有较大的增长。

5.3.2 技术进步对国际贸易的影响

技术进步的作用,从根本上讲与生产要素的增长是相同的。所有类型的技术进步,都将引起一国的生产可能性曲线向外移动。技术进步的类型不同,生产可能性曲线移动的类型和程度也不一样。比如,资本节约型的技术进步与资本要素增长时的情形是相似的。

如果是中性的技术进步,且两种商品的生产过程中技术进步的速度相同,则该国的生产可能性曲线会平等地向外推移,与均衡型的要素增长是一样的。如果一国由于技术进步而使资本和劳动的生产率都提高一倍,则与资本和劳动两种要素都增长一倍的效果相同。

如果是劳动节约型的技术进步,则该国密集使用劳动要素所生产出来的商品,在国内要素相对价格不变的条件下会有大的增长,因为此时单位资本所雇佣的劳动数量已经下降,要使一国的劳动要素能得到充分的利用,就需要把资本从密集使用资本要素的生产中释放出来,结果是密集使用资本要素的商品的产量绝对地下降。此时一个国家在对外贸易方面可能出现的变化,就要看出口部门是否密集地使用劳动这种要素进行生产。

当然,值得一提的一种情况是,不同部门的技术进步类型不同,速度也往往存在差异。因此,当考虑技术进步对一国进出口贸易的影响时,如果技术进步的类型相同,就需要分辨不同部门技术进步的相对速度。把各种因素都考虑进来,情况就相当复杂了,但有一种比较明显的趋势是,在各国的经济发展过程中,随着技术进步的加速,资本要素积累通常会以较快的速度增长,而劳动要素等增长的速度至少会慢很多。所以,建立在技术进步基础上的比较利益有扩大的趋势。

很明显,在没有国际贸易的条件下,一国各种类型的技术进步都肯定能提高国民的福利水平。原因是当一国的生产可能性曲线由于技术进步而向外移动时,劳动和人口数量没有变动,因此,平均到每个人头上的国民收入无疑会增加。如果考虑国际贸易的因素,上述结论应当不会有根本性的变化,而常常会更为有利。因为国际贸易本身能促进技术进步,而在正常的贸易条件下,技术进步会使一国的福利得到更多的改善。

专栏 5-1

资本增加、技术进步和效率提高带来的工人产量增加

下表按照经济规模的顺序,给出了 1965—1990 年部分发达国家和发展中国家资本增加、技术进步和效率提高的水平,以及由此带来的工人产量的增加。该表显示工人产量增长最快的是韩国(425%),其次是日本(209%)和泰国(195%)。美国是该表所列国家中增长最慢的(31%)。从该表还可以看出工人产量的增长大部分来自资本的增加。受技术进步影响最大的国家是法国,其次是印度、日本、德国和泰国。受效率提高影响最大的国家是韩国、意大利和泰国。阿根廷、智利、墨西哥、西班牙和英国的效率则是下降的。

资本增加、技术进步和效率提高带来的工人产量增加:1965—1990 年(%)

国家	工人产量变化	对工人产量变化的影响		
		资本增加	技术进步	效率提高
美国	31.1	19.3	9.9	0.0
日本	208.5	159.9	15.2	3.1
德国	70.7	31.8	14.4	13.3
法国	78.3	47.2	16.3	4.1
英国	60.7	64.9	1.4	-3.8
意大利	117.4	45.5	13.3	31.9
加拿大	54.6	18.6	11.7	16.7
西班牙	111.7	125.5	7.1	-12.3
墨西哥	47.5	66.7	2.1	-13.3
印度	80.5	38.9	15.7	12.4
韩国	424.5	259.7	2.9	41.7
阿根廷	4.6	59.3	1.8	-35.5
土耳其	129.3	95.6	6.6	9.9
泰国	194.7	104.1	12.6	28.3
菲律宾	43.8	20.9	7.9	10.3
智利	16.6	50.2	1.9	-23.9

——〔美〕多米尼克·萨尔瓦托:《国际经济学》,朱宝宪等译,清华大学出版社 2004 年版,第 179 页。

本章小结

本章介绍了代表性需求理论、技术差距理论、产品生命周期理论以及技术变动对国际贸易的影响。根据代表性需求理论，重叠需求是两国开展贸易的基础，两国的人均收入水平越接近，重叠需求的范围就越大，两国重复需要的商品都有可能成为贸易品。所以，收入水平相似的国家，相互间的贸易关系也就越密切；反之，贸易的密切程度也就很小。技术差距理论认为，技术实际上是一种生产要素，并且实际的科技水平一直在提高，但是在各个国家的发展水平不一样，这种技术上的差距是国际贸易的重要原因之一。产品生命周期理论从产品生命周期角度分析了产品周期的不同阶段与技术水平不同国家间的贸易和投资的变化。就技术进步与国际贸易关系而言，国际贸易能促进技术进步，而在正常的贸易条件下，技术进步会使一国的福利得到更多的改善。

关键词

代表性需求　技术差距理论　产品生命周期理论　中性技术进步　劳动节约型技术进步　资本节约型技术进步

讨论与思考练习

1. 产品生命周期说对我们有什么启发？
2. 电视机生产是劳动密集型的，每台电视机的生产需要 20 单位劳动与 4 单位土地，它的单价为 60 美元；大米生产是土地密集型的，每 500 克大米的生产需要 1 单位劳动与 4 单位土地，其单价是 4 美元。

（1）如果本国有 120 单位劳动和 200 单位土地，外国有 40 单位劳动和 50 单位土地，根据赫克歇尔—俄林理论，这两个国家将有什么样的贸易模式？

（2）在何种情况下，现实世界中的贸易模式会不同于赫克歇尔—俄林理论的预测？

（3）根据上面所说的价格，画出电视机与大米的价格与其生产成本相等曲线。

3. "中国加入世贸组织会造成工人工资下降，失业增加。"你同意这种观点吗？请阐述。
4. 试比较产品周期理论与要素禀赋理论的差异。
5. 如果创新国在丧失比较优势后，继续开发新产品，在这种情况下，是否能发生产业内贸易？
6. 请评论"自由贸易使穷国受损，富国受益"。

第6章 规模经济、不完全竞争与国际贸易

国际贸易理论经历了以斯密、李嘉图等人为代表的古典主义阶段和以俄林为代表的新古典主义阶段。这些理论都假定商品市场完全竞争,但随着工业化的发展,尤其是现代制造业的发展,产品的差异越来越大,企业随着规模的扩大对市场的影响力越来越大,在很多领域不完全竞争的市场环境已经取代了完全竞争。另一方面,古典理论和新古典理论假定商品生产中规模报酬不变。在以初级产品生产为主的前工业化时代,这一假定基本接近现实,但随着现代工业体系的建立,越来越多的商品生产具有规模报酬递增的特点,即存在规模经济。

20世纪70年代末,以美国经济学家保罗·克鲁格曼(Paul Krugman)、埃尔赫南·赫尔普曼(Elhanan Helpman)以及格罗斯曼(Gene M. Grossman)等为代表的一批经济学家放松了传统贸易理论中完全竞争、规模报酬不变等假设,从规模经济、不完全竞争等角度创建了一些新的国际贸易理论。

6.1 外部规模经济与国际贸易

6.1.1 规模经济的含义

规模经济(scale of economy)指的是随着生产规模的扩张,平均成本不断下降这一经济现象。

规模经济又可分为内部规模经济和外部规模经济两种。内部规模经济主要来源于企业本身生产规模的扩大。由于生产规模扩大和产量增加,分摊到每个产品上的固定成本(管理、设计、研究与开发成本等)会越来越少,从而使产品的平均成本下降。具有内部规模经济的一般都为大企业、大公司,多集中于研发、设计、管理以及销售成本较高的制造业和信息产业,如汽车、飞机、机械制造、电脑软件行业等。

外部规模经济主要来源于行业内企业数量的增加所引起的产业规模的扩大。由于同行业内企业的增加和相对集中,在信息收集、运输、产品销售等方面的成本会降低。外部规模经济主要来自于三种渠道:首先,厂商的集中能促进专一化供应商队伍的形成,从而使企业能够较便宜和更容易地获得原料、设备与服务。其次,厂商的集中有利于劳动市场的共享,因为厂商的集中给拥有高度专一化技术的工人创造了一个完善的劳动市场,对厂商来说,他就会较少面

临劳动力短缺问题;对工人来说,失业的风险会大大降低。最后,行业地理位置的集中有助于知识外溢,因为随着行业集中,各个公司员工间的交流更方便,而且员工特别是技术工人在企业间的流动更加容易,这就促进了知识和技术在企业间的传播。外部规模经济一般出现在竞争性很强的同质产品行业中。例如,美国的"硅谷"有成千上万家电脑公司,每家都不是很大,但集中在一起,形成了外部规模经济。中国北京的"中关村电子城"亦有很强的外部规模经济。

6.1.2 规模经济与贸易

1. 规模扩大与成本节约

由于规模经济的存在具有降低平均成本的作用,继续扩大规模就是有利的。下面以一个例子说明存在规模经济时专业化分工和贸易对贸易国的好处。

设甲、乙两国都生产轿车,每个国家的生产规模和国内需求都是100万辆。如果两国的生产技术相同,轿车生产具有规模经济效应,产出与投入的关系如下表所示:

表6-1 规模经济下的投入与产出

规模(万辆)	平均成本(万元)
100	15
200	8

如果两国的厂商各自为本国市场生产,总成本为:

$$(1000000 + 1000000) \times 15 = 30000000(万元)$$

如果由一个厂商为两个国家提供轿车供给,总成本为:

$$(1000000 + 1000000) \times 8 = 16000000(万元)$$

共节约成本14000000万元,这14000000万元通过市场机制,或者转化为厂商利润,或者(通过价格下降)转化为两国的消费者剩余,总之,如果不考虑这个利益如何分配,专业化生产总能够为两国带来更大的福利。

2. 规模经济与生产可能性边界

在古典贸易理论中,单一要素投入的规模报酬不变性质决定了线性的生产可能性边界;在特定要素理论和要素禀赋理论中,在规模报酬不变的情况下,生产可能性边界凹向原点,其形状与不同产品间具有的要素密集度不同有关。如果在两种商品模型中,两种商品生产上都具有规模报酬递增的性质,生产可能性边界会凸向原点。

假定在自给自足的经济条件下,国内均衡相对价格水平是 P。价格线 P 与生产可能性曲线 PPF、社会无差异曲线 CIC 相切于 E 点,实现了国内经济均衡。

这一自给自足的均衡点和凹向原点的生产可能性曲线上的均衡点不同,是不稳定的均衡点。当生产组合沿着生产可能性曲线向右下方(扩大商品 X 的产量)移动时,商品 Y 的相对边际成本随着 X 产量增加越来越低,小于均衡价格水平 P,生产者可从中获利。X 的产量提高越多,其边际成本与价格的差异越大,生产者就越有动力扩大 X 的生产。专业化生产 X 时,生产者获得最大收益。如果出于某种原因,经济向左上方(扩大商品 Y 的产量)移动,同样的原因生产者将有扩大生产 Y 的动力。因而,E 点是不稳定的均衡点。

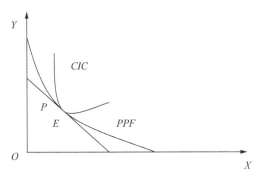

图 6.1 规模经济下的生产可能性边界

6.1.3 外部规模经济与国际贸易

1. 外部规模经济与贸易的发生

坎普(Kemp,1964)讨论了两国行业存在外部规模经济时的贸易基础和贸易模式。坎普模型假定有两个国家、两种要素和两种同质产品;两国的生产和需求条件完全相同;两个行业都具有规模经济,且使两种产品的机会成本递减。根据新古典贸易理论,生产条件和需求条件完全相同的两国不存在贸易的基础。但在存在外部规模经济的条件下,也可导致国际贸易的发生。

为了讨论方便,我们假设有两个国家:美国和日本,生产两种产品:电脑和照相机,并假定这两个行业都具有外部规模经济。我们假设美日两国的生产技术、资源禀赋和需求偏好都相同,因此,两国的生产可能性边界和社会无差异曲线也完全相同。

在没有贸易的情况下,任何一国都必须根据本国的生产能力和消费偏好来决定两种产品的产量,在图 6.2 中,我们假设这一点为 E。在这一点上,两个国家都生产和消费一定量的电脑和照相机,社会福利水平为 I_0。由于两国产品的相对价格、生产量和消费量都一样,在比较优势理论中,两国不会发生贸易。现在我们假设美国的电脑生产发展迅速,有更多的人从事电脑生产,在图 6.2 中其生产点从 E 移到 A,由于规模经济,在 A 点上,电脑的相对成本下降而照相机生产的相对成本上升。另一方面,假设日本的照相机生产扩大,生产点从 E 移到 B,日本照相机的相对成本下降而电脑的相对成本上升。此时,两国的生产成本发生了变化:美国电脑的相对成本低于日本,而日本的照相机相对成本低于美国。两国有了贸易的基础。美国会出口一部分电脑,进口一部分照相机,而日本则正好相反,出口照相机,进口电脑。两国在介于封闭经济中的相对成本之间的电脑价格 P_T/P_W 下进行交换。其结果是两国都能在 C 点上消费,社会福利水平从 I_0 增加到 I_1。

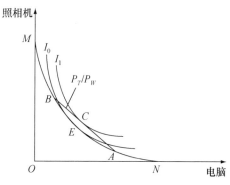

图 6.2 规模经济与国际贸易

还有一种更极端的情况,就是美国和日本实行完全的专业化分工。如果美国集中生产电脑,而日本集中生产照相机,然后进行交换,则两国都在 D 点上消费,其社会福利水平会大大提高,到 I_2 所示的福利最大化水平,从而达到最优状态。

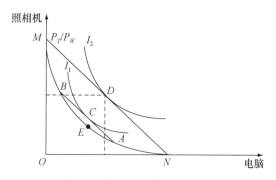

图 6.3 专业化生产与国际贸易

坎普模型表明,由于外部规模经济的存在,生产条件和需求偏好完全相同的两国也可能从贸易中获利,但贸易模式难以确定。

2. 先发优势

由外部经济产生的贸易使出口国进行专业化生产，并通过专业化和规模经济从成本下降中受益。一旦这种专业化分工形成，它就具有自我固化的特点：即使本国具有比较优势，如果这种商品的分工已经由他国承担，本国也难以取代他国的地位，以自己的比较优势进行专业化生产并出口。在现实中，这种先发优势有时可能完全由偶然因素或历史因素决定。以瑞士的钟表行业为例，在18世纪，钟表行业主要是手工作坊式的，属于技能劳动密集型的，当时瑞士恰好满足该行业的这种特点，所以早期钟表行业在瑞士率先得到了发展。随着瑞士钟表业的发展壮大，这种在发展初期"领先一步"的优势，由于规模经济的存在，转化为成本上的优势，从而限制了"后来者"的进入，奠定了瑞士钟表行业在国际分工中的地位。从历史角度看，很多国家在国际分工格局中的地位，与这种"先发优势"（first mover advantage）有密切关系。

这种先发优势可通过下例说明。假定中国和瑞士都生产手表，手表行业属于完全竞争市场，且存在外部规模经济。我们可以假设每个手表厂商的平均成本是该国全部手表产量的函数。图6.4中，AC_C和AC_S分别表示中瑞两国手表的平均成本曲线。假设手表是劳动密集型产品。因为中国的工资与瑞士相比较低，在给定的生产条件之下，中国总能生产比瑞士便宜的手表，所以AC_C位于AC_S之下，D_W代表世界的手表需求，并假定中瑞两国都能满足这一需求。

由于手表行业是完全竞争的市场，许多小厂商长期竞争的结果是手表的价格等于平均成本。在任何给定的产量下，中国手表的平均成本总低于瑞士，所以按照比较优势原理，中国应该向世界供应手表，如果世界的手表都由中国供应的话，世界手表市场在E点达到均衡，中国以2美元的价格向世界供应4块手表。但由于历史原因，瑞士首先建立了自己的手表工业，实现规模经济效应，那么世界手表市场的均衡点位于E'点，瑞士以3美元的价格向世界供应3块手表。此时，中国企业要想涉足手表行业，必须从生产第一块手表开始，但生产第1块手表的平均成本是4美元（F点），高于瑞士价格，所以中国企业不能进入手表市场。

因此，在外部规模经济的影响下，先建立手表工业的瑞士能够获得生产手表的优势地位，贸易模式是瑞士向具有潜在成本优势的中国出口手表。

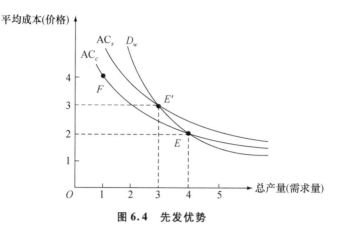

图 6.4 先发优势

6.2 垄断竞争与国际贸易

当引入内部规模经济时,由于规模报酬递增的生产技术与完全市场竞争结构是对立的,因此我们将在不完全竞争市场结构的理论框架下讨论国际贸易的起因和影响。与完全竞争理论不同,不完全竞争理论至今没有一个统一的理论框架。造成这种局面的一个重要原因是,不完全竞争市场结构过于复杂,无法给予一个统一的界定。但在经济理论中,有两种市场结构经常成为经济学家的研究对象,这两种典型的不完全竞争市场就是垄断竞争市场和寡头垄断市场。目前,垄断竞争模型和寡头垄断模型已成为不完全竞争理论中最成熟的两个理论模型,应用也最为广泛。

本节我们先讨论垄断竞争模型下的贸易问题。

6.2.1 垄断竞争与产品差异化

在完全竞争市场上,产品是同质的。我们已经知道,若两种产品是同质的,则产品之间替代弹性为无穷大;如果替代弹性介于零与无穷大之间,那么这两种产品就不再是完全替代产品,即产品存在差异。垄断竞争模型强调了产品差异与规模经济相结合的重要性。

首先,产品差异与垄断竞争是相互影响的关系。产品差异可分为垂直差异和水平差异。所谓垂直差异就是同一类产品在档次上的差别,主要体现在产品的质量等级上;而那些具有完全相同的根本特性并属于同一档次的产品,只是在细节特征上存在差异,则是水平差异。一般说来,消费者对垂直差异产品的需求受收入水平的制约,对水平差异产品的需求则取决于他的需求偏好。产品差异使厂商在确定其产品价格时具有一定的垄断力量,但它又不能完全垄断,因为总是存在功用相同的其他替代产品与它竞争。产品差异化造成了垄断竞争的市场格局,能够满足消费者需求的差异化和多样化。

其次,产品的差异又与规模经济密切相关。受规模经济的制约,厂商只能生产差异产品。因为如果一个厂商生产一个产品的全部系列品种,就不能利用规模经济的优势来降低单位生产成本,厂商就没有竞争优势。收入分配不均会影响消费者对垂直差异产品的需求,消费者偏好的多样性则影响其对水平差异产品的需求。为了利用规模经济,垄断厂商在进行差异产品的生产时,总是尽量使其产品的差异化能更多地反映本国的经济发展水平、文化和生活方式的特征。

6.2.2 垄断竞争市场的市场规模与厂商产量、数目

为简单起见,我们假设在同一行业内,所有厂商的生产技术条件和所面对的需求条件都相同,每个厂商只生产一个品种的产品,厂商的数目与差异产品的数目是等同的。另外,假设该行业的要素投入总量是固定不变的,市场总需求完全无弹性,即与价格无关。

在垄断竞争条件下,单个厂商的均衡产量如何确定呢?我们用图 6.5 来描述。

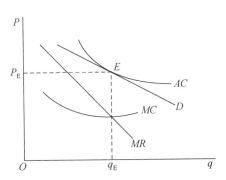

图 6.5　垄断竞争市场下的市场均衡

对于某一单个厂商来说,如果它的产品价格高于市场平均价格,那么一部分消费者会转而选择其他产品,但不会全部转移,因为其他厂商的产品不能完全替代它的产品;同样,若它的产品价格低于市场平均价格,对其产品的需求会增加,但不会将全部消费者都吸引过来。所以在差异产品存在的情况下,每个厂商都面对一条向右下倾斜的需求曲线 D。其边际收益曲线 MR 位于需求曲线(也是平均收益曲线)之下;由于厂商的生产处于规模经济范围内,所以其平均成本曲线 AC 向下倾斜,边际成本曲线 MC 位于平均成本曲线之下。厂商决定

其产量的条件是 $MR = MC$。如果短期内厂商获得的超额利润大于零,那么就会不断有新的厂商进入市场。新厂商的进入会对原有厂商的需求曲线产生两种影响:一是原有厂商的市场占有量会下降,即厂商所面对的需求曲线会向左移动;二是原有厂商所面临的需求弹性越来越大,即其需求曲线变得更加平坦,因为差异产品的数目增加导致原有厂商的产品被其他产品替代的可能性也越来越大。新厂商的进入最终导致行业内所有厂商的利润为零,市场达到均衡。这时价格等于成本,均衡价格与产量分别为 p_E 和 q_E。

现在我们来看一看,在市场均衡状态下,市场规模的大小与厂商数目(或差异产品数目)以及厂商产量之间的关系。首先,如果市场规模越大,则其所能容纳的厂商数目(n)就会越多;其次,厂商数目越多,与单个厂商平均成本曲线相切的需求曲线就越平坦,切点就越偏向右下方。这意味着厂商的均衡产量会随着市场规模的扩大而上升。由于所有厂商的条件均完全相同,所以均衡时所有厂商的产量与产品价格也均相同。若用 M 表示整个市场规模,那么均衡时每个厂商的产量均为 $q = M/n$。

图 6.6 中的曲线 RC 描述了均衡时厂商数目与厂商产量之间所有可能组合的轨迹。RC 曲线向上倾斜,曲线上离原点越远的点表示市场规模 M 越大,因而对应的厂商数目与厂商产量就越大。

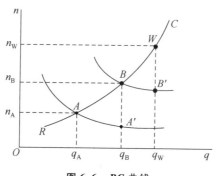

图 6.6 RC 曲线

6.2.3 开放条件下垄断竞争市场的均衡

假设世界上只有两个国家——A 国与 B 国,两个国家除了市场规模存在差异(例如,人口规模的差别导致了市场规模的差异)外,在生产技术条件、要素禀赋以及消费者偏好等诸多方面都完全相同,这里不妨假设 A 国是小国,B 国是大国。

根据这些假设,A、B 两国的 RC 曲线完全相同,从而可以图 6.6 为例同时说明两国的情况。由于 A 国国内市场相对较小,在封闭条件下,A、B 两国的市场

均衡分别为 A 点与 B 点。同时,我们还可以很容易地推断出,在封闭条件下,A 国产品的价格要高于 B 国。那么,开放之后,在该行业上 A 国会因价格高成为进口国,B 国会因价格低成为出口国吗?事实上,开放之后,这种情况不会出现,规模经济、差异产品的存在会导致另外一种国际分工与贸易格局。

首先,开放以后,原来处于封闭状态下的两国市场结合成统一的世界市场,由于市场规模的扩大,整个世界所能容纳的厂商数目和产量均扩大,在图 6.6 中,开放后的世界均衡点为 W,厂商数目为 n_W。无论是 A 国厂商还是 B 国厂商,所有厂商的均衡产量均为 q_W。

其次,自由贸易下,各国市场均衡也发生变化。各国厂商的产量均为 q_W,与封闭情形相比,厂商的产量扩大了,但由于假设该垄断竞争行业的要素使用总量是固定的,对于各国来说,厂商产量的扩大必然意味着厂商数目的减少,所以两国开放后的市场均衡点应处于原来均衡点的右下方。在图 6.6 中,$A'B'$ 分别表示 A、B 两国开放后的新均衡点,而 AA' 与 BB' 两条向右下倾斜的曲线分别表示 A、B 两国在要素使用总量不变的条件下,行业内厂商数目与厂商产量所有可能组合的点的轨迹。

对应于新的均衡点,A、B 两国的厂商数目之和等于 n。即开放后两国所生产的差异产品的数目之和等于 n_W,很显然,$n_W > n_B > n_A$,所以开放后两国消费者可选择的产品品种要比各自在封闭状态下都多。另外,由于厂商间所生产的产品都是有差异的,因而两国在开放后所生产的产品品种不会有重复,也就是说在同一行业里,一国只生产某些品种的产品,而另一国则生产其他品种的产品。这种国际分工格局的形成完全是因为规模经济的存在,与价格差别无关。但是我们不能肯定每个国家究竟生产哪些品种的产品,因此国际分工也是不确定的。

这个模型也可以通过下面这个例子得到更为具体的表述。假设有两个国家(本国和外国),各自拥有一个垄断竞争的汽车部门。如表 6.1 所示,在开放贸易之前,本国每年销售 90 万辆车,外国每年销售 160 万辆车。除了两国不同的市场规模,两个国家在技术、资源和消费者偏好上完全相同。给定生产的固定成本、可变成本以及产品种类之间的替代弹性,设本国有 6 个企业,外国有 8 个企业。根据已知的两国相对的市场份额,本国每个企业销售 15 万辆车,外国每个企业销售 20 万辆车。

表 6.1 一体化的市场和生产

	贸易前的本国市场	贸易前的外国市场	一体化市场
总汽车销量（万辆）	90	160	250
企业数目（个）	6	8	10
每个企业的销量（万辆）	15	20	25
平均成本（美元）	10000	8750	8000
价格（美元）	10000	8750	8000

资料来源：P. R. Krugman and M. Obstfeld, 2006, International Economics: Theory and Policy, Boston, San Francisco: Addision Wesley.

由于规模经济的作用，外国企业可以在更低的平均成本上生产并制定更低的价格，假设为 8750 美元，而本国企业的价格为 1 万美元。当两国开放贸易后，一体化的市场规模为 250 万辆车，即两国封闭时国内市场规模的加总。但两国企业总的数目为 10 个，而不是一体化前的 14 个。这时每个企业的销售规模都增加为 25 万辆，汽车的市场价格下降到 8000 美元。换言之，尽管消费者有了更大的选择空间（10 个不同的汽车种类，而不是开放贸易前的本国 6 个种类和外国 8 个种类），市场融合后的企业总数量（10）却比封闭均衡时的企业总数量（14）少。

我们可以看到，这种贸易是发生在同一行业之内的，我们把这种贸易两国彼此买卖着同一产业所生产的产品的贸易称为产业内贸易。垄断竞争市场中的产业内贸易是差异产品的产业内贸易。

6.2.4 贸易的影响

在规模经济存在的情况下，国际贸易的作用在于使一国市场扩大。市场扩大则产生两种积极效应，一是通过厂商产量的提高实现规模经济利益，二是增加产品的品种数量。从整个社会福利提高的来源看，贸易利益体现在两个方面：一是生产成本的降低，使消费者可以更低的价格购买消费品；二是产品品种的增加，使得消费者可有更多的选择，带来更大的满足。

尽管消费者和生产者受益，那些被挤出市场的生产者却遭受了损失。由于假定所有企业是完全相同的，因此不可能知道究竟是哪些企业被逐出，而存活下来的那些企业又是在哪个国家。企业也可能决定集中布局在其中的某个市场。例如，如果贸易的成本较高，生产可能会集中在国内市场较大的国家，即使另一国也有一定的市场需求，因为在市场更大的国家生产，企业可以在实现规模收益的同时最小化运输成本和其他贸易成本。因此，较大的国家往往生产较多的产品种类，从而成为该行业的净出口国。

专栏 6-1

企业异质性与新新贸易理论

直到 Melitz(2003) 首次将企业生产率的差异内生到垄断竞争模型中,才解决了克鲁格曼模型没有解释的问题:究竟哪些企业留在了一体化的市场上,哪些企业退出了市场?

Melitz(2003) 运用一般均衡框架下的动态产业分析方法扩展了克鲁格曼的垄断竞争贸易模型,将企业生产率内生到模型中,将贸易理论的研究对象扩展到企业层面,构建了一个基于异质企业的贸易模型,形成了新新贸易理论的基本理论框架。

新新贸易理论放弃了企业同质的假定,设企业在生产率上具有异质性,贸易会导致市场份额在产业内企业间的重新配置,市场份额向高生产率企业靠近,而那些最低生产率的企业被迫退出。也就是说,两国开放市场的结果是高效率的企业留了下来,低效率的企业退出了市场。低效率企业的退出提高了行业生产率水平,这一效应在封闭经济中是无法实现的。新新贸易理论的文献表明,对于很多贸易现象,比如在出口行业,大部分企业并不参与国际贸易;参与国际贸易的小部分企业在规模和生产率上要大于和高于只服务于国内市场的企业;大多数企业出口到市场较大的国家等,企业层面的差异比产业层面的差异更具解释力。所以说,新新贸易理论开启了贸易理论研究的新领域。

——陶涛编著:《国际经济学》(第二版),北京大学出版社 2014 版,第 65 页。

6.3 寡头垄断与国际贸易

本节我们讨论另一种不完全竞争市场结构——寡头垄断市场。在寡头垄断市场上,厂商数目很少(但不止一个),产品是同质的。在这样的市场上,由于厂商数目很少,并且每个厂商拥有的市场份额比较大,所以每个厂商的行为或决策很容易或很快就会被其竞争对手察觉,因此厂商作决策时要考虑到自己的行动会引起竞争对手什么样的反应。寡头市场模型通常按厂商的决策对象和行为倾向划分为不同类型,下面我们介绍双寡头模型——古诺模型框架下的国际贸易。

6.3.1 双寡头市场

假设市场中只有两个厂商,为方便起见,分别称这两个厂商为 H 和 F。假设两个厂商的生产技术条件完全相同,边际成本为常数,厂商行为模式是非合作型的,厂商的决策变量为产量。

在非合作情况下,厂商对对方的产量并不了解(假设厂商同时作决策),但可根据对对方的猜测,来作出自己的各种选择。对方的产量不同,自己产量的选择也不同。如果把该厂商的最佳产量选择与对方各种可能产量之间的对应关系在坐标图上用一条曲线描述出来,则称这一曲线为该厂商的反应曲线(reaction curve)。同样,对另外一个厂商来说,决策思路也完全相同,因此另一个厂商也有一条反应曲线,来描述其针对竞争对手的各种最佳选择。

这里以厂商 H 为例,通过图示方式说明反应曲线是如何确定的。图 6.7 给出了在两种特殊情形下厂商 H 的产量选择。在图 6.7(a)中,假设对方的产量为零,这意味着厂商 H 是一个完全垄断厂商,市场总需求曲线就是其剩余需求(市场总需求减去对方的需求)曲线,在这种情形下,厂商 H 的最佳产量就是垄断产量 q_M。图 6.7(b)则说明当厂商 F 的产量处于什么水平时,厂商 H 的最佳反应是退出市场或将产量定为零。如图 6.7(b)所示,当 q_F 等于完全竞争下的市场需求量 q_C 时,由厂商 H 的剩余需求曲线决定的边际收益曲线与边际成本曲线相交于纵轴,此时厂商 H 的最佳产量选择为零。

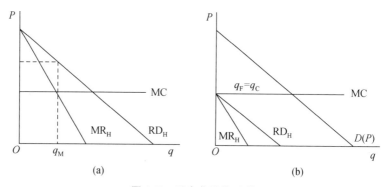

图 6.7　反应曲线的形成

上述两种结果在图 6.8 中分别对应于厂商 H 反应曲线的两个端点 H′和 H,两点之间的连线大致描述了厂商 H 反应曲线的基本形状。同样可得到厂商 F 的反应曲线。图 6.8 中的两条直线 *HH′*、*FF′*分别表示厂商 H 和 F 的反应曲线。图中两条反应曲线的斜率为负,因为对方的产量越高,自己面对的剩余需求就越小,所能选择的最佳产量也就越小。

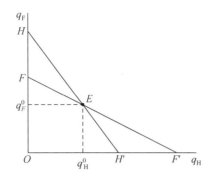

图 6.8 厂商 H 和 F 的反应曲线

6.3.2 寡头垄断与国际贸易

假设世界上只有 A、B 两国,两国在某一相同行业中各只有一个厂商存在,即在封闭条件下,两国的该行业都是完全垄断市场结构。另外,假设两国厂商的生产技术条件完全相同,两国的需求条件也完全相同。

首先确定开放以后,两国市场的均衡。开放后,两国厂商均可自由进入对方市场,因此两国的国内市场现在变为寡头市场结构(双寡头)。每个国家的市场上都有两个厂商,一个是本国厂商,另一个为外国厂商。假设 H 为 A 国厂商,F 为 B 国厂商。

图 6.9 描述了 A、B 两国市场的均衡。在图 6.9(a)中,A 国市场的均衡点为 E,此时国内厂商在本国市场上的销售量为 q_H^A,来自 B 国的厂商在 A 国市场上的销售量为 q_F^A,在图 6.9(b)中,B 国市场均衡点为 E'。均衡时 B 国厂商在本国的销售量为 q_F^B,A 国厂商在 B 国的销售量为 q_H^B。由此可知,开放以后,A 国对 B 国的出口量为 q_H^B,自 B 国进口同种产品,进口量为 q_F^A。在寡头垄断条件下,两国之间的同质产品发生了双向贸易,即产业内贸易。由于对称性,两国厂商在本国和他国市场上的占有率各为 50%。贸易后,两国市场价格也完全相同。

如果考虑国际贸易运输成本的存在,则上述结果会稍有变化。因运输成本会提高一国产品在他国市场的销售成本(生产成本+运输成本),因此,在这种情况下,每个厂商在他国市场上的反应曲线位置要比不考虑运输成本时的反应曲线更接近于原点。这样,均衡时每个厂商在他国市场上的销售量要低于在本国市场上的销售量。虽然厂商出口产品在他国市场的销售价格相同,但考虑到运输成本的存在,出口商品的离岸价格要低于其国内的销售价格,这意味着每个厂商都以低于本国市场的价格出口商品到他国,这种情形称为相互倾销(reciprocal dumping),两国垄断企业间的贸易正是来源于此。因为厂商会发现,

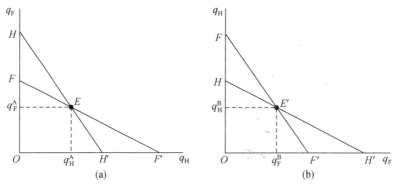

图 6.9 寡头垄断与国际贸易

如果新增加的产量不在本国销售,而在他国销售(即出口),那么,一方面不影响厂商在国内市场的利润(因为在国内市场的销售量与完全垄断下一样),另一方面因国外市场原本就是垄断市场,存在超额利润,所以在他国销售可以分享他国市场的部分超额利润。出于这种考虑,它便会选择增加生产,然后再将新增的产品出口到他国。同样,外国的厂商也会这么想,这么做,因为如果他保持封闭条件下的产量不变,那么由于他国厂商对本国的出口,自己也无法维持垄断利润,其利润会受损,所以它也必须选择进入他国市场这一策略。

与垄断竞争市场不同的是,这种发生于同一产业内部的贸易是同质产品的贸易,并不能增加两国消费者的选择空间,但贸易后两国的市场结构由完全垄断变为寡头垄断,虽不能完全消除垄断,但还是带来了竞争,降低了资源配置扭曲的程度。

专栏 6-2

产业内贸易

与二战前相比,战后国际贸易的显著特点是发达国家之间的贸易成为主要的贸易流向,而且工业制成品贸易的比重大大增加。20 世纪 60 年代,制成品贸易就已经达到国际贸易总规模的一半,到 20 世纪末,进一步扩张到国际贸易的 3/4。发达国家不仅出口工业制成品,也大量进口相似的制成品。例如,美国每年要出口大量的汽车,但同时又从日本、德国、韩国等地大量进口汽车。工业国家传统的"进口初级产品,出口工业产品"的贸易模式逐渐改变,出现了同一产业既出口又进口的贸易模式,即所谓的产业内贸易(intra-industry trade, IIT)。

产业内贸易指的是一国同时进口和出口同一产品分类目录中的商品;如果一国出口和进口分属不同产品分类目录的商品则是行业间贸易。因此,产品分类的详细程度或者说产品的汇总程度将影响贸易的分类。如果产品分类粗泛、汇总程度高,则产业内贸易的比重大;如果产品分类很细、产品汇总程度低,则产业内贸易的比重小。一般各国都奉行联合国统计署制定的《标准国际贸易分类》(SITC),该分类将所有产品分为9类,共90章。如果一国某一章的商品既有出口,又有进口,则存在产业内贸易。如果一国的出口和进口是分属不同章的商品,则该国没有产业内贸易,全部是产业间贸易。

一国到底是产业间贸易还是产业内贸易居主导,可以通过产业内贸易指数来衡量。产业内贸易指数既可以是某一产业的产业内贸易指数,也可以是一国的产业内贸易指数。就某一产业而言,产业内贸易指数的计算公式如下:

$$B_i = 1 - \frac{|X_i - M_i|}{X_i + M_i}$$

式中,X_i指一国i产品的出口额,M_i代表该国i产品的进口额。B_i代表i产业的产业内贸易指数,其数值在0到1之间变动。B_i越接近1,就说明产业内贸易的发展程度越高;如果B_i越接近于0,则意味着产业内贸易程度越低。

一个国家的产业内贸易指数,可由不同产业部门的产业内贸易指数的加权平均数来求得,其计算公式为:

$$B = 1 - \frac{\sum_{i=1}^{n} |X_i - M_i|}{\sum_{i=1}^{n} X_i + \sum_{i=1}^{n} M_i}$$

指数值介于0到1之间,值越大,产业内贸易越发达。

》 本章小结

传统的贸易理论是建立在完全竞争市场结构的框架之上的,随着新的工业体系的建立和新的国际贸易现象的出现,传统的国际贸易理论已不能提供充分的解释。在这样的背景下,建立在不完全竞争和规模经济基础上的新的贸易理论出现。规模经济可以分为外部规模经济和内部规模经济,对外部规模经济下国际贸易的分析以坎普模型为基础,解释了由于外部规模经济的存在,生产条件和需求偏好完全相同的两国也可能从贸易中获利,而且一旦形成分工,很容易获得先发优势;对内部规模经济下国际贸易的分析主要是以克鲁格曼模型为基础的,分析了垄断竞争市场和寡头垄断市场下产业内贸易发生的原因和影响。

》 关键词

规模经济　垄断竞争　寡头垄断　产业内贸易

》 讨论与思考练习

1. 下述例子中,决定贸易模式的主要是比较优势还是规模经济?
   (1) 加拿大是主要的新闻纸出口国;
   (2) 英特尔生产了世界上半数以上的 CPU;
   (3) 美国和日本相互出口复印机;
   (4) 中国是电视机的主要出口国;
   (5) 东南亚国家大力出口运动服装和鞋。
2. 为什么规模经济会产生凸向原点的生产可能性边界?它对解释国际贸易有何意义?
3. 垄断竞争模型是如何说明国际贸易发生机制的?
4. 请解释为什么会发生倾销。
5. 什么是先发优势?它是怎样产生的?

第 7 章 贸易政策概述

一国的对外贸易政策是该国在一定时期内对进口贸易和出口贸易所实行的政策,是一国总的经济政策的组成部分,是为该国经济基础和对外政策服务的。各国的对外贸易政策因各自的经济体制、经济发展水平及其产品在国际市场上的竞争能力而有所不同,并且随其经济实力的变化而不断变换,但就其制定对外贸易政策的目的而言,大体上是一致的:第一,保护本国的市场;第二,扩大本国产品的出口市场;第三,促进本国产业结构的改善;第四,积累资金;第五,为本国的对外政策服务。

7.1 国际贸易政策的主要内容

一般而言,国际贸易政策的主要内容有:

1. 各国对外贸易总政策

它是各国从整个国民经济出发,根据本国国民经济的整体状况及发展战略,结合本国在世界经济格局中所处的地位而制定的、在较长时期内实行的政策。它是各国发展对外经济关系的基本政策,是整个对外贸易政策的立足点。

2. 进出口商品政策

它是各国在本国对外贸易总政策的基础上,根据经济结构和国内外市场的供求状况而制定的政策。其基本原则是对不同的进出口商品实行不同的待遇。主要体现在关税的税率、计税价格和课税手续等方面的差异。例如,对某类进口商品,有时采用较高税率和数量限制手段来阻挡其进口,有时则对其实施较宽松的做法,允许较多的进口。

3. 国别政策

它是各国根据对外贸易总政策,依据对外政治经济关系的需要而制定的国别和地区政策。它在不违反国际规范的前提下,对不同国家采取不同的外贸策略和措施。对不同国家规定差别关税率和差别优惠待遇是各国国别政策的基本做法。

从一国对外贸易政策的具体内容来看,一般而言,它主要包括一国的关税制度和政策、非关税壁垒的种类和做法、鼓励出口的体制和手段、管制出口的政策和手段等。这些范围内的有关体制、政策和基本做法都反映着上述三方面的含义,因而构成了国际贸易政策的基本内容。

7.2 自由贸易政策和保护贸易政策

关于一国经济政策的制定和实施,历来存在着两种对立的思潮和理论主张。一种叫经济自由主义,它主张全社会的经济活动应该按照市场机制的调节功能自由地进行,政府不必加以干预和管制。另一种叫政府干预主义,认为本国政府应该对社会经济活动进行干预和控制,有时候这甚至是决定性的,让其放任自流是不行的。这两种基本思潮在实现国际贸易政策目标的做法上,同样表现为两种不同的主张。前者主张自由贸易,后者推行保护贸易政策。长期以来,两派各执一词,争论激烈,其结果对国际贸易政策的演变具有互为消长的重要影响。

自由贸易政策的主要内容是,尽量取消政府对进出口贸易的限制,不对本国商品的进出口商提供各种特权的优待,力图消除各种贸易障碍,使商品能够自由地输出和输入,在世界市场上实行自由竞争。保护贸易政策的主要内容是,政府采取各种措施来限制商品的进口,以避免本国的产业和企业在国内市场上遭到来自外国的竞争。另一方面,政府对本国商品的出口实行补贴或优待,鼓励出口。

需要指出的是:一国实行自由贸易政策并不意味着完全的自由。西方国家在标榜自由贸易的时候,总是或明或暗地对某些产业提供保护。事实上,自由贸易口号历来是作为一种进攻的武器,即要求别国能够实行自由贸易,而且只有在双边都同意之后,自由贸易的政策才会付诸实施。另一方面,实行保护贸易政策并不是紧闭大门,而是对某些商品的保护程度高一些,有些商品则低一些,在保护国内生产者的同时又要维护同世界市场的联系。更有一些国家实际上奉行的是保护主义,而口头却说实行自由贸易。

一个国家采取何种形式的对外贸易政策,主要由国内和国际多种因素来决定。比如,一国的竞争能力,国内的经济状况,国内不同利益集团对制定外贸政策的影响力等等。从根本上说,两种政策都是为了更好地实现和扩大本国的利益。事实上,其他不同类型国家的对外贸易政策也存在两种可能的选择,一定时期实行的外贸政策会随经济的发展而变化。

大多数贸易理论支持自由贸易政策,如第一篇中的基本贸易理论,本章主要介绍贸易保护政策的支持理论。

7.3 幼稚产业保护理论

在欠发达国家中，贸易保护最重要、最流行的依据是幼稚产业保护论（infant industry theory）。该理论可以追溯到18世纪美国当时的财政部长亚历山大·汉密尔顿（Alexander Hamilton），他在1791年发表的《制造业的报告》中率先提出对幼稚产业加以保护的观点。这一思想后来得到弗里德里希·李斯特（Friedrich List）的发展。他在1841年出版的《政治经济学的国民体系》一书中详细阐述了幼稚产业保护理论。

7.3.1 幼稚产业的含义

幼稚产业（infant industry），是指处于成长阶段尚未成熟但具有潜在优势的产业。为了实现潜在的优势而对该产业实行暂时性的保护是完全正当的，因为如果不提供保护，该产业的发展便难以继续，潜在优势也就无法实现。不过应当注意的是，保护应该是暂时的，当该产业成长起来以后就应该撤除保护，实行自由贸易。

7.3.2 幼稚产业保护理论的主要思想

1. 经济发展阶段论

李斯特将一国经济发展的历程分为五个阶段：原始未开化阶段、畜牧阶段、农业阶段、农工业阶段、农工商业阶段。他认为，在不同的经济发展阶段应采用不同的贸易政策，自由贸易并不适用于每个经济发展阶段。在农工业阶段的国家应采用保护主义的贸易政策，原因是此时本国工业虽有所发展，但发展程度低，国际竞争力差，不足以与来自处于农工商业阶段国家的产品相竞争。若采用自由贸易政策，不但享受不到贸易利益，还会令经济遭受巨大冲击。

2. 生产力论

不管是亚当·斯密的绝对优势说，还是大卫·李嘉图的比较成本说，都显示了明显的贸易利益。对此，李斯特认为，自由贸易固然有益，但这样的贸易利益不足以作为贸易自由化的依据。原因是，自由贸易理论是基于静态分析方法和世界主义的立场之上，这与现实世界不符。这样的贸易利益应被视为静态的贸易利益，按照比较优势进行贸易，尽管在短期落后国家能够获得一些贸易利益，但从长远来看，该国生产财富的能力却不能得到应有的发展。任何时候，各民族的利益都高于一切。当自由贸易损害到一国实际或潜在利益的时候，该国有权考虑自己的经济利益。在经济发展的过程中，比较优势是动态且可培养的。落后的国家在面临发达国家强有力的竞争时,为了"促进生产力的成长",有理由采取产业保护措施。针对当时的经济背景,李斯特指出,对于德、美这样的处于农工业阶段的国家如果与处于农工商业阶段的英国进行自由贸易,虽然表面上在短期能够获得贸易利益,但长期将损害其生产力,制约其创造财富的能力。一个国家要追求的是财富的生产力,而非仅仅是财富本身。"财富的生产力比之财富本身,不晓得要重要多少倍;它不但可以使已有和已经创造的财富获得保障,而且可以使已经消灭的财富获得补偿"。

3. 国家干预论

像重商主义一样,幼稚产业保护理论也强调国家在贸易保护中的重要作用。李斯特认为,政府不能做"守夜人",要做"植树人",应制定积极的产业政策,利用关税等手段来保护国内市场。

4. 关税保护制度

李斯特认为,应采用关税制度来实现贸易保护主义。在该制度的设计上,应体现以下几点:(1) 差别关税。以对幼稚产业的保护为出发点,对不同的产业征收不同的关税。比如对与国内幼稚工业竞争的进口产品征收高关税,同时以免税或低关税的方式来鼓励国内不能自行生产的机械设备的进口。(2) 有选择性的保护。并非对所有工业都加以保护,保护是有条件的。只有那些经过保护可以成长起来的,能够获得国际竞争力的产业,才对其加以保护。对于那些通过保护也不能成长起来的产业则不予以保护。(3) 适时调整。对幼稚产业的保护不是无休止的,而是有限期的,超过了规定的限期,该产业即便没有成长起来,也要解除对它的保护。

需要注意的是,李斯特并不否认自由贸易政策的一般正确性。他认为,当一个国家解决了落后问题,即实现了工业化后,是可以选择自由贸易政策的。下图为该理论的图示:

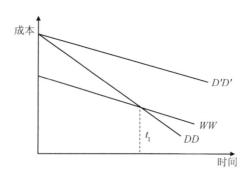

图 7.1 幼稚产业保护论

在上图中,DD 表示随时间变化本国幼稚产业的生产成本线,WW 是该产业在其优势国家的生产成本线。幼稚产业保护理论认为,保护的意义就在于使得t_1时刻后本国的生产成本降到优势国家的生产成本之下,从而获得该产品的生产优势,成为这种产品的出口国。

7.3.3 幼稚产业的判定标准

将幼稚产业保护理论运用到现实中的关键是幼稚产业的确定问题。关于保护对象的选择,李斯特并未给出具体的标准,只是提出,受保护的应是国内幼稚但有发展前途的工业,受保护的对象在一段时间后能够成长起来。如何确定幼稚产业是一个关键问题,如果选择不当(如图 7.1 中所选幼稚产业的成本变化线是 $D'D'$),必然会造成资源的浪费。关于幼稚产业的判定标准有很多,其中有代表性的有以下几种:

1. 穆勒标准(mill's test):潜在竞争力标准

如果某个产业由于缺乏技术方面的经验,生产率低下,生产成本高于国际市场价格而无法与外国企业竞争,在一定时期的保护下,该产业能够提高效率,在自由贸易条件下存活下去,并取得利润,该产业即为幼稚产业。

穆勒标准的实质:① 正当保护只限于对从外国引进产业的学习掌握过程,过了这个期限就应取消保护;② 保护只应限于那些被保护的产业,在不久之后,没有保护也能生存的产业;③ 最初为比较劣势的产业,经过一段时间保护后,有可能变为比较优势产业。

2. 巴斯塔布尔标准(bastable's test):现值标准

判断一种产业是否属于幼稚产业,不光要看将来是否具有成本优势,还要将保护成本与该产业未来所能获得的预期利润的贴现值加以比较之后才能确定。受保护的产业在一定的保护期后能够成长自立,为保护、扶植幼稚产业所需要的社会成本不能超过该产业未来利润的现值总和,符合条件的即为幼稚产业。

巴斯塔布尔标准的实质:① 受保护的产业在一定时期以后,能够成长自立;② 受保护产业将来所能产生的利益现值,必须超过现在因为实行保护而必然受到的损失。

3. 坎普标准(kemp's test):外部经济标准

除了前两个标准外,还应考虑产业在被保护时期的外部效应,如具有外部性,该技术可以使其他产业受益却使得本产业的利润无法增加,即使将来利润无法补偿投资成本,国家也应该予以保护。

坎普标准的实质:① 内部规模经济的情形下,即使某一产业符合穆勒和巴斯塔布尔的标准,政府的保护也不见得是必要的。因为企业自身的逐利性决定了该产业会自动地发展下去。② 在外部规模经济存在时,私人边际收益与社会边际收益之间可能出现偏离。只要其在保护之后,能够产生显著的外部经济效应,则仍有保护的必要。③ 与强调内部规模经济的前两个标准不同的是,坎普标准更加强调外部规模经济与幼稚产业保护之间的关系。

4. 小岛清的选择标准(kiyoshi kojima's test):总体经济发展标准

应根据要素禀赋比率和比较成本的动态变化,选择一国经济发展中应予保护的幼稚产业。只要是有利于国民经济发展的幼稚产业,即使不符合巴斯塔布尔或坎普准则,也是值得保护的。至于怎样确定这种幼稚产业,则要从一国要素禀赋状况及其变化,从幼稚产业发展的客观条件方面来考察这一问题。

小岛清的选择标准的实质:① 所保护的幼稚产业要有利于对潜在资源的利用;② 对幼稚产业的保护要有利于国民经济结构的动态变化;③ 保护幼稚产业,要有利于要素利用率的提高。

7.3.4 对幼稚产业保护理论的评价

一方面,幼稚产业保护理论具有理论上的合理性。自由贸易的倡导者约翰·穆勒(John Stuart Mill)尚且将幼稚产业保护理论作为贸易保护"唯一成立的理由"。幼稚产业保护理论在现实中有着广泛的影响力,世界贸易组织也以该理论为依据,列有幼稚产业保护条款。该条款允许一国为了建立一个新工业或者为了保护刚刚建立不久尚不具备竞争力的工业采取进口限制性措施,对于被确认的幼稚产业可以采取提高关税、实行进入许可证、征收临时进口附加税的方法加以保护。

另一方面,幼稚产业保护理论在实践中成效不大。这可能是由于无法准确界定幼稚产业所致。发展中国家都很注重对幼稚产业的保护,但多数都未达到预期效果,反而付出惨痛代价。

7.4 凯恩斯贸易保护理论

7.4.1 产生背景

19世纪末20世纪初,资本主义进入垄断阶段,国际竞争更加激烈。1929—1933年主要资本主义国家经济危机的爆发,使市场问题更加尖锐,西方各国纷纷采取严格的贸易保护措施。由于危机期间价格大跌,仅仅通过关税难以有效限制进口,因此各国广泛采用进口配额、进口许可证和外汇管制等各种非关税壁垒措施限制进口,这些更严格的贸易保护政策被称为超保护贸易政策。

与自由竞争时期的贸易保护政策相比,超保护贸易政策具有以下特点:

（1）保护对象扩大。传统的贸易保护政策仅仅保护本国的幼稚产业；而超保护贸易政策不仅保护幼稚产业，同时也保护国内成熟产业和出现衰落的产业。

（2）保护目的改变。传统的贸易保护政策的目的是为新兴产业的成长创造条件，培养其自由竞争的能力；而超保护贸易政策的目的主要是巩固和加强本国企业在国内外市场的竞争地位。

（3）保护措施多样化。传统的贸易保护的主要手段是关税措施；而超保护贸易政策手段不仅包括关税措施，而且大量使用进口配额和许可证等非关税措施。

（4）保护从国内延伸到国外。传统的贸易保护主要是限制外国商品进入国内市场，保护具有防御性；而超保护贸易政策不仅包括进口限制措施，而且包括出口补贴、倾销等促进出口的措施，保护带有进攻性。

在这种背景下，各国经济学者纷纷提出各种支持超保护贸易政策的理论，其中凯恩斯（John Maynard Keynes）关于贸易顺差的理论，强调贸易顺差在扩大需求和增加就业方面的重要性，常被视为超保护贸易理论。

7.4.2 基本观点

1. 强调贸易顺差的重要性

凯恩斯认为，一国的国民收入水平（进而是就业水平）取决于有效需求，包括消费需求和投资需求。其中投资需求包括国内投资需求和国外投资需求，前者由"资本边际收益"和利息率决定，而后者则由贸易顺差大小决定。故此，一方面，保持贸易顺差可以扩大国外投资，直接增加投资需求和有效总需求，解决就业，促进经济繁荣。另一方面，保持顺差还可为一国带来贵金属的流入，从而增加国内货币供应量，压低利息率，刺激私人投资，间接增加国内有效需求。而相反，贸易逆差则会造成黄金外流，招致国内经济趋于萧条和增加失业人数。

2. 对外贸易乘数理论

凯恩斯在《就业、利息与货币通论》中提出投资乘数原理，说明社会支出增加对国民收入总量变动的影响，后者为前者的若干倍，称为乘数效应。凯恩斯主义者又将上述原理扩展至对外贸易领域，认为出口增加国内需求，进口减少国内需求，贸易顺差具有净增加国内需求的效应，该需求增量引发的国民收入的增加同样为贸易顺差的若干倍，这就是对外贸易乘数效应。为了扩大国内需求，促进经济增长，增加就业，一国在存在闲置资源的情况下，应争取实现贸易顺差。外贸乘数理论为实施贸易保护提供了理论依据。

3. 提倡政府干预贸易

凯恩斯认为,如果对外贸易不在政府的控制之下,就很难成为提高国民收入水平的重要推动力。基于此,凯恩斯认为政府不仅要利用宏观经济政策干预国内的经济,实现内部平衡,还要干预对外贸易,以便使进出口有利于国民收入水平的稳定提高。

需要注意的是,凯恩斯指出,贸易顺差不可以无限量增加下去。贸易顺差过大,可能会产生两个方面的负面影响:第一,对国内产品需求过多,导致物价上升,产生通货膨胀;第二,贸易顺差过大导致货币供给过多,利率下降,资本外流。因此有人称凯恩斯的贸易理论为萧条经济条件下的贸易政策理论。可见,凯恩斯并非认为贸易顺差越大越好,它只是将贸易顺差作为克服经济萧条的手段。

7.4.3 对凯恩斯贸易保护理论的评价

凯恩斯主义的贸易保护理论是经济危机的产物,它将贸易保护的范围进一步扩大,将贸易盈余作为解决本国失业和促进经济增长的外部手段。如果各国都以此理论指导其贸易行为的话,那必将导致贸易规模的缩小和贸易利益的损失,不利于世界经济一体化的发展和国际分工的进一步深化。

7.5 战略性贸易政策

20世纪80年代以来,以詹姆斯·布兰德(J. Brander)、斯宾瑟(B. Spencer)等人为代表的西方经济学家提出了战略性贸易政策理论。自从该理论出现以来,对国际贸易理论体系以及许多国家对外贸易政策的制定都产生了重大影响。

战略性贸易政策(strategic trade policy),是指在不完全竞争市场中,政府积极运用补贴或出口鼓励等措施对那些被认为存在着规模经济、外部经济或大量"租"(某种要素所得到的高于该要素用于其他用途所获得的收益)的产业予以扶持,扩大本国厂商在国际市场上所占的市场份额,把超额利润从外国厂商转移给本国的厂商,以增加本国的经济福利和加强在有外国竞争对手的国际市场上的战略地位。这种政策之所以被称为"战略性",是因为该政策是针对一种特殊的不完全竞争市场结构——寡头垄断市场结构而提出的。

战略性贸易政策最为强调的政策主张主要有两种:一是战略性出口政策,包括战略性R&D补贴和战略性出口补贴两种模型;二是进口保护以促进出口政策,也称为"保护性出口促进"战略。

7.5.1 战略性出口政策

战略性出口政策是由詹姆斯·布兰德(J. Brander)、斯宾瑟(B. Spencer)两位经济学家提出来的。[①]

1. 战略性 R&D 补贴模型

用一个简单的博弈模型来解释 R&D 补贴对国际贸易的影响,我们通常采用美国波音飞机与欧洲的空中客车的例子来说明,这两家公司在现实中也确实是飞机制造业中最主要的公司。

假定这两家公司生产技术和能力相近,都有能力生产一种新型大客机,而生产这种大客机又具有规模经济,生产量越多,成本越低;生产量越小,成本越高,而且会有亏损。在市场需求有限的情况下,如果两家公司都生产,两家公司都会亏本。如果两家公司都不生产,虽然谁也不会亏本,但谁也没有利润。只有在一家生产而另一家不生产的情况下,生产的那家才会有足够的生产量,从而获得利润。所以,有如表7.1所示的利润矩阵。

表 7.1 两家公司博弈的利润矩阵　　　　　（单位:万美元）

战略选择 \ 公司	空中客车	
	生产	不生产
波音　生产	-5,　-5	500,　0
不生产	0,　500	0,　0

显然,纳什均衡的结果是,谁先进入谁会生产,另一家公司就不再进入。因此,有两种博弈均衡:如果波音先进入,对于空中客车来说,只有亏损生产和不生产不亏损两种选择,理性的选择当然是不生产;另一方面,如果是空中客车率先进入市场,对波音来说也是同样的两个选择,结果也是放弃市场。

现在假设欧盟采取战略性贸易政策,予以空中客车10万美元的 R&D 补贴,生产这种新型飞机,这种补贴使两家的盈亏情况发生了变化。如果只是空中客车生产,总利润达到510万美元。即使两家都生产,空中客车公司在减去亏损后,仍能有5万美元的盈利。而波音没有补贴,其利润与亏损没有变化。表7.2是新情况下的收益矩阵。

---

① See B. J. Spencer,J. S. Brander. International R&D Rivalry and Industrial Strategy. Review of Economic Studies,1983(50):707—722;J. S. Brander,B. J. Spencer Export Subsidies and Market Share Rivalry. Journal of International Economics,1985(18):82—100.

表 7.2　两家公司博弈的利润矩阵　　　　　　（单位:万美元）

战略选择	公司	空中客车	
		生产	不生产
波　音	生产	-5, 5	500, 0
	不生产	0, 510	0, 0

在新的情况下,空中客车只要生产,就有利润,而不管波音生不生产。对空中客车来说,不生产的选择已经被排除。而波音也只剩下两种可能:一种是不生产,让空中客车生产,没有利润,也不亏损;另一种选择是硬挤进去生产,而空中客车不会退出,其结果是两家都生产并都承担 5 万美元的亏损。在这种情况下,波音已无获得利润的可能,其理性选择自然是退出竞争。结果是,空中客车独占市场,获得 510 万美元的利润。无论对空中客车还是对欧洲政府来说,这种结果自然是很有吸引力的:政府只支付了 10 万美元的补助,却换来了 510 万美元的收益,净得利 500 万美元。

从这个例子可以看到,政府的保护政策可以使本国企业在国际竞争中获得占领市场的战略性的优势并使整个国家受益。当然,上述两种方法所证明的一国的战略性贸易政策所带来的战略性利益,都是与另一国厂商争夺市场的结果,那是以另一国的厂商的损失为代价的,而不像自由贸易理论那样强调双赢。因此,这种政策有可能遭到对方的报复(比如另一国采用相同的战略),最终两败俱伤。但是,如果像许多自由贸易理论那样只停留在静态分析的层面,我们也难以否定上述的战略性贸易保护政策理论的意义。

2. 战略性出口补贴模型

假定世界上只有 A 国和 B 国的两个企业生产和销售某种同质产品 X,即世界市场是双寡头结构,同时假设两个厂商的决策变量为产量或销售量,这样我们的问题实际上就是古诺模型所讨论的问题。

图 7.2 描述两国企业在 C 国的销售情况。横轴表示 A 国的销售数量,纵轴表示 B 国的销售数量,FF 和 HH 分别为 B 国企业和 A 国企业的反应曲线。一个企业的反应曲线,表示在生产规模和边际成本一定的情况下,本企业根据同一市场另一企业的销售规模确定的利润最大化销售规模。反应曲线向下倾斜,因为当一家企业增加销售量时,另一家企业预计价格会下跌,盈利机会减少,从而其确定的实现利润最大化的销售量会降低。在均衡点 E,两家企业均实现利润最大化销售规模。

现在假设 A 国的企业希望提高其利润,那么它能否通过扩大销售量来达到目的呢? 答案是否定的。因为如果它自行扩大产出与销售量,市场价格马上就

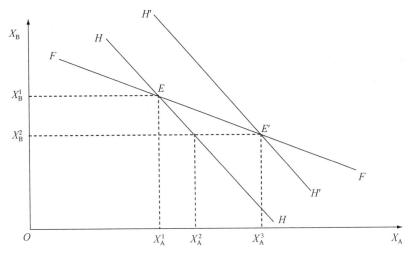

图 7.2 出口补贴对双寡头竞争的影响

会下降,从而增加销售所得的收益会被价格下降所带来的损失抵消。因此对 A 国的企业来说,它只能接受对应于 E 点的产出水平与利润,无法依靠自身的努力提高其利润所得。

但是,如果 A 国的企业转而求助于本国政府,并能说服政府对其进行资助的话,那么结果又会有所不同。假设 A 国政府对本国出口商提供出口补贴,则本国企业的出口实际边际成本将低于其生产中的边际成本,两者之间的差额等于单位产品补贴金额。此时,A 国企业再增加产出与销售量,虽然价格下降导致其边际收益降低,但由于边际成本也下降了,所以增加出口可使 A 国企业获得更多的利润。与此同时,B 国企业的利润也将受到影响。为了抵消因价格下降而导致的利润下降,B 国企业不得不减少产出与销售量,以促使价格回升,减少其利润损失。

图 7.2 中 A 国政府提供出口补贴,相当于降低了企业的边际成本,本国企业的反应曲线右移至 $H'H'$,与 B 国企业的反应曲线交于 E' 点。对应于新的均衡点,A 国企业的销售量扩大到 X_A^3,B 国企业的销售量下降到 X_B^2,A 国企业利润增加了。在这种情况下,A 国企业利润的增加是以 B 国企业利润的损失为代价的,所以这也是一种"利润转移"或"抽取租金"的行为。

出口补贴对 A 国的福利影响有两方面:一是增加本国企业的利润,二是增加政府支出。由于不考虑国内市场,所以出口补贴对国内消费者福利没有直接的影响,如果本国企业利润的增加超出政府补贴支出,那么本国福利将会改善。也就是说,在这种情况下,本国实行贸易保护要优于自由贸易。

7.5.2 进口保护以促进出口

这一观点是由克鲁格曼(Paul R. Krugman)提出来的。[①] 所谓进口保护以促进出口(import protection as export promotion),是指通过保护厂商所在的国内市场,来提高其在国外市场的竞争力,达到增加出口的目的。以下仍以双寡头市场为例进行说明。

假设 A 国企业的边际成本是递减的,A 国企业不仅在国外市场(第三国市场)面对 B 国企业的竞争,而且在其国内市场也要面对 B 国企业的竞争,即国内外市场都是双寡头市场结构。在自由贸易下,两个企业在 A 国国内市场、第三国市场上的销售,分别由这两个企业在两个市场上的反应曲线的交点决定。

假设 A 国政府对来自 B 国企业的进口商品征收关税,以限制 B 国企业的产品在 A 国市场的销售,于是 A 国企业的生产增加。由于边际成本递减,所以 A 国企业的边际成本因生产规模扩大而下降。边际成本下降之后,A 国企业在第三国市场的反应曲线与图 7.2 所示的情况一样,向右移动,结果自然也与出口补贴的情形一样,即 A 国企业对第三国的出口增加,所获得的利润也增加,而 B 国企业则出口下降,利润减少。如果关税导致的本国企业利润增加部分与关税收入之和,能完全抵消关税保护的成本,则保护国的福利会改善。

7.5.3 战略性贸易政策的评价

战略性贸易政策在理论上具有一定的合理性和说服力,但它又有着难以克服的弊病,制约其在实践中的可行性。

(1) 战略性贸易政策的成功必须以利润转移部分超过补贴额或关税保护成本为先决条件。如果超额利润不大就会得不偿失,所以只有在市场超额利润足够大的情况下,战略性贸易政策才会有效。

(2) 很难选择战略性产业及设计合适的政策去培育它们。批评者认为战略性产业的选择本身就是一个难点,谁也不能准确预见产业将来的发展前景,事实上过去几十年间各国政府对产业和商业技术进行补贴而最终流于失败的案例屡见不鲜。另外,即便是选对了产业,也很难预测政府产业与贸易政策的实施效果。

(3) 战略性贸易政策的成功运用是以对手不采取行动为前提的。但在寡头市场结构下,利润转移效果很快就会被竞争对手察觉出来,这样一来,竞争对

---

① See P. R. Krugman Import Protection as Export Promotion: International Competition in the Presence of Oligopoly and Economics of Scale; H. Kierzkowski Monopolistic Competition and International Trade. Oxford: Oxford University Press, 1984: 180—193.

手也会游说其政府采用同样的政策来对付对方,从而爆发补贴战或关税战。因此,在现实中,战略性贸易政策易招致外国报复。

(4) 战略性贸易政策在现实运用中还会受到多边规则的约束。随着在 WTO 多边框架下进行的多边贸易自由化的深化,制定最优关税率的可能性受到限制,出口直接补贴则被明令禁止,一些间接补贴也被列入"可申诉"之类,采取价格歧视式的国内外差别定价也被视为"倾销"行为,这些都使得实施战略性贸易政策受到了"游戏"规则的束缚。

专栏 7-1

战略性贸易政策的实践运用

日本发展半导体工业时的所作所为堪称克鲁格曼"以进口保护促进出口"模型的典型事例。他认为,日本在本国这项工业起飞时采取了种种不公开的保护措施,这一保护主义行动相当于 26% 的不公开关税,正是靠这一点才使当时日本三家半导体企业得以生存,否则,没有任何一家厂商能够在美国厂商强大有力的竞争下幸存。通过为本国企业保留国内市场,日本发展了本不可能独立生存的半导体制造业。日本厂商在扩大出口的过程中,逐渐地蚕食美国厂商在本土和第三国市场上的垄断租金或经济利润。日本政府深知半导体工业对国家经济发展的重要性,为全面扭转其技术依附于欧美的弱势地位,专门制定了相关法规,从国家战略高度进行推进。分析其政策沿革,其演变过程大体上经历了 4 个阶段:

(1)《电子工业振兴临时措施法》(简称《电振法》)。1957 年制定,原定于 1964 年失效,后又延长至 1971 年。该法规定了政府在发展电子工业中的作用。有关推动措施的颁布实施,有效地促进了日本企业在学习美国先进技术的基础上,积极发展本国的半导体产业。

(2)《特定电子工业及特定机械工业振兴临时措施法》(简称《机电法》)。1971 年制定,在 1978 年失效。该法进一步秉承了《电振法》的宗旨,强化了发展以半导体为代表的电子产业的力度。该法的实施成功地帮助日本企业通过加强自身研发、生产能力,有效地抵御了欧美半导体厂商的冲击,进而使日本半导体制品不断走向世界。

(3)《特定机械情报产业振兴临时措施法》(简称《机情法》)。1978 年制定,于 1985 年失效。该法在《电振法》《机电法》的基础上,进一步加强了以半导体为核心的信息产业的发展。

(4)《科学技术基本法》。《电振法》《机电法》和《机情法》在总体上加强了日本企业的竞争力,此后日本没有颁布针对以半导体为基础的电子、信息产业的专门法规,而是改为通过综合性法规在整体上推动包含半导体在内的高新技术的发展,其中较为重要的是 1995 年出台的《科学技术基本法》,该法提出在政府的支持和引导下加强科技发展的规划,确保研发经费的投入,并从人才、信息、基础设施等方面营造良好的环境。在不断进行研究开发活动和积累生产销售经验的基础上,日本终于脱颖而出,成为半导体的主要出口国。

另外,在印度的软件业,战略性贸易政策得到了很好的实施。目前,印度已经成为仅次于美国的第二大软件出口国。在分析印度软件产业发展的原因时,人们一般将注意力集中在政府为软件产业发展提供的优惠政策方面。20 世纪 80 年代前期,印度国内信息技术市场规模小,信息技术基础设施建设落后,投资环境不利于引进外资,印度信息技术软件产业的起点是非常低的。1984 年,印度国大党及时抓住机遇和优势,大力发展高科技尤其是计算机产业,采取了包括自由化、明显的税收激励和关税特许措施,促进软件的出口。1986 年,政府出台"计算机软件出口,软件开发和培训政策",成为印度发展软件业出口的转折点。1992 年,印度电子部发起了"软件技术园区计划"。中央政府为每个园区投资 5000 万卢比,主要用于中央计算机系统、卫星高速数据通讯等信息基础设施建设。同时,政府还制定了诸如企业经营头八年可免缴五年所得税、允许资本货物转口、从国内采购资本货物时可免除货物税、取消进口许可证制度、允许园区内建立外国独资软件企业等一系列优惠政策,并通过简化各种审批手续,提高出口业务处理效率,为软件产业的发展提供了良好的政策软环境。1998 年,印度通过了"信息技术超级大国"的政策纲要,涉及国家技术政策、信息技术标准、基础设施建设、税收政策、公司法、人力资源开发、信息技术普及以及信息的监管等许多方面。伴随该计划的实施,印度软件业进入一个新的发展时期。正是得益于政府在软件产业实施的战略性贸易政策,印度的软件业才有了飞速的发展,这是战略性贸易政策在发展中国家成功应用的一个典型案例。

——赵大平主编:《国际经济学》,立信会计出版社 2011 年版,第 59—61 页。

7.6 其他贸易保护理论

7.6.1 保障国家安全论

贸易保护主义有时以国家安全为依据,主张限制进口,以保持经济的独立自主。国家安全论认为,自由贸易会增强本国对外国的经济依赖性。这种情况可能会危害到国家安全,一旦战争爆发或国家之间关系紧张,贸易停止,供应中断,过于依赖对外贸易的经济会出现危机,在战争中可能会不战自败。以国家安全为理由限制贸易的思想由来已久,可以追溯到 17 世纪英国的重商主义,当时的贸易保护主义就以国家安全为依据,主张限制使用外国海运服务和购买外国商船。20 世纪以来战争连续不断,二次世界大战后又经历了长期的东西方"冷战",国家安全论也就经久不衰。国家安全的理论认为,有关国家安全的重要战略物资必须以自己生产为主,不能依靠进口。在这些行业面临国际市场竞争时,政府应加以保护。这些重要商品包括粮食、石油等重要原、燃料。

7.6.2 保护公平竞争论

保护公平竞争是许多国家特别是西方发达国家用来进行贸易保护的另一依据。这一理论最初是用来对付国际贸易中因为政府参与而出现的不公平竞争行为的,后来又被广泛用来要求对等开放市场。保护公平竞争论是以一种受害者的姿态进行贸易保护,这种保护似乎是迫不得已的,保护的目的也似乎是为了更好地保证国际上的公平竞争,以推动真正的自由贸易。

近年来,不公平竞争的定义扩大到不对等开放市场。许多西方国家指责发展中国家的市场开放不够,指责中央计划经济没有按市场经济的原则实行自由竞争。美国还用这一论点来针对欧洲、日本等别的发达国家,指责他们对美国产品的进入设置重重障碍。一些国家甚至把自己的贸易逆差归罪于对方市场开放上的不平等。

以公平竞争为理由来保护贸易的最主要是美国,美国不仅在理论上觉得自己理直气壮,还在法律上对不公平贸易行为作出报复性的明文规定。早在 1897 年美国就通过了《反补贴关税法》,1930 年的《关税法案》的第 701 节对反补贴作了更具体的规定,并在 1979 年和 1984 年作了进一步修改。《反倾销法》在 1916 年首次通过,后列入《关税法案》的第 731 节。1974 年通过的《贸易法案》中的 301 条款进一步明确授权政府运用限制进口等贸易保护措施来反对任何外国不公平的贸易行为,以保护本国企业的利益。其中有一个"特别 301 条款"(Special 301 Clause),专门用来对那些没有很好地保护版权、专利、商标和其他知识产权的国家实行贸易制裁或制裁威胁。1988 年《贸易和竞争综合法案》(the OmnibusTrade and Competitiveness Act)更是把焦点集中于对付不公平贸易和竞争方面。该法案中的"超级 301 条款"(Super 301 Clause)不仅将不公平案的起诉权从总统下放到美国贸易代表(相当于外贸部长)手中,还要求贸易代表在每年 4 月 30 日将"不公平贸易国家"的名单递交国会。一旦上了这份"黑名单",该国家就可能被列入报复对象。日本、中国都曾经被列入这种黑名单。

以保护公平竞争为理由进行贸易保护的主要手段包括:反补贴税、反倾销税或其他惩罚性关税、进口限额、贸易制裁等。这些政策在理论上可能有助于限制不公平竞争,促进自由贸易,但在实施中不一定能达到预期效果。首先,"反不公平竞争"可能被国内厂商用来作为反对进口的借口,一些国家的某些行业劳动生产率低下,面对国际竞争不求改进,反怪罪于外国商品。其次,像其他所有贸易保护一样,以公平竞争为由实行保护也同样可能遭到对方的反指控、反报复,尤其在国际交往中各国都有国家尊严,有时明知反报复行为会使本国损失更大,但为了在某种程度上维护国家的独立性和为了特定的政治利益,仍然会采取反报复政策。

7.6.3 增加政府收入论

通过关税来增加政府收入,与其说是一种政策理论,不如说是一种利益行为。不管消费者和整个社会所付的代价如何,作为政府,征收的关税则是实实在在的收入,这也是政府要实行贸易保护的动力之一。对于一些私有化较彻底的欠发达国家来说,政府既没有什么自己拥有的企业,又由于本国工业生产能力有限,国内人民生活水平低而没有多少收入税可征,关税就成了政府收入的重要来源。另外,征收关税比增加国内的各种税收要容易得多。国内的各种税收,无论收入税、销售税还是生产税,国内的消费者或生产者都直接看到,征税的阻力自然就大,而关税则在外国商品进入本国市场前就征收了,由此产生的商品价格上涨似乎并不是政府的原因。虽然最终还是消费者支付了一定的关税,但消费者对这种间接的支付感觉并不灵敏,反对的声浪也不大。这一点,对政府来说,尤其是对那些要靠选民投票的政治家们来说是很重要的。另外,在发展程度越低的国家,关税在政府收入中的比重就越高。

7.6.4 改善贸易条件论

改善贸易条件论认为,用增加关税等贸易保护的手段限制进口减少需求可以降低进口商品的价格。由于贸易条件是出口商品的国际价格与进口商品的国际价格的比率,进口商品的国际价格降低可以使贸易条件得到改善,即同样数量的出口商品可以换回更多的进口商品,从而使整个国家获利。以改善贸易条件为依据进行贸易保护的最终目的是想从中获利,而获利的手段则是迫使别国降价,这种做法等于把别人的财富占为己有。从经济学角度来说,不管是个人、企业还是国家,都把追求利益最大化作为自身经济行为的目标。但是,通过贸易保护来改善贸易条件的有效性仍然值得考虑。

7.7 贸易政策工具的分类

国际贸易政策主要指国际商品贸易政策。它包括一个国家影响其商品进出口规模、构成和方向等各方面的具体政策措施。这些具体政策措施大致可分为进口的关税措施、非关税壁垒,以及鼓励出口和限制出口的政策措施,我们称之为贸易政策工具。

与自由贸易政策和保护贸易政策相对应,贸易政策工具可以分为限制贸易和鼓励贸易的政策工具。前者如关税、出口税、进口配额、出口自动限制;后者如进出口补贴、"自愿"进口扩张等等。

由于关税是国家干预贸易的重要手段,因此贸易政策工具还可以划分为关税措施和非关税其他贸易政策工具,后者如非关税壁垒、数量限制和补贴、出口鼓励和出口限制等。

专栏 7-2

发达国家的贸易政策实践

一、自由贸易政策

在现实中,绝对的自由贸易从来就没有真正实现过,只是在历史上某些阶段,一些国家,特别是一些发达国家曾对国际贸易持一种相对开明的态度。

(一) 早期的自由贸易政策

英国是发达国家中自由贸易政策的领导者。以 1846 年《谷物法》的废除为标志,英国进入了实行自由贸易政策的时期。在英国看来,自由贸易政策更有利于本国出口自己的工业品,比较廉价地进口当时纺织工业所需要的棉花以及可以降低工资水平的谷物,因此有利于发挥本国生产工业制成品的比较优势,而放弃本国处于比较劣势的农产品和工业原材料的生产。到 1850 年,英国取消了几乎所有的关税和其他限制进口的措施。同时,英国还利用自己的经济实力和外交手段,通过签订不平等条约的方式迫使许多殖民地和附属国不断降低关税和其他贸易限制措施。在英国的带领下,丹麦、荷兰和其他许多欧洲国家也采取了自由贸易政策,大幅度降低了关税水平。自由贸易政策的潮流在 1870 年达到了顶峰,之后开始逆转。面对来自英国发达工业和美国谷物出口的竞争,德国、法国、意大利和其他欧洲国家为保护本国的新兴工业和农产品纷纷采取了提高关税等保护贸易政策。发达国家的关税水平在 19 世纪末期不断攀升。在主要的发达国家中,只有英国和荷兰还倾向于采取自由贸易政策。

（二）第二次世界大战后的贸易自由化

美国在19世纪没有参与贸易自由化，从1789年到1934年，关税税率一直由国会法案确定，始终维持在很高的水平。经过两次世界大战后，美国在世界经济中居于绝对优势地位。为了营造一个各国经济恢复和发展的良好环境，在美国的带动下，发达国家相继实行了贸易自由化的政策。贸易自由化就是逐步削减各国的贸易壁垒措施，实现贸易政策的中性化。各发达国家通过签订双边贸易协定和参与GATT/WTO主持的多边谈判，相互削减对进口商品的关税和非关税壁垒，为相互贸易提供方便条件。

发达国家的自由贸易政策不仅仅限于各自之间相互提供贸易便利，而且对发展中国家也实行某种程度的贸易便利，如发达国家对发展中国家提供普惠制(generalized system of preferences, GSP)待遇。然而应该看到，正是因为发展中国家在主要工业品的生产上难以与发达国家竞争，发达国家才会比较慷慨地对发展中国家采取更自由的贸易政策。

二、发达国家的贸易保护主义

发达国家的贸易保护政策可分为三种情况：一是早期的贸易保护，二是新贸易保护，三是战略性贸易政策。

（一）早期的贸易保护

发达国家的贸易保护政策最早应追溯到重商主义时代，在15世纪到18世纪中叶重商主义占统治地位时期，各国为获取金银等贵金属、增加本国财富，纷纷采取了关税、配额、禁运和国家垄断等高度的贸易保护政策。随着幼稚产业保护论的提出，美国和德国等发达国家在经济发展的初期普遍采取了贸易保护政策。美国的第一任财政部长亚历山大·汉密尔顿就坚决主张实行保护贸易政策。他于1791年12月向国会提交了《关于制造业的报告》，提出了对美国制造业实行关税保护的政策。当时由于古典自由贸易理论在美国占主流地位，所以汉密尔顿的主张遭到了很多人的反对。之后，随着英法等国产业革命的不断发展，美国工业面临越来越大的竞争压力，汉密尔顿的主张逐步在美国贸易政策上得到了反映。1816年，美国提高了制造业产品的进口关税；1828年，美国再次加强关税保护，工业制成品的平均关税水平提高到49%。美国制造业的关税保护政策开创了后起国家保护新兴幼稚产业的先河。在欧洲，面对英国廉价产品的竞争，法国、德国等国家也相继采取了贸易保护政策。德国经济学家弗里德里希·李斯特在1841年出版的《政治经济学的国民体系》一书中系统提出了幼稚产业保护理论。该理论对德国保护贸易政策的制定产生了很大影响。1879年，德国提高钢铁、纺织品、化学品的进口关税，并与法国、奥地利和俄国等展开关税竞争。1898年，德国又通过关税修正法，对贸易进行高度保护。德国通过保护关税政策促进了本国工业的发展,对经济实现起飞和快速发展起到了重要的推动作用。

(二)新贸易保护主义

第二次世界大战以后,在国际贸易逐步走向自由化的形势下,尽管总的趋势是走向自由贸易,但是各发达国家从自身的经济利益出发,在原有的保护本国工业的传统贸易政策之下,又出现以保证国民收入的稳定增长、实现充分就业为目标的新贸易保护主义,这种政策又被称为"新重商主义"或者"管理贸易政策"。在现实中,发达国家多数接受了这一贸易保护政策。这些政策由以关税为主要干预手段逐步向以非关税措施为主要干预手段过渡。

(三)战略性贸易政策

实行战略性贸易政策的典型国家是日本,以及20世纪90年代以来的美国。日本一直是西方国家所指责的封闭市场、鼓励本国出口的典型国家。自20世纪70年代起,日本通过战略性贸易政策(主要是进口保护以促进出口)鼓励其汽车工业、半导体工业及通信电器业的发展,结果其相应工业迅速发展起来,不但减少了进口,还占领了美国等一些传统出口国的市场。著名经济学家保罗·克鲁格曼(Paul. Krugman)曾经以此提醒美国采取战略性贸易政策。1994年,美国专门提出了"国家贸易战略",该方案提出在未来的一段时间内,需要对美国的传统市场和新兴市场分别采取不同的出口战略。同时为保护本国市场,美国也不断引用其国际贸易修正案的"301条款"和"超级301条款",以公平贸易的名义迫使别国开放市场,并以反补贴、反倾销为理由,限制他国商品进入本国市场。

——李坤望主编:《国际经济学》,高等教育出版社2010年版,第135—138页。

>> 本章小结

本章主要介绍贸易政策的种类以及贸易保护理论。贸易政策有自由贸易政策和保护贸易政策,古典贸易理论和新古典贸易理论支持自由贸易政策。幼稚产业保护论、凯恩斯主义保护理论和战略性贸易政策均为保护贸易政策的理论依据。幼稚产业保护论侧重对幼稚产业的保护,根据幼稚产业的选择标准,对幼稚产业采用差别关税在一定期限内予以保护。凯恩斯主义的贸易保护政策则认为国内有效需求不足,政府应该采取奖励出口、限制进口的办法增加贸易顺差,增加需求。战略性贸易政策是在寡头垄断市场结构下,政府通过对贸易活动进行干预来改变市场结构或环境,以提高本国企业的国际竞争力,其政策主张主要是出口补贴和以进口保护促进出口。

关键词

贸易政策　幼稚产业　凯恩斯主义保护理论　战略性贸易政策

讨论与思考练习

1. 既然自由贸易有贸易保护所不具有的诸多好处,为什么到目前为止没有任何一个国家实行完全的自由贸易?你估计到什么时候"自由贸易时代"会到来?

2. 根据幼稚产业论,新兴产业在成长壮大之后应取消保护,但为什么现实中一些产业在成长之后仍然继续享受保护?

3. 你认为什么产品可以以国家安全为理由而征收关税?

4. 发达国家常以"保护公平竞争""保护就业""保护社会公平"为理由对贸易进行干预,结合本杰明·弗兰克林在1779年的一句名言:"从来没有一个国家是被贸易所摧毁的",评析这些贸易政策。

5. 如果自由贸易下国内市场完全由外国厂商垄断,那么征收关税除了可抽取一部分外国厂商的垄断利润外,是否还可导致国内的一些潜在厂商进入市场,为什么?

6. 战略性贸易政策理论和传统的幼稚产业保护论有何不同?

7. 如何评价凯恩斯主义的贸易保护理论?

第8章 关税体制及其经济分析

关税是国家管理对外贸易的传统手段。早期,各国主要视其为政府财政收入的重要来源,随着保护贸易政策的不断出现,各国越来越多地将其作为限制进口的重要工具。当前,在关贸总协定和世界贸易组织的约束下,虽然关税作为限制进口手段的作用已大大下降,但它仍是各国管理对外贸易、调整国家间经贸关系的重要手段之一。

8.1 关税的概述

8.1.1 关税的定义

关税(customs duties 或 tariff)是当进出口货物经过一国关境时,由政府所设置的海关根据海关税则对进出口商品征收的税赋。海关是国家行政管理机构,贯彻执行本国有关进出口法令、法规。关境则是海关所管辖和执行各项海关法令和规章、征收关税的领域。一国的关境和国境并不完全一致,当一国设有免税的自由贸易、保税区等情况时,该国关境比国境小;而在几个国家组成关税同盟时,关境大于各同盟国自身的国境。

关税是一种间接税(税收主体是进出口商,最终承担者为消费者),是构成国家财政收入的一个重要部分。与其他国内税一样,关税具有强制性、无偿性和预定性。强制性是指海关凭国家权力征税,纳税人无条件服从;无偿性是指海关代表国家从纳税人方面征收,国家无任何补偿;预定性是指海关依据预先规定的法律与规章加以征收。

8.1.2 关税的种类

关税的种类繁多,按照不同的标准可以从不同的角度进行分类。

1. 按照货物的流向分类

关税按照货物的流向,可以分为进口税、出口税和过境税。

(1) 进口税(import duties)。进口税是进口国家的海关在外国商品输入时,根据海关税则对进口商品所征收的关税。这种进口税一般在外国货物进入本国关境时征收。当一国设有自由港、自由贸易区或海关保税仓库时,则外国货物从自由港、自由贸易区或者保税仓库进入进口国的国内市场销售时予以办理海关手续,征收进口关税。

进口税主要包括最惠国税和普通税两种。最惠国税适用于从与该国签订最惠国待遇条款的贸易协定的国家或地区进口的货物。最惠国税的税率比普通关税低,二者的差幅往往较大。第二次世界大战后,大多数国家加入了《关税与贸易总协定》(GATT),或者签订了双边的贸易协定或条约,相互提供最惠国待遇、享受最惠国税率。因此,这种最惠国关税通常被称为正常关税。

(2) 出口税(export duties)。出口税是出口国家的海关对本国产品输往国外时,对出口商品所征收的关税。目前大多数国家对绝大部分出口商品都不征收出口税。

征收出口税的目的主要有:第一,对本国资源丰富、出口量大的商品征收出口税,以增加财政收入。第二,为了保证本国的生产,对出口的原料征税,以保障国内生产的需要和增加国外商品的生产成本,从而加强本国产品的竞争能力。例如,瑞典、挪威对于木材出口征税,以保护其纸浆及造纸工业。第三,为保障本国市场的供应,除了对某些出口原料征税外,还对某些本国生产不足而又需求较大的生活必需品征税,以抑制价格上涨。第四,控制和调节某些商品的出口流量,防止盲目出口,以保持在国外市场上的有利价格。第五,为了防止跨国公司利用"转移定价"逃避或减少在东道国的纳税,向跨国公司出口产品征收高额出口税,维护本国的经济利益。

(3) 过境税(transit duties)。过境税又称通过税。它是一国对途经本国关境、最终目的地为他国的货物征收的关税。第二次世界大战后,大多数国家都不再征收过境税。

2. 按照征税的计算方法分类

按照征税的计算方法或征税标准,关税可以分为从量税、从价税、混合税和选择税。

(1) 从量税(specific duty)。从量税是指以商品的重量、数量、容量、长度和面积等计量单位为标准计征的关税。从量税额的计算公式:

$$从量税额 = 商品数量 \times 单位商品从量税额$$

由于从量税对每一单位商品所征收的关税是固定的,因此在实践中较易运用和掌握。按从量税征收进口关税时,在商品价格下降的情况下,关税的保护作用实际上得到了加强。反之,在商品价格上涨的情况下,关税的保护作用会削弱。第二次世界大战以前,发达国家普遍采用从量税的方法计征关税。战后由于商品的种类、规格日益繁杂和通货膨胀等原因,多数发达国家转而采用从价税的方法计征关税。

(2) 从价税(Ad Valorem Duty)。从价税是以商品的价格为标准计征的关

税,其税率表现为商品价格的百分率。从价税额的计算公式:

从价税额 = 商品总值 × 从价税率

从价税与商品的价格有直接关系。与从量税相比,从价税更能适用于各种类型的商品。特别是有多种规格的工业制成品,按价格的一定百分比征税,能反映出不同品质、不同价格商品的差别。从量税较为复杂的问题是确定商品的完税价格。完税价格是经海关审定作为计征关税的商品价格,它是决定税额多少的重要因素。因此,如何确定完税价格是十分重要的。世界各国所采用的完税价格标准很不一致,大体上可概括为以下三种:① 成本加保险费和运费价格(CIF 价格);② 装运港船上交货价格(FOB 价格);③ 法定价格,即海关估价。

(3) 混合税(mixed or compound duty)。混合税又称复合税,是对某种进口商品,同时采用从量税和从价税的征税方法征收的关税。例如,我国对每台完税价格高于 2000 美元的放像机征收混合税,最惠国税为每台从量税 5480 元,加上 3% 的从价税;普通税为每台从量税 20600 元,加上 6% 的从价税。混合税常应用于耗用原材料较多的工业制成品。混合税额的计算公式:

混合税额 = 从量税额 + 从价税额

(4) 选择税(alternative duty)。选择税是对于一种进口商品同时订有从价税和从量税两种税率,征税时选择其税额较高者的一种征税方法。例如,日本对坯布的进口征收协定税率 7.5% 或每平方米 2.6 日元,征收其最高者。但有时,为了鼓励某种商品进口,也有选择其中税额低者征收。选择税可以根据经济形势的变化及政府的特定需要进行选择,灵活性较强。但由于征税标准经常变动,会使外国厂商无所适从,容易引起贸易纠纷。

3. 按照差别待遇和特定情况分类

根据差别对待的原则和具体的实施情况,关税又可以分为进口附加税、差价税、特惠税和普惠制。

(1) 进口附加税(import surtaxes)。进口附加税又称特别关税,是指进口国政府对进口商品除征收正常关税外额外加征的关税。进口附加税通常是一种特定的临时性措施。一国对进口商品征收进口附加税的目的主要有:① 应对国际收支危机,维持进出口平衡;② 防止外国商品低价倾销;③ 对国外某个国家实行歧视或报复等。

进口附加税可对来自所有国家的所有进口商品征收,也可只对来自某个国家的某种商品征收。例如,1971 年 8 月 15 日,美国为了应对国际收支危机,实行"新经济政策",宣布对所有外国进口商品征收 10% 的进口附加税。又如,2002 年 3 月 5 日,美国以欧盟、巴西、日本、韩国、俄罗斯、中国等国家对国内钢铁工业执行了不当补贴为由,宣布从 2002 年 3 月 20 日开始对来自上述国家的 12 种钢铁产品加征 8%—30% 的特别关税。反补贴税和反倾销税是最为常见的进口附加税。

反补贴税(counter-vailling duty)是对直接或间接接受任何补贴的外国进口商品所征收的进口附加税,一般按补贴数额征收。征收的目的在于提高进口商品的价格,抵消其所享受的贴补金额,削弱其竞争能力,使它不能在进口国的国内市场上进行低价竞争或倾销。

反倾销税(anti-dumping duty)是对实行倾销的进口商品所征收的进口附加税。其目的在于抵制商品倾销,保护本国商品和国内市场。

值得注意的是,根据 WTO 的规定,要对其他国家开征进口附加税,必须同时满足两个条件:一是进口商品在出口国接受政府直接或间接的补贴,且该补贴是 WTO 所禁止使用的,或外国出口商存在倾销行为;二是这种补贴或倾销已对进口国国内某项已建产业造成重大损害或损害威胁,或对进口国国内某一产业的兴建产生严重阻碍时,才可对其征收反补贴税或反倾销税。另外,对于来自同一国家的同一产品,不可既征收反补贴税又征收反倾销税。

(2) 特惠税(preferential duty)。特惠税是指对某个国家或地区进口的全部商品或部分商品,给予特别优惠的低关税或免税待遇。它是最惠国待遇的一种例外情况,即它不适用于从非优惠国家或地区进口的商品,非优惠国家或地区不能根据最惠国待遇原则要求享受这种关税优惠。

目前仍在起作用且最有影响的是欧盟与非洲、加勒比海和太平洋地区的发展中国家签订的《洛美协定》(Lomé Convention)。按照《洛美协定》,欧盟在免税、不限量的条件下,接受 60 多个受惠国家和地区的全部工业品和 99.5% 的农产品,而不要求受惠国给予反向优惠,并放宽原产地限制。同时,欧盟还给予这些国家和地区由于一些产品跌价或减产而遭到损失的补偿。《洛美协定》国家间实行的这种优惠关税是世界上最优惠的一种关税:一是优惠范围广,除极少数农产品外,几乎所有工业产品和农产品都在优惠范围之列;二是优惠幅度大,列入优惠的产品全部免税进口。它有力促进了欧盟和这些国家之间经济贸易关系的发展。

(3) 普遍优惠制(generalized system of preferences,GSP)。普遍优惠制简称普惠制,是发达国家根据 1968 年联合国贸易与发展会议通过的建立普惠制决议,对来自发展中国家或地区输入的商品,特别是制成品和半制成品,给予的"普遍"的、"非歧视"的、"非互惠"的优惠关税待遇。普遍性是指发达国家对所有发展中国家出口的制成品和半制成品给予普遍的关税优惠待遇;非歧视性是指应使所有发展中国家都无歧视、无例外地享受普惠制待遇;非互惠性是指发达国家应单方面给予发展中国家特殊的关税减让,而不要求发展中国家对发达国家给予对等待遇。

普惠制作为一种优惠性关税,是在最惠国税基础上实行的关税再减让。其优惠程度取决于减税幅度,即最惠国税率和普惠制税率之间的差额。减税幅度越大,普惠税的优惠程度就越高。中国从 20 世纪 70 年代开始,就享受发达国家给最惠国提供的普惠税待遇。美国是迄今为止唯一味向中国提供普惠制待遇的发达国家。发达国家在普惠制的实施过程中,从 20 世纪 80 年代开始引入"毕业条款"(the Graduation Process)。即当一些受惠国或地区的某项产品或其经济发展到较高的程度,使它在世界市场上显出较强的竞争力时,则取消该项产品或该受惠国家或地区全部产品享受关税优惠待遇的资格,称之为"毕业"。

8.2 关税的局部均衡分析

通过征收进口关税限制进口,保护本国市场和产业,是一国实行保护贸易政策时常用的手法。一国对进口商品征收关税,必然会增加进口商品的成本,引起进口商品的国内市场价格或世界市场价格的变动,从而影响出口国和进口国的生产、消费、贸易和社会福利,以及收入的再分配。本节以对进口商品征收从量税为例,采用局部均衡分析的方法,研究一国征收关税的经济效应。

8.2.1 小国情形

假设进口国为一个贸易小国。所谓小国是指其进口需求量占世界市场份额较小,进口需求的变动不影响该商品的世界市场价格。该国对每一单位进口品征收 t 元的从量关税的经济效应如图 8.1 所示:

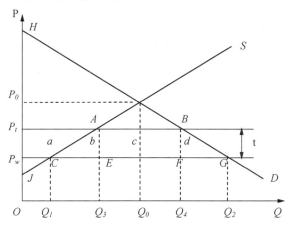

图 8.1 进口关税的效应:小国情形

图 8.1 中，D 为国内需求曲线，S 为国内供给曲线。P_0 为该国自给自足（没有贸易）时的均衡价格，Q_0 为自给自足均衡时的国内产量和消费量。商品在世界市场上的价格为 P_w。自由贸易条件下，本国以 P_w 的世界价格进口，此时本国的生产量为 OQ_1，消费量为 OQ_2，进口量为 Q_1Q_2。征收关税后，进口商品的国内价格上升至 P_t，上升幅度等于全部关税额（$P_t = P_w + t$），此时，国内生产量为 OQ_3，消费量为 OQ_4，进口量为 Q_3Q_4。

将征收关税前后的状态进行对比分析，可以得出关税对进口国的经济影响如下：

1. 价格效应(Price effect)

征收关税使该进口商品的国内价格上升。由于小国对世界市场价格没有任何影响力，征收关税后，进口商品的国内价格上升至 P_t，其上升幅度等于关税税额，而进口品的世界市场价格不变。关税全部由进口国国内消费者承担，此时国内市场价格等于征税前的世界市场价格加上关税税额。

2. 消费效应(consumption effect)

征收关税降低了该商品的国内消费量。征收关税前，国内需求量为 OQ_2。征收关税后，由于国内价格上升，需求量减少到 OQ_4。征收关税引起国内消费量的减少，这就是关税的消费效应。同时，关税造成进口国消费者的福利损失。征收关税前后，进口国消费者剩余(consumer's surplus)分别为 $\triangle HGP_w$ 和 $\triangle HBP_t$ 的面积，征税后消费者剩余减少了梯形 GBP_tP_w 的面积。可见，征收关税使进口国消费者的福利减少了 $a+b+c+d$ 的面积。

3. 生产效应(production effect)

征收关税增加了该商品的国内产量。征收关税前，国内供给量为 OQ_1，征收关税后，由于国内价格上升，国内产量增加到 OQ_3。征收关税刺激国内供给量的增加，这就是关税的生产效应。同时，关税使国内生产者的福利增加。征收关税前后，生产者剩余分别为 $\triangle P_wCJ$ 和 $\triangle P_tAJ$ 的面积。征税后生产者剩余增加了梯形 P_tACP_w 的面积。可见，征收关税使国内生产者福利增加了 a 的面积。所以关税保护了国内生产者。

4. 贸易效应(trade effect)

征收关税减少了该商品进口量。征收关税前，该国进口量为 Q_1Q_2。征收关税后，进口量减少到 Q_3Q_4，由于征收关税，导致该国进口量的减少，就是关税的贸易效应。

5. 税收收入效应(revenue effect)

征收关税给国家带来财政收入。只要关税不提高到禁止性关税的水平，就会给进口国带来关税收入。① 征收关税所获得的收入＝进口量×关税率,在图 8.1 中,关税收入数额为 $Q_3Q_4 \times t$,即矩形 $AEFB$ 的面积 c。

6. 收入再分配效应(redistribution of income effect)

征收关税后,国内收入被进行了再分配。一方面,从国内消费者(支付更高价格者)转移到国内生产者(获得更高价格者)和政府(获得关税收入者)。另一方面,由于国内进口品(相对)的价格上升,收入从本国丰裕要素转移至稀缺要素。

7. 净福利效应(net welfare effect)

关税的净福利效应＝生产者福利增加＋消费者福利损失＋政府财政收入。根据图 8.1 可知,小国征收关税的净福利效应 $= a - (a+b+c+d) + c = -(b+d) < 0$。因此,小国征收关税会降低社会总福利水平,社会福利的净损失(又称无谓损失,deadweight loss)为 $b+d$。其中 b 为生产扭曲(production distortion),表示征税后,国内成本高的生产替代了原本来自国外成本低的生产,而导致资源配置效率下降所造成的损失。d 称为消费扭曲(consumption distortion),表示征税后因价格上升、消费量下降所导致的消费者满足程度的降低。

综上所述,小国征收关税后,进口品的国内市场价格上升,国际市场价格不变,国内市场价格上升幅度等于关税税额。由于小国征收关税不改变进口品的世界市场价格,因此小国的贸易条件不变。征收关税使进口国国内供给量增加,消费量减少,进口量减少。同时,关税使得国内生产者的福利提高,消费者的福利下降,政府收入增加,但社会总福利下降。值得注意的是,虽然小国征收关税使该国总福利下降,但政府仍然可能对进口品征收关税,这是因为:(1) 关税保护了国内生产者。(2) 关税存在收入分配效应,政府可能更加关注获益集团的利益。(3) 上述分析仅从短期静态的角度出发,没有考虑关税的长期动态影响。

8.2.2　大国情形

假设进口国为一个贸易大国。所谓大国是指其进口需求量占世界市场份额较大,进口需求量的变动能够影响商品的世界市场价格。贸易大国对每一单位进口品征收 t 元的从量关税的经济效应如图 8.2 所示。

图 8.2 中的 D 为国内需求曲线,S 为国内供给曲线;P_w 为自由贸易条件下的世界市场价格,Q_1Q_2 为自由贸易下的进口量。征收进口关税后,新的世界价格为 P'_w,国内价格为 P_t,(等于新的世界市场价格加上关税税额),此时国内产

---

① 所谓禁止性关税,是指一旦对进口商品征收的关税使其国内价格提高到与自给自足条件下的价格相等时,自然会停止进口。

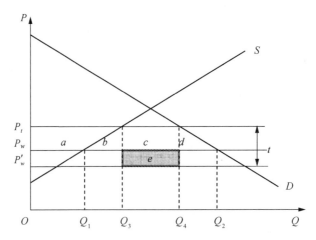

图 8.2 进口关税的效应：大国情形

量为 OQ_3，国内消费量为 OQ_4，进口量为 Q_3Q_4。

大国征收进口关税的经济效应如下：

1. 价格效应

大国征收进口关税首先会引起进口品国内价格上涨，但上涨的幅度低于关税税率。大国征收关税后，国内价格上升，本国厂商供给增加，消费者需求减少，从而进口需求减少，因此导致商品世界市场价格下降，从 P_w 下降到 P_w'。进口品的国内价格从 P_w 上涨到 P_t，上涨的幅度与世界价格下降的幅度之和等于进口关税税额。可见，大国的关税并非全部由进口国的消费者承担，而是由进口国消费者和出口国的生产者共同承担。

2. 消费效应

征收关税降低了该商品的国内消费量。征收关税前，国内需求量为 OQ_2。征收关税后国内价格上升，需求量减少到 OQ_4。由于征收关税，引起国内消费量的减少。另外，征税后消费者剩余减少了 $a+b+c+d$ 的面积，关税造成进口国消费者的福利损失。

3. 生产效应

征收关税增加了该商品的国内产量。征收关税前，国内供给量为 OQ_1，征收关税后随着国内价格上升，供给量增加到 OQ_3。同时，征税后生产者剩余增加了 a 的面积，表明关税使国内生产者的福利增加。可见，关税保护了国内生产者。但与小国情形相比，在其他条件不变的情况下，大国征收关税对本国生产者的保护作用较小。这是由于大国关税引起的国内价格上涨，部分地被出口品世界市场价格下降所抵消。

4. 贸易效应

征收关税减少了该商品进口量。征收关税前,该国进口量为 Q_1Q_2,征收关税后,进口量减少到 Q_3Q_4。

5. 税收收入效应

征收关税给国家带来了财政收入。大国征收关税所获得的税收收入 = 进口量 × 关税率,在图 8.2 中,关税收入数额为 $Q_3Q_4 \times t$,即 $c+e$ 的面积。

6. 收入再分配效应

征收关税后,进口国内收入被进行了再分配。从国内消费者转移到国内生产者和政府;从本国丰裕要素转移至稀缺要素。

7. 净福利效应

由图 8.2 可知,大国征收关税的净福利效应 $= a - (a+b+c+d) + c+e = e - (b+d)$,其中 b 和 d 分别为生产扭曲和消费扭曲,e 为贸易条件改善带来的社会福利增加。与小国征收关税不同,大国征收进口关税存在贸易条件效应(terms of trade effect),即大国征收关税,造成进口品世界市场价格下降,在其他条件不变(同时期该国出口品价格不变)的情况下,该国的贸易条件改善。而出口国的贸易条件恶化,面积 e 可以理解为对出口国的"剥夺"。

大国征收关税的净福利影响需要对关税的保护成本 $(b+d)$ 与贸易条件改善而获得的利益 e 进行比较:如果 e 大于 $(b+d)$,表明该国从征收关税中获得了净利益;如果 e 等于 $(b+d)$,则该国从关税中既未获得收益,也未遭受损失;如果 e 小于 $(b+d)$,则该国仍会从征收关税中遭受净损失。

综上所述,大国征收关税后,进口品的国内市场价格上升,世界市场价格下降,国内价格上升的幅度小于关税税额。大国征收关税后,贸易条件改善。征收关税使进口国国内供给量增加,消费量减少,进口量减少。关税使国内生产者福利提高,消费者福利下降,政府收入增加,社会总福利的变化不确定。

同样,上述局部均衡效应仍是从短期静态角度出发。事实上,关税还会带来种种长期动态影响。如关税对幼稚产业的保护,可以带来国内产业发展的长期利益。对某些停滞产业的保护,能够维持国内的就业水平,保证国内经济的稳定增长等等。关税对国内经济也会产生消极影响,如过度保护使国内企业不思进取,技术进步缓慢,劳动生产率低下等。因此,必须结合长期经济发展动态地考察关税的经济效应和关税对本国净福利的影响。

专栏 8-1

欧盟部分产品放宽贸易后的福利效应

欧盟对一些特别产品有很强的贸易保护(尽管总体平均关税率很低),下表显示出1990年取消这些贸易保护(关税或与之相当的形式)后的福利效应。

欧盟对进口化学纤维征收22.9%的关税使得欧盟消费者付出成本5.8亿欧元,欧盟政府获得关税收入3.62亿欧元,生产者收益1.39亿欧元,净损失7900万欧元。该表还显示,欧盟在生产化学纤维上所保留的每一工作岗位的成本(与自由贸易的情形相比)大约是526000欧元(5.8亿欧元除以多保留的1103个工作岗位)。注意,即使是相对不重要的产品也会给消费者带来高关税保护成本,而保留欧盟进口竞争性产业每一工作岗位所付出的成本也相当高。

1990年欧盟保护部分产品的经济效应

产品	关税(%)	消费者成本(百万欧元)	关税收入(百万欧元)	生产者收益(百万欧元)	净损失(百万欧元)	每一工作的消费者成本(千欧元)
化学纤维	22.9	580	362	139	79	526
录像带	30.2	313	165	82	67	420
集成电器	47.6	2187	548	139	564	366
复印机	33.7	314	242	5	66	3483
钢	21.9	1626	229	397	333	316
轿车	17.1	2101	979	278	276	569
纺织品	21.4	7096	1742	2678	668	180
布料	31.3	7103	1696	1712	1079	214

——P. A. Messerlin:《测量欧洲的保护成本》,Institute for International Economics,2000,第46—47、54—55页。

8.3 最优关税

大国关税效应的分析表明,大国征收关税能影响世界市场价格,从而使出口国承担部分关税成本,改善进口国的贸易条件。这意味着,大国有可能通过征收关税增加本国的福利水平。即实施进口关税可以获得超过自由贸易的利益。这正是最优关税论(optimal tariff)的核心思想。

8.3.1 供求弹性与关税负担

在大国情形下,关税的负担是由国内消费者和国外出口商共同负担的,双方负担的程度取决于出口国的出口供给弹性和进口国对该产品的进口需求弹性。

从国际贸易的角度看,出口国的出口供给弹性取决于出口国国内的供给弹性和需求弹性,以及出口国对征税国市场的依赖程度。当出口国对进口国市场的依赖程度较大时,该厂商对进口国的出口供给弹性较小;反之,当厂商对进口国的依赖程度较小时,该厂商对进口国的出口供给弹性较大。进口国的进口需求弹性取决于国内的供给和需求弹性,以及对出口国的依赖程度。当进口国对出口国依赖程度较大时,进口需求弹性较小;反之,当进口国的依赖程度较小时,进口需求弹性较大。

贸易大国征收进口关税时,国外出口商和国内消费者的关税负担比例由出口国的出口供给弹性和进口国的进口需求弹性共同决定。一般而言,出口供给弹性越小,进口需求弹性越大,出口国厂商的关税负担较重;反之,出口供给弹性越大,进口需求弹性越小,进口国的关税负担较重。

8.3.2 最优关税

虽然一国有可能通过征收进口关税提高社会总福利,但其福利水平并非随着关税的提高而始终不断地增加。关税提高到一定水平后,如果再提高关税,该国的福利便会不升反降。因此,能够使一个大国的福利达到最大的关税就是最优关税(optimal tariff)。最优关税是指使进口国福利达到最大的关税水平,确定最优关税的条件是进口国征收关税的边际损失与边际收益相等。

最优关税不会是禁止性关税。① 因为在禁止性关税下,进口国不能进口该商品,因而就无获利可言。可见,进口关税高并不意味着收益高。最优关税也不会是零关税。零关税也不能使进口国获得任何经济利益。可见,最优关税应该在禁止性关税和零关税之间的某一个关税水平,在这一水平上,因贸易条件改善的边际收益恰好等于因征收关税而产生的生产和消费扭曲带来的边际损失。

在进口需求弹性一定的情况下,最优关税水平取决于外国出口供给的弹性,外国出口供给弹性越大,最优关税水平就越低;外国出口供给弹性越小,最优关税水平就越高。因此,进口国政府确定的最优关税水平与出口国的出口供给弹性成反比。

最优关税的确定可以由图 8.3 说明。图 8.3 中横坐标表示关税税率,纵坐标表示进口国的社会总福利。曲线 AB 表示关税水平对该国福利的影响。A 点为零关税水平,代表自由贸易条件下的社会福利。t_H 为禁止性关税,当关税税率大于或等于 t_H 时,社会福利水平为自给自足状态下的福利水平,且低于自由贸易状态下福利水平。C 点的切线斜率为零,在这一点,进口国的福利水平达到最高,对应于这一点的关税税率为 t_0,即为最优关税。

---

① 禁止性关税是指使进口为零的关税,即在禁止性关税下,国内经济又回到自给自足状态。

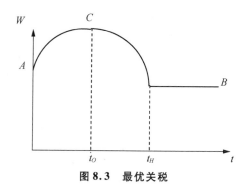

图 8.3 最优关税

征收最优关税尽管可以使进口国从中获得某种利益,然而对整个世界来说却是有害的。因为进口国征收关税获得的利益低于外国受到的损失。与自由贸易相比,征收关税使世界总福利下降。因此关税对一国也许是最佳的,但对于其贸易伙伴国以及世界来说,意味着净损失。

最优关税论虽然指出大国征收进口关税可能使该国获得比自由贸易时更多的利益,但这种利益的获得是以损害他国利益为代价的,因为征收关税在改善进口国贸易条件的同时,使其贸易伙伴国的贸易条件恶化并且福利减少。这种"以邻为壑"的做法自然容易遭到贸易伙伴国的报复以补偿自身的损失。如果贸易伙伴国反过来对来源于征税国的进口产品也征收最优关税,那么就会使得最初征收关税国家的目的落空,甚至可能爆发关税战。

8.4 关税的结构理论

8.4.1 中间产品、最终产品和关税结构

以上对关税保护作用的分析,是按关税的名义税率进行的,并且征收关税的对象只是进口最终产品。在实际进出口中,除了最终产品外,还包括大量中间产品,如原料、机器设备等。而给予某种产品的保护并不仅仅依赖于对该产品的关税,同时还依赖于是否对生产这种产品的生产要素和中间投入品征税。

例如,一国决定对笔记本电脑的进口征收关税,如果该国制造的笔记本电脑需要使用外国生产零部件,那么该国制造的笔记本从关税中得到的保护还同时取决于是否对进口的外国零部件征税。换句话说,我们可以想象,关税给予该国笔记本电脑的保护可能完全被向进口零部件征收关税所抵消。这就产生了研究关税结构的问题。

关税的保护程度通常分为名义保护率(nominal rate of protection)和有效保护率(effective rate of protection)。名义保护率就是目前为止我们所讨论的对既

定产品征收的关税税率。如果关税是从价税的话,那么关税税率本身就是名义保护率。如果是从量征收,用价格减去关税额后的净值去除关税额就可以得出相当的从价税率。有效保护率考虑了名义保护率和中间产品投入的关税。而一整套关税结构的综合效果,才表明对某一产品国内生产者提供的实际保护程度。

8.4.2 有效保护率

有效保护率是 20 世纪 60 年代以后产生和发展起来的一个概念,后被广泛应用于分析整套关税结构对某一产业最终产品生产者的保护作用。

有效保护率是指征收关税后受保护行业的每单位最终产品附加价值增加的百分比,反映了关税对本国同类产品的真正有效的保护程度。附加价值是最终产品价格减去用来生产该商品的中间产品成本后的差额。有效保护率的计算公式如下:

$$\text{ERP} = \frac{V' - V}{V} \times 100\%$$

其中,ERP 表示某行业的有效保护率;V 和 V' 分别表示征收关税前后该行业(或商品)的国内生产附加值。

有效保护率这一概念的提出基于如下事实:按照生产过程的加工深度,我们可将产品分为制成品(最终产品)、中间产品(如零部件)和原材料等。对中间产品或原材料征收关税,将提高这些产品的价格,从而增加国内使用者的负担,导致生产成本上涨,使得那些使用中间产品或原材料的最终产品的关税所产生的保护效应降低,所以从中间产品或原材料使用者的角度来看,对中间产品或原材料征收关税就相当于对生产征税,降低了国内生产的附加值。

8.4.3 有效保护率例解

假设在自由贸易情况下,某一制成品国际价格为 100 美元,该产品在国内生产时每单位产出需要使用价值 50 美元的中间投入品,该制成品的国内单位产出附加值为 50 美元。现假定对该制成品征收 20% 的从价税,而对使用的中间投入品不征收关税,同时假定该制成品的价格上涨幅度等于名义税率。于是征税后,该制成品的国内价格上涨到 120 美元(100 + 100 × 20%)。保护关税使该制成品的国内附加价值增加到 70 美元(120 − 50)。

按照有效保护率的计算公式,该国关税政策对该种制成品的有效保护率(或国内该制成品附加价值的增加率)为:

$$\text{ERP} = \frac{70 - 50}{50} \times 100\% = 40\%$$

即对该制成品征收 20% 的关税可使其国内生产附加值提高 40%。

如果该国决定对中间产品也征收 10% 的名义关税,而制成品的名义关税税率仍为 20%,则征税后该制成品的单位产出附加值减少到 65(120 − 55) 美元。按照有效保护率的计算公式,该国关税政策的有效保护率为:

$$\text{ERP} = \frac{65 - 50}{50} \times 100\% = 30\%$$

如果对该制成品和中间投入品同时征收 20% 的名义关税,则征税后该制成品的单位产出附加值减少到 60(120 − 60) 美元,有效保护率为:

$$\text{ERP} = \frac{60 - 50}{50} \times 100\% = 20\%$$

如果将中间产品的名义税率提高到 50%,而制成品的名义税率仍为 20%,则征税后制成品的单位产出附加值减少到 45(120 − 75) 美元,有效保护率为:

$$\text{ERP} = \frac{45 - 50}{50} \times 100\% = -10\%$$

由此可见,如果最终产品的名义税率大于原材料等中间产品的名义税率,则最终产品的有效保护率大于其名义税率。如果最终产品和中间产品的名义税率相同,则最终产品的有效保护率等于名义税率。如果中间产品的名义税率大于最终产品的名义税率,甚至会出现负保护的情况。

研究关税结构,区别名义保护率和实际保护率,具有重要的意义。当最终产品名义税率一定时,对所需的原材料等中间产品征收的名义税率越低,则最终产品名义税率的保护作用(即有效保护率)越大。因此,如果要对某种产业实行保护,不仅要考虑对该产业最终产品的关税率,而且要把整个关税结构与该产业的生产结构结合起来考虑,才能制定出相应的合理政策措施。

基于提高有效保护率的考虑,发达国家常常采用逐步升级的关税结构,即对原料进口几乎完全免税,对半制成品征收适度关税,但对最终产品,特别是对劳动密集型制成品征收较高关税。发达国家逐步升级的关税结构对发展中国家是极为不利的。它吸引发展中国家扩大原料出口,而阻碍制成品、半制成品出口,从而影响发展中国家的工业化进程。

8.5 关税的一般均衡分析

以上讨论的是关税对单个商品的影响。由于对任何一种进口产品征收关税,不仅会影响到该产品本身的供给与需求,也会影响到其他产品的供给与需求。因此,要全面理解关税的影响,需要在一般均衡的框架下进一步分析关税的影响。本节采用一般均衡分析方法,仅以小国征收从价税为例进行分析。

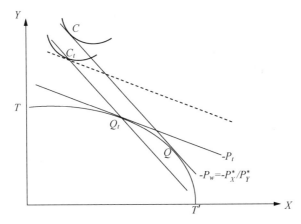

图 8.4 小国征收进口关税的一般均衡分析

假设某国生产和消费两种产品：X 和 Y。该国是一个贸易小国，其进口需求和出口供给的变化均不影响进出口品在世界市场上的价格。自由贸易条件下，该国以价格 P_X^* 出口 X 产品，同时以价格 P_Y^* 进口 Y 产品。如图 8.4 所示，TT' 为该国的生产可能性曲线，$-P_w$ 为世界相对价格线，且与 TT' 相切于点 Q，Q 为该国自由贸易条件下的生产均衡点。TT' 线同时也定义了该国在自由贸易条件下的预算约束，即在现有的收入下，所能够达到的各种消费的组合。该国的消费均衡点为 C 点，为预算约束线与可能达到的最高效用无差异曲线的切点。①

现在假设该国政府对进口的 Y 产品征收税率为 t 的从价税，Y 产品的国内价格上升至 $(P_Y^*(t+1))$。Y 产品的相对价格上升使原相对价格线 $-P_w$ 发生逆时针旋转，形成新的国内相对价格线 $-P_t$，且与 TT' 相切于点 Q_t。Q_t 为征收关税后的生产均衡点。显然征收关税后，由于 Y 产品的国内相对价格上升，该国 Y 产品的产出增加，同时 X 产品的产出减少。

征收关税对消费的影响要复杂一些。由于该国是一个贸易小国，征收关税不改变贸易条件，贸易仍然按原来的价格进行（继续以 P_X^* 的价格向世界市场出口 X 产品，以 P_Y^* 的价格从世界市场进口 Y 产品）。该国新的预算约束线为过点 Q_t 斜率为 $-P_w$ 的直线。同时，国内消费者面对的相对价格为 P_t，根据效用最大化条件，通过新的消费均衡点的社会无差异曲线在该点的切线斜率的绝对值应等于 P_t。如图 8.4 所示，通过新的消费均衡点为 C_t 的社会无差异曲线的切线与 $-P_t$ 是平行的。

---

① 消费均衡点须同时满足以下两个条件：(1) 必须在预算约束线上。(2) 在"可能达到的最高的效用无差异曲线"与"斜率的绝对值等于国内相对价格的直线"相切的切点。此处，预算约束线即为斜率等于相对价格的切线，二者相重合。

将征税前后进行对比,我们可以总结出三个要点:

(1) 征收关税后社会福利比自由贸易时减少。消费均衡点从征税前的 C 点移动到更低的无差异曲线上的 C_t 点。

(2) 社会福利的减少来自关税的两个结果。一方面,该国不能在世界相对价格下进行生产。预算约束线会向左下方移动,生产均衡点从 Q 移到 Q_t。另一方面消费者已无法达到与该国真正的预算约束线相切的那条无差异曲线的水平。上述两方面都是由于该国消费者与生产者面对的相对价格与世界相对价格不同。前者对应局部均衡分析中生产扭曲的效率损失,后者对应消费扭曲的福利损失。

(3) 关税降低了贸易量,进口和出口都比征收关税前要少。

》 本章小结

根据古典和新古典国际贸易理论,一国对外贸易应采取不干预的态度。但现实中,出于各种原因,各国大多会采取各种手段干预对外贸易。这些手段可以分为关税和非关税壁垒两大类。关税是海关根据海关税则对进出口商品征收的税赋。按照不同的标准,可以分为进口关税、出口关税和过境关税;从量税、从价税、混合税和选择税;以及进口附加税和反补贴税等。征收进口关税能够保护国内生产者,但不利于国内消费者。小国情形下,征收进口关税会造成社会净福利损失;在大国情形下,关税的净福利效应不确定,如果关税的贸易条件效应显著,则有可能改善本国福利,反之则降低本国福利。最优关税是指使一国社会福利达到最大的关税水平。因此,小国的最优关税为零;大国的最优关税取决于出口国的出口供给弹性和该国的进口需求弹性。关税的有效保护率考虑了名义保护率和中间产品投入的关税。一整套关税结构的综合效果才能表明对某一产品国内生产者提供的实际保护程度。

》 关键词

从价税　从量税　普遍优惠制　消费者剩余　生产者剩余　贸易条件　生产扭曲损失　消费扭曲损失　最优关税　关税的有效保护率

》 讨论与思考练习

1. 本国对汽车的需求曲线和供给曲线分别为:

$$D = 2000 - 0.02P \quad S = 1200 + 0.03P$$

请计算并画图说明下列问题:

(1) 计算本国自给自足均衡时的汽车价格、均衡产量与消费量。

(2) 假设本国为汽车进口的小国,而世界市场上汽车的价格为每辆12000美元。计算自由贸易条件下,本国汽车的产量、消费量以及进出口量。

(3) 如果本国对进口汽车征收每辆为1000美元的进口税,计算征税后国内汽车的产量、消费量以及进口量。

(4) 与自由贸易相比较,说明征收关税后,生产者福利、消费者福利、本国政府税收收入以及本国社会总福利的变化。

2. 在上题的基础上加入外国,其需求曲线和供给曲线分别为:
$$D^* = 2240 - 0.01P \qquad S^* = 2000 + 0.02P$$

(1) 计算外国自给自足均衡时的汽车价格。

(2) 现在允许本国和外国进行贸易,且不计运输成本。计算自由贸易时的世界价格是多少?贸易量是多大?

(3) 如果本国对进口汽车征收每辆为1000美元的进口税。计算征税后,本国汽车的产量、消费量以及贸易量。

(4) 与自由贸易相比较,说明征收关税后,生产者福利、消费者福利、本国政府税收收入以及本国社会总福利的变化。

3. 设中国对小汽车的关税税率为180%,国内一典型的汽车制造商的成本结构和部件关税如下:

成本项目	钢板	发动机	轮胎
占汽车价格比重	20%	30%	10%
关税税率	60%	120%	30%

(1) 请计算对中国小汽车行业的有效保护率。

(2) 如果钢板、发动机、轮胎的关税分别降为10%、30%、5%,计算小汽车的有效保护率。

(3) 从上面的计算中,可以推出哪些关于有效保护率的一般结论?

第 9 章 非关税壁垒

非关税壁垒(non-tariff barriers,NTBs)是指除关税以外一切限制进口的措施。非关税壁垒可分为直接和间接两大类。前者是由进口国直接对进口商品的数量和金额加以限制或迫使出口国"自动"限制商品出口,如进口配额制、进口许可证制和自动出口配额制等。后者是对进口商品制定严格的条例,间接地限制商品进口,如汇率低估、外汇管制、国家垄断、歧视性政府采购政策、进口押金制、专断的海关估价、最低限价、技术性贸易壁垒等。本章主要介绍进口配额和出口补贴。

9.1 进口配额

进口配额是一种重要的非关税壁垒。进口配额同关税一样会起到限制进口,保护国内生产的作用,有时还可用于改善国际收支或提高国内就业率。

9.1.1 进口配额的概念

进口配额(import quota)是一国政府在一定时间内对某种商品进口数量或金额所规定的直接限制。在规定的期限内,配额以内的货物可以进口,超过配额不准进口,或者征收了较高的关税或罚款后才能进口。与关税相比,配额在进口限制方面更直接、更易于控制,也更严厉。

9.1.2 进口配额的种类

进口配额有两种主要的形式:

1. 绝对配额

即在一定时期内,对某些商品的进口数量或金额规定一个最高数额,达到这个数额后,便不准再进口。这种进口配额在实施中有以下三种方式:

(1) 全球配额。它属于世界范围的绝对配额,对于来自任何国家或地区的商品一律适用。主管当局通常按进口商的申请先后或过去某一时期的进口实际额批给一定的额度,直到总配额发放完为止,超过总配额就不准进口。

(2) 国别配额。即在总配额内按国别和地区分配固定的配额,超过规定的配额便不准进口。实行国别配额可以使进口国家根据它与有关国家和地区的政治经济关系情况,分别给予不同的配额。国别配额又可分为单方面配额和协议配额。单方面配额是由进口国单方面规定在一定时期内从某个国家或地区进口某些商品的配额;协议配额是由进口国与出口国双方通过谈判达成协议规定的某种商品的进口配额。

(3) 进口商配额。进口国政府把某些商品的配额直接分配给进口商。分到配额数多的进口商就进口多,而分得数额少的进口就少。政府往往倾向于把配额分给大的垄断企业,中小进口商却难分到或分到的数量甚少。

2. 关税配额

即对商品的进口绝对数额不加限制,而对在一定时期内,在规定的关税配额以内的进口商品,给予低税、减税或免税待遇,对超过配额的进口商品则征收较高的关税或附加税。可见,这种配额与征收关税直接结合起来了。关税配额与绝对配额的明显区别在于,关税配额在超过配额后仍可进口,但要征收一种较高的关税;而绝对配额在超过配额的情况下就不得再进口。如澳大利亚从1979年3月1日起对中国呢绒实施关税配额,年度限额是全毛精纺呢绒为200万平方米,混纺呢绒150万平方米,超过上述限额后仍允许中国出口,但要征收高额关税。

9.1.3 配额的效应

配额所规定的进口量通常要小于自由贸易下的进口量。因此,实施配额后,进口量减少,进口品的国内市场价格上升。如果实施配额的国家是一个小国,则配额只会影响国内市场价格,对进口品的世界市场价格没有影响。如果实施配额的国家是一个大国,则配额不仅会导致国内市场价格上升,同时还会导致世界市场价格下降。这一点与关税的价格效应类似。同样,配额对国内生产、消费等方面的影响与关税也大致相同。以下我们集中分析一下大国实施进口配额的福利效应。

图 9.1 采用局部均衡分析方法来说明大国实施配额的福利效应。图 9.1 中的 D 为国内需求曲线, S 为国内供给曲线; P_w 为自由贸易条件下的国内外市场价格, Q_1Q_2 为自由贸易下的进口量。现在对进口设置一个数量限额,假定限额为 Q_3Q_4,且 $Q_3Q_4 < Q_1Q_2$。于是,国内价格由原来的 P_w 上涨到 P_q,国内生产增加至 OQ_3,消费量减少至 OQ_4。同时,由于进口需求减少,世界市场价格下降至 P'_w。此时,生产者剩余增加了 a,消费者剩余减少了($a+b+c+d$)。与关税不同的是,实施配额不会给政府带来税收收入。此时 $c+e$ 成为进口商所获得的配额租金(quota rent),而配额租金的最终去向视政府发放配额的方式而定。

现实中,分配进口配额常常要与进口许可证相结合。进口许可证是由一国

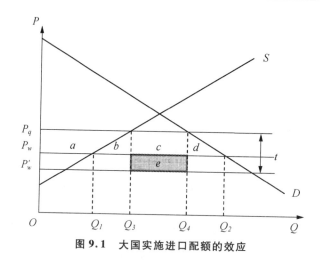

图 9.1 大国实施进口配额的效应

签发的允许一定数量的某种商品进入关境的证明。分配许可证的方法主要有三种:竞争性拍卖、固定的受惠和资源使用申请程序。

政府可以通过拍卖的方法分配进口许可证,使进口权本身具有价格,并将进口权力分配给出价最高的需求者,拍卖收入归政府所有。因此,建立在拍卖许可证基础上的进口数量限制所起的作用与关税有许多类似之处。

固定的受惠是指政府将固定的份额分配给某些企业的方法。通常的方式是根据现有进口某商品的企业在上一年度进口总额中的比重来确定。这种方法比较简单,但配额租金完全被进口企业占有,且具有某种垄断性,新增企业难以获得此种商品的进口特权,不利于打破垄断,实现资源的有效配置。

资源使用申请程序是指在一定时期内,政府根据进口商递交进口配额管制商品申请书的先后顺序分配进口商品的配额的方法。这种方法可能给管理部门留有利用职权获取贿赂的机会,相应地可能导致企业的"寻租"(rent-seeking)行为。

9.1.4 配额与关税的比较

虽然关税和配额对国民福利的影响大体是相同的,但从限制进口、保护本国生产者的角度看,进口配额比关税更加严格。但配额有可能带来比关税更坏的影响。一旦存在下述两种情况,进口配额就会产生较为严重的消极作用。

第一,当配额产生了某种垄断权力时,结果会使一国受到的损失比等效关税要大。这里会出现两种情形:

一是在国内进口竞争部门形成垄断。实行进口配额时国内企业知道,不管它把价格抬得多高,与之竞争的进口商品不可能超过配额数量。因此,当国内的需求缺乏弹性时,垄断企业就有了极好的机会以较高的价格来攫取垄断利润。而关税只要没有高到抑制进口的地步,国内企业就时时面临外国企业的有效竞争,不能把价格抬高很多。所以,当进口配额形成了一种垄断权力时,不仅消费者会受到比有进口税条件时更大的福利损失,而且国内生产的效率也会降低。

二是在外国出口商中形成垄断。如果该国的进口需求弹性较低,而外国出口商又能协调行动时,它们就会抬高价格。这是因为在实行配额的条件下,一国的进口需求是固定的,外国出口商通过提价能获得很大的利益。

第二,如果进口配额制的管理效率不高,就会带来一些社会和经济问题。从理论上讲,最公平和成本最低的发放配额的方式是公开拍卖。这样许可证就会分配给出价最高的人,进口商支付的价格大体上会相当于世界价格与国内最高售价的差额,政府因此获得一笔财政收入。然而,现实生活中并没有广泛采用这一方式。许多国家采用准拍卖的方式,结果造成了政府官员的贪污受贿。比如,政府官员可以把一项有利可图的进口许可证"卖"给向他们行贿最多的人,中饱私囊。

固定的使用者是由于历史的原因或其他方面的考虑,政府把许可证发放给某些企业。比如根据各企业以前在总进口中的比例进行分配。免费的固定对象的分配方式至少存在两个问题:一是对企业来说不公平,有的多,有的少;二是配额造成的加价,等于把其他部门的一部分收入转移到进口部门,政府也没有增加财政收入。

最后一种方式是按一定的程序来申请和审批。政府虽然强调的是进行协商,实际上却刺激人们以非经济手段来竞争进口许可证。这里通常也会出现两个方面的问题:一方面,企业通常要按先来后到的顺序排队,又要提供冗长的说明报告,使得人们把大量时间浪费在等待和手续上,本来这些时间可用于生产;另一方面,繁文缛节,衙门重重,于是有些人就会采用行贿送礼等不正当手段,疏通办事渠道,造成腐败现象滋生蔓延。

9.2 出 口 补 贴

非关税壁垒中另一类重要政策措施是针对出口的。与配额等限制进口的做法不同的是,这类贸易政策措施的目的往往是鼓励或支持出口,其中,出口补贴就是最常用的手段之一。

9.2.1 出口补贴的含义

所谓出口补贴(export subsidy)又称出口津贴,是一国政府为了降低出口商品的价格,增强其在国外市场的竞争力,在出口某商品时给予出口商的现金补贴或财政上的优惠待遇。

9.2.2 出口补贴的种类

政府对出口商品可以提供补贴的范围非常广泛,但主要可以分为两类:直接补贴和间接补贴。

1. 直接补贴(direct subsidy)

即政府在出口商品时,直接付给出口商的现金补贴,主要来自财政拨款。其目的是为了弥补出口商品国内价格高于国际市场价格所带来的亏损,或者补偿出口商所获利润率低于国内利润率所造成的损失。有时候,补贴金额还可能大大超过实际的差价或利差,这已包含出口奖励的意味,同一般的出口补助已不可同日而语了。这种补贴方式以欧盟对农产品的出口补贴最为典型。欧盟国家的农产品由于生产成本较高,其国内价格一般高于国际市场价格。若按国际市场价格出口过剩的农产品,就会出现亏损。因此,政府对这种亏损或国内市场与国际市场的差价进行补贴。据统计,1994年,欧盟对农民的补贴总计达800亿美元,严重扭曲了国际市场农产品的价格。

此外,这种现金补贴还可能来自一国的同业公会。为了鼓励和支持同行业的部分厂商向外拓展市场和大量出口,从而既发展壮大本行业的生产规模,又避免彼此间在国内市场的过度竞争,这种企业主组织有时愿意拿出一定的金额进行出口补贴。这种状况在市场经济较发达的国家可以见到。

2. 间接补贴(indirect subsidy)

即政府对某些商品的出口给予财政上的优惠。如退还或减免出口商品所缴纳的销售税、消费税、增值税、所得税等国内税,对进口原料或半制成品加工再出口给予暂时免税或退还已缴纳的进口税,免征出口税,对出口商品实行延期付税、减低运费、提供低息贷款,以及对企业开拓出口市场提供补贴等。其目的仍然在于降低商品价格,以便更有效地打进国际市场。

9.2.3 出口补贴的效应

与其他贸易政策措施一样,出口补贴对国内生产与消费,以及社会福利水平都会产生影响,对于接收补贴的出口商而言,出口补贴类似于一个负的税赋,因而,出口商得到的价格等于购买者所付的价格加上单位补贴金额。出口补贴的经济影响见图9.2。

自由贸易条件下,出口品的国内外市场价格为P_w,国内消费和生产量分别为OQ_1和OQ_2,出口量为Q_1Q_2。如果政府给予本国出口商每单位出口品金额

为 s 元的出口补贴,则本国出口品生产者将可以高于市场价格的成本进行生产。生产者的产量由 OQ_2 增加到 OQ_4。生产者生产的产品一部分在国内销售,一部分出口。但在国内销售的部分不享受政府的出口补贴,因此在国内销售的价格必须能够弥补这部分产品的生产成本。因此,国内价格上升至 P_s,由于国内价格上升,消费减少到 OQ_3。由于国内产量增加,消费量减少,该国出口量增加。假设该国是出口大国,出口量的增加会降低出口品世界市场价格,从 P_w 下降到 P'_w。生产成本(或国内价格)与出口品世界市场价格的差额等于出口补贴金额 s。

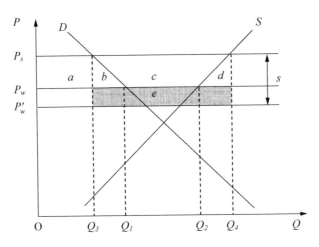

图 9.2 出口补贴的效应:大国情形

大国实施出口补贴政策后,随着国内价格上升,消费者剩余减少了 $a+b$ 的面积,生产者剩余增加了 $a+b+c$ 的面积,政府出口补贴支出为 $b+c+d+e$ 的面积,该国总福利变化为 $-(a+b)+(a+b+c)-(b+c+d+e)<0$。其中 b、d 分别为消费扭曲和生产扭曲。e 为贸易条件恶化所导致的利益转移。这一结果意味着出口补贴会导致本国社会福利下降。

综上所述,大国实施出口补贴政策使得商品的国内价格上升,出口价格下降,该国贸易条件恶化。由于国内价格上升,商品产量增加,消费量减少,出口量增加。生产者福利增加,消费者福利减少,政府财政支出增加,社会总福利下降。尽管出口补贴对一国的福利是负效应,且增加了政府财政负担。但是,如果短暂的出口补贴损失能够促使该国生产规模扩大,进而获得规模经济效应,或者能够促进本国经济的成长,那么这种短期的损失也许是值得的。

9.3 其他非关税壁垒

除了前述讨论的几种经常使用的非关税措施外,还有一些很重要的非关税措施,如自愿出口限制、歧视性公共采购、对外贸易的国家垄断、技术标准和卫生检疫标准。这些措施都是自由贸易的障碍,对资源配置效率有不利的影响。

9.3.1 自愿出口限制

自愿出口限制(voluntary export restrain,VER)又称资源限制协议,是指商品出口国在进口国的要求或压力下,"自愿"地限制某些商品在一定时期内的出口数量或出口金额,超过配额禁止出口。

事实上,自愿出口限制并非"自愿",它是在进口国的压力下实施的限量出口措施。一般情况下,自愿出口限制的数量是经过进口国和出口国之间的谈判确定的。自愿出口限制与绝对进口配额在形式上略有不同。绝对进口配额是由进口国直接控制进口配额来限制商品的进口,而自愿出口限制是由出口国直接控制这些商品对指定进口国的出口。

从进口国的角度看,选择"自愿"出口限制比提高关税或规定配额能更好地避开 GATT(WTO)的规则,因而,"自愿"出口限制作为灰色区域措施的一种主要形式而迅速蔓延。它对于进口国的影响基本上和进口配额一样,所不同的是进口配额的配额租金在 VER 下变成了出口国获得的租金,因此 VER 显然会对进口国造成损失。

9.3.2 进口许可证制度

进口许可证是指商品的进口,事先要由进口商向国家有关机构提出申请,经过审查批准并发给进口许可证后,方可进口。没有许可证,一律不得进口。这是当前许多国家实行的限制进口的一项重要措施。

从进口许可证与进口配额的关系上看,进口许可证可以分为两种:一种为有定额的进口许可证。即有关机构预先规定有关商品的进口配额,然后在配额的限度内,根据进口商的申请对于每一笔进口货物发给进口商有关商品一定数量的进口许可证。一般说来,进口许可证是由进口国有关当局向提出申请的进口商颁发的。但也有将这种交给出口国自行分配使用的。另一种为无定额的进口许可证,即进口许可证不与进口配额相联系。政府有关的主管机构预先也不公布进口配额。颁发有关商品的进口许可证,只在个别考虑的基础上进行。因为它是个别考虑的,没有公开的标准,因而就给正常的贸易活动造成更大的困难,起到更大的限制进口的作用。

从进口商品的许可证方面来看,进口许可证一般又可分为两种:一种为公开一般许可证,又称公开许可证或一般许可证。凡列明属于公开一般许可证的商品,进口商只要填写公开一般证后,即可获准进口。因此,这类商品实际是"自由进口"的商品。另一种为特种进口许可证,进口商必须向政府有关当局提出申请,经政府有关当局逐笔批准后才能进口。这种进口许可证,多数指定进口国别或地区。

9.3.3 外汇管制

外汇管制是指政府根据一定法令,对外汇买卖等所实行的限制性措施。

对外贸易与外汇有着密切的关系,出口可收进外汇,而进口需要付出外汇,因此外汇管制措施必然会直接影响到进出口贸易。进口外汇管制是一些国家限制进口较多采用的一种手段。

进口外汇管制就是进口所需外汇,必须向外汇管制机关申请。外汇申请往往与签发进口许可证结合在一起。申请到了进口许可证后,外汇管制机关就按许可证上商品数量的金额批给外汇额度,以此直接掌握商品的进口数量、国别与商品类别。

9.3.4 国产化程度要求

国产化程度要求(local content requirement)指的是在最终产品中必须有一个明确规定的比例是本国生产的。国产化程度法被发展中国家广泛采用。1982年美国曾提出过汽车的国产化程度法案,但从未获得通过及实施。

从国内零部件生产者的角度来说,国产化程度规定为其提供的保护与进口配额相似,但对于需采购零部件的生产者而言,其影响不一样。国产化程度要求并不限制进口,只要这些公司在进口的同时在本国也大量采购。这就意味着,这些公司在生产投入中支付的实际价格是进口投入与国产投入价格的平均值。国产化程度要求既没有产生政府收入,也没有产生配额租,而是将负担转嫁给消费者。

国产化程度要求的一个创新是,允许公司通过出口而不是必须使用国产零部件来达到国产化程度要求。这一点改变在很多情况下已经变得非常重要,例如在墨西哥经营的美国汽车公司会选择从墨西哥出口一些零部件到美国,即使这些零部件在美国生产可能更加便宜。其原因在于,这样他们就可以在墨西哥为墨西哥市场生产汽车时少用一些墨西哥产的零部件。

9.3.5 歧视性政府采购

歧视性政府采购(discriminatory government procurement)是指通过制定有关的法令,规定政府机构在采购时必须优先购买本国产品,从而导致对国外产品形成歧视的做法。许多资本主义国家都有这种制度。例如,英国政府规定其机构使用的通讯设备和电子计算机必须是英国产品。日本有几个省规定,政府机构使用的办公设备、汽车、计算机等不得采购外国产品。美国则实行《购买美利坚合众国货法案》,该法案规定凡是美国联邦政府所要采购的货物,应该是美国制造的,或是使用美国原料制造的。只有在美国自己生产的数量不够或者国内价格过高,或者不用外国货就会损害美国利益的情况下才可以购买外国货。

为限制各成员运用歧视性政府采购政策限制进口,GATT在东京回合多边贸易谈判中制定了《政府采购协议》,该协议现已成为世界贸易组织框架下的多边协议之一。

9.3.6 对外贸易的国家垄断

对外贸易的国家垄断是指对某些商品的进出口规定由国家直接经营,或者是把某些商品的进口或出口的经营权给予某个指定的企业或组织。

主要发达工业国家进出口的国家垄断主要集中在三类商品上:第一类是烟和酒。这些国家的政府机构从烟和酒的进出口垄断中,可以取得巨大的财政收入。第二类是农产品。这些国家把农产品和对外垄断销售作为国内农业政策措施的一部分。第三类是武器。发达资本主义国家的武器贸易多数是由政府垄断的。

9.3.7 技术标准、卫生检疫以及商品包装和标签规定

近年来,随着各国争夺出口市场的竞争日益激化,许多国家的政府往往以保护人身健康、保护环境、保护消费者利益等为借口,广泛采用复杂的技术标准、卫生检疫措施以及商品包装和标签规定。这些规定十分复杂,而且有的非常不合理,经常变化,以致出口国难以迅速适应,从而达到其限制进口的目的。

在技术标准方面,一些国家作出以下规定:

在卫生检疫方面,各进口国近年来对商品要求卫生检疫的越来越多,卫生检疫的规定也越来越严。美国规定,其他国家或地区输入美国的食品、饮料、药品及化妆品,必须符合美国《联邦食品、药品及化妆品法》的规定。其条文规定,进口货物通过海关时,均须经食品药物管理局检验。如发现与规定不符,海关将予以扣留,并有权进行销毁,或按规定的日期装运再出口。美国、加拿大等规

定陶瓷制品中的含铅量不得超过7%。日本、加拿大、英国等国都要求花生中的黄霉素含量不超过20%,花生酱中不超过10%,超过则不准进口。日本对茶叶中农药残留量规定不超过百万分之零点二至零点五。

在商品包装和标签规定方面,不少国家对于在本国国内市场上销售的进口商品,规定了许多有关包装和标签的条例,这些条例内容复杂,手续麻烦,或规定总在不断变化,进口商必须符合这些规定,否则不准进口或者禁止在其市场上销售。这就使国外商品一时难以适用而不能进口,或不得不重新包装或更换商品标签,从而增加商品成本,削弱进口商品的竞争力。比如日本禁止用聚氯乙烯的塑料包装食品,美国禁止使用含有氯仿(三氯甲烷)的食品包装材料。

本章小结

本章主要介绍了一些非关税壁垒措施。进口配额是一种通过对进口进行数量限制达到保护本国生产目的的非关税措施,它所起到的限制贸易作用往往比关税要大,不易渗透。进口配额的影响效应与关税大致相同。进口配额常常与进口许可证结合起来使用,因此操作过程中透明度较差,容易引发"寻租"等浪费资源的行为。出口补贴是政府对出口采取补贴的方法,以提高出口企业的竞争力,扩大本国出口,但在扩大出口的同时,可能会因贸易条件恶化使得政府补贴的一部分转移到国外消费者手里。

关键词

非关税壁垒　进口配额　配额租金　出口补贴　自愿出口限制　外汇管制　进口许可证制度　国产化程度要求　歧视性政府采购

讨论与思考练习

1. 进口配额与关税在保护本国产业方面有什么异同?如果让国内生产者来选择的话,他们会选择哪种措施?

2. 政府对外贸权和进口产品分销权的控制为什么被认为是一种非关税壁垒?

3. 本国对小麦的需求曲线为 $D = 100 - 20P$,供给曲线为 $S = 20 + 20P$。外国的需求曲线为 $D^* = 80 - 20P$,供给曲线为 $S^* = 40 + 20P$。在自由贸易的基础上,假定外国对出口商的每单位出口产品提供 0.5 美元的出口补贴,试计算其对各国小麦价格的影响以及对两国各社会集团和整个社会福利的影响。

4. 假定本国是一个小国,现以每袋 10 美元的价格进口花生,国内需求曲线为 $D = 400 - 10P$,供给曲线为 $S = 50 + 5P$。确定自由贸易时的均衡点,然后计算

并绘出把进口配额限制在 50 袋时对以下各项的影响:

(1) 本国价格的增幅;

(2) 配额的"租";

(3) 消费扭曲;

(4) 生产扭曲。

5. 假设现有三套政策选择:进口保护、出口鼓励、进口保护与出口鼓励同时使用,你认为哪一套政策出台的可能性比较大?为什么?

6. 试结合实际分析关税与非关税壁垒的应用前景。

第10章 国际贸易与经济发展战略

10.1 国际贸易和经济发展

应当看到,经济学家对国际贸易的关注和思考,从一开始就不只是局限在贸易本身应当和实际会怎样开展的问题上,而是始终关心国际贸易对国民经济发展会产生什么样的作用。实际上,这两个方面客观上也是不可分割的。从一定意义上说后一个方面可能更为重要,它往往支配理论上对贸易基础的解释和实践中对贸易政策的选择。从古典经济理论到当代的经济学说,贸易和发展的关系都是一个引人注目的话题。

10.1.1 古典经济学家的观点

亚当·斯密(Adam Smith)最早强调的是国际贸易所提供的市场。他指出,对外贸易可以为本国的剩余产品提供出路,从而提高资源的利用效率,增加国民财富的数量。这一点是与他的分工理论相一致的。按照斯密的解释,国际贸易与经济之间的关联是:贸易扩大市场,市场促进分工,分工提高效率,从而有利于国民经济的发展。

大卫·李嘉图(David Ricardo)高度重视国际贸易对资本积累的重要作用。他提出,通过进口可以降低生产成本,提高企业的利润率。根据他提出的比较成本原理,一国应当将生产资源集中于具有比较优势的生产部门,并将产品出口到国际市场,进口本国生产效率较低的商品,这样,不仅能够提高国民的消费福利水平,更会促进国民经济的增长。

约翰·穆勒(John Mill)则突出国际贸易的示范教育作用。他指出,落后的社会往往需要外来的强烈刺激才能进步,国际贸易能够成为后进国家迈开工业化第一步的推动因素。他认为,贸易的交流会导致国民的思想观念发生改变,这在许多场合的确是启动经济发展的关键所在。此外,穆勒还指出,通过开展对外贸易,一个国家可以有效地利用世界的生产力,缩短某些传统的发展阶段所需要的时间。

古典经济学家关于国际贸易对经济发展具有重大间接作用的思想,在一定程度上被后来许多的经济理论所继承。在西方占主流地位的经济学理论中,国际贸易一般都被视为影响经济发展的一个重要的外在因素。

10.1.2 贸易作为经济增长的发动机

20世纪30年代,D. H. 罗伯特逊(D. H. Robertson)提出了"贸易是经济增长的发动机"(Engine for Growth)一说,其主要着眼点在于阐述后进国家可以通过对外贸易尤其是出口增长带动本国经济的增长。后来美籍爱沙尼亚学者纳克斯(Ragnar Nurkse)通过分析19世纪英国与新殖民地区国家如美国、加拿大、澳大利亚、新西兰等国家的经济发展的原因后,在20世纪50年代对这一学说进行了补充和发展。他认为,19世纪的英国(即他所认为的中心国家)的经济增长,通过外贸带动了加拿大、澳大利亚、新西兰(即他所认为的外围国家)的经济增长,外贸起到经济增长发动机的关键作用,是中心国家经济增长使得对初级产品需求的扩大,这样,初级产品的生产国即外围国家就成为国际分工格局的受益者,其初级产品的出口迅速增加,而高度的出口增长率会通过一系列的动态转换过程,把出口部门的经济增长传递到国内其他各个经济部门,从而带动国民经济的全面增长。纳克斯等人认为,参与国际贸易不仅能够提高国民的消费福利,更具有形成规模经济效益、传递经济增长的作用。他特别强调出口增长对经济发展的带动作用,把出口贸易作为直接决定经济发展的能动因素,舍弃了古典经济理论中的中间环节,着重阐述了国际贸易与经济发展之间相互发生作用的机制。

具体地讲,出口是通过以下几条途径作用于经济发展的。在这里,出口贸易保持较高的增长率,具有非常重要的意义。

1. 出口贸易增长越快,进口的支付能力就越强

经济发展要依赖投入的不断增加,而资本投入品的进口往往是维持和加速经济发展的一个重要条件。一方面,经济规模的扩大会使一国供给紧张的资源日益显得相对稀缺,资本投入品往往会是增长过程中供给较为短缺的。另一方面,生产资源的使用也存在边际效用递减的趋势,没有适当的进口,国内现在的资源往往会出现结构性的短缺,经济发展就会因资源的约束而停滞在较低的水平上。出口贸易保持增长,就能保障一国经济增长所必需的投入品供给。

2. 出口部门的增长越快,生产资源的配置效率越高

因为出口部门通常是一国享有比较优势的部门,即资源使用效率比较高的部门。出口贸易增长快,意味着效率较高的生产部门所占比重上升,社会的生产资源向效率比较高的产业部门集中,并且社会生产进一步朝专业化方向发展。

3. 出口的扩大会带来规模经济效益

国内需求加上对外出口,要比封闭条件下的国内市场容量大得多,从而使

企业能够进行大规模的生产,获取规模经济效益。现实生活中,企业能否获得规模经济效益,市场需求量往往是最主要的决定因素。如果一国能够有效地开拓出口市场,就能为获得规模经济效益创造有利的条件,进而促进企业的资金积累,提高国际收入水平。

4. 国际贸易有利于把国际竞争传导到国内经济生活中来

出口是面对国际市场的竞争,这会促使出口商品的生产企业努力降低成本,改进质量。出口增长不仅意味着一国的整体国际竞争能力得到提高,还能对产业结构的优化起到积极的推动作用,因为生产资源会不断地流向出口部门,而效率低的出口很容易遭到淘汰。同时,出口增长所带来的进口规模扩大,也会对促使本国企业降低生产成本等形成强烈的刺激作用。

5. 出口产业的扩张会对相关的产业发挥关联带动效应

任何一种商品的生产都需要一系列的企业来为其提供投入品,因此,出口的增长会拉动国内许多相关产业的发展。

6. 出口的扩大有利于国外资本和先进技术的流入

这是因为出口保持较快的增长时,就会提供相当有利的投资场所,吸引外国投资者把资金、技术和管理知识等转移过来。

出口发动机理论的一个重要特点,是认为世界各国的经济发展相互联系在一起,它不同于古典经济理论从单个国家的角度出发来考虑贸易与经济发展的关联。

把国际贸易同经济发展直接联系起来,从世界经济相互联系的角度来看待各国的经济发展,这两点应当说是出口发动机理论的创见。但是,出口发动机发挥作用,需要一系列其他方面的条件,单纯强调出口能带动经济发展是不够的。很明显,全世界的出口一直是在不断的增长之中,但不少国家的经济却长期停滞不前,外部的贸易发展是不足以改变这种局面的。

10.1.3 从后进国家角度的思考

国际贸易理论的基本思想是,每个国家都应当专业化生产自身具有比较优势的商品,这样,世界作为一个整体的总产量会增加,各国通过相互贸易能够从中获益。但是,现实情况是,如果从现有的资源禀赋状况和技术水平来看,发展中国家享有比较优势的部门往往是初级产业部门。有些人认为,按照比较利益原理进行国际分工,虽然能够在短期内增进消费福利,但发展中国家的产业结构会长期处于落后的状态,在世界经济中处于从属于发达国家的位置上。这样的观点曾在理论上引起关于国际贸易作用的激烈争论,国际贸易对发展中国家的经济影响现在看来还是一个值得认真研究的问题。

20世纪50年代初期,阿根廷经济学家劳尔·普雷维什(Roal Prebish)对传统的国际贸易理论提出了尖锐的批评。他认为国际贸易是造成发展中国家经济落后的重要原因,而美国经济学家范纳(J. Viner)和奥地利经济学家哈勃勒(Gottfried Von Haberler)等对此进行了反驳。

普雷维什指出,国际贸易的开展使得世界各国分化成了两种类型:工业化的中心国家和从事初级产品生产的外围国家。前者是富国,后者是穷国,两者之间的差距在日益扩大。他认为原因有三个:出口生产专业化阻碍落后国家的经济发展,后进国家的贸易条件长期恶化,从国际资本流动中得到大部分利益的是资本输出的国家。根据他的分析,历史上遗留下来的国际分工模式,是将外围国家固定为为中心国家提供粮食和原料的产地,这不利于后进国家提高自身的福利水平。

为了摆脱在国际分工体系中的不利局面,普雷维什主张发展中国家要加快自身的工业化进程,他认为这是分享世界科学技术进步的利益,改善国民福利水平的根本途径。在贸易政策方面,他主张发展中国家要实行贸易保护政策,以加快本国的工业化进程。

范纳和哈勃勒等则提出了反对意见。他们强调国际贸易对不发达国家的经济成长起到了带动作用,并指出自由贸易能够促使资本投入品、资金、新技术和新观念流向不发达国家,增加不发达国家的市场竞争程度,这些对后进国家的经济发展有着非常重要的意义,没有理由把国际贸易作为阻碍后进国家经济发展的原因,更不能作为造成其经济发展落后的主要原因。哈勃勒完善了贸易促进经济增长的理论,把贸易的促进作用概括为:(1) 贸易促使欠发达国家资源得到充分利用;(2) 通过市场的扩大促使劳动力流动及规模经济获得;(3) 国际贸易传输新观念、新技术、先进的管理及其他技巧;(4) 贸易刺激资本由发达国家向发展中国家流动;(5) 新设备的进口刺激国内需求;(6) 国际贸易同时又是最好的反垄断的武器。80年代中期以后,以罗默(Romer)、卢卡斯(Lucas)等人为代表的新增长理论把创新作为推动生产率增长的核心因素,同时认为贸易促进了创新活动,创新活动推动经济增长。

从其争论中引出的一点主要结论是:不能也不应当用静态的方法来应用比较优势原理。对于后进国家来说,固守传统的比较利益是非常不利的,参与国际贸易不应当放弃在工业化和现代化方面的努力。但是,如果由此而采用脱离国际贸易的封闭式发展方式,也是不可能获得成功的。当然,现在的国际贸易格局的确存在对后进国家经济发展不利的一面,这需要各方面的共同努力来加以改变。

专栏10-1

2014年中国对外贸易情况

据海关统计，2014年，我国进出口总值26.43万亿元人民币，同比增长2.3%，其中出口14.39万亿元，增长4.9%，进口12.04万亿元，下降0.6%，贸易顺差2.35万亿元，扩大45.9%。按美元计，2014年我国进出口总值4.30万亿美元，同比增长3.4%，其中出口2.34万亿美元，同比增长6.1%，进口1.96万亿美元，同比增长0.4%。贸易顺差3824.6亿美元，同比扩大47.3%。在剔除2013年套利贸易垫高基数因素后，全国进出口同比实际增长6.1%，出口增长8.7%，进口增长3.3%。2014年全年进出口运行情况如下：

（一）第一货物贸易大国地位巩固

2014年，中国货物进出口总额43030.4亿美元，增长3.4%。其中，出口23427.5亿美元，增长6.1%；进口19602.9亿美元，增长0.4%。贸易顺差3824.6亿美元。2014年，中国进出口增速比全球贸易增速高出2.7个百分点，也高于美国、欧盟、日本、印度、巴西等主要经济体增速，全球第一货物贸易大国地位进一步巩固。出口占全球份额为12.7%，比2013年提高0.6个百分点。

（二）国际市场与国内区域布局继续优化

2014年对欧盟和美国进出口分别增长9.9%和6.6%。进出口企业开拓新兴市场取得新成效，对东盟、印度、俄罗斯、非洲和中东欧国家进出口增速均快于整体增速。自贸区战略促进出口的效果明显，对自贸伙伴（不含港澳台地区）出口增长10.6%，占出口总额的比重为13.4%，较2013年上升0.6个百分点。

中西部地区外贸发展潜力逐步显现。近年来，中西部地区积极承接沿海和国外产业转移，外贸发展能力明显增强。2014年，中部地区进出口3127亿美元，西部地区进出口3344亿美元，分别增长10%和20.2%，合计占全国进出口的比重为15%，较2013年上升了1.5个百分点，对整体进出口增量贡献60.3%，贡献率首次超过东部。东部地区进出口3.66万亿美元，增长1.6%，占全国进出口总额的85%，较2013年下降1.5个百分点。

（三）进出口商品结构和经营主体结构进一步改善

一是装备制造业成为出口的重要增长点。2014年，机电产品出口增长3.7%，占出口总额的比重达56%。装备制造业依靠突出的性价比优势开拓国际市场，电力、通讯、机车车辆等大型成套设备出口增长10%以上。纺织品、服装等七大类劳动密集型产品出口4851亿美元，增长5%。

二是进口商品结构进一步优化。先进技术设备进口快速增长，生物技术产品、航空航天技术产品、计算机集成制造技术产品等高新技术产品进口增速均在 15% 以上，为国内产业结构调整提供了支撑。消费品进口 1524 亿美元，增长 15.3%，占进口总额的 7.8%，较 2013 年提高 1 个百分点，对满足多层次、多样化消费需求发挥了重要作用。

民营企业对进出口增长的贡献超过一半。2014 年，有进出口实绩的民营企业占外贸企业总数的比重超过 70%，进出口 1.57 万亿美元，增长 5.3%，占全国进出口总额的 36.5%，较 2013 年提高 0.6 个百分点，对整体进出口增长的贡献达 55.9%。国有企业进出口 7475 亿美元，下降 0.2%，连续三年负增长。外资企业进出口 1.98 万亿美元，增长 3.4%。

（四）贸易方式结构调整成效明显

一是一般贸易出口占比恢复到一半以上。进出口企业从代工生产、贴牌出口向自创品牌、自主设计、自主研发转变，努力提升在全球价值链中的地位。2014 年，一般贸易进出口 2.31 万亿美元，增长 5.3%，占全国进出口总额的 53.8%，较 2013 年提高 1 个百分点，比重连续两年提高。其中，出口同比增长 10.7%，占出口总值比重为 51.4%，20 年来首次过半，对出口增长的贡献率达 87.8%。加工贸易进出口 1.41 万亿美元，增长 3.8%。

二是新型贸易方式蓬勃发展。跨境电子商务、市场采购贸易、外贸综合服务企业等新型贸易方式顺应个性化的全球消费潮流，也契合了帮助广大中小企业发展外贸业务的市场需要，正逐步成为外贸发展的新增长点。2014 年，跨境电子商务增速高达 30% 以上。义乌市场采购贸易方式出口 192.9 亿美元，增速达 36.8%。

（五）贸易条件进一步改善

在全球大宗商品价格普遍下跌的背景下，2014 年中国铁矿砂、大豆和原油进口数量分别增长了 13.8%、12.7% 和 9.5%，进口价格分别下降 22.5%、5.9% 和 5%。大宗商品进口量增价跌，在满足国内生产需要的同时，有效降低了企业的进口成本，节约了外汇支出，提高了进口效益。全年进口商品价格指数下降 3.3%，而出口商品价格指数仅下降 0.7%，贸易条件连续三年改善。

（六）服务贸易再上新台阶

2014 年，中国服务进出口总额首次突破了 6000 亿美元大关，达到 6043 亿美元，比上年增长 12.6%。高端服务贸易增长迅猛，金融、通讯、计算机和信息服务进出口增速分别达到 59.5%、24.6%、25.4%。高端服务进出口快速增长提升了中国服务业现代化水平，为中国产业结构调整做出了积极贡献。

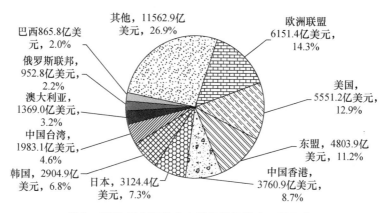

图1 2014年中国前十大贸易伙伴进出口额及占比

——《中国对外贸易形势报告》(2015年春季),载中华人民共和国商务部网站。

10.2 国际贸易与发展中国家的战略选择

10.2.1 贸易和经济发展方式

如何处理国际贸易与经济发展之间的关系,是后进国家所普遍面临的一种挑战。事实上,在工业发达国家经济成长的过程中,国际贸易很少被视为一种外在的制约因素,这当然是因为他们在经济发展阶段上相对领先,出口专业化生产与本国的工业化进程是一致的。而对广大的发展中国家来说,本国的工业化进程与参与国际贸易之间往往存在着潜在的冲突,这就导致在选择经济发展战略时对贸易的地位和作用有不同的取舍。

20世纪50年代开始,多数发展中国家为了自身的经济发展,采用了经过深思熟虑的战略,这方面的主要思想是由发展经济学理论所提出来的。总体上讲,发展中国家的经济发展战略,可归纳为"内向型"和"外向型"两种。外向型的发展战略是指执行一种开放性经济交往制度,不仅鼓励自由贸易,而且也鼓励资本在国际间的自由流动,鼓励各国之间在人员方面相互交流,以较频繁的国际经济交往来带动和促进本国的经济发展。而内向型的发展战略则对国际贸易实行较为严格的限制,同时对资本和人员流动方面也往往存在较多的限制,强调实行比较独立的发展方式,在干中学,开发适合本国资源禀赋的技术和管理方式。两者的主要区别在于贸易的自由度上,前者倾向于自由贸易政策,后者则偏向于保护贸易政策。具体而言,这些发展战略主要有初级外向型发展战略、内向型进口替代战略和外向型出口导向战略。

10.2.2 初级外向型发展战略

1. 初级外向型发展战略的含义及实施原因

所谓初级外向型发展战略,是指通过扩大初级产品的出口来带动本国的经济增长。一些发展中国家早期曾实行过这样的战略。

采用初级外向型的发展方式,是由这样一些现实的经济因素造成的:一是资源禀赋状况。相对丰裕的自然资源,使一些后进国家在一定时期内具备扩大出口的能力。二是传统的国际分工格局的影响。三是本国的工业化起步比较晚,工业制成品缺乏国际竞争力。

2. 初级外向型发展战略的局限性

对多数发展中国家来说,这种战略只能在很短的时期内有效果,具有明显的局限性,主要是不利的市场环境。

从市场需求的角度来分析,初级产品的出口增长明显地不如工业制成品的出口有利。概括起来讲,世界市场的发展趋势在五个方面对初级产品的出口扩大不利:一是初级产品的收入需求弹性低。二是发达国家对初级产品的需求总量增长趋缓。三是大多数初级产品的价格需求弹性也是非常低的。四是随着现代工业的发展,化学合成材料越来越多地替代初级原材料。五是发达国家对自身的农业部门等进行保护,妨碍了发展中国家的初级产品的出口增长。需求方面这些制约因素往往对初级产品的出口价格产生明显的影响。

从供给的方面来看,初级产品的出口面临生产组织结构分散落后,技术进步的速度慢,生态环境趋于恶化等长期性的问题。这些因素从另一个方面导致发展中国家的贸易条件进一步下降。因此,对经济发展尤其是长期的经济发展有很大的不利影响。

10.2.3 进口替代发展战略

进口替代战略是指通过发展国内的工业生产来代替进口的商品,进而带动整个国民经济的发展。在进口替代战略中,政府一般都实行较为严格的贸易保护政策,同时,也采取措施引进利用外资。

1. 进口替代战略的理论依据

进口替代战略的理论依据主要是普雷维什和辛格提出的"中心—外围"论。该理论认为,处于外围地位的发展中国家是处于中心地位的发达国家的附属,为中心国家的经济增长服务。中心国家通过不等价交换剥削了边缘国家,使发展中国家本身难以发展。因此他提出发展中国家应该摆脱这种不合理的国际分工体系，走独立自主的发展经济的道路。

采取进口替代战略的另一个理由是发展中国家普遍存在的二元经济结构。所谓二元经济是指在一个发展中国家内，比较先进的、资本密集型且工资水平相对较高的工业部门和传统的落后农业并存的经济结构。正因如此，发展中国家的企业家希望在政府的保护之下，排除来自先进国家企业的竞争，独占本国市场。同时，整体经济发展水平的落后又需要本国的工业部门带动国民经济的发展。

幼稚产业论也是进口替代战略的理论依据。

2. 进口替代战略的实施阶段

进口替代战略大体可以分成两个阶段：第一个阶段是用国内生产的非耐用消费品代替进口的同类产品。一般情况下，发展中国家比较容易进入这个阶段，而且成功的把握也比较大。因为发展非耐用消费品的生产避开了发展重工业需要大量资金的难题，另一方面，这些产品的技术含量比较低，可以进行较小规模的生产，且对劳动力的素质要求不高。所以从比较利益的角度看，工资水平相对比较低的发展中国家可以较低成本生产出这类产品，进而代替同类的进口产品。这类产品包括纺织品原料、服装、鞋类以及其他劳动密集型产品。

进口替代的第二个阶段是用国内生产的耐用消费品、重工业产品和化工产品代替进口产品。一般而言，进入这一阶段需要发展中国家有一定的工业基础。

3. 实施进口替代战略的国家的特点

选择进口替代战略并且取得成功的国家大都具有这样几个特点：

首先，国内市场比较大。较大的国内市场可以为其工业的发展提供较有保障的市场，以便使这些行业迅速实现规模经济，较快地成长起来。

其次，国内拥有一定的自然资源和丰富的劳动力供应。

最后，经济发展处于"二元经济"时期，因为二元经济可以为工业发展奠定基础，也为现代工业的发展提供了相对廉价的劳动力。

4. 进口替代战略的实施效果

从现实生活来看，进口替代战略在一定时期内的确能对后进国家的经济发展起到积极的推动作用。这些作用主要表现在：一是经济结构的转变较快。国内的市场需求不仅能刺激消费工业品的迅速增长，同时也对重工业部门的发展产生很大的带动作用。工业总产值在国民经济中的比重上升较快，而传统农业部门的产值比重则较快地下降。二是城市地区的非农业部门就业机会增多。随着国内工业的发展，城市化进程的加快，提高了国民收入水平，也增强了国内资金积累能力。三是减少了对进口消费品的需求,节约了非生产性外汇支出,有利于减少国际收支赤字。四是培养了本国技术人才和管理人才,对社会进步具有重大积极意义。

当然,进口替代战略本身也存在一些严重的问题。其主要不足有:一是通过严格的贸易保护建立起来的本国工业成本高、效率低,往往缺乏国际竞争能力。高关税导致生产资源的配置严重扭曲,不能获得国际贸易所能带来的利益。同时,本国的产业结构一经形成,就要求政策上长期给予保护,这是一个难以跳出来的陷阱。二是贸易保护政策形成经济上的歧视,不利于市场上的公平竞争。贸易保护使国内生产者获利,而消费者却要为此承担经济上的损失,消费福利的损失往往无法得到有效的补偿。同时,在生产者中间形成差别待遇。生产进口替代的商品得到保护,从而能增加利润,使用进口商品的部门实际上相当于获得了政府的补贴,而生产出口商品的企业明显受到歧视。三是较难摆脱对国外技术的依赖。在实行进口替代战略的过程中,往往能迅速替代下来的是较低级的工业品;技术要求较为复杂的商品,还是需要从国外进口。这一方面是因为起点较低,另一方面是因为保护贸易政策下的价格体系和利益分配不利于进行技术创新。四是不利于开展国际经济合作。进口替代战略较多地采用相当严格的保护措施,容易引起其他国家的报复。

在确立本国的工业基础方面,尤其是对大国来说,进口替代战略的作用是不可忽视的。当然,到了一定的时点上,用新的战略来代替它是明智的选择,不少国家正是从进口替代战略起步而转向出口导向战略。

10.2.4 出口导向发展战略

出口导向发展战略是指一国以出口本国的工业制成品为主来推动经济发展。这里,出口商品不再是传统的初级产品,而是经过加工后的制成品或半成品。工业发展的重点不再是国内市场的需求,而是以面向国际市场为主。因此,政府往往实行比较自由的贸易政策,努力从汇率等方面消除对出口的歧视。

1. 出口导向发展战略的理论依据

出口导向战略是建立在比较优势理论基础上的。比较优势理论认为,无论一国处在何种发展水平上,总有某种比较优势,按照比较优势参与国际分工,总能获得贸易利益。发展中国家通常具备廉价劳动力的优势,借助这种优势,发展中国家可以出口劳动密集型产品或原材料,以获取经济发展的资金。出口导向战略注重劳动密集型的制成品的出口。

2. 实施出口导向战略的国家的特点

一般而言,选择出口导向战略的国家或地区有三个特点:一是内部市场相对比较狭小;二是劳动力比较便宜,因而具有廉价劳动力的优势;三是自然资源比较稀缺,需要靠自然资源或原材料的进口才能生产制成品。

3. 出口导向战略的实施效果

20世纪60年代中期开始,亚洲的新加坡、韩国、中国香港和台湾等地区,以及拉丁美洲的巴西等转向出口导向型发展战略,在随后20多年的经济发展中成效显著,引起了全世界的广泛注意。20世纪70年代后,又有一系列的国家转向出口导向的发展战略。人们一般认为,出口导向发展战略具有以下一些主要优点:

(1) 经济发展的速度明显较快

有关的统计资料显示,实施出口导向战略的国家和地区年均经济增长率大大超过其他类型的国家。随着经济的增长,人均国民收入也迅速提高。1981年,台湾地区达到2563美元,香港地区达到5100美元,新加坡达到5240美元。

(2) 产业结构的转换比较迅速

总体而言,工业制造业的增长非常迅速,而且技术管理水平较高。随着工业的发展,制造业在国内生产总值中所占比重迅速提高。1960—1979年,制造业在国内生产总值中所占比重,新加坡由12%上升到28%,韩国由14%上升到27%,而且制造业从劳动密集型逐步转向资本、技术密集型。

(3) 国际收支状况比较好

对外贸易的发展速度快,工业制成品在出口中所占比重迅速提高,这是实施出口导向型战略的突出特点。20世纪60年代,新兴工业化国家和地区出口的增长速度,不仅高于其他发展中国家,而且也超过发达国家。1965—1978年,韩国出口增长72倍,新加坡、香港地区成本增长7—9倍。另外,工业制成品在出口总值中所占的比重也迅速提高。随着外汇收入增加,外资在国民经济中的比重逐步下降,外汇储备增多,外债偿还能力相对提高。

(4) 对农业等部门的带动作用较大,劳动生产率提高较快

大多数新兴工业化国家和地区与其他发展中国家相比,农业生产发展比较稳定,速度也较快。但因低于工业的发展速度,从而在国民生产总值中所占比重显著下降。工业的发展带动了这些国家的农业发展,农业现代化进展较快,使农业劳动生产率提高,农业劳动力在相对或绝对地减少。

出口导向战略的成功,可能得益于一系列有利的因素。20世纪60年代开始,发达国家将劳动密集型产业对外转移,全球经济都处在较快的增长时期,从而提供了有利的市场环境。20世纪70年代以前,石油的价格相当便宜,国际市场上资本的供给比较丰裕,技术转移的速度加快,从而为以出口带动经济增长提供了难得的机遇。当然,内部良好的工业基础,丰富的廉价劳动力资源,比较

坚定地奉行对外开放政策等,也促进了出口导向战略的成功。

出口导向战略在实施中也存在两个比较严重的问题:一是对外部市场的依赖。这里出口的增长对整个国民经济的发展具有举足轻重的作用,而工业制成品的出口又往往高度依赖于发达国家的进口。因此,当外部市场发生波动时,整个国民经济的成本就会遇到严重的困难。二是产业结构比较单一。与出口有关的产业很快获得了发展,但往往是劳动密集型的加工和组装,因为这方面有比较优势存在。而对国民经济长远发展有重要作用的重化工业和基础性的科学技术研究部门,往往得不到很好的发展。

还有一个值得注意的方面是,出口导向战略的实施中往往有来自于发达国家的跨国公司大量参与。出口的快速增长往往是得益于跨国公司的投资,而本国的工业生产能力增长的贡献较小。由此造成发展中国家在劳动密集型工业进行专业化生产,经济上更多的是对跨国公司有利。当整个出口的增长主要依赖于跨国公司时,发展中国家就不能真正地享有发展的利益,因为出口产品的所有权、管理、技术和销售都受到跨国公司的控制,结果只是一种"浅薄的发展"。

专栏 10-2

中国外贸战略的演变

改革开放以来,中国外贸自上世纪80年代以后连续跨越了几个台阶,由一个贸易小国成长为贸易大国。外贸发展战略也根据国内外形势变化经历了几次调整提升。

上世纪80年代,国际紧张局势得到缓和,世界进入和平与发展时代。中国开始改革开放。外贸最紧迫的任务就是扩大出口,增加外汇收入。这一时期,我国提出了沿海开放战略、进口替代和出口导向战略、出口商品结构优化战略,这些战略明显具有向出口优势地区和产业倾斜,向扩大出口倾斜的特点。

90年代,随着经济全球化迅速兴起,国际上出现了大规模产业转移。中国沿海地区出口产业需要进步,产品亟待升级。外贸加快市场化改革,实施了以质取胜战略、科技兴贸战略、市场多元化战略、西部开发开放战略、走出去战略等,更加注重外贸增长数量与质量效益、发达市场与发展中市场、东部外贸与中西部外贸的均衡发展。

2001年加入世贸组织以后,中国外贸高速增长,进出口在2004年突破1万亿美元大关。但是增长中不协调、不平衡、不可持续问题日益严重。这一时期的外贸战略强调要全面融入世界经济,培育新的综合竞争优势。

总体上看,外贸战略要解决外贸发展全局性、方向性、根本性问题。外贸战略必须与时俱进,与国际国内形势变化及国民经济发展要求相协调和适应。一国发展对外贸易的最终目的是通过参与国际分工和竞争,促进国民经济进步,实现国民更大利益。

1. 全球化正经历调整

世界经济在金融危机爆发后需要再平衡。以美国为代表的发达国家实施金融去杠杆化、降低负债率、减少贸易差额等措施,寅吃卯粮式消费受到抑制。以中国为代表的发展中国家和新兴经济体改善民生,扩大内需,压缩和消化过剩产能,经济增长放慢。世界经济总体上由危机前的高速增长转为中低速增长。

新一轮工业革命正悄然兴起。美国凭借页岩气技术突破正改写世界能源供求版图,信息技术进步将人类带入大数据时代,新的智能制造和自动化生产,如3D打印和机器人技术等将改变传统工业生产模式,大大提高劳动生产率。新能源、新材料、节能环保技术的运用,数字化、网络化、智能化、服务化生产的推广等,将极大地影响到投资和消费,形成新的商业模式,推动全球产业升级。

全球经济面临治理体系改革和规则重构。发达国家对传统领域多边贸易谈判兴趣减弱,正在进行经济一体化自由化重新布局。由美国主导的跨太平洋伙伴关系协定(TPP)等大型自由贸易谈判,已经将投资、竞争、劳工标准等新议题纳入其中,将确立更高层次国际分工与竞争规则。

世界经济增长延续"南高北低"局面。金融危机爆发以后至2013年,世界经济年均增长3%,其中,发达国家经济年均增长0.8%,新兴市场和发展中经济体年均增长5.3%。新兴市场和发展中经济体在全球经济中所占比重继续扩大。世界投资流向和格局也在发生变化。发展中国家吸收外国直接投资(FDI)占比已经超过发达国家,同时又成为全球FDI主要来源国。服务业FDI占比持续增长,而制造业FDI占比不断下降,服务业成为全球投资新热点。

金融危机爆发之后,更多的发展中国家参与到经济全球化中,走上市场化改革之路。新兴经济体和发展中国家的崛起使市场蛋糕进一步做大,成为推动世界经济增长的重要力量,同时也使国际中低端工业制成品市场竞争更为激烈。

2. 我国进入中高收入工业化进程

中国已经完成初始的低收入工业化,正向中高收入工业化迈进。一是经济与社会发展呈现新特点;二是人口形势和就业要求出现新变化;三是产业转型升级进入新阶段。

中国经济与全球经济,中国与主要贸易伙伴相互依存日益加深。中国主要人均经济指标还不高,发展任务艰巨,但是由于经济贸易规模"坐二望一",已经成为世界经济舞台上的主角,被要求更多地承担大国国际责任。

开放型经济面临巨大调整和转变。"十二五"前三年,货物贸易年均增长速度进一步回落至8%以下,而服务贸易年均增速仍达到13.4%的较高水平。外商在中国直接投资已经由成本驱动转为市场驱动。

综合成本持续上升和传统优势的弱化,使得依赖物质要素投入和低成本竞争的传统外贸发展方式难以为继。迈向更高水平工业化和现代化,实现人均收入继续提高,必须更多地依靠科学技术创新和产业结构升级,必须参与更高层次国际分工和竞争。

总体上看,与30多年前相比,中国外贸发展的背景发生了巨大变化。经济全球化由蓬勃发展期进入调整期。中国成为世界经济贸易大国,已经完成初级阶段工业化,外贸发展将成为新型工业化(后工业化)进程的一部分。

3. 新形势下的外贸发展战略

新形势下的外贸发展战略必须是货物贸易与服务贸易均衡发展的战略。外贸发展必须顾及资源能源供给、市场发育、环境支撑和大国国际责任等问题,必须化解各种贸易摩擦,提高发展可持续性,实现绿色发展。

新时期中国的外贸战略是一个大国在工业化新阶段外贸更协调和可持续发展的战略,其中包含六个关键词,即大国、工业化新阶段、更高水平国际分工、货物加服务、协调与包容以及可持续发展。

——商务部研究院外贸战略课题组:《迈向2020年的外贸发展战略》,载《国际商报》2014年9月3日、4日A3版。

10.3 出口不稳定与经济发展

10.3.1 发展中国家对外贸易的特征

前面的分析已经说明,发展中国家在参与国际贸易时通常面临严峻的挑战,至少是比发达国家的困难要大得多。应当说,发展中国家的困难和挑战主要是来自于出口方面,即出口竞争往往处于相对不利的位置。

总体上来看,发展中国家的对外贸易有两个明显的特征:首先,发展中国家的贸易在出口市场和进口来源方面都严重地依赖于发达国家。这种情况一直都没有大的变化。其次,发展中国家的外贸商品结构。出口商品中占主要地位的是初级产品,而进口商品中占主要地位的是工业制成品。另外,在发展中国家出口的工业制成品中,大部分是属于劳动密集型的纺织、服装等商品。而发展中国家从发达国家进口的商品,则是以资本技术密集的机械设备、运输工具和耐用消费品为主。

发展中国家这两个方面的特征,给贸易的发展带来了一些特殊的问题。集中起来反映在两个方面:一是出口价格的不稳定性,二是贸易条件具有长期恶化的趋势。前者是指初级产品的出口价格往往因市场供求关系的变动而出现剧烈的波动,后者则是指出口商品价格相对于进口商品的价格持续地下降。两个方面有着相互联系,但并不完全是一回事,然而都对发展中国家的经济成长具有不利的影响,这里我们集中讨论出口的不稳定性问题。

10.3.2 初级产品出口不稳定的原因

发展中国家出口的不稳定性,是由于初级产品的需求和供给均无弹性并且不稳定所引起的。多数初级产品,特别是农产品供给和需求弹性都相当低,造成出口价格和出口收入往往发生很大波动。

现实生活中,发展中国家出口的初级产品的需求缺乏弹性,是因为在发达国家的市场上它们的价格弹性相当低。比如,发达国家的居民用于咖啡、茶叶、可可和糖等方面的消费只占收入的很小比例,当这些商品的价格发生变动时,居民的购买数量不会有大的变化。另外一些初级产品,比如矿产品等,往往没有很好的替代性产品,价格的变动也不会引起需求量发生大的变化。但是,发达国家有明显的商业周期,这就使得需求曲线会发生转移。而需求和供给的小幅度转换,也会造成价格出现剧烈的波动。

就供给方面而言,发展中国家的初级产品弹性低,是由于资源配置方面的刚性较大。比如,农业部门中往往是家庭分散的小生产,无力对生产结构进行调整;整个国家的工业化程度较低,劳动力无法进行转移,也缺乏必要的资金供应来提高初级产业部门的技术水平等。因此,当出口产品的价格变动时,生产者很难作出灵活的调整。

出口价格剧烈波动带来的直接后果是出口收入的不稳定,不同年度之间的出口收益往往有很大的变动,这会带来国民经济发展的不规则性波动。当某个年代出口收入较多时,消费、投资和储蓄都随之而上升,整个国民经济出现乘数扩张效应。而当出口收益下降时,整个国民经济也随之全面收缩。国民经济的运行明显地受到外部市场波动的影响。

10.3.3 国际商品协定

为了稳定出口收入,发展中国家尝试从两个方面进行努力:一是实行国内的计划:主要措施是政府以稳定的价格来收购产品,而出口价格则随供求关系而灵活调整。二是通过国际协定来稳定出口价格,主要的措施就是签订实施国际商品协定。

国际商品协定是指某项商品的主要出口和进口国就该商品购销、价格等问题,经过协商达成的政府间多边贸易协定。发展中国家为了保障自身的利益,希望通过协定维持合理的价格。而作为主要消费国的工业发达国家,则希望通过协定保证初级产品价格不至于涨得太高,并能保证供应。因此,在谈判和签订协定过程中,生产国(出口国)和消费国(进口国)之间既充满矛盾,又存在共同的利益。经过多年谈判,国际上分别签订了糖、锡、咖啡、橄榄油、小麦、可可六种国际商品协定。

国际商品协定用来稳定价格的办法,主要有以下几种:

1. 设立缓冲库存

协定执行机构建立缓冲库存(包括存货与现金两部分),并规定最高、最低价格。当市场价格涨到最高限价时,就利用缓冲库存抛出存货;当市场价格跌至最低限价时则用现金在市场上收购,以达到稳定价格的目的。这是国际锡协定采用的方法。

2. 签订多边合同

这种合同,一方面要求进口国保证,在协定规定的价格幅度内,向各出口国购买一定数量的有关商品;另一方面要求出口国保证,在规定的价格幅度内,向各进口国出售一定数量的协定商品。国际小麦协定就是采用这种办法来稳定小麦价格。

3. 规定出口配额

先规定一个基本的年度出口配额,再根据市场需求情况作相应增减。如当市场价格超过最高限价时,配额自动增加;当市场价格跌到最低限价以下时,配额就自动减少。这样就可通过控制商品供应量的加法来稳定价格。国际咖啡、糖的协定就采取这种办法。

值得注意的是,发达国家签订商品协定,除了经济上的考虑,还往往包含政治上的动机。一些发达国家通常把参加国际商品协定看作是影响甚至是控制发展中国家的工具和手段。当然,有时商品的价格可能维持在自由竞争决定的价格水平之上,从而出现资源从发达国家流向发展中国家的情况,这就相当于发达国家对外提供了经济援助。所以,发达国家往往就把国际商品协定当作援助的一种方式。但是,发展中国家接受这种援助的代价并不低。

》 本章小结

本章主要介绍国际贸易和经济发展的关系以及发展中国家的贸易发展战

略。关于国际贸易和经济发展的关系,有不同的观点。经济学家普遍认为贸易会促进经济发展,但发展经济学家从后进国家角度考虑,则认为贸易是造成发展中国家经济落后的原因。发展中国家所采用的贸易发展战略主要有初级外向型战略、出口导向战略和进口替代战略,每种战略均有其优势和缺陷。总体而言,发展中国家的对外贸易在出口市场和进口来源方面都比较严重地依赖于发达国家,出口不稳定,这种不稳定性是由于初级产品的需求和供给均无弹性并且不稳定所引起的,为了稳定出口收入,发展中国家进行了一些尝试,其中之一便是签订国际商品协定。

》 关键词

初级外向型发展战略　出口导向　进口替代　出口不稳定

》 讨论与思考练习

1. 为什么说"贸易作为经济增长的发动机"?
2. 进口替代战略与出口导向战略各有什么优缺点?
3. 分析发展中国家对外贸易的特征。
4. 关于贸易与经济增长关系的讨论对你有什么启发?

第11章 国际收支

从本章开始我们进入国际经济学的宏观部分——国际金融与开放条件下的宏观经济政策的学习。本章着重介绍国际收支的基本概念及其基本内容,主要包括国际收支、国际收支平衡表、国际收支差额和国际收支失衡。

11.1 国际收支

11.1.1 国际收支的定义

国际收支(balance of payment,BOP)是在一定时期(通常为一年)内一国居民(resident)与非居民(nonresident)之间的全部经济交易的系统的货币记录。进行国际收支统计的目的主要是使政府当局了解本国的对外经济交易状况,从而为制定相应的经济政策提供信息和依据。

11.1.2 定义的解释

在理解国际收支的定义时,需要注意以下几点:

国际收支记录的是一国居民与非居民之间的交易。判断一项经济交易是否应包括在国际收支范围内,所依据的不是交易双方的国籍,而是依据交易双方是否分属于居民和非居民的范畴。从国际收支角度看,公民和居民并不是一回事。公民是一个法律的概念,仅指个人。而居民则以居住地为标准,包括个人、家庭、企业、法定的实体和社会团体、非营利机构和政府。凡在异国居住或注册或逗留达一年或一年以上者,我们称其为居住、逗留、注册所在国的居民。但有两个例外:官方外交使节、驻外军事人员永远是派出国的居民、所在国的非居民;国际组织,如联合国、世界贸易组织、国际货币基金组织、世界银行等是任何国家的非居民。

国际收支定义中的"经济交易"(economic transfer)是指经济价值在不同经济活动者之间的转移,主要包括四类:(1)交换,即一方交易者向另一方交易者提供经济价值并从对方得到价值相等的回报。经济价值可以是实际资源(货物、服务、收入)和金融资产。(2)转移,即一方交易者向另一方交易者提供了经济价值,但没有得到任何补偿。(3)移居,指一个人把住所从一经济体搬迁到另一经济体的行为。移居后,随着个人原有资产负债关系的转移,两个经济体的对外资产负债关系均发生变化,这一变化应记录在国际收支中;(4)其他根据推论而存在的交易。

国际收支是系统的货币记录。国际收支反映的内容是以交易为基础的,而非其字面上的以货币收支为基础。对于未涉及货币收支的经济交易,须折算成货币交易记录。

国际收支是个流量概念。国际收支记录的是一个时期数,也就是流量,而非时点数(存量),至于一定时期的长度可因国而异,大部分国际货币基金组织成员国以一年为其制定国际收支记录的时间长度,但也有许多国家以半年、一季度甚至一个月作为时间长度。国际收支流量作为衡量一国国际经济交易价值指标体系的概念,是能够完全、准确地反应一国国际经济交易内容的,现已被世界各国普遍采用。在开放经济条件下,国际收支流量作为一个重要的宏观经济变量,与其他宏观经济变量有着密切的联系,正是这种联系构成了国际收支分析的基础。国际收支一般是对一年内的经济交易进行的记录,所以它是一个流量的概念。

国际收支是一个事后的概念。国际收支是对实际发生的经济交易进行的记录。

11.2 国际收支平衡表

11.2.1 国际收支平衡表的定义

在现代经济中,一国居民在一定时期内从事的国际经济及交易是大量的、多种多样的,为了对本国国际收支状况及其变化有一个系统的了解,必须对这些经济信息进行收集和整理,编制成国际收支平衡表。国际收支平衡表是将国际收支的原始数据按照特定账户分类和复式记账原则编制的统计表格。

11.2.2 国际收支平衡表的账户设置

依据国际货币基金组织 2008 年 12 月发布的《国际收支和国际投资头寸手册》(第六版),国际收支平衡表中,国际收支项目主要分为经常账户、资本账户、金融账户和净误差与遗漏账户。

1. 经常账户(current account)

经常账户记录是对实际资源在国际间的流动进行记录的账户。主要包括商品和服务、初次收入、二次收入,是国际收支的重要组成部分。

(1) 货物(goods)。货物包括一般商品、用于加工的货物、货物修理、各种运输工具在港口购买的货物和非货币黄金。在处理上,货物的出口和进口应该在货物的所有权从一国居民转移到另一国居民时记录下来。一般来说,货物按离岸价(FOB)记入国际收支。

(2) 服务(services)。服务主要包括运输、旅游、建筑、保险、金融、通信、计算机和信息服务等。

(3) 初次收入(primary income)。初次收入主要包括雇员报酬(compensation of employees)、投资收益(investment income)和其他初次收入(other primary income)。

(4) 二次收入(secondary income)。二次收入记录居民与非居民之间的经常转移。经常转移指的是这样一种情况,即商品、劳务和金融资产在居民与非居民之间转移后,并未得到补偿与回报,是价值的单向流动,因而也被称为无偿转移或单方面转移。该项目下主要包括:各级政府的无偿转移,如战争赔款、政府间的经济援助、军事援助和捐赠、政府与国际组织间定期交纳的费用、国际组织作为一项政策向各国政府定期提供的转移,以及私人的无偿转移,如侨汇、捐赠、继承、瞻养费、资助性汇款、退休金等。

2. 资本账户(capital account)

资本账户记录居民与非居民之间非生产性和非金融性资产的收买或出售以及资本转移。非生产、非金融资产的收买或出售包括:不是由生产创造出来的有形资产(土地和地下资产)和无形资产(专利、版权、商标、经销权等)的收买和出售。资本转移主要是指投资捐赠和债务注销。投资捐赠可以现金形式来进行(即向非居民转移与实物资产捐赠相联系的各种未来现金流),也可以实物形式来进行(如将交通设备、机器、机场、码头、道路、医院等建筑物无偿转移给非居民)。投资捐赠不同于前面所提到的经常转移之处在于:经常转移项目下的各种无偿转移规模较小,而且发生的频率较高;而投资捐赠则不经常发生,规模也较大。债务注销指的是债权人放弃债务,而不寻求任何形式的回报,因此它实际上也是一种捐赠。

3. 金融账户(financial account)

金融账户反映了居民与非居民之间金融资产和负债的变化,具体包括直接投资、证券投资、金融衍生品(官方储备除外)和员工股票期权、其他投资以及储备资产。

(1) 直接投资(direct investment)。直接投资指的是一国(通常称为母国)投资者为了其长远的经济利益,直接到海外国家(通常称东道国)去设立生产和销售据点,并亲自参加对这些企业的经营管理这样一种投资行为。鉴于上述定义,直接投资者须拥有企业10%或以上的普通股或投票权,直接投资资本交易包括股本资本、再投资收益和其他资本(指直接投资者与子公司、分支机构及联营企业之间各类资金的借贷)。

(2) 证券投资(portfolio investment)。证券投资包括股票、中、长期债券、货币市场工具和衍生金融工具,如期权、期货等的交易。与直接投资不同,证券投资者对所投资企业的经营管理没有发言权。

(3) 金融衍生品(除官方储备外)和员工股票期权(financial derivatives(other than reserves) and employee stock options)。它记录的是除官方储备之外的金融衍生品的交易。金融衍生品和员工股票期权以市场价值计入,若市场价值不可得,则使用其他合理的估值方法。

(4) 其他投资(other investment)。这是一个剩余项目,是指不包含在其他金融项目中的股票、货币和存款、贷款(包括使用国际货币基金组织信用、从国际货币基金组织贷款)、贸易信贷等。

(5) 储备资产(reserve assets)。储备资产是指一国货币当局所拥有的可用于平衡国际收支、干预外汇市场等用途的资产,包括货币黄金、特别提款权、在国际货币基金组织中的储备头寸、外汇资产以及其他债权。

4. 净误差与遗漏(net errors and omissions)

按照复式记账原则,国际收支平衡表的借贷双方的净差额应该为零。然而现实并非如此。这是因为:① 统计资料不完整。这是由于商品走私、以隐蔽形式进行的资本外逃等人为隐瞒原因所形成的。② 统计数字的重复计算和漏算。这是由于统计资料来自四面八方所致(如海关统计、银行统计、官方主管机构统计等各路统计资料既可能发生重复,也会出现统计口径不一致的情况)。③ 有的统计数字可能是估算的。为了解决上述问题,编表人员就人为地在平衡表中设立"净差错与遗漏"这个项目,来抵消净的借方余额或贷方余额。

专栏 11-1

2010—2014 年中国国际收支平衡表

单位:亿元人民币					
项目	2010	2011	2012	2013	2014
1. 经常账户	16,043	8,736	13,602	9,190	13,510
贷方	121,471	142,541	151,074	160,568	167,701
借方	-105,428	-133,805	-137,472	-151,378	-154,191
1.A 货物和服务	15,057	11,688	14,636	14,552	17,463
贷方	108,492	129,637	137,298	145,865	152,092
借方	-93,435	-117,948	-122,662	-131,312	-134,629

(续表)

单位:亿元人民币					
1.A.a 货物	16,641	14,710	19,670	22,205	26,739
贷方	100,535	116,650	124,574	133,047	137,840
借方	-83,895	-101,939	-104,904	-110,842	-111,101
1.A.b 服务	-1,583	-3,022	-5,034	-7,653	-9,276
贷方	7,957	12,987	12,724	12,817	14,252
借方	-9,541	-16,009	-17,758	-20,470	-23,528
1.A.b.1 加工服务	1,700	1,701	1,618	1,435	1,309
贷方	1,706	1,713	1,625	1,440	1,316
借方	-5	-12	-8	-5	-7
1.A.b.2 维护和维修服务	0	0	0	0	0
贷方	0	0	0	0	0
借方	0	0	0	0	0
1.A.b.3 运输	-1,966	-2,896	-2,963	-3,509	-3,557
贷方	2,314	2,296	2,456	2,332	2,349
借方	-4,280	-5,193	-5,420	-5,842	-5,907
1.A.b.4 旅行	-612	-1,558	-3,281	-4,765	-6,631
贷方	3,100	3,127	3,158	3,198	3,496
借方	-3,712	-4,685	-6,438	-7,963	-10,127
1.A.b.5 建设	636	709	545	419	644
贷方	980	950	773	660	943
借方	-343	-241	-228	-241	-299
1.A.b.6 保险和养老金服务	-949	-1,079	-1,090	-1,121	-1,098
贷方	117	195	210	247	281
借方	-1,066	-1,274	-1,300	-1,368	-1,379
1.A.b.7 金融服务	-4	7	-2	-31	-25
贷方	90	55	119	197	278
借方	-93	-48	-121	-228	-303
1.A.b.8 知识产权使用费	-826	-902	-1,054	-1,246	-1,347
贷方	56	48	66	55	42
借方	-883	-950	-1,120	-1,301	-1,389
1.A.b.9 电信、计算机和信息服务	431	573	679	587	579
贷方	708	897	1,025	1,059	1,239
借方	-278	-324	-347	-472	-660
1.A.b.10 其他商业服务	35	463	547	615	955
贷方	-1,187	3,650	3,220	3,544	4,233

(续表)

单位:亿元人民币					
借方	1,222	-3,187	-2,673	-2,929	-3,279
1.A.b.11 个人、文化和娱乐服务	-17	-18	-28	-39	-43
贷方	8	8	8	9	11
借方	-25	-26	-36	-48	-54
1.A.b.12 别处未提及的政府服务	-13	-20	-3	2	-60
贷方	65	49	62	76	65
借方	-78	-69	-66	-74	-125
1.B 初次收入	-1,765	-4,547	-1,251	-4,822	-2,095
贷方	9,630	9,314	10,547	11,411	13,084
借方	-11,395	-13,861	-11,797	-16,233	-15,179
1.B.1 雇员报酬	823	965	964	996	1,582
贷方	922	1,070	1,077	1,102	1,838
借方	-99	-105	-113	-106	-255
1.B.2 投资收益	-2,588	-5,513	-2,215	-5,818	-3,678
贷方	8,708	8,244	9,469	10,309	11,246
借方	-11,296	-13,757	-11,685	-16,127	-14,924
1.B.3 其他初次收入	0	0	0	0	0
贷方	0	0	0	0	0
借方	0	0	0	0	0
1.C 二次收入	2,751	1,595	217	-540	-1,858
贷方	3,349	3,590	3,230	3,292	2,525
借方	-598	-1,996	-3,013	-3,832	-4,383
2. 资本和金融账户	-12,488	-7,893	-8,107	-5,331	-4,885
2.1 资本账户	314	352	270	190	-2
贷方	326	363	287	276	119
借方	-13	-11	-18	-86	-121
2.2 金融账户	-12,802	-8,246	-8,376	-5,522	-4,883
资产	-44,178	-39,763	-25,210	-40,377	-31,438
负债	31,376	31,518	16,833	34,856	26,555
2.2.1 非储备性质的金融账户	19,030	16,985	-2,289	21,227	2,326
资产	-12,346	-14,533	-19,123	-13,628	-24,229
负债	31,376	31,518	16,833	34,856	26,555
2.2.1.1 直接投资	12,569	14,983	11,121	13,473	12,813
2.2.1.1.1 直接投资资产	-3,908	-3,115	-4,100	-4,522	-4,942
2.2.1.1.1.1 股权	-4,197	-3,712	-4,592	-5,465	-6,126

(续表)

单位:亿元人民币					
2.2.1.1.1.2 关联企业债务	289	596	492	943	1,184
2.2.1.1.2 直接投资负债	16,477	18,099	15,221	17,996	17,754
2.2.1.1.2.1 股权	15,255	16,211	13,537	16,414	15,822
2.2.1.1.2.2 关联企业债务	1,222	1,888	1,684	1,582	1,933
2.2.1.2 证券投资	1,605	1,264	3,013	3,267	5,062
2.2.1.2.1 资产	-521	398	-406	-335	-665
2.2.1.2.1.1 股权	-574	71	127	-158	-86
2.2.1.2.1.2 债券	52	327	-533	-177	-579
2.2.1.2.2 负债	2,126	866	3,419	3,603	5,727
2.2.1.2.2.1 股权	2,106	350	1,887	2,015	3,189
2.2.1.2.2.2 债券	20	516	1,531	1,587	2,537
2.2.1.3 金融衍生工具	0	0	0	0	0
2.2.1.3.1 资产	0	0	0	0	0
2.2.1.3.2 负债	-3	-3	-3	-3	-3
2.2.1.4 其他投资	4,856	738	-16,424	4,486	-15,549
2.2.1.4.1 资产	-7,917	-11,815	-14,617	-8,771	-18,623
2.2.1.4.1.1 其他股权	0	0	0	0	0
2.2.1.4.1.2 货币和存款	-3,942	-7,415	-6,607	-426	-9,805
2.2.1.4.1.3 贷款	-1,421	-2,898	-4,126	-1,982	-4,536
2.2.1.4.1.4 保险和养老金	0	0	0	0	0
2.2.1.4.1.5 贸易信贷	-4,196	-4,577	-3,901	-3,707	-4,235
2.2.1.4.1.6 其他应收款	1,642	3,075	16	-2,656	-47
2.2.1.4.2 负债	12,773	12,553	-1,807	13,257	3,074
2.2.1.4.2.1 其他股权	-18	69	343	-2	318
2.2.1.4.2.2 货币和存款	4,070	3,195	-3,753	4,686	5,001
2.2.1.4.2.3 贷款	5,334	6,811	-1,070	5,789	-2,124
2.2.1.4.2.4 保险和养老金	0	0	0	0	0
2.2.1.4.2.5 贸易信贷	3,387	2,476	2,673	2,784	-121
2.2.1.4.2.6 其他应付款	0	0	0	0	0
2.2.1.4.2.7 特别提款权	0	0	0	0	0
2.2.2 储备资产	-31,831	-25,231	-6,087	-26,749	-7,209
2.2.2.1 货币黄金	0	0	0	0	0
2.2.2.2 特别提款权	-7	30	32	13	4
2.2.2.3 在国际货币基金组织的储备头寸	-141	-226	102	69	60

(续表)

单位：亿元人民币					
2.2.2.4 外汇储备	-31,683	-25,035	-6,221	-26,830	-7,273
3. 净误差与遗漏	-3,555	-842	-5,495	-3,859	-8,624

资料来源：国家外汇管理局；《中国国际收支平衡表时间序列数据（BPM6）》。

11.2.3 国际收支平衡表的记账方法

国际收支平衡表采用国际上通行的复式记账法来记录各项经济交易。复式记账的原则为有借必有贷、借贷必相等。每笔交易都由两笔价值相等、方向相反的账目组成。

其中，记入借方(-)的项目有：反映进口实际资源的经常项目；反应本国居民拥有外国资产增加或负债减少的金融项目。记入贷方(+)的项目有：反映出口实际资源的经常项目，反应本国居民拥有外国资产减少或负债增加的金融项目。

在实际操作中，有两个便于记忆的经验：(1) 凡是引起本国居民从非居民处获得货币收入的交易记入贷方；凡是引起本国居民对非居民货币支付的记入借方。(2) 凡是引起本国外汇市场外汇供给增加或需求减少的项目记入贷方；凡是引起本国外汇市场外汇供给减少或需求增加的项目记入借方。

具体而言，货物进口记入借方；货物出口记入贷方。非居民为本国居民提供服务或从本国居民处获得收入记入借方；本国居民为非居民提供服务或从非居民处取得收入记入借方。本国居民对非居民的单项转移记入借方；本国居民收到单项转移记入贷方。本国居民获得外国资产或对外直接投资记入借方；非居民获得本国资产或对本国直接投资记入贷方。本国居民偿还非居民债务记入借方；非居民偿还本国居民债务记入贷方。官方储备增加记入借方；官方储备减少记入贷方。

根据上述原则，我们以甲国为例，列举6笔交易来说明国际收支账户的记账方法。对具体交易记账方法的分析不仅有助于正确掌握国际收支账户中的记账原则，同时有助于我们理解各账户之间的关系。

例1 甲国企业出口价值100万美元的设备，这一出口行为导致该企业在海外银行存款的相应增加。

分析：出口设备为出口实际资源，应计入贷方。企业海外银行存款增加意味着企业对外资产的增加，应计入贷方，银行存款属于金融账户中其他投资项目。因此分录应为：

借:其他投资——银行存款 100 万美元。

贷:货物(出口)100 万美元。

例2 甲国居民到外国旅游花费 30 万美元,这笔费用从该居民的海外存款账户中扣除。

分析:甲国居民享受了外国的旅游服务,即服务进口,应计入借方。同时居民的海外存款账户资产减少,应记入贷方。因此分录应为:

借:服务(进口)30 万。

贷:其他投资——银行存款 30 万。

例3 外商以价值 1000 万美元的设备投资甲国,兴办合资企业。

分析:1000 万美元的设备通过海关,海关会有一笔商品进口的记录,应计入借方。同时外商对价格直接投资,构成甲国的对外负债增加,应计入贷方。因此,分录应为:

借:货物(进口)1000 万美元。

贷:外国对甲国直接投资 1000 万美元。

例4 甲国政府动用外汇储备 40 万美元向外国提供无偿援助,另提供相当于 60 万美元的粮食药品援助。

分析:甲国政府向外国提供 40 万美元无偿援助以及价值 60 万美元药品的无偿援助,共计 100 万美元的无偿援助,属于单方面赠予性质,应计入经常转移的借方。外汇储备减少 40 万应计入贷方。海关有一笔 60 万美元的药品出口记录。因此,分录应为:

借:二次收入——经常转移 100 万美元。

贷:储备资产 40 万美元;

货物(出口)60 万美元。

例5 甲国某企业在海外投资所得利润 150 万美元。其中,75 万美元用于当地再投资,50 万美元购买当地商品运回国内,25 万美元调回国内结售给政府换取本币。

分析:150 万美元投资收益应计入经常项目初次收入项目的贷方。企业将 75 万美元用于再投资,形成国外资产的增加,应计入直接投资的借方。50 万美元购买货物运回国内,海关有一笔 50 万美元的货物进口记录。25 万结售给政府形成储备资产,储备资产的增加记入贷方。因此,分录应为:

借:货物(进口)50 万美元;

甲国在外直接投资 75 万美元;

官方储备 25 万美元。

贷:初次收入——投资收益 150 万美元。

例6 甲国居民动用其在海外存款40万美元用以购买外国某公司的股票。

分析:海外存款的减少应计入其他投资的贷方,购买外国公司的股票使得居民海外资产增加应计入证券投资的借方。因此,分录应为:

借:甲国对外证券投资40万美元。

贷:其他投资——银行存款40万美元。

上述各笔交易可编制成一个完整的国际收支平衡表。

表11.1 6笔交易构成的国际收支账户   单位:万美元

项目	借方	贷方	差额
货物	1000+50	100+60	-890
服务	30	0	-30
初次收入	0	150	+150
二次收入	100	0	-100
经常账户合计	1180	310	-870
直接投资	75	1000	+925
证券投资	40	0	-40
其他投资	100	30+40	-30
储备资产	25	40	+15
资本与金融账户合计	240	1110	870
总计	1420	1420	0

11.3 国际收支平衡与失衡

11.3.1 自主性交易和补偿性交易

由于采用复式记账原则,国际收支平衡表上借贷方最终差额恒等于零。但我们时常听到"国际收支逆差""国际收支顺差"或"国际收支不平衡"这样的术语。为了解释这一问题,首先应将国际收支的交易分为两类:自主性交易(autonomous transactions)和补偿性交易(compensatory transactions)。自主性交易是指个人和企业为某种自主性目的(比如追逐利润、旅游、汇款赡养亲友等)而从事的交易。经常项目和资本项目以及不含官方储备的金融项目属于自主性交易项目。补偿性交易是指为弥补国际收支不平衡而发生的交易。官方储备是主要的补偿性交易项目。当自主性交易不能平衡时,货币当局就需要动用官方储备弥补自主性交易带来的收支失衡。净误差与遗漏也是补偿性交易项目,可以使国际收支平衡表最终在账面上达到平衡。

由此可见,国际收支的账面平衡是通过补偿性交易项目实现的,真正能反映国际收支状况的自主性交易项目,通常意义上讲的国际收支的平衡与失衡实际上指的是自主性交易项目的平衡与失衡。当自主性交易项目为借方余额时,称为逆差或赤字(deficit);当自主性交易项目为贷方余额时,称为顺差或盈余(surplus);当自主性交易借贷方相等、余额为零时,称为平衡(balance)。

11.3.2 国际收支不平衡的口径

1. 商品贸易收支差额

商品贸易收支差额(balance of trade in goods)是一定时期内,一国有形商品的出口总额与进口总额之差。如果出口大于进口,则称商品贸易顺差或盈余。如果进口大于出口,则称商品贸易逆差或赤字。如果进口等于出口,则称商品贸易平衡。

2. 商品与服务贸易差额

商品与服务贸易差额或贸易收支差额(balance of trade in goods and services)是一定时期内一国商品和服务出口总额与进口总额之差,也分为顺差、逆差和平衡。贸易收支差额是传统上用得比较多的一个口径。虽然贸易收支实际上仅仅是整个国际收支的一部分,但对许多国家来说,贸易收支所占的比重却是举足轻重的。另外,贸易收支能够综合地反映一国的产业结构、产品质量和劳动生产率状况,反应了该国产业在国际上的分工地位和竞争力。因此,即使像美国这样一个资本账户交易相当大的国家,仍然十分重视贸易收支的差额。

3. 经常账户收支差额

经常账户收支差额(current account balance)是一定时期内一国商品、服务、收入和经常转移项目上贷方总值以及同期商品、服务、收入和经常转移项目上借方总值之差。当贷方总值大于借方总值时,经常项目顺差;反之,则为经常项目逆差。经常项目差额是国际收支平衡表中最重要的收支差额,能够综合反映一国的进出口状况,以及第一产业、第二产业和第三产业的综合竞争力,因而被各国广为使用,并被当作制定国际收支政策和产业政策的重要依据。同时,经常项目差额直接反映了该国对外资产负债的变化。国际货币基金组织特别重视各国经常项目收支状况。

4. 基本收支差额

基本收支差额(basic balance)是一定时期内经常项目与长期资本项目(包括直接投资、证券投资与其他投资账户中偿还期限在一年以上的金融资产)借方总额与贷方总额之差。长期资本账户相对短期资本而言是一种比较稳定的资本流动,它以市场利润为目的,而不纯粹以投机为目的。长期资本的流入流出状况反映了一国在国际经济往来中的地位和实力。因此,基本账户差额成为许多国家,尤其是那些长期资本进出规模较大的国家观察和判断其国际收支状况的重要指标。

在金融市场日益发达和金融创新层出不穷的今天,按照偿还期限划分的长期资本和短期资本界限并不鲜明,因为被列为长期资本流动的部分交易具有短期性质,而短期资本流动的交易也可能具有稳定性。虽然《国际收支手册》(第六版)中的国际收支账户不再划分长期资本流动和短期资本流动,但对于金融市场不发达的国家来说,基本账户差额仍然具有理论意义和现实指导性。

5. 综合收支差额

综合收支差额(overall balance)是在基本收支差额的基础上,再加上私人和官方短期资本项目差额以及错误和遗漏项目净额所形成的差额,也就是将国际收支账户中的官方储备账户剔除后的余额。综合收支差额与官方储备账户余额(官方储备的变化量)大小相等,方向相反。综合收支差额可以用来衡量国际收支对一国储备造成的压力,因而也成为官方结算差额(official settlements balance)。如果综合收支差额为顺差,则官方储备增加;如果综合收支差额为逆差,则官方储备减少。综合收支差额在政府有义务动用官方储备来维护固定汇率制度时是极其重要的。在浮动汇率制度下,政府原则上听任汇率变动,动用储备调节的任务有所减轻,所以这一差额在浮动汇率制度下的分析意义略有弱化。但综合收支差额仍然是综合反映自主性国际收支状况和外汇市场供求状况的指标。

11.3.3 国际收支不平衡的类型

1. 临时性不平衡

临时性不平衡是短期的、由非确定或偶然因素引起的国际收支失衡。这种性质的国际收支不平衡,程度一般较轻,持续时间不长,带有可逆性。因此,可以认为是一种正常现象。在浮动汇率制下,这种性质的国际收支不平衡有时根本不需要政策调节,市场汇率的波动有时就能将其纠正。在固定汇率制度下,一般也不需要采用政策措施,而只要动用官方储备便能加以克服。

2. 周期性不平衡

周期性不平衡是指一国经济周期波动所引起的国际收支不平衡。当一国经济处于衰退时,社会总需求下降,进口需求也相应下降,国际收支发生盈余。反之,如果一国经济处于扩张和繁荣时期,国内投资与消费需求旺盛,对进口的需求也相应增加,国际收支便出现逆差。周期性不平衡在二战前的发达资本主义国家中表现得比较明显。在战后,其表现经常得到扭曲。比如1981年至

1982年发达资本主义国家在衰退期普遍伴有巨额的贸易逆差。另外,美国在1990年至1992年的衰退期中,伴有对日本的贸易逆差(日本当时还没有进入衰退期)。

3. 结构性不平衡

结构性不平衡是指国内经济、产业结构不能适应世界市场的变化而发生的国际收支不平衡。结构性不平衡通常反映在贸易账户或经常账户上。结构性不平衡有两层含义:第一层含义是指因为经济和产业结构变动的滞后和困难所引起的国际收支不平衡。比如,一国的国际贸易在一定的生产条件和消费需求下处于均衡状态。当国际市场发生变化,新产品不断淘汰老产品、新款式高质量产品不断淘汰旧款式低质量产品、新的替代品不断出现的时候,如果该国的生产结构不能及时根据形势加以调整,那么,其原有的贸易平衡就会遭到破坏,贸易逆差就会出现。像这种含义的结构性不平衡,在发达国家和发展中国家都有发生。另一层含义是指一国的产业结构比较单一,或其产业生产的产品出口需求的收入弹性低,或出口需求价格弹性高而进口需求的价格弹性低所引起的国际收支不平衡。这层含义的结构性不平衡,在发展中国家表现得尤为突出。结构性不平衡与暂时性不平衡不一样,它具有长期的性质,扭转起来相当困难。

4. 货币性不平衡

货币性不平衡,是指在一定汇率下国内货币成本与一般物价上升而引起出口货物价格相对高昂,进口货物价格相对便宜,从而导致的国际收支不平衡。在这里,国内货币成本与一般物价上升的原因被认为是货币供应量的过分增加,因此,国际收支不平衡的原因是货币性的。货币性不平衡可以是短期的,也可以是中期或长期的。

5. 收入性不平衡

收入性不平衡是一个比较笼统的概念,是一国国民收入相对快速增长而导致进口需求的增长超过出口增长所引起的国际收支失衡之统称。国民收入相对快速增长的原因是多种多样的,可以是周期性的、货币性的,或经济处在高速增长阶段所引起的。

11.4 国际收支差额的宏观经济分析

11.4.1 经常账户差额的宏观经济含义

1. 封闭经济中的国民收入恒等式

在一个封闭经济中,从总需求角度,国民收入可以分解为私人消费、私人投资和政府购买三部分。以 Y 代表国民收入,C 代表私人消费,I 代表私人投资,

G 代表政府购买,则有如下的恒等式成立:

$$Y \equiv C + I + G \tag{11.4-1}$$

从总供给的角度,国民收入的总供给可以说是各种生产要素供给的总和;这种总和可以用各种生产要素相应地得到的收入的总和,即工资、利息、地租和利润的总和来表示。这些收入最终分解为私人消费、私人储蓄和政府税收三部分。以 S_p 和 T 分别代表私人储蓄和政府税收,则下式成立:

$$Y \equiv C + S_p + T \tag{11.4-2}$$

当总需求与总供给相等时达到均衡:

$$C + I + G \equiv C + S_p + T \tag{11.4-3}$$

定义国民储蓄为总产出中不用于私人消费和政府购买的部分,记为 S,则 S 由私人储蓄和政府储蓄构成,记政府储蓄为 $S_g = T - G$,则:

$$S = S_p + S_g$$

与(11.4-3)式相结合,得到:

$$I = S$$

在封闭经济中,一国的总投资完全由国民储蓄提供,国民储蓄必须与投资相等。

2. 开放经济中的国民收入核算

(1) 开放经济中的国民收入恒等式

在一个开放经济中,私人消费、私人投资、政府购买和出口四种支出形成国民收入,前三项中都可能包含一部分进口,即从国外购买的产品或服务,只有国内支出中不用于进口的部分才形成对国内产出的需要。因此,必须从国内支出 $C + I + G$ 中减去进口的价值,才能得到由国内支出产生的本国国民收入,进口价值只形成其他国家的国民收入。类似地,出口是外国对本国生产的产品或服务的需求,它是国外支出所产生的本国国民收入。以 EX 代表出口,IM 代表进口,则开放经济国民收入恒等式为:

$$Y \equiv C + I + G + EX - IM \tag{11.4-4}$$

(2) 经常账户和外债

为了分析简便,我们将贸易收支差额等同于经常项目差额,记为 CA,即

$$CA = EX - IM \tag{11.4-5}$$

$CA > 0$ 时,称一国经常项目盈余;当 $CA < 0$ 时,称一国经常项目赤字。现实世界中,出口与进口平衡的情况几乎不存在,更为广泛的是经常项目盈余或赤字。

由于开放条件下国民收入恒等式(11.4-4)右边适用于国内产品的总支出,经常项目的变动可以与产出、就业的变动相联系。

经常项目余额的重要性还在于,它可以衡量国际借贷的规模和方向。当一国经常项目出现赤字时,出口收入不足以弥补进口支出,则该国必须举借外债以弥补赤字,这时国家的对外净负债增加。同样,一国若有经常项目盈余,则意味着该国出口收入大于进口支出。有盈余的国家为经常项目赤字的贸易伙伴提供了资金。通过上述分析可知,一国的经常项目余额等于其净国外财富的变动。

我们已经把经常项目定义为进出口的差额。从等式 11.4-4 可知,经常项目也可以等于国民收入 Y 与国内总吸收 ($C+I+G$) 的差额,即

$$Y - (C + I + G) = CA$$

只有通过举借外债,一个国家才能具有经常项目赤字,才能使总吸收超过当前的产出。如果一国总吸收小于总产出,该国就会具有经常项目盈余,就可以借给外国。同样,经常账户的改善必须通过降低相对于收入而言的支出或增加国民收入但不相应增加国内吸收才能达到。仅仅提高国民收入总值却不考虑这种提高对国内总吸收的影响是不恰当的,因为如果收入的增加完全被用于增加国内支出,则收入的提高并不能对外部余额的改善起到作用。

(3) 经常账户与储蓄

在封闭经济中,国民储蓄总是等于投资。这说明经济作为一个整体只能通过积累新资本来增加财富。然而在开放条件下,有所不同。将式(11.4-5)、式(11.4-2)和式(11.4-4)结合,得到下面的恒等式:

$$S = I + CA \tag{11.4-6}$$

这一等式表明了开放经济与封闭经济的一个重要差异:一个开放经济可以通过积累资本存量或获得外国财富来形成国民储蓄,而封闭经济的国民储蓄只能通过积累资本存量来形成国民储蓄。

开放经济中投资的增加不必依靠提高国民储蓄率。保持国民储蓄不变,一国可以通过增加对外借款来提高投资水平,即以外债来支付投资所需原料的进口,这时,该国经常项目出现相应的赤字。相反,由于一国国民储蓄超过总投资的部分可以被其他国家借入以增加后者的资本存量,一国经常项目盈余通常被称为对外净投资。

迄今为止,我们对储蓄的讨论都没有强调私人储蓄决策和政府储蓄决策的区别。与私人储蓄决策不同,政府储蓄决策通常着眼于对产出和就业的影响。国民收入恒等式可以用来分析政府储蓄决策对宏观经济的影响机制。首先我们需要把私人储蓄和政府储蓄重新区分开来,由 $S = S_p + S_g$,进一步可将式(11.4-6)写作:

$$S_p + S_g = I + CA, \quad 或$$
$$S_p = I + CA - S_g = I + CA - (T - G) \tag{11.4-7}$$

等式(11.4-7)总结出了经济中私人储蓄、国内投资、经常项目余额和政府储蓄之间的重要关系。例如,如果总储蓄保持不变而投资上升,则经常账户将向逆差的方向发展。

由等式(11.4-7)可知,国内储蓄(私人储蓄加政府储蓄)被分成两部分使用,一部分构成了国内投资(I)的资金来源,用于购置机器设备的新增投资是经济增长的源泉。另一部分形成了对外国的投资。如果经常账户顺差,则国内储蓄为外国居民购买国内产品提供融资。

11.4.2 国际收支总差额的宏观经济含义

如前所述,国际收支总差额(overall balance)或官方结算差额等于经常项目差额(CA)与私人资本和金融项目差额(KA)之和,[①]即

$$B = CA + KA \tag{11.4-8}$$

由于国际收支所有项目差额之和等于零,因此官方结算差额必须通过官方储备(OR)的变动予以平衡,即

$$B + OR = 0 \tag{11.4-9}$$

如果一国总差额为顺差,就意味着该国官方储备资产增加或外国作为官方储备持有该国的资产减少;相反,如果一国总差额为逆差,就意味着该国官方储备资产减少或者外国作为官方储备持有该国的资产增加。官方储备是一国的基础货币或高能货币的组成部分,其变化能够影响许多宏观经济变量,因此国际收支总差额具有非常重要的宏观经济含义。

在开放条件下,一国的货币供给包括两个部分:国内创造的部分(D)和来自外国的部分(R)。国内创造的部分就是通过本国银行体系所创造的货币,来自外国的部分就是指国际收支盈余(官方储备增加)所创造的货币。例如,本国出口商将出口的外汇收入结售汇给银行,并将换回的本币存入银行账户,从而引起基础货币的扩张。如果这家商业银行将该笔外汇出售给央行换本币,央行增加了外汇储备,形成高能货币,在货币成熟的作用下导致本国货币供应量成倍增加。可见,国际收支总差额与一国货币供应量之间存在密切联系。国际收支差额通过影响货币供应量,进而影响汇率、利率、投资、产出以及对外贸易等宏观经济变量。

[①] 此处暂时忽略错误和遗漏账户。

本章小结

国际收支记录了一国居民与非居民之间的商品、劳务和金融资产等经济交易活动。它是一个事后的流量的概念。国际收支平衡表是一种以复式记账法为基础的、记录一定时期内所有这些国际交易流量的统计表。涉及商品、服务、收入和单项转移等实际资源的交易,在国际收支平衡表的经常项目中记录;涉及国际资产买卖的交易在金融项目中记录;资本项目记载资产转移,对大多数国家而言,数值偏小。国际收支的状况是指一国经常项目、资本与金融项目收支的平衡或失衡。在开放条件下,国际收支平衡是整个宏观经济均衡的重要组成部分。宏观经济均衡决定了其对外经济的均衡发展,而国际收支的平衡与否反过来对国内宏观经济具有重要影响。本章首先介绍了国际收支和国际收支平衡表的概念,国际收支平衡表的账户设置、记账法则,以及各账户之间的内在关联。然后分析了各种国际收支差额的含义以及国际收支失衡的原因和类型,最后阐述了国际收支差额的宏观经济含义。

关键词

国际收支　国际收支平衡表　经常项目　金融项目　储备资产　自主性交易　补偿性交易　国际收支失衡　顺差　逆差　国际收支平衡　经常账户收支差额　基本收支差额　官方结算差额

讨论与思考练习

1. 为什么说国际收支平衡表总是平衡的?
2. 具有经常项目赤字的国家有无可能同时拥有国际收支盈余?
3. 试分析当前中国国际收支平衡表。

第12章 外汇与外汇市场

本章主要介绍外汇市场的基本知识,包括外汇和汇率的基本概念、外汇市场的概况、外汇市场的即期和远期外汇交易以及汇率制度和外汇管制等内容。

12.1 外汇与汇率

12.1.1 外汇(foreign exchange)

外汇的最初含义是指国际汇兑,指人们通过特定的金融机构(外汇银行)将一种货币兑换成另外一种货币,借助于各种金融工具对国际间债权债务关系进行非现金结算的行为。这是外汇的动态含义。

广义的静态外汇泛指一切以外国货币表示的资产。如外国货币、外币有价证券、外币支付凭证等。狭义的静态外汇指以外币表示的、可用于进行国际结算的支付手段。按照这一概念,只有存放在国外银行的外币资金以及将对银行存款的索取权具体化的外币票据,才构成外汇。具体来看,外汇主要包括以外币表示的银行汇票、支票、银行存款等。人们通常说的外汇就是指这一狭义的概念。

一种外币成为外汇的前提条件有两个:第一是自由兑换性,第二是普遍接受性。自由兑换性是指这种外币能自由地兑换成其他货币普遍接受性是指这种外币在国际往来中被各国普遍地接收和使用。只有这样的外币及其所表示的资产(各种支付凭证和信用凭证),才是外汇。

按照能否自由兑换和自由向其他国家进行支付,外汇可以划分为自由外汇和记帐外汇。自由外汇指不需货币发行国批准,可以随时动用、自由兑换为其他货币或可以向第三国办理支付的外汇。作为自由外汇货币的一个基本特征是可兑换性。目前,世界上有50多种货币是可兑换货币,如美元、英镑、瑞士法郎、日元、欧元、港元、新加坡元、加拿大元等,它们是世界各国普遍接受的主要支付手段。记帐外汇,又称协定外汇和清算外汇,它只用于签订了清算协定的两国和多国之间贸易往来的支付。当一笔进出口业务完成时,有关国家的银行根据协定规定分别记帐,在一定期限内再集中冲销彼此之间的债权债务,这种贸易称为记帐外汇贸易。记帐外汇贸易下的进出口商各自向本国办理结算的银行收付本国货币,而不收付可兑换货币。记帐外汇贸易下所得外汇即为记帐外汇,它只能记帐,用于支付从对方国家进口的货款,不能自由运用。

12.1.2 汇率

1. 汇率的概念

在国际经济交往中,债务人(如进口商)往往要购买外汇,而债权人(如出口商)则需要出售外汇。对外汇的买卖使外汇和普通商品一样有了价格,即汇率。汇率(exchange rate)是以一国货币表示的另一国货币的价格,或是把一国货币折算成另一国货币的比率,也称汇价、外汇牌价或外汇行市。

2. 汇率的标价

汇率通常有两种不同的标价方法——直接标价法(direct quotation)和间接标价法(indirect quotation)。

直接标价法是以一定单位的外国货币作为标准,用本国货币来表示其汇率。直接标价法,指的是以一定单位(1 个或 100、10000 个单位)的外国货币作为标准,折算成若干单位的本国货币来表示汇率。在直接标价法下,外国货币的数额固定不变,本国货币的数额随外国货币和本国货币币值变化而改变。汇率越高,表示单位外币能换取的本国货币越多,本国货币价值越低;汇率越低,则本国货币价值越高。绝大多数国家都采用直接标价法。

间接标价法以一定单位的本国货币为标准,折算成若干单位的外国货币来表示汇率。在间接标价法下,本国货币的数额固定不变,外国货币的数额则随着本币和外币币值的变化而改变。汇率越高,则单位本币所能换得的外币越多,本国货币币值越高。英国和美国是采用间接标价法的国家,但美元对英镑仍保留了过去惯用的直接标价法。

目前,由于境外货币交易的出现,离岸金融市场上大多以美元为标准,用一定量的美元折算成其他货币来标价,这种标价方法称为美元标价法或欧洲方式标价法。它适应了全球化外汇买卖业务的开展。本书涉及的汇率,在没有特殊说明的情况下,均指直接标价法。

3. 汇率的种类

汇率可以依据不同的标准划分为不同的类型。

(1) 基本汇率和套算汇率

基本汇率(basic rate)是指本国货币与关键货币之间的汇率。所谓关键货币是指本国在国际收支中使用最多、外汇储备中所占比例最大,同时又是可自由兑换、被国际社会普遍接受的货币。人民币与美元的汇率为基本汇率。套算汇率(cross rate)又称交叉汇率,是指本国货币与本国非关键货币之间通过基本汇率套算出来的汇率。

举例说明套算汇率的计算。假如1美元的港元价格为7.7495,1英镑的美元价格为1.5391,则套算出的英镑的港元价格为11.9273。

(2) 买入汇率、卖出汇率和中间汇率

从银行买卖外汇的角度,汇率可以分为买入汇率(bid rate)、卖出汇率(offer rate)和中间汇率(mid rate)。买入汇率是指银行买入外汇时所使用的汇率,也称买入价。卖出汇率,又称卖出价,是银行卖出外汇时所使用的汇率。银行买入汇率与卖出汇率的平均值称为中间汇率,也称中间价。

需要注意的是:首先,买入价和卖出价都是针对银行而言的,即银行的买入价与银行的卖出价。其次,卖出价总是高于买入价,二者的差额为商业银行的买卖外汇的利润。最后,通常我们说的买入价指的是现汇的买入价,而现钞的买入价(即钞买价)要低于现汇的买入价(即汇买价)。这是因为外币通常不得在本国流通,需把买入的外币现钞运送到各发行国和能流通的地方去,运送过程的运费和保险费以及损失的利息都要由客户承担。因此,银行在买入外币现钞时的汇率低于其他外汇形势的买入汇率,而卖出外币现钞时的汇率则与外汇卖出价相同,如表12.1所示:

表12.1 2015年8月29日中国工商银行人民币即期外汇牌价

单位:人民币/100外币

币种	现汇买入价	现钞买入价	卖出价
美元(USD)	637.66	632.55	640.22
港币(HKD)	82.28	81.62	82.6
日元(JPY)	5.2432	5.0932	5.28
欧元(EUR)	712.32	691.95	717.32
英镑(GBP)	980.65	952.6	987.53
瑞士法郎(CHF)	661.66	642.73	666.3
加拿大元(CAD)	481.82	468.04	485.2
澳大利亚元(AUD)	456.62	443.56	459.82
新加坡元(SGD)	452.43	439.49	455.61

数据来源:中国工商银行网站。

(3) 即期汇率和远期汇率

从外汇买卖的交割期限的角度,汇率可分为即期汇率(spot exchange rate)和远期汇率(forward exchange rate)。即期汇率又称现汇汇率,是即期外汇交易合约中的汇率。所谓即期外汇交易是指买卖双方签订外汇买卖合约,在两个营业日之内办理外汇交割①的交易。远期汇率又称期汇汇率,是远期外汇交易合

---

① 外汇买卖的交割是指买卖双方进行实际货币存款交换的行为。

约中的汇率。所谓远期外汇交易是指买卖双方签订外汇买卖合约,约定在未来某一时间进行交割的交易。例如,买卖远期外汇的期限一般有 1、3、6、9、12 个月等。例如,在进行 30 天远期交易时,双方在 6 月 1 日同意在 7 月 1 日当天以 621.13 元人民币交换 100 美元。因此,6 月 1 日的美元人民币的远期汇率为 6.2113。这一汇率与 6 月 1 日的即期汇率不同,也与未来交割日 7 月 1 日的即期汇率不同。当同意以目前确定的一个远期汇率,在未来卖出人民币买入美元时,"卖出了远期人民币","买入了远期美元"。未来进行实际货币交换的日期称为交割日(value date)。

不同时间的即期汇率的变动称为升(贬)值。比如,在直接标价法下,即期汇率的数值变大,表明固定数量的外币可以兑换更多的本币,此时称外币升值(appreciation),本币贬值(depreciation)。反之,即期汇率的数值减小,表明固定数量的外币只能兑换更少的本币,此时称外币贬值,本币升值。同一时间的远期汇率与即期汇率的差额称为汇水。在直接标价法下,当远期汇率高于即期汇率时,我们称外汇远期升水(forward premium),本币远期贴水(forward discount);当远期汇率低于即期汇率时,我们称外汇远期贴水,本币远期升水;当远期汇率等于即期汇率时,则称为平价(at par)。

远期汇率的标价方法有两种,一种是直接报出远期汇率。它的优点是可以使人们对远期汇率一目了然,缺点是不能显示远期汇率与即期汇率之间的关系。另一种是在即期汇率的基础上,直接报出远期汇率的升水、贴水的点数(basis point),[①]如表 12.2 所示:

表 12.2　2015 年 8 月 28 日人民币远期报价

货币对	6 月	1 年
美元人民币	775.00/733.65	1300.00/1300.00
欧元人民币	1088.10/1113.30	2039.06/2044.00
100 日元人民币	816.00/836.20	1497.72/1537.60
香港元人民币	91.80/92.00	147.16/149.40
英镑人民币	1031.67/1020.36	1840.64/1840.69

数据来源:中国外汇交易中心网站,http://www.chinamoney.com.cn。

4. 名义汇率、实际汇率和有效汇率

从经济研究的角度,汇率可分为名义汇率(nominal exchange rate)、实际汇率(real exchange rate)和有效汇率(effective exchange rate)。

名义汇率是用一国货币表示另一国货币的价格,即两国货币的相对价格。

---

① 在外汇实务中,每点为 0.01%(日元一个点为 1%)。

通常对外公布的外汇牌价均为名义汇率。

实际汇率是对名义汇率进行物价因素调整后的汇率,用公式表示为:

$$e_r = \frac{ep^*}{p} \tag{12.1-1}$$

其中,e_r 和 e 分别表示实际汇率和名义汇率。p 和 p^* 分别表示本国和外国的物价指数,也可以理解为用当地货币表示的本国和外国的一个商品篮子的价格。ep^* 表示一个外国商品篮子的本币价格,而 P 为一个本国商品篮子的本币价格,所以,实际汇率可以理解为外国一个商品篮子能够交换的本国商品篮子的数量,即用同种货币表示的两国商品篮子的相对价格。

有效汇率是某种加权平均的汇率,最常用的是以一国对某国的贸易在其全部对外贸易中的比重为权数。我们知道,一国货币在对某种货币贬值时,也可能对另一种货币升值。因此,从 20 世纪 70 年代末,人们开始使用有效汇率来观察某种货币的总体波动幅度。有效汇率可分为名义有效汇率(nominal effective exchange rate,NEER)和实际有效汇率(real effective exchange rate,REER)。名义有效汇率的计算公式为:

$$A \text{ 国的 } NEER = \sum_{i=1}^{n} A \text{ 国货币对 } i \text{ 国货币的汇率} \times \frac{A \text{ 国同 } i \text{ 国的贸易额}}{A \text{ 国对外贸易总额}} \tag{12.1-2}$$

实际有效汇率是用本国和外国物价水平对名义有效汇率进行调整之后的有效汇率,反映一国在世界市场上成本或价格竞争力的变动。实际有效汇率的计算公式为:

$$A \text{ 国的 } NEER = \frac{NEER \times p^*}{p} \tag{12.1-3}$$

专栏 12-1

外汇市场行情解读

		Dollar spot forward against the dollar				
	Sep 10	Closing Mid-point	Bid/offer Spread	One month Rate	Three month Rate	One year Rate
(1)	(2)	(3)	(4)	(5)	(6)	(7)
Austria	(Sch)	11.9053	033–073	11.8846	11.8463	11.7183
Belgium	(BFr)	34.9200	000–400	34.8538	34.7825	34.336
France	(FFr)	5.6750	740–760	5.665	5.6465	5.5802
UK	(£)	1.6812	808–816	1.6786	1.6735	1.6536

资料来源:金融时报网的外汇交易行情。

这一行情表的标价方法采用的是"美元标价法",除英镑、爱尔兰镑等极少数货币外,所有在外汇市场上交易的货币都对美元报价。上表中除英镑那一行外各行数字均表示 1 美元等于多少该种货币。第(1)栏表示国家名称;第(2)栏是该国货币;第(3)栏是该交易日(表中为 9 月 10 日)收市时货币即期汇率的中间价(等于外汇买价和卖价的平均值);第(4)栏是银行针对标准货币(美元)所报及其汇率的买/卖价的简写法,以法国法郎为例,表中数字为 740—760,这是从小数点后第二位写起的,完整形式是:5.6740—5.6760;第(5)(6)(7)栏分别表示 1 个月、3 个月、1 年期的外汇远期汇率。

——姜波克:《国际金融学》,高等教育出版社 1999 年版,第 36 页。

专栏 12-1

2014 年人民币汇率走势

1. 人民币对美元汇率小幅下跌

2014 年末,人民币对美元汇率中间价为 6.1190 元/美元,较上年末下跌 0.4%(见图 1),银行间外汇市场(CNY)和境外市场(CNH)即期交易价累计分别下跌 2.4% 和 2.6%,但在全球范围内仍属较为稳定的货币(见图 2)。

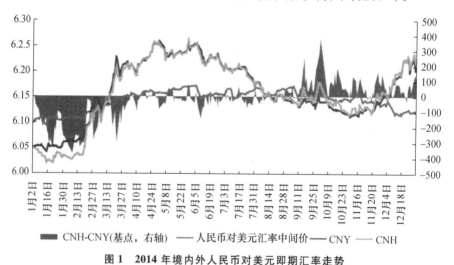

图 1 2014 年境内外人民币对美元即期汇率走势

2. 人民币对一篮子货币多边汇率升值

根据国际清算银行(BIS)测算,2014 年人民币名义有效汇率累计升值 6.41% 扣除通货膨胀因素的实际有效汇率累计升值 6.39%(见图 3),在 BIS 检测的 61 种货币中升值幅度分别居第 5 位和第 8 位。2005 年汇改以来,人民币

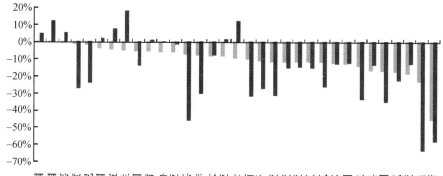

图2 2014年境内外人民币对美元即期汇率走势

数据来源：中国外汇交易中心，彭博资讯。

名义和实际有效汇率累计分别升值40.5%和51.3%。在BIS监测的61中货币中升值幅度居第1位和第2位。

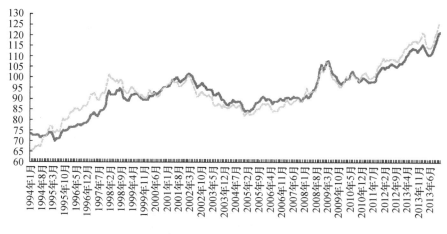

图3 1994年1月—2014年12月人民币有效汇率走势

数据来源：国际清算银行。

3. 人民币汇率双向浮动弹性增强

从即期汇率（即CNY）看（见图4），2014年初至2月中旬，银行间外汇市场即期交易价保持稳定，并整体贴近中间价浮动区间下限。2月下旬开始，交易价维持下跌并转入中间价贬值区间，3月17日扩大汇率浮动区间后波幅进一步扩大,至4月末累计贬值2.8%。5月以后,交易价止跌企稳并逐步回升,8月重新转入中间价升值区间,5—10月累计升值2.4%。11月、12月,交易价再度走弱并逐步偏向中间价浮动区间上限,两个月累计贬值1.5%。从波动率变化看,2014年境内外期权市场隐含波动率明显上升(见图5),12月末6个月期限波动率分别为2.78%和3.47%,较年初分别上升87.2%和86.8%。但人民币汇率弹性仍处于国际较低水平,12月末24种主要发达和新兴市场货币对美元汇率6个月期权银行波动率平均为11.94%。

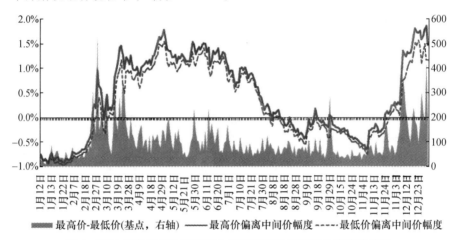

图4 2014年银行间外汇市场人民币兑美元即期交易价波动情况

数据来源:中国外汇交易中心。

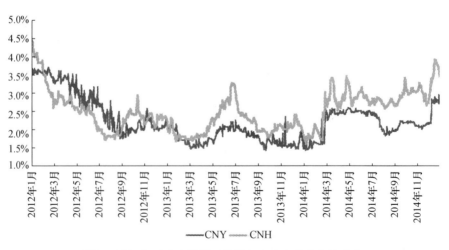

图5 2012年以来人民币对美元汇率6个月隐含波动率

注:平价期权隐含波动率。

数据来源:彭博资讯。

4. 本外币利差增加推动远期外汇市场美元升水幅度扩大

2014 年,汇率、利率变动的市场化内在联系机制进一步增强。年初,企业大量元气净结汇压低美元升水点数。此后,随着人民币汇率下跌,远期结汇需求下降、购汇意愿上升,推动美元升水点数走高。同时,外汇存款增加使境内美元流动趋向宽松,而人民币资金面总体偏紧,另本外币利差逐渐扩大,利率平价机制引导美元升水点数扩大(见图 6)。2014 年末,境内银行间远期市场、境外可交割远期市场和境外无本金交割远期市场 1 年期美元分别升水 1585 个、1550 个和 2295 个基点,较上年末分别上涨 1135 个、1090 个和 2034 个基点。

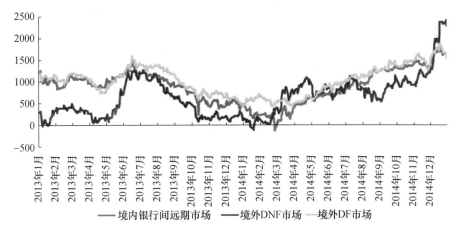

图 6　2013 年以来境内外人民币对美元远期市场 1 年期美元升贴水点数

数据来源:中国外汇交易中心;汤森路透数据库;国家外汇管理局:《2014 年中国国际收支报告》

12.2　外汇市场概述

国际经济往来必然伴随着货币的清偿和支付,因此需要进行国际货币兑换或外汇的买卖活动。外汇市场就是为了适应各种货币兑换或买卖的需要而产生的。其实质是一种货币商品的交换市场,市场上买卖的是不同国家的货币。

12.2.1　外汇市场的定义和分类

外汇市场(foreign exchange market)是指进行外汇买卖的交易场所或网络,是外汇供给者、外汇需求者以及买卖外汇的中介机构所构成的买卖外汇的交易系统。

外汇市场按组织形成可划分为无形市场和有形市场。无形外汇市场,也称为抽象的外汇市场,是指没有固定、具体场所的外汇市场。无形外汇市场的主要特点是:第一,没有确定的开盘与收盘时间。第二,外汇买卖双方无需进行面对面的交易,外汇供给者和需求者凭借电传、电报和电话等通信设备与外汇机构联系。第三,各主体之间有较好的信任关系,否则,这种交易难以完成。目前,除了个别欧洲大陆国家的一部分银行与顾客之间的外汇交易还在外汇交易所进行外,世界各国的外汇交易均通过现代通讯网络进行。无形外汇市场已成为今日外汇市场的主导形式。有形外汇市场,也称为具体外汇市场,外汇交易者于每个营业日规定的营业时间集中在交易所进行交易。这种方式的外汇市场交易目的非常有限,主要用于调整即期的外汇头寸,决定对顾客交易的公平汇率,所以不是外汇市场的主要组织形式。

外汇市场按经营范围不同,可分为国内外汇市场和国际外汇市场。国内外汇市场的外汇交易仅限于国内银行之间或国内银行与其客服之间,不允许国外银行或其他机构参与,央行的管制较严,市场上交易的货币仅限于少数几种外币。中国的外汇市场便属于国内外汇市场。国际外汇市场的特点是各国银行或企业按规定即可参与外汇交易,交易的币种多,交易规模大,市场网络的辐射面广。其中,纽约、伦敦、东京、法兰克福、新加坡、中国香港等外汇市场就属于国际外汇市场。

外汇市场按买卖双方性质,划分为批发市场和零售市场。外汇批发市场特指银行同业之间的外汇交易市场。外汇零售市场是指银行同一般客户之间的外汇交易市场。

12.2.2　外汇市场的参与者

1. 外汇银行

外汇银行(foreign exchange bank)又叫外汇指定银行,是指经过本国中央银行批准,可以经营外汇业务的商业银行或其他金融机构。外汇银行在外汇市场上既可以代客户进行外汇买卖;也可以用自身的外汇资金或银行信用在外汇市场上直接进行买卖,目的是调整自身的外汇头寸或进行外汇投机买卖,使外汇资产保持在合理的水平上或赚取投机利润收入。

2. 外汇经纪人

外汇经纪人(foreign exchange broker)是指为外汇交易双方介绍交易以获得佣金的中间商。其主要任务是利用已掌握的外汇市场的各种行情和与银行的密切关系,向外汇买卖双方提供信息,以促进外汇交易的顺利进行。

3. 跨国公司

在多个国家开展业务的跨国公司,也同样是外汇市场的参与者。例如,有时候他们需要大量的美元来支付给外国的供应商,或者他们需要以外币的形式进行分红等。

4. 进出口商以及其他外汇供求者

进出口商从事进出口贸易活动,是外汇市场外汇主要的和实际的需求者和供给者。出口商要把出口外汇收入卖出换回本币,进口商则要购买外汇进行进口支付。这些都要在外汇市场上进行。其他外汇供求者是指由运费、保险费、旅游、留学、赠款等原因引起的外汇供给者和需求者。

5. 中央银行

中央银行有时也通过参与外汇市场买卖干预外汇市场。中央银行参与外汇市场交易并非像前述主体以谋利为目的,而是为了调整外汇市场的供求,平抑汇率剧烈的波动。虽然中央银行的交易一般不大,但作用往往却很大。因为外汇市场的其他参与者一直在密切关注央行的一举一动,希望从中获得可能影响未来汇率的宏观经济政策的信息。

12.2.3 外汇市场的功能

1. 国际清算

国际经济交易的结果需要债务人向债权人进行支付,若债务人以其所在国货币支付,则债权人需要在外汇市场上兑换成本国货币;若债权人只接受本国货币,则债务人需要现将其所在国货币在外汇市场上兑换成债权人所在国货币再进行支付。由此可见,外汇市场为这种国际清算提供了便利。

2. 套期保值

进出口商从签订进出口合约到实际支付或收款,通常都要经过一段时间。由于外汇市场中汇率的易变性,因此,外币债权人和债务人都要承担一定的汇率风险。例如,计价货币汇率下跌会使收款人遭受损失,而计价货币汇率上升则会使付款人蒙受损失。他们若不愿投机,只想免受损失,就需要对这些货币资产进行套期保值(hedging),以确保该项资产没有净外汇头寸。具体而言,套期保值就是通过卖出或买入等值远期外汇,轧平已有外汇头寸来保值的一种外汇业务、例如,收款人可以卖出远期外汇,而付款人则可以买入远期外汇。

3. 投机

外汇投机(speculation)是指根据对汇率变动的预期,有意保持某种外汇的多头或空头,希望从汇率变动中赚取利润的行为。它的主要特征是,投机者进行外汇交易,并没有商业或金融交易与之相对应。外汇投机具有不确定性,当投机者预期准确时可以赚取利润,但预期失误则要蒙受损失。例如,若某投机商预期两个月以后某种货币汇率将会下跌,就在期货市场上卖出该种货币的两个月期汇。两个月后,该回避汇率若果真下跌,则投机商可以用低价补进现汇以交割期汇,获取利润;但如果该货币汇率不降反升,则要蒙受损失。

12.3 外汇市场交易

外汇市场交易主要包括即期外汇交易、远期外汇交易、掉期交易、外汇期货和期权交易等类型。

12.3.1 即期外汇交易

即期外汇交易(spot transaction)是指买卖双方在成交的当天或第二个交易日内办理交割的外汇交易。即期外汇交易主要有以下几种情况:

1. 银行同业拆放

银行为了避免经营外汇业务的风险,每天都需轧平头寸,卖出某种外汇的多余头寸,补进某种外汇的短缺头寸。由于这种业务一般是在银行间进行的,所以成为银行同业拆放。目前,银行同业拆放在即期外汇市场交易中占据很大比重。

2. 国际贸易结算

国际贸易结算主要是银行和进出口商客户之间因为国际贸易收付而发生的即期外汇交易。

3. 套汇(arbitrage)

套汇是指利用不同外汇市场的汇率差异,通过若干笔即期交易在不同外汇市场上低买高卖赚取汇价差的行为。套汇可以分为直接套汇和间接套汇。直接套汇又称两角套汇,是指利用两个外汇市场的汇率差异,在一个市场上低价买进,同时在另一个市场上高价卖出同一种外汇,以赚取差价的行为。间接套汇又称多角套汇,是指利用三个或以上的外汇市场的汇率差异低买高卖赚取汇率差价的行为。

12.3.2 远期交易

远期外汇交易(forward exchange transaction)是指外汇买卖双方成交时签订合约,约定各种有关条件,如币种、金额、汇率、交割时间和方式,在未来的约定日期按约定办理交割的外汇交易。远期外汇交易与即期外汇交易的主要区别在于交割日(或起息日,value date)不同。采用远期外汇交易的方式,可以在成交日将未来交割日的汇率事先确定下来,因此远期外汇交易可以被进出口商、外汇银行等用来套期保值(hedging)或投机(speculation)。

套期保值就是在已知未来远期外汇头寸的情况下,通过卖出或买入等值远期外汇,轧平外汇头寸来保值的一种外汇业务。进出口商从签订进出口合约到实际支付或收款,通常都要经过一段时间。外汇市场上汇率的波动将会给进出口商带来汇率风险。因为自签订货物进出口买卖合约后,意味着出口商未来会有一笔外币收入,即外汇多头头寸;而进口商未来会有一笔外汇支出,即外汇空头头寸。如果计价货币贬值,则出口商(收款人)会受到损失;如果计价货币升值,进口商(付款人)的进口成本会增加。为了规避汇率波动的风险,可以在外汇市场上进行套期保值。

利用远期外汇交易进行投机是指投机者基于预期而主动创造远期外汇头寸以谋取利益。利用远期外汇交易进行投机有买空和卖空两种基本形式。买空是指投机者预期某种货币未来即期汇率将会高于现在的远期汇率,从而买入该种货币远期的交易。如果投机者预期准确,即交割日的即期汇率高于双方约定的远期汇率,投机者会获得收益。但是如果预期失败,投机者会受到损失。卖空是指投机者预期某种货币未来即期汇率将会低于远期汇率,从而卖出该种货币远期的交易。如果投机者预期准确,即交割日的即期汇率高于双方协定的远期汇率,投机者会获得买空收益。外汇投机的主要特点是,投机者进行外汇交易,并没有商业或金融交易与之相对应。外汇投机具有不确定性,投机者追求外汇敞口头寸的同时也承担汇率波动的风险。

12.3.3　套汇

套汇(arbitrage)是指套汇者利用两个或两个以上外汇市场上的汇率差异,在汇率低的市场买进,同时在汇率高的市场卖出,通过低买高卖套取差价利润的交易。

套汇交易一般可分为时间套汇和地点套汇两种。时间套汇(time arbitrage)是指套汇者利用不同交割期限造成的汇率差异,在买入或卖出即期外汇的同时,卖出或买入远期外汇;或者在买入或卖出远期外汇的同时,卖出或买入交割期限不同的远期外汇,以获得盈利的套汇方式。地点套汇(space arbitrage)是指套汇者利用同一时间不同外汇市场之间的汇率差异,同时在不同市场上低买高卖赚取汇价差额的一种套汇方式。地点套汇又分为直接套汇和间接套汇两种。

直接套汇(direct arbitrage)又称两角套汇(two points arbitrage),是指利用两个外汇市场上的汇率差异,同时买卖同一种货币以赚取差价收入的行为。交易准则是:在汇率低的市场买进,同时在汇率高的市场卖出。间接套汇(indirect arbitrage)又称三点套汇或多角套汇,是指利用三个或以上外汇市场的汇率差异,同时在多个市场低买高卖赚取差价的行为。

12.3.4 掉期交易

掉期交易(swap transaction)是指将不同交割期限的同一笔外汇买进和卖出的交易。掉期交易的特点是在同时进行的两笔交易中,币种和金额相同,方向相反(一买一卖),交割期限不同。掉期交易强调买入和卖出的同时性。

根据交割日不同,掉期交易可以分为一日掉期(one-day swap)、即期对远期(spot against forward swaps)和远期对远期(forward against forward swaps)三种类型。一日掉期是指掉期交易中的两个交割日相差一天的掉期。一般将第一个交割日确定在即期,第二个交割日安排在次日。通常用于银行间调整短期头寸和资金缺口。即期对远期的掉期交易是指买进或卖出一笔现汇的同时,卖出或买进一笔期汇的掉期交易,这是掉期交易中最常见的形式。在这种掉期交易中,两个交割日相差的期限通常安排为一周或整数月(如1个月、2个月、3个月或6个月)。远期对远期的掉期交易是指掉期交易中的两个交割期限都为远期,一个交割期限较短,另一个交割期限较长。真正的远期对远期的掉期交易在国际市场较为少见。

12.3.5 外汇期货

外汇期货(foreign exchange futures)交易是指外汇买卖双方在有组织的交易场所内,以公开叫价方式确定价格,买入或卖出标准交割日期、标准交割数量的某种外汇。

外汇期货交易和远期外汇交易都是在未来日期按约定价格进行交割的外汇交易。但与远期外汇交易相比,外汇期货交易具有以下特点:

1. 交易合约标准化

外汇期货合约的金额、期限、交割日等要素都是标准化的,由各交易所统一制定。例如,在芝加哥商品交易所国际货币市场(IMM)每份英镑合约价值62500英镑,每份欧元合约125000欧元,每份瑞士法郎合约125000瑞士法郎,每份加拿大元合约100000加元,每份日元合约为12500000日元。

2. 集中交易和结算

期货交易是在有形的交易所内进行,所有交易者通过会员公司在交易所场内集中、公开地进行交易,并由期货交易所专门设立的独立的清算机构为买卖双方分别结算。

3. 市场流动性高

期货合约的市场流动性很高,交易人可以随时通过经纪公司买进或卖出特定的期货合约品种,绝大多数期货合约都在到期日之前通过对冲交易的方式平仓。

4. 价格形成和波动限制规范化

期货合约的价格形成遵循公开集中竞价制度,在交易所内统一挂牌交易,此外,期货交易所还为每个外汇期货品种规定合约价值的最小变动和单日最大变动限额。

5. 履约有保证

期货交易所的清算机构要求场内经纪公司、经纪公司要求委托交易人分别开立保证金账户,作为履约的保证。

6. 投机性强

保证金制度虽然使外汇期货交易有效防范了违约风险,但同时也刺激了投机性交易。与合约价值相比,外汇期货的保证金比率一般不超过10%,表明期货交易具有较强的杠杆效应。

12.3.6　外汇期权

外汇期权(foreign exchange options)是指合约购买方(holder or buyer)在向出售方(writer or seller)支付一定期权费后,所获得的在未来约定日期或一定时间内,按照协定汇率买进或卖出一定数量外汇资产的选择权。

期权可以分为看涨期权(call option)和看跌期权(put options)。看涨期权又称买入期权,是指外汇期权的买方可以依据合约约定的汇率从外汇期权的卖方要求购买某种特定数量的货币,即买入某种外汇资产的权力。看跌期权又称卖出期权,是指外汇期权的买方可依据合约约定的汇率向外汇期权的卖方要求卖出某种特定数量的货币,即卖出某种外汇资产的权力。

外汇期权又可以分为美式期权(american option)和欧式期权(european option)。美式期权是指在合约期限内任何时间外汇期权的买方可要求外汇期权的卖方履行合约。欧式期权只有在合约到期当天外汇期权的买方才可要求外汇期权的卖方履行合约。

专栏 12-3

2014 年中国外汇市场交易概况

交易品种	交易量(亿美元)
即期	72486
银行对客户市场	31255
银行间外汇市场	41232
远期	5979
银行对客户市场	5450

（续表）

交易品种	交易量（亿美元）
其中:3个月(含)以下	2540
3个月至1年(含)	2190
1年以上	720
银行间外汇市场	529
其中:3个月(含)以下	392
3个月至1年(含)	132
1年以上	5
外汇和货币掉期	47168
银行对客户市场	2173
银行间外汇市场	44995
其中:3个月(含)以下	39416
3个月至1年(含)	5424
1年以上	154
期权	1928
银行对客户市场	629
其中:外汇看涨/人民币看跌	333
外汇看跌/人民币看涨	297
其中:3个月(含)以下	260
3个月至1年(含)	262
1年以上	108
银行间外汇市场	1299
其中:外汇看涨/人民币看跌	653
外汇看跌/人民币看涨	646
其中:3个月(含)以下	1060
3个月至1年(含)	238
1年以上	1
合计	127561
其中:银行对客户市场	39507
银行间外汇市场	88054
其中:即期	72486
远期	5979
外汇和货币掉期	47168
期权	1928

12.4 汇率制度

汇率制度(exchange rate regime, exchange rate system)又称汇率安排(exchange rate arrangement)是指一国货币当局对本国汇率水平的确定、汇率变动方式等问题所作的一系列安排或规定。传统上,按照汇率变动的幅度,汇率制度分为两大类型:固定汇率制和浮动汇率制。从历史发展看,自19世纪中末期金本位制在西方主要各国确定以来,一直到1973年,世界各国的汇率制度基本上属于固定汇率制,而1973年以后,世界主要工业国家实行的是浮动汇率制,目前还有很多居中的汇率安排。本节对固定汇率制和浮动汇率制分别进行介绍。

12.4.1 固定汇率制度

固定汇率制(fixed exchange rate system)是指政府用行政或法律手段选择一个基本参照物,并确定、公布和维持本国货币与该单位参照物之间的固定比价。充当参照物的东西可以是黄金,也可以是某一种外国货币或某一组货币。当一国政府把本国货币固定在某一组货币上时,我们就称为该货币钉住一篮子货币或钉住在货币篮子上。值得注意的是,固定汇率不是永远不能改变的,首先,在外汇市场上,汇率只能围绕中心汇率上下小幅波动。其次,在经济形势发生较大变化时,就需要对汇率水平进行调整。

在固定汇率制下,汇率具有相对的稳定性,汇率水平或自发或人为地被维持在波动范围以内,从而使国际商品价格的确定、国际贸易成本的计算、国际债权债务的清偿都能比较稳定地进行,消除了微观主体从事对外经济交易时可能面对的汇率风险。同时,不必投入大量资金进行套期保值活动,节约了成本。因此,固定汇率显然有利于经济效率,对国际贸易和国际投资的发展具有促进作用。其次,固定汇率减少了汇率波动风险,抑制了外汇投机风险,稳定了外汇市场。一方面,货币当局干预外汇市场、维持固定汇率的义务为所有市场交易主体的汇率预测提供了一个心理上的"名义锚"(nominal anchor),大大降低了交易的不确定性。另一方面,健康的国内经济运行、充足的外汇储备以及货币当局恪守承诺负责任的国际形象,对于预防外汇投机都有重要影响。在这种情况下,更多的市场主体会将心理预期向固定汇率水平调整,从而使外汇市场的稳定性提高。最后,固定汇率制下汇率固定的承诺作为政府政策行为的一种外部约束机制,迫使那些可能会在国内启动通货膨胀,或者屈服于通货膨胀压力的政府实施较为保守的通货膨胀政策。即通过维持与平稳运行的经济体之间的固定汇率目标,抑制国内物价快速上涨,并使货币政策进一步摆脱国内政治压力。

然而，在固定汇率制的批评者看来，正是上述优点同时也造成了固定汇率制无法回避的缺陷。由于固定汇率制下，法定平价以及波动范围都是人为规定的，汇率不能正确反映货币的实际购买力，固定汇率制的维持必然使货币的对内价值和对外价值脱节，而且固定汇率并不意味着汇率水平永久固定不变。与浮动汇率制下汇率水平的连续小幅调整相比，固定汇率制下往往要在问题积累到相当程度时才进行一次性的大幅度调整。当投资者预期会有一个巨幅调整，便会卖出可能会贬值的货币，买入可能会升值的货币（不稳定投机），他们的预期通常是自我实现的。这种巨幅的汇率变动对经济的震动与伤害通常比较剧烈。[①] 固定汇率制的缺陷还表现在，以汇率目标替代货币目标之后，不仅丧失了本国货币政策的独立性，而且不可避免地会自动输入国外的通货膨胀，甚至可能出现内外均衡冲突。

12.4.2　浮动汇率制度

浮动汇率制（floating exchange rate system）是指汇率水平不受平价限制，而随外汇市场供求状况的变动而波动的汇率制度。1973年布雷顿森林体系崩溃后，世界各主要工业国家开始实行浮动汇率制。在浮动汇率制下，一国货币当局不再规定金平价，不再规定对外国货币的中心汇率，不再规定现实汇率的波动幅度。货币当局也不再承担维持汇率波动界限的义务。

以货币当局是否干预本币汇率为标准，可以分为自由浮动（freely floating）和管理浮动（managed floating）。自由浮动又称清洁浮动，是指一国货币的汇率完全由外汇市场供求关系决定，货币当局不采取任何干预本币汇率的措施。管理浮动又称为肮脏浮动（dirty floating），是指一国货币当局对外汇市场采取一定的干预措施，使本币汇率朝着有利于本国的方向浮动。

以汇率的浮动形式为标准，可以分为独立浮动（independently floating）和联合浮动（joint floating）。独立浮动是指一国货币对其他任何货币的汇率都根据外汇市场的供求关系进行浮动。目前，美国、日本、澳大利亚、加拿大和少数发展中国家实行独立浮动汇率制。联合浮动是指在一个利益集团内部，各成员国货币之间保持固定汇率，而对集团外国家的货币统一实行共同浮动。欧元诞生之前欧洲联盟各成员国实行的就是联合浮动汇率制。

在浮动汇率制下，汇率水平是由外汇市场供求决定，能够较好地反应本国货币的相对购买力。在浮动汇率制下，当一国的国际收支出现失衡，通过外汇

[①] 需要说明的是，在金本位制下，汇率永远是固定的，国际收支的调整是通过其他方式进行的；而布雷顿森林体系的固定汇率制允许汇率"在失去基本的平衡"的情况下变动。

市场上汇率的自发性变动实现对宏观经济失衡的调解。浮动汇率制将一国的货币政策从对汇率目标的依附中解放出来。同时,一国并无维持汇率稳定的义务,因此不需要像在固定汇率制下那么多的外汇储备,从而实现了让汇率自发调节,实现外部均衡,而货币政策和财政政策专注于实现内部均衡。同时,浮动汇率制还能将外国的通货膨胀隔绝在外,阻止通货膨胀的国际传播。浮动汇率的倡导者还认为,浮动汇率制有利于经济稳定。他们认为外汇市场的投机行为主要是稳定性投机(stabilizing speculation),有利于降低市场汇率波动的程度。

不过,浮动汇率制度同样存在明显的问题和缺陷。在经济全球化和金融自由化的发展趋势下,国际资本流动的规模越来越大,速度也越来越快,造成外汇市场上频繁的剧烈的汇率波动,从而为国际贸易和国际投资带来极大危害。套期保值交易同样是有成本的,有时候成本还会比较高,而衍生金融交易自身的风险往往更加难以应对。发展中国家的金融市场不够发达,可以提供的避险工具十分有限,所以是否实行浮动汇率必须审慎对待。同时,外汇市场的非理性投机活动很容易造成汇率大幅波动。浮动汇率制在宏观经济政策方面也受到很多批评。国家可以更加自主地推行扩张性货币政策而不必担心外汇储备外流和本币的贬值。并且扩张性的货币政策对国外经济具有以邻为壑效应,从而成为整个国际金融体系的不稳定因素。

通过上述讨论可知,浮动汇率和固定汇率制度孰优孰劣很难有定论,两种制度各有长处和不足,因而现实中汇率制度的选择更具挑战性。

专栏 12-4

国 际 货 币

IMF 汇率制度分类(2009 年标准)

汇率制度种类	描 述	国家/地区
1. 无独立法定通货	一国不发行自己的货币,而是使用他国货币作为本国唯一法定货币	13 巴拿马
2. 货币局制度	货币当局立法规定本车货币与某一外国可兑换货币(锚货币)保持固定兑换比率,承诺在这一汇率下承担无限制兑换义务	12 中国香港
3. 传统的钉住汇率	一国将本国货币钉住另一种货币或者一篮子货币,与其保持固定比率,汇率可以围绕中心汇率在其上下最多不超过1%的范围内波动,或者汇率波幅至少在3个月内不超过2%	43 丹麦

（续表）

汇率制度种类	描 述	国家/地区
4. 稳定安排	一种类钉住安排,指一国在汇率不浮动的前提下,该国即期市场汇率的波动幅度在6个月或更长时间内被限定2%的范围内	23 巴基斯坦
5. 水平区间钉住	政府确定一个中心汇率,并允许实际汇率在一个水平区间内波动,汇率波动幅度为中心汇率上下至少1%,或3个月内波动幅度超过2%	1 汤加
6. 爬行钉住	将本国货币钉住外国货币,经常根据选定的数量指标小幅调整	3 尼加拉瓜
7. 类爬行安排	中心汇率爬行,汇率带有一定程度的波动性,波动幅度不超过2%	12 中国
8. 其他管理安排		17 新加坡
9. 浮动	汇率大都由市场决定,除非有足够的证据证明现阶段汇率的稳定属于非政府行为,否则汇率波幅必须要突破2%的限制。在此期间,为防止汇率过渡波动,政府当局可以直接或者间接地进行干预	36 印度
10. 自由浮动	在6个月内只有市场无序的特殊情况下,政府当局才能进行干预,并且干预的次数要小于2,每次干预的天数也不能超过3天	30 美国

资料来源:IMF 国际货币基金组织网站。

》本章小结

国与国之间的商品交易以及其他经济往来必然会引起货币收付,这种国际间的支付必须以一定的货币、按一定的汇率进行,这样就产生了外汇与汇率的问题。一般而言,外汇是指以外币表示的,可用于进行国际结算的支付手段,而汇率则是以一国货币表示的另一国货币的价格,或把一国货币折算成另一国货币的比率。汇率的标价法为直接标价法和间接标价法。按照不同的标准,汇率可以分为基本汇率和套算汇率;买入价、卖出价和中间价;即期汇率和远期汇率;名义汇率、实际汇率和有效汇率。外汇市场是进行外汇买卖的交易场所或网络,是外汇的供给者和外汇的需求者以及买卖外汇的中介机构所构成的买卖外汇的交易。外汇市场的主要参与者为外汇银行、外汇经纪人、跨国公司、进出口商以及其他外汇供求者。外汇市场的交易种类主要有即期外汇交易、远期外汇交易、掉期交易、外汇期权和外汇期货等。外汇市场具有国际清算、套期保值和投机等基本功能。按照汇率的变动幅度的大小，汇率制度可以分为固定汇率制和浮动汇率制。

关键词

外汇　汇率　直接标价法　间接标价法　基本汇率　套算汇率　即期汇率　升值　贬值　远期汇率　升水　贴水　实际汇率　有效汇率　套汇　掉期交易　套期保值

讨论与思考练习

1. 与普通商品市场相比，外汇市场有什么特点？
2. 什么是汇率，汇率的标价法有哪些？
3. 假设1美元能够兑换7.5挪威克朗，同时1美元能够对换1.25瑞士法郎，则1挪威克朗能够兑换多少瑞士法郎？
4. 石油在世界市场上出售，通常是以美元标价。日本的新日铁化学集团为了生产塑料以及其他产品必须进口石油，那么当日元兑美元贬值时，集团的利润将受到怎样的影响？
5. 什么是固定汇率制和浮动汇率制？对比分析固定汇率制与浮动汇率制的优缺点是什么？

第13章 汇率决定理论

汇率是如何决定的,这同国际贸易与分工基础一样,是经济学者长期关注和不断发展的一个重要理论问题。汇率在开放经济运行中是居于核心地位的变量,各种宏观及微观因素会通过不同途径引起汇率的变动。在不同时期,由于现实经济条件的不同,人们分析问题的角度和方法是不一样的。早期对汇率决定问题的讨论偏重于国际贸易方面,较多地关注汇率的决定基础和长期变动趋势。现代汇率理论更多关注资本市场和国际资本的流动,对短期汇率变动所作的解释在数量和范围上都超出了对长期汇率决定的探讨。本章着重介绍一些有代表性的汇率决定理论,包括铸币平价理论、购买力平价理论、利率平价理论以及货币市场分析法。分析中,如未作特别说明,均假设其他条件不变。

13.1 铸币平价理论

在国际贸易早期阶段,即19世纪中期至20世纪初期,直到一战爆发之前,国际经济交往的主要参与国都是实行金本位制度:流通中的货币就是直接用黄金铸造而成。在典型的金本位制度下,世界各国政府分别规定每一单位金铸币的黄金重量和成色。例如,在1925—1931年间,英国规定1英镑金币的重量为123.27447格令(Grain),成色为0.91667,即1英镑纯含金量为113.0020格令(123.27447×0.91667);美国规定1美元金币的重量为25.8格令(Grain),成色为0.9000,即1美元纯含金量为23.22格令(25.8×0.9000)。在金本位制度下,两国间货币的比价用其各自货币的法定含金量折算得出。两种货币的含金量之比,即铸币平价(mint parity)是金铸币本位制度下决定两国货币汇率的基础,也是汇率决定较早的理论说明。公式如下:

铸币平价 = A国单位货币含金量 / B国单位货币含金量

1英镑 = 1英镑含金量 / 1美元含金量 = 113.0020 / 23.22 = 4.8666美元

铸币平价决定了英镑对美元的汇率为4.8666,1英镑的实际含金量是1美元的4.8666倍。

正如现实生活中实际价格有时会偏离其价值一样,外汇市场上的实际汇率也受到外汇市场供求情况的影响,围绕铸币平价上下波动,其波动幅度以黄金输送点(gold points)为界限。在金铸币本位制下,各国一般采用汇票等支付手段进行非现金结算。但若汇率变动使采用汇票结算较为不利,则可改用直接运送黄金的办法,从而使汇率的波动幅度受黄金输送点的限制。黄金输出点和输入点统称黄金输送点,是指金铸币本位制下,汇率涨落引起的黄金输出和输入国境的界限。黄金输送点是由铸币平价和运送黄金费用(包装费、运费、保险费、运送期的利息等)两部分构成,其中前者较为稳定,运送费用则是影响黄金输送点的主要因素。例如,假定美国和英国之间运送 1 英镑黄金的费用是 0.02 美元,那么铸币平价 4.8666 美元加上 0.02 美元就是 4.8866 美元,成为美国对英国的黄金输出点;铸币平价 4.8666 美元减去 0.02 美元就是 4.8466 美元,成为美国对英国的黄金输入点。如果英镑对美元汇率高于 4.8866 美元/英镑,则美国的债务人会觉得购买外汇不如输出黄金有利,于是美国的黄金就向英国输出。相反,如果英镑对美元汇率低于黄金输入点 4.8466 美元/英镑,美国的债权人就不要外汇,宁可直接从英国输入黄金。这样,英镑对美元的汇率始终在黄金输入点和输出点之间徘徊,实现了一定程度上的"自我调节"。

一战爆发之后,许多国家在发行货币时不再以黄金储备量为限制,通货膨胀严重,现钞不能兑换成黄金,黄金在国家之间不能自由地流动,金本位制变得残缺不全。在 1929—1933 年世界经济大萧条期间,各国政府开始抛弃金本位制转而发行纸币,纸币的含金量由政府通过法令规定。由于纸币不能自由兑换黄金,货币的发行也不受黄金储量的限制,各国往往会超发货币,使纸币的金平价同它表示的实际黄金量背离,最终使得法定金平价决定汇率这一体系走向覆灭。汇率的决定和波动需要在更加复杂的条件下进行理解。

13.2 购买力平价理论

购买力平价理论(theory of purchasing power parity,PPP)是第一次世界大战以来讨论纸币流通条件下决定汇率的最有影响的理论之一。该理论由瑞典经济学家古斯塔夫·卡塞尔(Gustav Cassel)在其著作《1914 年以后的货币与外汇》中提出,基本思想是:以国内外物价对比作为决定汇率的依据,新的均衡汇率应以最初的均衡汇率为基础,通过两国相对通货膨胀率调整而得到。卡塞尔认为,本国人之所以需要外国货币,是因为这些货币在国外市场上具有购买力,可以买到外国人生产的商品和劳务;外国人之所以需要本国货币,是因为这些货币在本国市场上具有购买力,可以买到本国人生产的商品和劳务。货币的价格取决于它对商品的购买力,两国货币的兑换比率就由两国货币各自具有的购买力的比率决定。进一步说,两国之间汇率变动的原因在于购买力的变动,而购买力变动的原因又在于物价变动。这样,汇率的上下波动就取决于两国购买力变动的比率,这是购买力平价理论的核心。购买力平价理论分为两种形式:绝对购买力平价和相对购买力平价。

13.2.1 绝对购买力平价

绝对购买力平价(absolute PPP)是指某一时点上本国货币与外国货币之间的均衡汇率等于本国货币购买力或物价水平与外国货币购买力或物价水平之间的比率。绝对购买力平价认为:一国货币的价值及对它的需求由单位货币在国内所能买到的商品数量和劳务量,即购买力决定,因此两国之间的汇率可以表示为两国货币的购买力之比。一国货币购买力的大小表现为一般物价水平的倒数,绝对购买力平价的公式可以写为:

$$E = \frac{\sum P}{\sum P^*} \tag{13.2-1}$$

其中,P 为本国一般物价水平,P^* 为外国一般物价水平,E 为绝对购买力平价形式下的汇率。公式中的一般物价水平是指国家的价格总水平,即一个国家在市场上出售的全部商品的价格总水平,这里的全部商品包括进出口商品以及在国内市场上销售的商品。

上述公式有一个重要假设:各国同类商品之间的差异很小,具有均质性,在去除贸易因素的干扰下,本国货币水平就等于以外国货币表示的本国货币价格与外国价格水平的乘积。这就是所谓的一价定律(law of one price):自由贸易条件下,同样的产品在同一时间在不同地方不能以不同的物价出售。如果在纽约出售的一件衬衫价格加运费低于在伦敦市场上同类衬衫的价格,那么精明的套利者就会从纽约大量购入衬衫,而在伦敦市场上进行销售,从而导致纽约的衬衫价格上涨,而伦敦的衬衫价格下降,最终确保这两个市场上的价格保持一致。一价定律的公式可表示为:

$$P = EP^* \tag{13.2-2}$$

本国的商品价格折合成外币与外国商品的价格一致。

专栏 13-1

一价定律的一些证据

1986 年夏,《经济学家》杂志对麦当劳快餐店的巨无霸汉堡包在世界各地的销售价格进行了一次广泛调查。这个听起来有点怪的念头并不是编辑一时头脑发热,该杂志的目的是想嘲弄一下那些过于自信的经济学家。这些经济学家认为,根据购买力平价,各国的汇率不是过高就是过低地反映了货币的实际价值。由于巨无霸在 41 个国家和地区销售，而且配方只作了极微小的改变，所以该杂志认为，通过对汉堡包价格进行比较可以"对汇率是否合理作出比较公正的判断"[§]。自 1986 年开始，《经济学家》定期更新它的数据和计算。

《经济学家》杂志的这一调查可以看做是对一价定律的一次检验。从这一角度来看，最初的调查结果很让人吃惊。巨无霸在不同国家和地区的销售价格换算成美元相差巨大。在纽约，其价格比在澳大利亚高 50%；比在香港高 64%；而巴黎的价格则比纽约高 54%；东京则比纽约高 50%；只有英国和爱尔兰的价格才与纽约相似。

如何解释这一明显违背一价定律的现象呢？《经济学家》杂志认为，运输费用的政府管制是部分原因，产品差异可能是另一重要因素。在一些国家和地区，与巨无霸相似的替代品很少，这种产品差异使得麦当劳有能力根据当地市场条件来定价。最后，应当注意到，巨无霸的价格不仅包括肉饼和面包的成本，还包括员工的工资、房租、电费等。这些投入品的价格在不同国家和地区可能相差很大。

我们复制了《经济学家》杂志 2007 年 1 月份的调查报告。下面的表格显示了各国巨无霸汉堡包的美元价格。价格范围从冰岛的 7.44 美元（比美国价格贵两倍多）到中国的仅 1.41 美元（比美国价格少一半还多）。

	巨无霸		购买力平价[*]换算的美元	2007 年 1 月 31 日实际汇率	相对于美元高估（+）/低估（-）百分比
	当地价格	美元价格			
美国[+]	3.22 美元	3.22			
阿根廷	8.25 比索	2.65	2.56	3.11	-18
澳大利亚	3.45 澳元	2.67	1.07	1.29	-17
巴西	6.4 雷亚尔	3.01	1.99	2.13	-6
英国	1.99 英镑	3.90	1.62[±]	1.96[±]	+21
加拿大	3.63 加元	3.08	1.13	1.18	-4
智利	1670 比索	3.07	519	544	-5
中国大陆	11.0 元	1.41	3.42	7.77	-56
哥伦比亚	6900 比索	3.06	2143	2254	-5
哥斯达黎加	1130 科朗	2.18	351	519	-32
捷克	52.1 克朗	2.41	16.2	21.6	-25
丹麦	27.75 丹麦克朗	4.84	8.62	5.74	+50
埃及	9.09 镑	1.60	2.82	5.70	-50
爱沙尼亚	30 克朗	2.49	9.32	12.0	-23
欧元区	2.94 欧元	3.82	1.10[**]	1.30[**]	+19

（续表）

	巨无霸		购买力平价*换算的美元	2007年1月31日实际汇率	相对于美元高估（+）/低估（-）百分比
	当地价格	美元价格			
中国香港	12.0港元	1.54	3.73	7.81	-52
匈牙利	590福林	3.00	183	197	-7
冰岛	509克朗	7.44	158	68.4	+131
印度尼西亚	15900卢比	1.75	4938	9100	-46
日本	280日元	2.31	87.0	121	-28
拉脱维亚	1.35拉特	2.52	0.42	0.54	-22
立陶宛	6.50里特	2.45	2.02	2.66	-24
马来西亚	5.50林吉特	1.57	1.71	3.50	-51
墨西哥	29.0比索	2.66	9.01	10.9	-17
新西兰	4.60新西兰元	3.16	1.43	1.45	-2
挪威	41.5克朗	6.63	12.9	6.26	+106
巴基斯坦	140卢比	2.31	43.5	60.7	-28
巴拉圭	10000瓜拉尼	1.90	3106	5250	-41
秘鲁	9.50新索尔	2.97	2.95	3.20	-8
菲律宾	85.0比索	1.74	26.4	48.9	-46
波兰	6.90兹罗提	2.29	2.14	3.01	-29
俄罗斯	49.0卢布	1.85	15.2	26.5	-43
沙特阿拉伯	9.00里亚尔	2.40	2.80	3.75	-25
新加坡	3.60新加坡元	2.34	1.12	1.54	-27
斯洛伐克	57.98克朗	2.13	18.0	27.2	-34
南非	15.5兰特	2.14	4.81	7.25	-34
韩国	2900韩元	3.08	901	942	-4
斯里兰卡	190卢比	1.75	59.0	109	-46
瑞典	32.0瑞典克朗	4.59	9.94	6.97	+43
瑞士	6.30瑞士法郎	5.05	1.96	1.25	+57
中国台湾	75.0新台币	2.28	23.3	32.9	-29
泰国	62.0泰铢	1.78	19.3	34.7	-45
土耳其	4.55里拉	3.22	1.41	1.41	无
阿联酋	10.0迪拉姆	2.72	3.11	3.67	-15
乌克兰	9.00格里夫纳	1.71	2.80	5.27	-47
乌干达	55.0比索	2.17	17.1	25.3	-33
委内瑞拉	6800玻利瓦尔	1.58	2112	4307	-51

——Exchange Rates are Local Currency Per dollar, Except Where Noted. The Economist, February, 2007.

对每个国家而言,我们可以计算出"巨无霸购买力平价",这一平价是假想的汇率水平,它可以使本地出售的巨无霸美元价格等于美国的3.22美元的价格。例如,2007年1月,1冰岛克朗在外汇市场上值0.0146美元。然而,能使美国汉堡与冰岛汉堡价格相等的汇率是每克朗值0.632美分:

(0.0146美元／克朗)×(3.22美元／汉堡÷7.44美元／汉堡)

= 0.632美分／克朗

人们经常说当一种货币的汇率使得其国内的相似产品的价格相对于国外而言变贵了,那么这种货币就被高估了,反之这种货币则被低估了。例如,对于冰岛克朗而言,高估的程度可以用克朗的美元市场价格超过假想的巨无霸购买力平价水平的百分比来表示,或者如下:

100 × (0.0146 − 0.00632)/0.00632 = 131%

同样地,2007年1月份的人民币的美元价格要低于汉堡包平价水平的56%:中国的货币价值以巨无霸价额测量被低估了56%。中国货币需要对美元大幅度升值以使中国与美元的巨无霸汉堡包价格相一致。相反,冰岛的货币将大幅度贬值。

一般来说,购买力平价汇率能够使某个包括货物与服务的商品篮子的国际价格相等,而不仅仅是汉堡包。我们将会看到即使在长期,也有很多原因来解释为什么我们可能预期购买力平价不完全成立,因此,尽管人们普遍使用像"高估"这样的词语,政策制定者在判断某个汇率水平是否发出需要进行经济政策调整的信号时,需要格外谨慎。

*为购买力平价:本地价格除以美国的价格;†为纽约、亚特兰大、芝加哥和圣弗朗西斯科的平均值;‡为每英镑的美元价值;**为每欧元的美元价值;§表示参见 On the Hamburger Standard. Economist, September 6—12, 1986。

——〔美〕保罗·R·克鲁格曼、茅瑞斯·奥伯斯法尔德:《国际经济学》,黄卫平、胡玫、宋晓恒、王洪斌等译,中国人民大学出版社2011年版,第378—381页。

13.2.2 相对购买力平价

相对购买力平价(relative PPP)是指一定时期内,汇率的变化与该时期两国物价水平的相对变化成比例。相对购买力平价是讲一段时期内汇率变动时考虑到通货膨胀因素,两国物价水平的变化影响汇率的变化;变化后的汇率取决于两国货币购买力的相对变化率;汇率变化率是由本国通货膨胀率与外国通货膨胀率之比决定的。

$$\frac{E_t}{E_{t-1}} = \frac{P_t/P_{t-1}}{P_t^*/P_{t-1}^*} \qquad (13.2\text{-}3)$$

上式中，E、P、P^*分别代表名义汇率、商品的本国价格和外国价格，下标t和$t-1$代表时刻。令$\pi_t = \dfrac{P_t - P_{t-1}}{P_{t-1}}$，则

$$\frac{E_t - E_{t-1}}{E_{t-1}} \approx \pi_t - \pi_t^* \tag{13.2-4}$$

相对购买力平价理论说明汇率变化取决于两国通货膨胀率的差异，若本国相对价格水平上升，本国货币购买力就会下降，这时市场力量会促使汇率回到与购买力平价相一致的水平，本国货币贬值。

购买力平价理论从提出到现在一直受到人们高度重视，该理论的特点是以货币所具有的实际购买力作为汇率决定的基础。纸币流通条件下，用纸币购买力来决定汇率与用实际含金量来决定汇率在逻辑上是一致的。相对购买力平价把通货膨胀因素引入对汇率变动的分析中来，这对在纸币流通条件下考察汇率变化提供了有用思路。

总体上讲，购买力平价理论在解释长期汇率的决定和变动方面意义显著，具有较大的可操作性，可用于对实际汇率进行评价。例如，二次世界大战使国际经济关系全部打乱，各国汇率名存实亡，购买力平价理论为战后较快地重建国际汇率体系提供了指导。当今现实生活中，不少国家由政府公布的法定汇率并不反映实际的情况，既不能保障外汇市场的出清，也不能作为判断一国经济状况的参数。因而，世界银行和其他一些研究组织往往就利用购买力平价来对汇率进行调整，以取得对经济运行状况进行分析的有用数据。

购买力平价理论也存在缺陷。"一价定律"假设与实际生活有较大差距。同时，世界还没有实行过真正的自由贸易，远不是所有的商品都会进入国际交换。再者，购买力平价理论在考虑汇率决定和变动时，没有讨论更多的经济因素，如贸易平衡、产业结构和国际资本流动等，这都影响了对汇率基础和现实变动等方面的深入分析。

13.3 利率平价理论

购买力平价理论关注商品之间流动带来的套利，但在现实生活中商品由于受到贸易壁垒、产品的可移动性等诸多因素的限制，并不能够对短期的汇率产生明显影响。在全球经济一体化的背景下，各国金融市场之间的联系愈发紧密，利率的变动会带来国际资本的流动，并进而影响汇率水平，这种从资金利率角度分析汇率决定理论被称为利率平价说。

该理论最早是由英国著名经济学家凯恩斯在1923年出版的《货币改革论》中首先提出的，该理论分为抛补的利率平价（covered interest rate parity，CIRP）和

无抛补的利率平价(uncovered interest rate parity,UIRP)两种。

13.3.1 抛补的利率平价

在资本具有充分国际流动性的前提下,投资者的套利行为会使得金融市场上不同货币计价的相似资产的收益率趋于一致,也就是把"一价定律"运用到了货币价格即利率上。假如,本国金融市场上无风险资产年投资收益率为R_d,外国金融市场无风险年投资收益率为R_f,在直接标价法下,当前的即期汇率为e。若投资于本国市场,则1单位本币一年后可获得资产$1+R_d$;若投资于外国资产,则投资者首先把1单位本币兑换成$\frac{1}{e}$单位外币,然后将其投资于国债上,一年后可得到$\frac{1}{e}(1+R_f)$单位外币,然后再将外币转为本币。此时,投资者有两种选择:其一,按照一年后的即期汇率e_f进行兑换,可得到$\frac{e_f}{e}(1+R_f)$单位本币,与国内投资的收益$1+R_d$进行比较。在无法确定e_f值的情况下,很难判断两个市场哪个收益高,存在一定的风险。第二,利用一年期的远期外汇合约,投资者可以按一年期的远期汇率f进行兑换,得到$\frac{f}{e}(1+R_f)$单位的本币,这样汇率风险就被锁定了。此时,投资于哪个市场主要比较$\frac{f}{e}(1+R_f)$和$1+R_d$两个收益率的大小,如果前者大于后者,则投资者投资于外国市场;如果前者小于后者,那么国内市场更加有吸引力;如果两者相等,那么两个市场是等价的。

对于长期汇率市场的均衡,可以这样来理解:由于不存在汇率风险,当$\frac{f}{e}(1+R_f)$大于$1+R_d$时,大量的投资者会购买远期合约,使资本流入外国金融市场。一方面,导致即期外汇市场上本币卖出压力,促使本币贬值(e增大);另一方面,卖出的远期合约需求增加,使得银行等机构上调远期合约f,直到$\frac{f}{e}(1+R_f)=1+R_d$,市场才能达到均衡状态。类似地,当$\frac{f}{e}(1+R_f)$小于$1+R_d$时,资本流入国内市场,最终也只有当两者相等时,市场才能达到均衡,此时有如下公式:

$$\frac{f}{e}(1+R_f)=1+R_d \tag{13.2-5}$$

设即期汇率与远期汇率之间的升(贴)水率为ρ,则

$$\rho=\frac{e_f-e}{e} \tag{13.2-6}$$

把上述两式联立,得到:

$$\rho + \rho R_f = R_d - R_f \quad (13.2\text{-}7)$$

由于 ρR_f 极小可忽略,进而得到:

$$\rho = R_d - R_f \quad (13.2\text{-}8)$$

汇率的预期升水(贴水)率等于两国利差。如果本国利率高于外国利率,则远期外汇升水,本币贴水;如果本国利率低于外国利率,则远期外汇贴水,本币升水。最终金融市场处于均衡状态,抛补的利率平价成立。

13.3.2 无抛补的利率平价

无抛补的利率平价模型假定投资者完全理性、同质和风险中性,金融市场是有效的,并且抛补利率平价成立。抛补的利率平价是投资者利用远期合约来锁定未来汇率变动的风险,同样投资者也可以根据自己对未来汇率变动的预期来进行交易,并承担一定的汇率风险。由于没有进行远期交易,投资者投资国外金融市场时,需要对未来的即期汇率作出预期。设投资者对于 1 年后的即期汇率预期为 Ee_f,如果其投资于海外市场的预期收入 $\frac{Ee_f}{e}(1+R_f)$ 大于本国收入 $1+R_d$,投资者将投资于外国市场;若相反,则投资于本国市场。假定市场上投资者的行为是类似的,那么当 $\frac{Ee_f}{e}(1+R_f) > 1+R_d$ 时,国内市场上的资金将流出,产生本币贬值的压力;反之,最终当 $\frac{Ee_f}{e}(1+R_f) = 1+R_d$ 时,市场恢复均衡。同样地,设 $E_\rho = \frac{Ee_f - e}{e}$ 为预期的汇率变动率,则可以得到 $E_\rho = R_d - R_f$,即在无抛补的利率平价下,如果本国利率高于外国利率,则市场预期未来本币贬值,反之,则意味着本币将升值。

由于很难测量投资者的预期,无抛补的利率平价一般很难进行直接检验,现有研究一般是借助于远期外汇市场来进行。假设在完全理性、风险中性和有效市场的情况下,投资者对于未来即期汇率的预期 Ee_f 等于未来实际发生的即期汇率 e_f,此时有:

$$E_\rho = \frac{Ee_f - e}{e} = \frac{e_f - e}{e} = \triangle e = R_d - R_f \quad (13.2\text{-}9)$$

$\triangle e$ 为汇率的实际变动率,即汇率的预期变动率等于实际变动率,并且等同于两国的利差。又因为抛补利率平价的公式成立,$\frac{f-e}{e} = R_d - R_f$,联立公式 (13.2-9),可以推导出:$\triangle e = \frac{f-e}{e}$,$Ee_f = f$。即在无抛补的利率平价下,汇率的远期升(贴)水率等于汇率的实际变动率,投资者对未来即期汇率的预期应该等于远期汇率。

利率平价理论主要是从资金流动的角度阐释汇率和利率之间的关系,有助于正确认识现实外汇市场汇率的形成机制,具有实践价值,常被作为一种基本关系运用到其他汇率决定理论的分析之中。利率平价理论不足之处在于:(1)利率平价说并没有考虑交易成本的问题。如果交易成本过高就会影响套利收益,进而影响利率与汇率的关系。(2)利率平价说假定国际资本自由流动,这一点过于理论化,外汇管制和外汇市场不发达因素在现实中仍广为存在。(3)利率平价说并没有考虑利率结构的问题。一国利率结构的形成比较复杂,其变动是由多种因素共同决定的。(4)无抛补的利率平价假定市场有效、理性和风险中性,现代经济学尤其是行为经济学大量实证表明这些假设在很多情况下是不成立的。

13.4 资产市场分析法

1973年布雷顿森林体系崩溃后,国际货币制度由固定汇率制转为浮动汇率制;20世纪60年代后期开始,大规模国际资本流动已经脱离实物经济和国际贸易而独立进行,在此国际经济发展的时代背景下,资产市场分析法迅速崛起,逐渐成为占主导地位的汇率决定理论。

与传统理论强调贸易对汇率决定的重要性不同,资产市场分析法(asset market approach)强调金融资产市场在汇率决定中的重要作用,能够较好解释汇率的易变性和波动性。资产市场分析法有两个重要分支,即货币主义理论(monetary approach)和资产组合平衡法(portfolio balance approach),区别在于二者的资本替代性假定不同。前者假定本国债券和外国债券充分可替代;后者则假定不充分可替代,特别强调债券市场的作用。

13.4.1 货币主义理论

货币主义理论强调货币市场在汇率决定中的作用。货币主义学者认为,汇率是两国货币的相对价格,而不是两国商品的相对价格。汇率是由货币市场上存量均衡条件,即各国货币供给与需求的存量均衡决定的。根据不同市场在受到冲击后价格调整快慢的不同假定,货币主义模型可以分为弹性价格模型和黏性价格模型。

1. 货币主义的弹性价格模型(flexible-price monetary model)

弹性价格模型是在1975年瑞典斯德哥尔摩召开的关于"浮动汇率与稳定

政策"国际研讨会上提出的。该理论是在绝对购买力平价理论的基础上发展起来的,"弹性价格"指经济活动中的所有价格变量,如商品价格、工资、汇率等都可以自由变动。购买力平价理论表明,汇率与国家间的物价水平有关。那么一国物价水平或通货膨胀率如何决定?货币主义者认为,长期看,一国货币供给决定了一国物价水平。根据这一思想,两个国家的货币相对供给差异将会通过物价水平和通货膨胀率影响到两国的货币比值。从实际角度看,一国流通中的货币量越多,其货币就会变得越不"值钱",那些高通胀国家的货币贬值力度是非常大的。

假设本国和外国的货币需求均取决于各自的价格水平与产出或实际收入,那么根据货币数量方程,可得:

$$M_d = kPY \tag{13.2-10}$$

$$M_d^* = k^* P^* Y^* \tag{13.2-11}$$

式中,M_d, P, Y 分别表示本国货币需求、国内价格、产出或实际收入;* 表示相应的外国变量,k, k^* 均为常量。

两国货币市场均衡时,货币需求等于货币供给,即 $M_s = M_d, M_s^* = M_d^*$。分别带入以上两式,可得每个国家的平均价格水平:

$$P = \frac{M_s}{kY} \tag{13.2-12}$$

$$P^* = \frac{M_s^*}{k^* Y^*} \tag{13.2-13}$$

与购买力平价公式(13.2-2)联立,可得:

$$E = \frac{P}{P^*} = \left(\frac{M_s}{M_s^*}\right)\left(\frac{k^*}{k}\right)\left(\frac{Y^*}{Y}\right) \tag{13.2-14}$$

从上式可以看出,汇率与两国的相对货币供给与相对实际收入联系在一起。如果本国相对外国的货币供给增长超过了本国相对外国的实际收入增长,那么本国货币将会贬值;反之,本国货币将升值。若两国货币供给以相同的速率增长,或两国实际收入等速增长,那么汇率水平将保持不变。因此,两国货币供给及收入增长的快慢将会引起汇率的波动。货币主义者认为,长期内一国经济稳定在充分就业的状态下,实际收入水平将固定不变,影响汇率变动的因素仅仅剩下货币相对供给水平的变化。

2. 货币主义的黏性价格模型(sticky-price monetary model)

黏性价格模型又称为汇率超调模型,是由美国经济学家多恩布什(R. Dornbusch)提出的。与弹性价格模型最大的区别在于,黏性价格模型认为资产市场和商品市场价格调整的速度是不一致的,商品具有短期的价格黏性,在短期内,购买力平价不能成立,商品市场上价格具有黏性,价格的调整是存在滞后性的,并不能随着汇率的调整而调整到适当位置;在长期内,价格水平可以充分调整,购买力平价可以很好地成立。

黏性价格模型认为,货币市场对外部冲击的反应较快,货币市场的调整快于商品市场的调整,汇率对外部冲击作出了过度调整,即汇率预期变动偏离了在价格完全弹性下调整到位后的购买力平价,这种现象叫做汇率超调。这解释了短期内汇率容易波动的原因,从而弥补了弹性价格货币模型缺乏短期分析的不足。

如图 13.1 所示,假设该国发生外部冲击前,经济处于长期均衡的状态下,国内价格为 P,均衡汇率为 e,均衡利率为 R。该国进行了货币超发,货币供给增加而价格、产出不变的情况下,导致该国利率水平从 R 降到了 R_1。在国外利率水平不变的情况下,根据非抛补的利率平价,金融市场上资本流出,导致汇率贬值,从 e 迅速变为 e_2。汇率变动后,国内物价由于黏性不变,导致出口竞争力增强,净出口上升,实际产出高于充分就业状态下的产出水平,本国出现通货膨胀,价格水平不断上升。物价上升导致货币供应的下降,而产出的增加导致货币需求的增加,进而导致利率上升使得货币市场均衡。根据非抛补利率平价,利率上升导致汇率升值;继而出口品竞争力下降,减少了净出口,实际产出下降,向充分就业水平进行调整。长期来看,汇率由购买力平价决定,新的均衡汇率为 e_1,价格为 P_1,只要汇率没有调整到均衡水平,上述过程就在不断进行中。因此,一次性货币增发所导致的汇率超调,最终将归于新的均衡水平。

黏性价格模型强调了货币市场在短期汇率决定中的重要作用,而商品市场只在长期情况下才对汇率产生实质性影响。

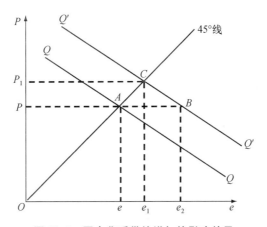

图 13.1 国内货币供给增加的影响效果

13.4.2 资产组合平衡理论(portfolio balance approach)

资产组合平衡理论出现于20世纪70年代中后期,由美国经济学家布朗逊(William Henry Branson)提出一个初步模型,后经霍尔特纳(H·Halttune)和梅森(P·Masson)等人进一步充实和修正。该理论认为,不仅货币的供求会影响汇率,经济实体等要素如贸易也会对汇率造成一定影响。国际市场的一体化和各国金融资产之间的高替代性,使各国居民既可以持有本国的货币和各种证券作为资产,又可持有外国的资产。同时,与货币主义理论不同的是,资产组合平衡理论假定本币资产和外币资产是不完全替代的,风险等因素使得非抛补的利率平价不成立,从而需要对本币资产和外币资产的供求平衡在两个独立的市场上进行考察。资产组合平衡理论引进了本国资产总量,本国资产总量直接制约着对各种资产的持有量,而经常账户的变动会对这一资产总量产生影响。这样,该理论就将流量因素和存量因素结合起来。理性投资者根据个人的投资偏好,按照风险收益的原则,将自己所拥有的财富分配到各种可供选择的资产上,形成最佳资产组合。一般地,人们愿意持有本国货币、本国债券和外国债券这三种资产。当然,这三种资产各自所占有的比例根据不同的资产收益率和财富的总量决定。若资产组合达到稳定的状态,国内外市场供求也达到均衡,汇率也相应地被决定。一旦利率、货币供应量或者投资者持有的资产种类发生变化,原有的资产组合就会被打破,进而引起各国资产之间的替代,促使资本的国际流动,最终会形成新的稳定均衡点,汇率也会随之改变。

该理论模型有以下几点重要假设:(1)货币可以自由兑换。(2)该国具有较发达的金融市场且有提供全能金融服务、保证金融工具流动性的设施。(3)金融市场上存在着多种金融工具、多种金融服务机构和比较健全的监管部门。(4)各金融资产之间可高度替代而非完全替代。(5)市场参与者可以自由选定他们的资产组合。(6)对国外投资者不存在外汇管制、税种歧视或其他形式的歧视。

与货币主义理论不同,资产组合平衡理论认为国内外的债券不是良好的替代品,并且认为汇率是由每个国家平衡其全部金融资产(货币仅仅是其中一种)的总供求决定的,还把贸易作为直接因素来分析。这样,资产组合平衡理论成为一种更贴近现实、更有普遍性的汇率决定理论。

专栏 13-2

危机时期的美元汇率

虽然关于汇率决定有各种理论,但在某些特定情况下,市场情绪和观念对于汇率变化似乎有着更为重要的影响,并以此形成了一些经验法则,下面以美元指数(US dollar index,USDX)和VIX指数关系为例进行说明。

美元是世界外汇市场上的主要交易货币,因此美元涨跌对于外汇交易者来说至关重要。但是外汇交易都是单个货币之间,需要一个综合反应美元总体动向的指标。1985年,纽约棉花交易所成立了金融部门,推出了美元指数期货。1998年,该交易所和其他交易所合并成纽约期货交易所,现在大家所说的美元指数均指纽约期货交易所美元指数。美元指数类似于美国股票市场的道琼斯工业平均指数,计算原则是以全球各主要国家与美国之间的贸易结算量为基础,以加权的方式计算出美元对这些国家货币(必须是汇率自由浮动的货币)的整体强弱程度。最初推行时有10种货币,欧元成立后在2000年降为6种,计算基期为1973年3月。目前,这些货币的权重分别为:欧元,57.6%;日元,13.6%;英镑,11.9%;加拿大元,9.1%;瑞典克朗,4.2%;瑞士法郎,3.6%。

VIX指数全称为芝加哥期权交易所波动率指数(Chicago board options exchange volatility index),该指数衡量标准普尔500指数(S&P 500 index)期权的隐含波动率。VIX指数每日计算,代表市场对未来30天的市场波动率的预期。当VIX较高时,表示市场参与者预期后市波动程度会更加激烈,同时也反映其不安的心理状态;相反,当VIX较低时,则反映市场参与者预期后市波动程度会趋于缓和。该指数被市场广泛应用,作为衡量美国乃至全球金融市场风险和恐慌程度的指标。如下图所示,2003年以来,VIX指数出现三次大的波动。第一次由于2008年金融危机爆发,尤其是雷曼兄弟公司破产引发金融市场重挫,市场情绪极为低落,VIX指数大幅上升;第二次是2010年4月,以希腊为首的欧洲债务危机开始出现,2010年5月,欧债危机升级,欧美股市全线大跌,市场恐慌加剧;第三次是2011年8月,美国非农就业数据增长为零,远低于市场预期的6.8万人,引发金融市场对美国经济复苏的担忧,再加上9月份市场担心希腊、意大利等国债务违约再次上演,金融市场再次出现恐慌。

可以看到,金融危机之前,VIX指数和美元指数之间关联性很弱,但金融危机爆发后,两者呈现出明显的正相关关系,VIX指数的增加带来美元升值,而VIX指数的下降伴随着美元贬值,这种关系在第一次和第二次VIX大幅波动时期表现得尤为明显。

为什么危机时期,市场恐慌会引发美元升值? 一般认为,这是由于美元的"安全天堂货币"(safe heaven currency)特性决定的。由于美元自身的国际地位以及在流动性和可接受性上的巨大优势,使得许多外国投资者认为持有美元是安全的选择。在一个市场动荡的时期,收益的稳定性和安全性明显更重要,市场避险情绪升温,风险偏好程度下降,投资者倾向于购买安全资产。目前,金融

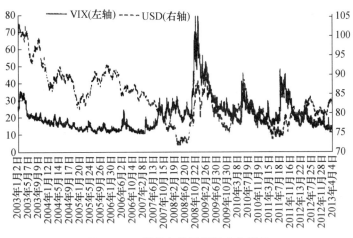

图 1　VIX 指数和美元指数变化状况

市场一般认为,世界上最安全的资产是美国的国债,所以在金融危机爆发后,大量投资者抛售股票和大宗商品,购买美元和美国国债,导致美元升值。当市场情绪稳定,对未来经济前景乐观时,投资者风险偏好增强,抛售美元和美国国债的资产,购买其他货币和大宗商品、股票等资产,导致美元贬值。

资料来源:张为付编:《国际经济学》,高等教育出版社 2014 年版,第 297—299 页。

虽然目前国际经济学界形成了各种各样的汇率决定理论,但汇率的预测仍是非常困难的,尤其是在短期汇率的解释和预测上,似乎还没有哪个理论能够具有令人信服的解释力和准确性。因此,在实际交易中,市场参与者更多地综合使用各种理论。理论与现实的差距不断调整着经济学家研究的视角,并推动着汇率决定理论不断地向前发展。

》本章小结

本章主要介绍一些有代表性的汇率决定理论,包括铸币平价理论、购买力平价理论、利率平价理论、汇率决定的货币分析法和资产组合平衡法等。

购买力平价理论是汇率理论中最具影响力的理论之一。购买力平价有两种形式,即绝对购买力平价和相对购买力平价。前者指出两国货币的均衡汇率等于两个国家的价格比率,说明某一时点上汇率决定的基础;而后者则指出汇率的变动等于两国价格指数的变动差,说明某一段时间里汇率变动的原因。利率平价理论考察了资本流动与汇率决定之间的关系,可分为抛补的利率平价和无抛补的利率平价两种。前者表明远期汇率升(贴)水率等于两国利差;后者则表明预期的即期汇率变化率等于两国利差。资产市场分析法扬弃了传统汇率理论的流量分析法,把关注的目光集中到货币和资产的存量均衡上,其分析更加强调资产市场的存量均衡对汇率的决定作用。货币分析法和资产组合平衡法是资产市场分析法的两个主要分支。货币分析法假定本国同外国债券有充分可替代性,而资产组合平衡法则假定本国同外国债券不具有充分可替代性,因此资产组合平衡法特别强调债券市场的作用。货币分析法中也有两个基本的分析模型,一是弹性价格货币模型,另一个是黏性价格货币模型。前者认为汇率水平应主要由货币市场的供求状况决定;后者认为在短期内,由于不同市场存在不同的调整速度,商品市场和资产市场并不是同时达到均衡的,资产市场调整快于商品市场调整,使汇率出现超调,这便是短期内汇率容易波动的原因。资产组合平衡法指出,投资者根据对收益率和风险性的考察,将财富分配于各种可供选择的资产,确定自己的资产组合。当资产组合达到稳定状态时,国内外资产市场供求也达到均衡,均衡汇率也相应地被确定;当财富总量(资产供给)发生变化时,通过汇率和利率的共同调节,资产组合达到新的平衡。

  本章介绍的占据主流的汇率理论往往是从宏观角度解释汇率决定及变动的。这种分析方法用于判断长期汇率走势似乎是有效的,但对解释现实存在的与宏观经济理论相悖的无规则汇率运动常常无能为力。目前,学者们突破传统理论的分析框架,通过引入新的解释变量、分析工具和方法,将汇率理论研究的重心由宏观分析转向外汇市场结构、外汇交易行为等微观领域,微观分析已日益成为汇率理论发展的新趋势。

≫ 关键词

铸币平价 绝对购买力平价 相对购买力平价 一价定律 弹性价格 黏性价格 抛补利率平价 无抛补利率平价 资产组合平衡理论

≫ 讨论与思考练习

1. 假设3个月远期汇率为2.00美元/英镑,一投机者预测3个月后的即期汇率将会是2.05美元/英镑,他该如何在市场上投机?如果它投资100万美元,且预测正确,将获利多少?
2. 简述购买力平价理论的内容及其评价。
3. 简述利率平价理论的内容及其评价。
4. 简述货币主义理论的内容及其评价。
5. 简述资产组合平衡理论的内容及其评价。

第14章 国际收支调整理论

通过国际商品和资本的流动,国内外商品市场之间、金融市场(包括证券市场和货币市场)之间连为一体,相互影响。当一国经济失衡时,会通过国际收支途径传递到与之联系的其他各国;同样,当外国的商品市场和金融市场失衡时,也会通过国际收支的途径传递给国内的经济。长期以来,国际收支调节理论一直是国际经济学的重要组成部分。总体上讲,对国际收支进行调节的途径包括两个方面,即市场对国际收支的调节机制和政府可能采取的政策工具。本章专门讨论三种主要的国际收支的市场调整理论:弹性分析法、吸收分析法和货币分析法。需要注意的是,现实世界中将国际收支的市场调节同政府的政策工具引导区别开来往往是困难的,尤其是对较严重的国际收支失衡进行调节时,市场机制和政府调节共同作用。但在理论分析上区别二者是必要的,纯市场调节机制的理论分析更清晰地阐明国际收支同诸多经济变量之间的联系,为政府的决策工具的出台提供依据。

14.1 弹性分析法

国际收支弹性分析法是指在收入不变的情况下,运用汇率与价格的变动对经常性项目进行调节。由于这一调整机制与进出口商品的供求弹性关系密切,所以被称为弹性分析法。这一理论首先由英国经济学家马歇尔(Alfred Marshall)提出,后来经过罗宾逊(Joan Robinson)、马克卢普(Fritz Machlup)和勒纳(Abba Ptachya Lerner)等人进一步发展,成为国际收支调整理论的重要内容之一。

在大危机的背景下,各国都开始谋求国内政策目标摆脱对外平衡的束缚,纷纷实行竞争性的汇率贬值政策,因而汇率变动频繁。国际收支弹性分析法应运而生,它主要是指在收入不变的情况下,运用汇率与价格的变动对经常性项目进行调节。

1. 弹性的基本概念

价格变动会影响需求和供给量的变动。需求量变动率与价格变动率之比称为需求价格弹性;供给量变动率与价格变动率之比,称为供给价格弹性。

第14章 国际收支调整理论

(1) 进口商品的需求弹性：$\varepsilon_M = \dfrac{\text{进口商品需求量的变动率}}{\text{进口商品价格的变动率}}$

(2) 出口商品的需求弹性：$\varepsilon_X = \dfrac{\text{出口商品需求量的变动率}}{\text{出口商品价格的变动率}}$

(3) 进口商品的供给弹性：$\eta_M = \dfrac{\text{进口商品供给量的变动率}}{\text{进口商品价格的变动率}}$

(4) 出口商品的供给弹性：$\eta_X = \dfrac{\text{出口商品供给量的变动率}}{\text{出口商品价格的变动率}}$

弹性实质是一种比例关系，当这种比例关系越高，弹性越高；反之比例关系越低，弹性就越低。

在国际经济中，进出口的价格变动可以通过汇率的贬值或者升值发生变化。根据需求法则，汇率的贬值导致进口下降，出口增加；同时，弹性越高，表明汇率变化对进出口影响越大。因而，汇率贬值（升值）对进出口的影响取决于需求弹性。

2. 马歇尔—勒纳条件

一国货币贬值，带来出口数量的上升和进口数量的减少，但同时也意味着出口价格的下降和进口价格的上升。马歇尔—勒纳条件（Marshall-Lerner Condition）用来研究贬值能够改善贸易收支的情况。

马歇尔—勒纳条件建立于下述假设：(1) 其他条件不变，只考虑汇率变化对进出口商品的影响。(2) 没有资本流动，国际收支等于贸易收支。(3) 充分就业和收入水平不变，因而进出口商品的需求是这些商品和其他替代品的价格水平的函数。基于此，仅考虑汇率变动对国际收支的影响，即汇率变动对出口值和进口值的影响。出口值等于出口价格乘以出口量，进口值等于进口价格乘以进口量，进出口值都可以用外币表示。公式表示如下：

$$VOX = PX \times QX$$
$$VOM = PM \times QM$$
$$CA = VOX - VOM$$

其中，PX、QX、PM、QM 分别表示出口价格、数量进口价格、数量。VOX 表示总的出口值，VOM 表示总的进口值，CA 表示贸易收支差额。

整理并求导，可得：当一国进出口商品的供给弹性满足

$$\dfrac{\eta_X(\varepsilon_M - 1)}{\eta_X + \varepsilon_X} + \dfrac{\varepsilon_M(1 + \eta_M)}{\eta_M + \varepsilon_M} > 0 \qquad (14.1\text{-}1)$$

贬值可以有效地改善国际收支。由于各种弹性被视为函数，从上式可看出，仅当出口需求缺乏弹性，马歇尔—勒纳条件得不到满足时，贬值使贸易差额恶化

的情形才会发生。因此该条件又被视为贬值改善贸易差额的充分必要条件。

马歇尔—勒纳条件有两个特殊情形：

（1）小国出口的国外需求弹性和进口的供给弹性无穷大，即 $\varepsilon_X = \eta_M = \infty$。在这种情形下，对式14.1-1取 ε_X 和 η_M 趋向于无穷大的极限，可得：

$$\varepsilon_X, \lim_{\eta_M} \to \infty \frac{\eta_X(\varepsilon_M - 1)}{\eta_X + \varepsilon_X} + \frac{\varepsilon_M(1 + \eta_M)}{\eta_M + \varepsilon_M} = \varepsilon_X + \eta_M > 0$$

（2）假设出口需求的增加将导致产量在不变价格基础上增加，则出口的供给弹性和进口的供给弹性是有无限弹性的，即 $\eta_X = \eta_M = \infty$。这意味着社会处于非充分就业状态，有闲置的资源可以利用，产出受价格的刺激还可以增长，对式14.1-1取 η_X 和 η_M 趋于无穷大的极限，可得：

$$\eta_X, \lim_{\eta_M} \to \infty \frac{\eta_X(\varepsilon_M - 1)}{\eta_X + \varepsilon_X} + \frac{\varepsilon_M(1 + \eta_M)}{\eta_M + \varepsilon_M} = \varepsilon_X + \varepsilon_M - 1$$

因而，当 $\varepsilon_X + \varepsilon_M - 1 > 0$ 或 $\varepsilon_X + \varepsilon_M > 1$ 时，贬值才能改善贸易收支，此时外汇市场处于稳定均衡状态；当 $\varepsilon_X + \varepsilon_M = 1$ 时，汇率变动对国际收支无影响；当 $\varepsilon_X + \varepsilon_M < 1$ 时，贬值会恶化国际收支。$\varepsilon_X + \varepsilon_M > 1$ 则被称为马歇尔—勒纳条件。

在进出口商品的供给弹性趋于无穷大的前提下，如果进出口商品需求弹性之和大于1，则货币贬值就发挥改善国际收支的作用。

专栏 14-1

马歇尔—勒纳条件的实证检验

表1 部分国家和地区进出口产品需求价格弹性估计

国家或地区	进口产品需求弹性	出口产品需求弹性	进出口产品需求弹性之和
美国	-0.92	-0.99	-1.91
日本	-0.93	-0.93	-1.86
德国	-0.60	-0.66	-1.26
英国	-0.47	-0.44	-0.91
加拿大	-1.02	-0.83	-1.85
其他发达国家	-0.49	-0.83	-1.32
发展中国家	-0.81	-0.63	-1.44
OPEC	-1.14	-0.57	-1.71

资料来源：Jaime Marquez. Bilateral Trade Elasticities. Review of Economics and Statistics, 1990, 72(1): 75—76.

表2 15个发达国家和9个发展中国家进出口产品需求弹性(绝对值)

	出口产品需求弹性	进口产品需求弹性	进出口产品需求弹性之和
发达国家			
美国	1.19	1.24	2.43
日本	1.40	0.95	2.35
德国	1.02	0.79	1.81
英国	0.86	0.65	1.51
法国	1.28	0.93	2.21
意大利	1.26	0.78	2.04
加拿大	0.68	1.28	1.96
比利时	1.12	1.27	2.39
丹麦	1.04	0.91	1.95
挪威	0.92	1.19	2.11
瑞典	1.58	0.88	2.46
瑞士	1.03	1.13	2.16
荷兰	1.46	0.74	2.20
奥地利	1.02	1.23	2.25
冰岛	0.83	0.87	1.70
发达国家平均	1.11	0.99	2.10
发展中国家			
韩国	2.5	0.8	3.3
巴西	0.4	1.7	2.1
阿根廷	0.6	0.9	1.5
土耳其	1.4	2.7	4.1
菲律宾	0.9	2.7	3.6
印度	0.5	2.2	2.7
巴基斯坦	1.8	0.8	2.6
肯尼亚	1.0	0.8	1.8
摩洛哥	0.7	1.0	1.7
发展中国家平均	1.1	1.5	2.6

资料来源：Gylfason. Does Exchange Rate Policy Matter? European Economics Review, 1987, 31(1—2): 377. 李坤望编：《国际经济学》，高等教育出版社2000年版，第267—269页。

3. J曲线效应

经济学家把一国货币贬值后，其国际收支恶化再改善的趋势，称作J曲线效应(J-curve Effect)。贬值对于国际收支的有利影响要经过一段时滞后才会显现,这一影响的轨迹类似于英文大写字母 J,所以货币贬值对国际收支初期恶化、长期改善的时滞效应称为 J 曲线效应。如图 14.1 所示:

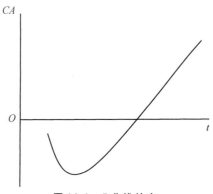

图 14.1　J 曲线效应

J 曲线效应发生的原因在于货币贬值后出口额和进口额的短期反应较慢,长期反应较快,存在不同反应是因为消费者、生产者方面都有反应时滞,不完全竞争的存在更使得这些时滞延长了。

(1)货币贬值后,本国出口商品的新价格信息还不能立即为需求方所了解,存在认识时滞。(2)供求双方都需要一段的时间判断价格变化的重要性,即存在决策时滞。(3)供给方国内对商品和劳务的供应并不能立即增加,存在生产时滞。(4)供求双方都需要一定的时间来完成对旧存货的处理,即存在替代时滞。(5)把商品、劳务运往国际市场需要一定的时间,存在交货时滞。此外,在多数情况下外贸受制于以前的合同,本币贬值并不能立即影响贸易与非贸易品的相对价格。

14.2　吸收分析法

吸收分析法的产生源于对实际案例的分析。1948 年,墨西哥出现了国际收支逆差,由于外汇储备的骤然下降,当局不得不迅速中止了该国货币比索的兑换比价,任其汇率下跌,并向国际货币基金组织申请贷款以平衡国际收支逆差。在国际货币基金组织供职的亚历山大(Sidney Alexander)和波拉克(Pollack)等经济学家认为,墨西哥的国际收支问题主要是国内预算赤字所致,因而得到了与弹性分析法截然不同的结论:降低汇率不能从根本上解决逆差问题。波拉克在其《以贬值应对投资过度》的研究报告中,论证了降低汇率不可能纠正因过度投资所造成的持续国际收支逆差。如果实际收入不变,国内投资规模不变,国际收支逆差就不会消失。墨西哥的经历说明一国国际收支状况与其宏观经济总体趋势之间存在密切联系。最早把国民收入的支出命名为吸收的是亚历山大,他在 1952 年发表的《贬值对贸易差额的影响》一文中首次介绍了国际收支的吸收分析法。后来经过米德、蒙代尔等经济学家的补充而不断完善发展,在 20 世纪 50 年代和 60 年代盛极一时,成为凯恩斯主义国际收支调节理论的重要组成部分。

前述弹性分析方法的一个局限是它只考虑了货币贬值对贸易收支的直接影响。而事实上,货币贬值所引起的进出口的变化,不仅直接影响贸易收支,同时还影响国民收入,而国民收入的变化又会进一步影响贸易收支。国际收支调整的吸收分析法比较全面地考察了货币贬值对国民收入和贸易收支产生的这种综合影响。所谓"吸收"是指一国国内居民购买商品和劳务的支出。根据凯恩斯的宏观经济模型,在三部门经济中,总吸收可以定义为 $Y = A = C + I + G$;而在开放经济中,考虑到进出口,贸易差额 CA 可以表示为一国的国民收入与其吸收之间的差额,即:

$$Y = C + I + G + X - M \tag{14.2-1}$$

$$CA = X - M = Y - A \tag{14.2-2}$$

上式涵盖了国际收支调整吸收分析法的基本思想:贸易收支顺差意味着国民收入大于国内吸收,逆差则相反。因此当一国贸易收支处于失衡状态时,可通过改变国民收入或国内吸收的方法加以调节。具体地说,若贸易收支出现逆差,增加国民收入或减少国内吸收可以消除逆差;若出现顺差的情况,则可以减少国民收入或增加国内吸收。对式(14.2-2)两边进行微分,得到:

$$d(CA) = dY - dA \tag{14.2-3}$$

由式(14.2-3)可知,若采用货币贬值的方法来改善贸易收支,那么货币贬值对贸易差额的影响,取决于国民收入和吸收这两部分影响的相对大小。其中对吸收的影响又可分为两部分:第一部分是货币贬值后收入变动对吸收的影响,即收入变动的"引致支出效应",该效应可表示成 adY,其中 a 表示边际吸收倾向,表示边际消费倾向与边际投资倾向之和。第二部分是除收入变动影响之外,贬值对吸收的直接影响效应,可表示为 dA_d。两种效应之和等于货币贬值对吸收的净影响效应,即:

$$dA = adY + dA_d \tag{14.2-4}$$

将式(14.2-4)代入式(14.2-3)并进行整理,可得:

$$d(CA) = (1 - a)dY - dA_d \tag{14.2-5}$$

由上式可知,贬值对贸易差额的影响有两部分,即贬值产生的收入效应 $(1-a)dY$ 以及贬值对吸收的直接效应 dA_d。只有当 $(1-a)dY > dA_d$ 时,货币贬值才能使国际收支得到改善。以下对两种情况分别进行探讨。

1. 货币贬值对国民收入的影响效应

一般包括闲置资源效应、贸易条件效应和资源再分配效应。

闲置资源效应指当一国处于非充分就业、生产要素尚未被充分利用而存在闲置生产能力时,由货币贬值引起的出口需求上升就可能引发产量和就业量的扩大,使国民收入增加。在这种情况下,货币贬值能否改善贸易收支,取决于贬值的收入效应 $(1-a)dY$ 是正还是负,而这又取决于边际吸收倾向 a。若 $(1-a)dY > 0$,国内吸收的增加小于国民收入的增加,贸易收支得到改善;若 $(1-a)dY < 0$,国内吸收的增加大于国民收入的增加,贸易收支进一步恶化;而当 $(1-a)dY = 0$,货币贬值不产生收入效应,不影响贸易收支。

贸易条件效应指当贬值使得进出口价格相应变动时,由于贸易条件的恶化而导致的国民收入发生变化。一般而言,如果贸易条件因贬值而恶化,则实际国民收入可能降低;如果贸易因贬值而改善,则实际国民收入可能增加。贸易条件恶化与否取决于进出口商品的供给弹性与需求弹性,收入增减变化对于国际收支的影响则仍取决于 $(1-a)$ 的大小。

资源再分配效应指贬值会引起资源的重新分配和转移,从而带来收入的变化。譬如货币贬值使进口部门商品价格提高,竞争力下降;出口部门的商品价格更为便宜,竞争力增强,那么资源就会从进口部门转移到出口部门。如果非贸易品部门相对于贸易部门而言劳动生产率低,则这种资源再分配会使得国民收入上升,从而影响国际收支差额。

2. 货币贬值对吸收的直接影响效应

(1) 实际余额效应

人们一般希望以实际货币余额形式持有的收入占其实际总收入的比率保持不变。但一国的货币贬值政策通常会引起国内的通货膨胀现象,使消费者手中的实际货币余额减少,消费者为保持既定的实际货币余额而减少消费,从而使得总吸收下降,国际收支得以改善。

(2) 收入再分配效应

货币贬值后物价上涨的同时,工资受到劳资合同的约束不能立即提高。虽然工人们的名义工资并没有减少,实际工资却下降了,而雇主们的利润由于再分配效应增加了。由于利润收入与工资收入相比具有更大的储蓄边际倾向,因此会使全社会吸收水平下降,从而改善国际收支。如果该国施行累进的个人所得税政策,那么货币贬值带来的名义收入增加会使个人进入更高的纳税等级,则纳税人的可支配收入减少,从而使得全社会总吸收下降,国际收支因此得到改善。

(3) 货币幻觉效应

由于人们比较注重货币的名义收入,当货币贬值使物价上涨时,即使人们的收入与物价同比例上涨使实际收入保持不变,人们也会因物价上涨而减少支出,使得吸收水平下降,从而改善国际收支。

(4) 预期效应

当货币贬值引起物价上涨时,如果人们预期物价会由于惯性进一步上涨,就会增加当前的消费,提高整个社会的吸收水平,从而国际收支将会恶化。另一方面,通货膨胀预期也可能会使投资下降,减少吸收,从而使国际收支改善。

(5) 替代效应

如前所述,货币贬值可能会使得本国贸易条件恶化。贸易条件恶化对吸收水平的影响除了会产生收入效应(贸易条件的恶化减少了国民收入,进而吸收水平下降),同时会产生一定的替代效应(由于国产商品比外国商品更便宜,人们会增加国内消费,替代进口产品,从而使吸收水平上升)。如果正的替代效应大于负的收入效应,货币贬值带来的贸易条件恶化也会使吸收水平上升。

综上,吸收分析法认为,货币贬值对国际收支的实际效果取决于三个因素:贬值对实际国民收入所引起的变化、贬值对吸收的直接影响以及边际吸收倾向的大小。在社会存在闲置资本或就业不充分的情况下,贬值可以刺激国外出口商对国内产品的需求,使闲置资源向出口部门转移,从而扩大出口,改善国际收支;此外,由于出口的增长会引起国民收入的增长和国内吸收的增加,所以只有当边际吸收倾向小于1,即吸收的增加小于收入的增长时,国际收支才能最终得到改善。在一国经济处于充分就业的情况下,没有闲置资源用于扩大生产,国民收入不能增加,则贬值只能通过压缩吸收或减少支出来达到改善国际收支的目的。吸收减少的结果,一方面使进口商品的国内需求下降,从而减少进口;另一方面使出口商品的国内需求下降,从而增加出口。可见,货币贬值只有能增加收入或减少吸收时才是有效的。

14.3 货币分析法

弹性分析法和吸收分析法实际上都强调国际收支中贸易收支的调整,忽略了国际收支中的资本项目和金融项目。随着国际经济的发展,资本流动和金融资产交易的重要性越来越明显,在国际收支的构成中,其重要性甚至超过了经常项目。正是这一背景下,国际收支调整的货币分析法自20世纪70年代起成为国际收支调节理论的主流,风靡一时。货币主义的核心思想在于"现代货币数量说",强调资本主义经济在动态上的稳定,主张减少政府干预,认为实行稳定的货币政策能够保证经济的有效运行。约翰逊、弗兰克尔以及蒙代尔等经济学家把这一思想运用在国际收支领域,将国际收支看作一种货币现象,货币存量调整既是引起国际收支失衡的原因,又在调节均衡中起着关键的作用。

  国际收支调整的货币分析法起源于英国古典学派经济学家大卫·休谟的价格—铸币流动机制的自动调节理论。价格—铸币流动机制是指在金本位的制度下,通过货币或者贵金属的流出流入自动调节贸易收支的机制。具体地说,当一个国家出现贸易收支逆差,导致黄金流出,本国货币供应量减少,商品价格下降;价格下降会提高本国出口竞争力,从而使出口增加、进口减少,贸易收支恢复平衡。当一个国家出现贸易收支顺差时,情况则刚好相反。货币分析法的现代复兴始于米德(J. Meade)在20世纪50年代初的研究。国际收支调整的货币理论把国际收支的任何顺差或逆差看作是它本身的直接纠正方法,因为顺差就是调整到对货币有暂时性的过多需求的一种方式,而逆差就是调整到对货币有暂时性的过多供给的一种方式。货币供给量的变化会自动消除这种不平衡。

  假设一国名义货币需求余额与其名义国民收入正相关,并在长期内是稳定的。其货币需求函数为:

$$M_d = kPY \qquad (14.2\text{-}6)$$

M_d 是名义一国货币需求余额量;k 是常数,是期望的名义货币余额与名义国民收入之比;P 为国内价格水平;Y 为实际产量,PY 为国民收入或者总产值。

  另一方面,假设一国货币的供给量取决于其基础货币和货币乘数,那么货币供给函数为:

$$M_s = m(D + R) \qquad (14.2\text{-}7)$$

这里,M_s 是一国总的货币供给量;m 是货币乘数,假定为常数;D 是一国基础货币的国内部分,而 R 是基础货币的国外部分。国内的基础货币是由所在国货币当局创造的国内信用,而基础货币的国外部分可以看成是一国的国际储备,其增加或减少代表一国国际收支的盈余或赤字。$D + R$ 构成一国的基础货币或者称为高能货币。在现代银行体系中,商业银行每一单位的国内信贷量或国际储备的增长都会产生乘数效应,使一国货币量成倍增长;但由于银行系统内各种漏出效应的存在,倍数效应很小,m 可以看成稳定常数。

  根据以上简化模型,在开放经济中,解决货币市场不平衡的途径可以表现为国际收支的变动。假设模型研究的对象是个小国,该国处于充分就业状态,实行固定汇率,商品和资本具有完全国际流动性,那么货币需求是长期稳定的,货币市场主要通过调整货币供给来实现均衡。假设最初的货币市场是均衡的,

即 $M_s = M_d$，由式(14.2-6)和(14.2-7)可得：

$$m(D + R) = kPY \qquad (14.2\text{-}8)$$

由于 k, P, Y 三个变量是假定不变的，因此对上式微分，可得：$dR = -dD$。这意味着，如果货币当局超发货币（$D\uparrow$），货币供给就会超过货币需求，为恢复货币市场均衡，R 就要减少，即国内信贷扩张会导致国际储备减少，出现国际收支逆差；如果货币当局减少国内信贷（$D\downarrow$），那么在货币需求不变的情况下，为了恢复均衡，R 将上升，即国际储备将增加，出现国际收支顺差。因而，任何来自货币市场的不均衡都会反映在国际收支中。一国国际收支逆差的原因在于国内货币供给超过货币需求；而一国国际收支顺差的原因在于国内货币的供给低于货币需求。

国际收支失衡的原因归结于国内货币市场的不平衡，那么恢复国际收支平衡的途径就在于恢复国内货币市场的平衡。在固定汇率制下，即使一国货币当局不采取任何措施，货币市场的不平衡也是不可能长期存在的，它可以通过货币供给的自动调整机制消除，即货币供给通过国际储备的变动来适应货币需求。

假定 A 国国际收支最初处于均衡状态。如果 A 国货币当局增加了国内货币供给，势必导致国内商品和劳务的价格上涨。这一趋势使得其出口商品丧失竞争能力，并促使 A 国居民把自己的钱少花在本国的商品和劳务上，而多花在外国的商品和劳务上。在固定汇率制下，这就意味着 A 国国际收支的恶化。但在长期来看，外国收到这部分货币余额的人，一定会把这部分货币余额交给其本国中央银行换回本国货币，然后外国中央银行再把它们提交给 A 国中央银行，而 A 国中央银行只能从本国的国际储备中支付这部分货币金额。国际储备的减少，必然会使 A 国基础货币减少，由此带来的货币供给量下降将会自动地调整 A 国国际收支的逆差。相反，如果国内货币供给由于某种原因小于货币需求，那么国际收支出现顺差，国际储备增加，在国内基础货币（D）不变的情况下，国际储备的增加会导致货币供给增加，国际储备的增加会一直持续到货币供给重新等于货币需求的时候才停止，此时国际收支顺差消失。

如果一个小国实行浮动汇率制，那么货币需求通过汇率的变化来适应货币供给，国际收支失衡是通过汇率变化来消除的。如果一国货币供给超过货币需求，那么国际收支出现逆差，国际收支逆差意味着外汇市场上外汇供给小于外汇需求，于是逆差国货币贬值。货币贬值又引起国内价格上涨，从而引起货币需求的增加。在货币市场趋于平衡的过程中，国际收支逆差逐渐缩小直至消失。同样，如果国际收支出现顺差，那么顺差国的货币将升值，国内价格下降，货币需求随之下降，直至货币市场恢复平衡，汇率的变动才会停止，国际收支顺差也随之消失。

本章小结

本章介绍三种主要的国际收支调整理论:弹性分析法、吸收分析法和货币分析法。其中,弹性分析法和货币分析法属于价格调整机制,主要通过汇率的变动来调整国际收支;吸收分析法属于收入调整机制,主要通过总支出或生产的变动来调整国际收支。弹性分析法和吸收分析法是早期以经常项目为对象的国际收支调整理论,在当时历史条件下经常项目是国际收支的主要构成部分。而货币分析法出现时间较晚,讨论的是包括资本和金融项目在内的国际收支调整问题。

国际收支调整的弹性分析法认为货币贬值可以提高外国商品相对国内商品的价格,但贬值能够改善贸易收支取决于进出口商品的供求弹性。在进出口产品供给弹性无穷大的前提下,当一国的出口商品需求弹性和进口商品需求弹性满足马歇尔—勒纳条件时,本币贬值可以起到改善贸易收支的作用。但由于货币贬值对进出口的影响存在时滞,所以经常伴随着所谓的"J曲线"效应,即在一国货币贬值过程中,贸易收支先恶化后改善。吸收分析法将凯恩斯的乘数原理与弹性分析法结合起来,认为货币贬值只有在引起收入相对于吸收增加时,贸易收支才能得以改善。货币分析法则强调国际收支的货币特征,即强调货币供求在决定一国国际收支状况中的作用。它将货币市场失衡与国际收支失衡直接联系在一起,认为一国国际收支出现逆差是因为其国内货币供给超过了货币需求,而一国国际收支出现顺差则是因为其国内货币供给低于货币需求。在固定汇率制下,国际收支失衡可通过货币供给的自动调整以适应货币需求这一过程加以恢复;而在浮动汇率制下,国际收支失衡可通过汇率的变化来自动调整。

关键词

弹性　弹性分析法　马歇尔—勒纳条件　J曲线　吸收　货币分析法

讨论与思考练习

1. 马歇尔—勒纳条件是什么?
2. 简述影响货币贬值效应的因素。
3. 试解释J曲线效应及其形成原因。
4. 简述吸收分析法的基本理论和政策主张。
5. 简述货币分析法的基本理论和政策主张及其评价。
6. 你认为上述理论哪个适合中国的现状?

第15章 内外平衡理论

前面两章讨论了汇率和国际收支调整问题。本章和下一章将外汇市场均衡或国际收支均衡与国内经济均衡综合在一起,讨论开放经济条件下宏观经济的内外平衡问题以及宏观经济政策的作用效果。

15.1 开放经济下的宏观经济政策目标

在封闭经济条件下,政府宏观经济的目标包括充分就业、物价稳定和经济增长。其中,经济增长属于长期目标,其余两项为短期目标。实现充分就业和稳定物价可称为内部均衡。所谓充分就业是指社会消除了非自愿失业,只剩下摩擦性失业和结构性失业的状态。如果社会长期处于非充分就业状态,那么一方面意味着社会存在着资源的浪费,另一方面则容易造成社会的不稳定,因此各国政府都把增加就业岗位作为非常重要的惠民政策来对待。物价稳定是政府追求的另一目标,社会商品物价的波动通过通货膨胀率来反映。一旦通货膨胀率增长过快,那么价格机制就会失灵,难以发挥优化资源配置的作用,而且通货膨胀所引起的收入再分配效应也会使得特定群体的利益受到损害。一国的经济增长是改善人民生活、增强国家经济实力的基本途径,也是增加就业、实现充分就业和稳定物价的内在要求,所以政府要采用相应的政策措施保持经济持续稳定增长。在开放经济条件下,政府还要考虑国际收支平衡,即外部均衡。一国对外贸易和资本流动状况会直接影响国内总需求、货币供给量和经济增长状况,所以保持国际收支基本平衡也是实现国内宏观经济健康发展的必要条件。

概括而言,在开放经济条件下一国政府在短期内宏观经济政策的运用就是为了实现内部均衡(消除失业和通货膨胀,实现充分就业)和外部平衡(消除国际收支顺差或逆差,实现国际收支平衡)这两大目标。

15.2 政策搭配原理

15.2.1 丁伯根法则

丁伯根法则是由1969年首届诺贝尔经济学家奖获得者丁伯根(Tinbergen)提出的。其基本内容是,一国可以运用的独立的政策工具数至少要与所要实现的经济政策目标数相等。即要达到一个独立经济目标,至少需要一种独立的政策工具。如果政府有两个目标,它就需要两个政策工具,以此类推。丁伯根法则可以通过如下的框架简单说明:

假定政府可用的政策工具有两个:I_1 和 I_2,目标也有两个:T_1 和 T_2。政府追求的是利用两个政策工具达成两个目标的预期效果 T_1^* 和 T_2^*。令政府的目标是政策工具的线性函数,即:

$$T_1 = a_1 I_1 + a_2 I_2 \tag{15.1-1}$$

$$T_2 = b_1 I_1 + b_2 I_2 \tag{15.2-2}$$

在这种情况下,只要两种政策工具对目标的影响是独立的,政府就可以利用这两种政策工具来达成最优的目标。按照线性代数的知识,只要 $a_1/b_1 \neq a_2/b_2$,即只要政策工具 I_1 和 I_2 线性无关,就可以求解出实现最优目标和所需的工具。而如果 $a_1/b_1 = a_2/b_2$,就意味着这两种工具线性相关而非独立,它们对两个政策目标具有相同的影响,此时相当于政府只有一个政策工具而试图解决两个目标,是不一定能够成功的。上述结论可以推广到更一般的形式:如果一个经济系统具有线性结构,政府有 n 个目标,只要至少有 n 个线性无关的独立政策工具,就可以同时实现 n 个目标。

15.2.2　米德的政策搭配理论和斯旺模型

假定在经济达到充分就业之前物价水平保持不变,同时贸易收支即代表整个国际收支,不考虑资本流动的影响,则政府可以运用支出增减政策和支出转换政策的配合来实现内外同时均衡的目标。这一政策搭配理论由经济学家索尔特(Salter)与斯旺(Swan)提出,由米德(Meade)综合而形成。

当社会存在失业时,可通过扩张性的财政政策和货币政策扩大总支出减少失业;而当经济存在通货膨胀时,则可运用紧缩性财政政策和货币政策减少总需求水平,降低通货膨胀。同样,国际收支顺差时,可通过本币升值减少出口,增加进口,从而减少顺差;而当国际收支逆差时,可通过本币贬值刺激出口,抑制进口,从而减小逆差。因此,当经济中存在内部和外部不平衡时,可以通过支出调整政策和支出转换政策的搭配来实现内部和外部的同时均衡。具体搭配情况如表 15.1 所示:

表 15.1　米德的政策搭配

经济状况	支出增减政策	支出转换政策
失业和顺差	扩张性	本币升值
失业和逆差	扩张性	本币贬值
通货膨胀和顺差	紧缩性	本币升值
通货膨胀和逆差	紧缩性	本币贬值

米德提出的实现内外均衡的政策搭配组合可由斯旺图示予以说明。图15.1 中横轴表示国内支出水平,代表支出调整政策,扩张性支出调整政策会拉动国内支出水平沿横轴右移;纵轴表示直接标价法下的汇率,代表支出转换政策,汇率上升意味着本币贬值,汇率下降则意味着本币升值。EB 线代表着国内支出和汇率的各种组合下的外部平衡曲线。该曲线的斜率为正,是因为扩张性支出调整政策使国内支出增加,从而进口增加,为了维持外部平衡,需要汇率上升,本币贬值,从而刺激出口、抑制进口。IB 线代表国内支出和汇率的各种组合下的内部平衡曲线。该曲线的斜率为负,是因为汇率下降、本币贬值会导致出口减少、进口增加,为维持内部平衡,必须增加国内支出。EB 线和 IB 线的交点 E 代表内部和外部同时均衡。

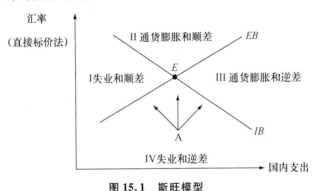

图 15.1 斯旺模型

EB 线左侧代表外部顺差,右侧代表外部逆差。IB 线左侧代表内部存在失业,右侧代表内部存在通胀。因此 EB 线和 IB 线将坐标平面分为四个领域,每个区域代表内部和外部不均衡的不同组合。政府可以通过支出调整政策和支出转换政策的不同组合来实现内外同时平衡。例如当经济处于 A 点即存在失业和逆差时,可以采取扩张性支出调整政策和货币贬值的支出转换政策组合,使经济趋向于平衡点,从而实现内部和外部的均衡。

此外,在固定汇率制度的前提下,汇率的调整受到制约,仅仅使用支出调整政策来实现内部平衡和外部平衡两个目标,可能会导致米德冲突(Meade Conflict)。米德冲突是指在某些情况下,单独使用支出调整政策——财政政策和货币政策——追求内外平衡,将会导致一国内部均衡和外部均衡的冲突。例如,在失业和逆差并存的情况下,采取扩张性的财政政策和货币政策可以消除失业,实现内部均衡;但扩张性财政政策和货币政策产生的总需求和总支出水平的提高也会增加进口,从而使得国际收支逆差进一步加重。

15.2.3 蒙代尔的政策配合理论

蒙代尔(Robert A. Mundell)在1962年向国际货币基金组织提交的《恰当运用财政政策以实现内外稳定》的报告中,正式提出了"政策配合论",即提出了以财政政策促进内部平衡,以货币政策促进外部平衡的政策主张。蒙代尔认为,不同的政策工具实际上被不同的决策者所掌握。货币政策通常由中央银行制定,而财政政策主要由财政部控制。在这种情况下,倘若决策者无法紧密协调而只是独立决策,那么货币政策效果难达最佳。如果不同工具被合理地指派给不同目标,并且在目标偏离最佳水平时按规则调控,那么分散决策下仍可实现最佳宏观目标。

那么,究竟哪些目标应该由哪些工具来实现呢?首先,看财政政策对内外部平衡的影响。如果采取扩张性的财政政策,比如增加政府购买支出或减税,会导致社会总需求增加,进而在乘数的作用下引起国民产出和收入的增加,就业增加、失业减少。而如果政府采取紧缩性的财政政策,比如减少政府购买支出或增税,则会导致社会总需求的减少,进而引起国民收入水平下降,物价也随之降低。由此可见,财政政策对于一国内部平衡的影响结果较为明显,作用方向明确。而从外部平衡的角度考虑,当政府采取扩张性的财政政策时,一方面由于需求的增加,进而导致进口的增加,从而导致经常性项目收支恶化;另一方面,扩张性的财政政策会导致利率的上升,从而吸引外资的流入,国际收支资本和金融项目由此改善。因此,扩张性的财政政策对国际收支和外部平衡的影响是不明确的;同样地,紧缩性的财政政策一方面会改善贸易收支,但是另一方面会恶化国际收支的资本项目,从而可得知财政政策的实施更有利于实现经济的内部平衡。

其次,看货币政策对内外平衡的影响。从内部平衡的影响来看,一国采取扩张性的货币政策,增加货币供给量,则利率会下降,进而刺激私人消费和投资支出的增加,引起国民收入水平提高,增加就业、减少失业。而采取紧缩性货币政策,减少货币供给量,则利率会上升,进而抑制私人消费和投资支出,引起国民收入水平下降,物价也随之降低。从对外部平衡的影响来看,如果一国采取扩张性的货币政策,则利率下降一方面会通过刺激私人消费和投资支出增加而引起国民收入水平提高,国民收入增加会导致进口增加,从而使得贸易收支恶化;另一方面利率下降也会导致资本的流出,从而使国际收支资本和金融项目恶化。因而扩张性的货币政策会导致国际收支的恶化。相反,如果一国采用紧缩性的货币政策,则利率上升一方面通过抑制私人消费和投资支出而引起国民收入水平的下降,进而导致进口减少,贸易收支由此改善;另一方面利率上升也会吸引资本流入,从而使得国际收支资本和金融项目改善。因而紧缩性的货币政策会导致国际收支的改善。因此,货币政策对于内外平衡都是有效的,根据比较优势的原理,主要把货币政策用在对于一国外部平衡的影响上。

表 15.2 呈现了蒙代尔的政策搭配思想,当经济中存在失业,可以通过增加政府支出或减税等扩张性财政政策来增加总需求,以此恢复就业;而当经济中存在通货膨胀时,则可以通过减少政府支出或增税等紧缩性政策来减少总需求,降低通货膨胀。当国际收支逆差时,可以通过减少货币供给量等紧缩性货币政策,降低总需求水平,减少进口,同时紧缩性货币政策也会提高利率,吸引资本流入,从而消除国际收支逆差。当国际收支存在顺差的情况下,则可以通过扩张性货币政策刺激总需求,增加进口,同时利率下降促使资本外流,从而延缓了国际收支顺差。

表 15.2 蒙代尔的政策配合

经济状况	财政政策	货币政策
失业和顺差	扩张性	扩张性
失业和逆差	扩张性	紧缩性
通货膨胀和顺差	紧缩性	扩张性
通货膨胀和逆差	紧缩性	紧缩性

蒙代尔的政策配合理论可以通过图 15.2 予以说明。

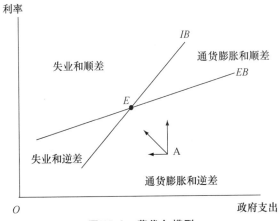

图 15.2 蒙代尔模型

图中,横轴表示政府支出水平,代表财政政策的作用方向,沿横轴右移表示财政政策扩张性增强;纵轴表示利率水平,代表货币政策作用方向,沿纵轴上移意味着货币政策紧缩性提高。EB 线代表财政政策和货币政策的各种组合下的外部平衡曲线。该曲线的斜率为正,是因为扩张性财政政策使国内支出增加,从而增加进口,为维持外部平衡,需要利率上升,吸引资本流入。IB 线代表财政政策和货币政策的各种组合下的内部平衡曲线。该曲线斜率也为正,是因为利率上升会导致投资减少,失业增加,为维持内部平衡,必须增加政府支出。IB 线比 EB 线斜率大,是因为相对而言,财政支出对于国民收入和就业等国内经济变量和内部均衡的影响大,而利率则对国际收支和外部均衡的影响大。EB 线和 IB 线的交点 E 代表内部和外部同时均衡。EB 线的左侧代表外部顺差,右侧代表外部逆差。IB 线的左侧代表内部存在失业,右侧表示内部存在通货膨胀。因此 EB 线和 IB 线将坐标平面分成四个区域,每个区域代表内部和外部不平衡的不同组合。政府可以通过财政政策和货币政策的不同组合来实现内外同时平衡。例如,当经济处于 A 点即存在通货膨胀和逆差时,可以采取紧缩性财政政策和紧缩性货币政策的政策组合,使经济趋向 E 点,从而实现内部和外部同时均衡。

本章小结

本章阐述了开放经济条件下实现宏观经济内外平衡的理论。在开放经济中,一国的宏观经济政策需要兼顾内部平衡和外部平衡这两个目标。政府要同时实现宏观经济政策目标,需要满足丁伯根法则。英国经济学家米德提出政府可以运用支出调整政策和支出转换政策的组合来同时实现内部平衡和外部平衡目标。米德提出的实现内外均衡的政策搭配组合可由斯旺图示予以说明。在固定汇率制下,如果单纯采用支出调整政策来实现内部平衡和外部平衡两个目标,可能会出现米德冲突。一国财政政策和货币政策对内部平衡和外部平衡的作用程度和方向是不同的,蒙代尔提出了以财政政策促进内部平衡,以货币政策促进外部平衡的政策"分配法则"。

关键词

丁伯根法则   米德政策搭配理论   斯旺模型   米德冲突   蒙代尔政策配合理论

讨论与思考练习

1. 开放经济条件下一国宏观经济政策的目标有哪些?
2. 何为丁伯根法则?
3. 请利用斯旺图示阐释米德的内外均衡理论。
4. 财政政策和货币政策对一国内部平衡和外部平衡的作用程度和方向有何不同?
5. 请阐述蒙代尔的政策"分配法则"。

第16章 开放经济下的宏观经济政策

开放经济条件下,一国宏观经济政策的作用效果要受到不同汇率制度及资本流动程度的影响。本章借助开放经济下的宏观经济模型(IS-LM-BP model)讨论固定汇率和浮动汇率下财政政策和货币政策的作用效果。

16.1 蒙代尔—弗莱明模型

在封闭经济条件下,IS-LM 模型用来描述整个经济系统处于短期均衡时各个变量之间的相互关系,并分析当某个变量发生变化时会对均衡产生怎样的影响。在开放经济条件下,需要将此模型加以扩展,因此引入 IS-LM-BP 模型(蒙代尔—弗莱明模型)来分析产品市场、货币市场以及国际收支均达到均衡时的情况。

16.1.1 产品市场与 IS 曲线

IS 曲线描述的是产品市场达到均衡时收入 Y 与利率 i 之间的关系,可以从国民收入恒等式中推导出 IS 曲线表达式。在封闭经济中,国民收入恒等式为 $Y = C + I + G$,其中 Y、C、I、G 分别表示国民收入、消费、投资和政府购买。在开放经济中,国民收入恒等式要加入净出口 NX,即 $Y = C + I + G + NX$,其中 NX 为总出口减去总进口,即 $NX = EX - IM$。

开放经济中和封闭经济中的 IS-LM 模型相同,都是假设消费和投资函数分别为:

$$C = a + b(Y - T)$$
$$I = e - di \tag{16.1-1}$$

其中,a 和 e 分别是自发消费和自发投资,b 和 d 分别是边际消费倾向和边际投资,T 是税收,i 是利率。

假设净出口是总收入和实际汇率的函数:

$$NX = q - r(Y - T) + n\mathrm{EP}_f/P \tag{16.1-2}$$

其中,q、r 和 n 均为外生参数,r 为边际进口倾向,EP_f/P 为直接标价法表示的实际汇率。

将式(16.1-1)和式(16.1-2)同时带入国民收入恒等式中,得到:

$$Y = a + b(Y - T) + (e - di) + G + q - r(Y - T) + nEP_f/P$$
(16.1-3)

整理后得到:

$$i = \frac{1}{d}(a + e + q + G - (b - r)T + nEP_f/P) - \frac{(1 - b + r)}{d}Y$$
(16.1-4)

式(16.1-4)就是开放经济条件下的 IS 曲线。曲线的斜率是负数,由于 $-(1 - b + r)/d < 0$。其图形是一条向右下方倾斜的直线,如图 16-1 所示。曲线斜率的大小受到三个因素影响,分别是边际消费倾向 b、边际出口倾向 r 和边际投资 d。在现实情况中,前两个参数变化不大,主要考虑边际投资 d 对 IS 曲线斜率的影响。从数学关系上来看,d 越大,斜率绝对值越小,IS 曲线越平坦。从经济意义上来看,d 越大说明投资对利率越敏感,在其他条件不变的情况下,利率上升造成的投资挤出效应越大,Y 下降就越多,因此 IS 会更加平坦。IS 曲线的位置是由截距项决定的。式(16.1-4)表明,影响截距项的因素有边际投资、自发消费、自发投资、政府购买、边际消费倾向、边际进口倾向、税收和实际汇率。例如,当政府购买增加时,IS 曲线右移;当税收增加时,IS 曲线左移。在 IS 曲线上,每个点都表示此刻产品市场的总供给等于总需求,IS 曲线右边的区域表示的是总供给大于总需求,IS 左边的区域表示的是总供给小于总需求。具体如图 16.1 所示:

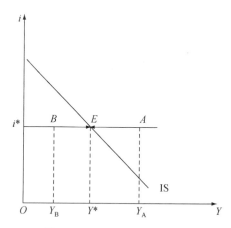

图 16.1　IS 曲线调整与变化

16.1.2　货币市场与 LM 曲线

LM 曲线描述的是货币市场达到均衡时收入 Y 和利率 i 之间的关系。在开放经济中的 LM 曲线和封闭经济中的 LM 曲线并无本质区别。当货币需求等于货币供给时货币市场达到均衡。货币需求可分为三种，交易需求、预防需求和投机需求。前两项主要受到收入 Y 的影响，第三项主要受到利率 i 的影响。用 L_1 表示货币的交易需求与预防需求之和，L_2 表示货币的投机需求，那么货币总需求函数可表示成：

$$L(Y, i) = L_1(Y) + L_2(i) = kY - hi \qquad (16.1\text{-}5)$$

其中，k 和 h 均为外生参数，k 表示收入每增加一单位对货币需求的增加量，h 表示利率每变化一单位所引起的货币需求的变化。

货币供给可视为一个外生变量，其供给由国家政策来调节决定，并不受到收入或者利率的影响。$\dfrac{M}{P}$ 用来表示实际货币供给，令其等于货币需求，可得：

$$\frac{M}{P} = L(Y,i) = kY - hi \qquad (16.1\text{-}6)$$

由此，可得出 LM 曲线的函数形式：

$$i = \frac{k}{h}Y - \frac{1}{h}\frac{M}{P} \qquad (16.1\text{-}7)$$

该式中，$\dfrac{k}{h} > 0$，表明 LM 曲线是向右上方倾斜的。

影响 LM 曲线位置的因素主要有名义货币供给量以及物价水平。当名义货币供给量增加时，LM 曲线会向右移动，为了保持利率不变，只有国民收入增加才能吸收新增加的货币；当物价水平上升时，LM 曲线会向左移动，物价上升导致对货币的需求量增加，为了保持利率不变，国民收入要减少才能维持货币市场的均衡。

16.1.3　国际收支平衡与 BP 曲线

BP 曲线描述国际收支平衡时收入 Y 和利率 i 之间的关系。国际收支账户包括经常项目和资本项目。经常项目差额就是净出口，等于出口额减去进口额。它是总收入和实际汇率的函数，如前式(16.1-2)所示：

$$NX = q - r(Y - T) + nEP_f/P$$

当国内收入增加时，即 Y 增加时，NX 减少；当实际汇率增加时，即 EP_f/P 增加时，NX 增加。资本项目差额就是资本净流出，是世界市场利率与国内利率差额的函数，即：

$$NF(i) = \sigma(i^w - i) \qquad (16.1\text{-}8)$$

其中，NF 是资本净流出，i 是国内利率，i^w 是世界市场利率，σ 表示资本净流出对国内外利率差的敏感程度。σ 越大说明资本流动性越强。资本净流出和国内利率呈反相关关系,即给定 i^w 水平,国内利率 i 越高,资本净流出 NF 越少。

净出口等于资本净流出时,国际收支达到均衡：
$$NX = NF \qquad (16.1\text{-}9)$$
即
$$q - rY + \frac{nEP_f}{P} = \sigma(i^w - i) \qquad (16.1\text{-}10)$$

整理得到 BP 曲线表达式：
$$i = \frac{r}{\sigma}Y + \left(i^w - \frac{n}{\sigma}\frac{EP_f}{P} - \frac{q}{\sigma}\right) \qquad (16.1\text{-}11)$$

当资本是完全流动的时候,$\sigma \to +\infty$,此时 $i = i^w$,BP 曲线为一条平行于 Y 轴的水平线;当资本不流动时,$\sigma = 0$,$Y = \frac{q}{r} + \frac{nEP_f}{rP}$,BP 曲线为一条垂直于 Y 轴的直线。当 $0 < \sigma < +\infty$ 时,BP 曲线为斜率为正的直线。

BP 曲线斜率的影响因素为边际进口倾向和资本流动性强弱。边际进口倾向越小、资本流动性越弱,BP 曲线越陡峭;反之,则 BP 曲线越平坦。BP 曲线上的每一点都代表国际收支平衡时收入与利率之间的一一对应关系。在 BP 曲线上方的点表示的都是国际收支盈余(如 A 点),而 BP 曲线下方的点表示的都是国际收支赤字(如 B 点)。结合点 A 为例说明国际收支不平衡时的情况。对比 A 点和均衡点 E 点,两者国民收入水平相等,A 点利率高于 E 点利率,也就是说,A 点和 E 点的净出口水平是相等的,但是 A 点的资本净流出小于 E 点的资本净流出,反映到国际收支平衡表上就是 A 点的经常项目账户贷方大于资本账户借方,故总体上国际收支是有盈余的。

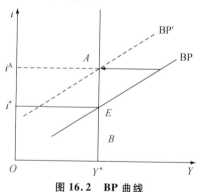

图 16.2　BP 曲线

截距项中变量的变化会引起 BP 曲线位置变化,主要影响因素包括世界市场利率以及实际汇率。世界市场利率的增加会使 BP 曲线向左移动,在同等收入水平下,世界市场利率的上升导致资本净流出增加,为了应对这种变化,国内利率需要提高来减小资本净流出;实际汇率的增加会使 BP 曲线向右移动,汇率增加使得本币贬值,净出口增加,为了维持国际收支平衡,国民收入需要增加以提高进口。

16.2　固定汇率下的宏观经济政策

在开放经济中,一国经济一旦发生国际收支顺差或逆差,需要政府根据实际情况进行调整。通常情况下任何影响 IS、LM、BP 曲线的因素都可能导致国际收支状况的变动。政府的宏观经济政策能够调节国内经济的均衡,而汇率政策能够调节国际收支平衡。不过,政府通过汇率政策来调节国际收支平衡是有条件的,那就是该国必须采取浮动汇率制度。本节根据资本流动性强弱的不同来分析开放经济固定汇率条件下宏观经济政策的调节作用。资本完全流动意味着很小的利率变化都会导致无限大的国际资本流动。

16.2.1　资本完全流动时的宏观经济政策

1. 资本完全流动时的财政政策

如图 16.3 所示,假设初始时经济处于均衡状态 E_0。资本完全流动,BP_0 曲线成为一条水平线。如果政府采取扩张性财政政策,IS 曲线就会从 IS_0 向右移动到 IS_1 处,短期均衡为 E_1,国民收入则暂时提高到 Y_1,利率暂时提高到 i_1。国民收入提高会增加进口,经常项目会出现逆差,而国内利率提高会使得国内资本净流出减少,资本项目会出现顺差。因此最终国际收支状况要看两者相对变化的大小。一般情况下资本项目的顺差会大于经常项目的逆差,所以会出现顺差的情况。顺差会使本币有升值的压力,为了保持汇率的稳定,央行需要在外汇市场上抛出本币,购入外币,这会使得 LM 曲线从 LM_0 向右移动到 LM_1,最终达到 E_2 的均衡,此时国内外市场同时恢复均衡,产出达到 Y_2,国内利率不变。

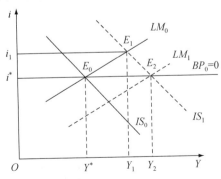

图 16.3　固定汇率下资本完全流动时财政政策的影响

在固定汇率下,如果资本是完全流动的,那么财政政策十分有效。积极的财政政策会提高本国利率,会吸引国际资本流入,出现国际收支顺差,出现本币升值的压力。央行为维持汇率稳定所作出的增加货币供给的反应在使利率恢复到原来水平的同时,也增强了财政政策的效果。

2. 资本完全流动时的货币政策

如图 16.4 所示,假设初始经济处于均衡点 E_0,此时国内利率和世界市场利率是相等的,国际收支也达到平衡。资本完全流动的假设使得 BP 曲线是平行于 Y 轴的水平直线。如果央行采取扩张性货币政策,LM 曲线就会从 LM_0 右移到 LM_1,从而达到新国内均衡点 E_1。此时国内利率下降,低于世界市场利率,因此会出现大量资本净流出,形成国际收支赤字,这又会导致本币有贬值的压力。为了应对这一压力,央行要在外汇市场上买入本币,抛售外币,这会减少本币的供应量,使得 LM 曲线左移,国内利率上升,直到重新回到 LM_0 的位置,达到 E_0 的均衡状态。因此,在固定汇率下,资本完全自由流动会使得货币政策无效。

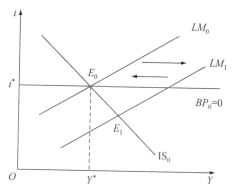

图 16.4 固定汇率下资本完全流动时货币政策的影响

16.2.2 资本不流动时的宏观经济政策

1. 资本不流动时的财政政策

当资本不流动时,本国利率的变化不会直接影响到国际收支,BP 曲线成为一条垂直线,如图 16.5 中所示的 BP_0。假设初始经济处于均衡点 E_0。政府采取扩张性财政政策,IS 曲线由 IS_0 右移到 IS_1,与 LM 曲线交于点 E_1,形成新的国内均衡。由于利率上升到 i_1,国民收入增加到 Y_1,而资本是不流动的,所以会出现经常项目赤字,资本净流出不变,因此总体上本国会出现国际收支赤字,这会形成本币贬值的压力。为了维持固定汇率,央行需要在外汇市场上购入本币,抛售外币,这形成了本币供应量的减少,LM 曲线由 LM_0 左移到 LM_1,直到国民收入恢复到 Y^*,达到新的均衡点 E_2。因此,最终结果是国内利率上升,但是国民收入没有增加。出现这一结果的原因是政府扩张性财政政策引起国内利率增加,挤出了投资,所以总产出是不变的。可见,在固定汇率下资本不流动时,财政政策只会引起国内利率的变化,而对国民收入没有影响。

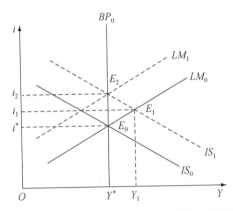

图 16.5 固定汇率下资本不流动时财政政策的影响

2. 资本不流动时货币政策的影响

资本不流动假设使得 BP 曲线是一条垂直于 Y 轴的直线,如图 16.6 所示。假设初始经济处于均衡点 E_0,央行实施扩张性的货币政策,LM 曲线会从 LM_0 右移到 LM_1,并达到 E_1 的均衡状态,此时产出增加,利率下降。由于在资本不流动时利率不影响国际收支,所以产出增加会使得进口增加,从而导致国际收支赤字,本币有贬值的压力。为了防止本币贬值,央行要在外汇市场上回购本币,抛售外币,这使得本国货币供应量减少,从而 LM 曲线又从 LM_1 的位置移回到 LM_0 的位置,经济重新回到 E_0 的均衡状态。由此可以看出,固定汇率下资本不流动时货币政策完全无效。

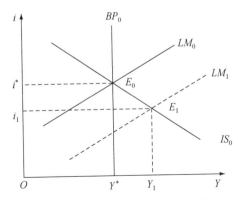

图 16.6 固定汇率下资本不流动时货币政策的影响

16.2.3 资本有限流动时的宏观经济政策

1. 资本有限流动时的财政政策

之前分析的资本完全流动和不流动都是假设的极端条件,现实世界的情况往往是处于二者之间。根据式(16.1-11)的分析,BP 曲线是向右上方倾斜的,而其倾斜程度与资本的流动性有关:资本流动性越强,BP 曲线的斜率越小,曲线就越平坦。而 BP 曲线的倾斜程度也会影响财政政策的效果。

如图 16.7 所示,BP 曲线的斜率大于 LM 曲线的斜率,此时资本流动性较弱。假设初始时经济处于 E_0 均衡点。如果政府采取扩张性财政政策,IS 曲线会由 IS_0 处右移到 IS_1 处,交 LM_0 于 E_1,达到新的短期平衡。这样国民收入增加到 Y_1,国内利率上升到 i_1。国民收入的增加会导致经常项目产生逆差,而国内利率上升会导致资本项目顺差。由于资本流动性较弱,因此两者的综合效果是国际收支出现逆差,本币有贬值的压力。为了维持固定汇率,央行需要在外汇市场上购入本币抛售外币,这就减少了本国货币供给量,LM 曲线由 LM_0 左移到 LM_1,国民收入有所减少,国内利率进一步提高。最终 IS_1、LM_1 和 BP_0 曲线相交于 E_2 点,达到新的平衡。因此在固定汇率下资本流动性较弱的时候,财政政策有效,会增加国民收入,提高国内利率。

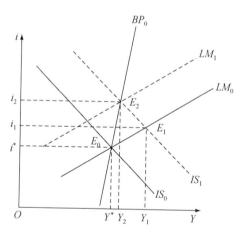

图 16.7 固定汇率下资本流动性较弱时财政政策的影响

当资本流动性较强时,BP 曲线的斜率小于 LM 曲线的斜率。如图 16-8 所示,假设政府采取扩张性财政政策,IS 曲线就会从 IS_0 右移到 IS_1,与 LM_0 交于新均衡点 E_1,此时国民收入增加,国内利率上升。国民收入的增加会使得经常项目出现赤字,国内利率增加会使得资本项目出现盈余。因为资本流动性较强,所以两者的综合作用是出现国际收支盈余,本币有升值的压力。为了维持固定汇率,央行要在外汇市场抛售本币,回购外币,这就使得本币供给增加,LM 曲线由 LM_0 右移到 LM_1,使得产出进一步增加,国内利率下降。最终 IS_1、LM_1 和 BP_0 交于 E_2,达到最终的新均衡。最终结果是总体上国民收入增加,利率上升。但是和资本流动性较弱时相比,此时的国民收入增加更多,利率上升更少。

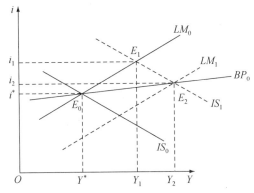

图 16.8　固定汇率下资本流动性较强时财政政策的影响

第三种情况是 BP 曲线与 LM 曲线的斜率相等。这种情况如图 16.9 所示,BP 曲线和 LM 曲线重合,当政府实施扩张性财政政策时,IS 曲线从 IS_0 处右移到 IS_1 处,与 LM_0 相交于新的均衡点 E_1。结果新的均衡恰好在 BP 曲线上,由国民收入增加所引起的经常项目赤字和由国内利率上升引起的资本项目盈余效果相互抵消,国际收支依然平衡,经济不会再进行调整。

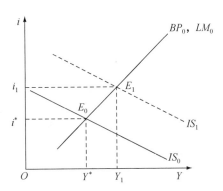

图 16.9　固定汇率下 LM 曲线和 BP 曲线重合时财政政策的影响

2. 资本有限流动时的货币政策

如图 16.10 所示,假设初始经济处于 E_0 均衡状态,央行采取扩张性货币政策时,LM 曲线由 LM_0 右移到 LM_1,与 IS_0 相交于点 E_1,达到新的短期均衡。此时产出增加,利率降低。这两者分别会引起经常项目和资本项目的逆差,因此,本国会出现国际收支赤字,本币有贬值的压力。为了维持固定汇率,央行要在外汇市场上抛售外币,购入本币,本币的供给量就减少,LM 曲线会左移,直到回到 LM_0 的初始位置,与 IS_0 和 BP_0 重新交于点 E_0。可见,在固定汇率下资本有限流动时,扩张性货币政策的短期影响是:产出增加,利率下降;而长期对产出和利率没有影响,但是会引起基础货币结构发生变化,因为外汇储备减少了。

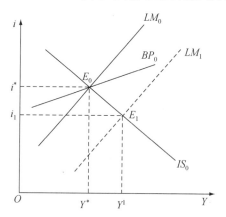

图 16.10　固定汇率下资本有限流动时货币政策的影响

16.3　浮动汇率下的宏观经济政策

如果没有政府干预,汇率能够完全自由浮动,浮动汇率会成为实现外部平衡的自动调节器。

16.3.1　浮动汇率下的财政政策

浮动汇率下,当资本完全流动时,BP 曲线是一条平行于 Y 轴的水平线。假设初始经济处于 E_0 均衡点。政府采取扩张性的财政政策,IS 曲线由 IS_0 右移到 IS_1,与 LM_0 曲线交于 E_1 的短期均衡处。此时国民收入增加,国内利率上升。前者会引起进口增加,形成经常项目逆差,但是由于资本是完全流动的,国内利率上升会引起资本大量流入,所以总体上国际收支形成顺差,这可以从新均衡 E_1 处于 BP_0 上方看出。在浮动汇率下,本币会升值,净出口会减少,因此 IS 曲线又会左移,直到回到原来 IS_0 的位置。最终,经济又达到 E_0 均衡点。可见,浮动汇率下资本完全流动时,财政政策是完全无效的。

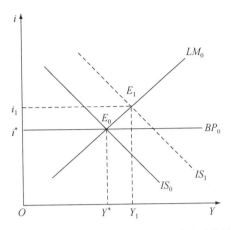

图 16.11　浮动汇率下资本完全流动时财政政策的影响

浮动汇率下,资本有限流动时,财政政策的影响取决于 LM 曲线和 BP 曲线斜率的相对大小。当 LM 曲线的斜率大于 BP 曲线的斜率时,如图 16.12 所示,假设政府的扩张性财政政策使得 IS 曲线从 IS_0 右移到 IS_1,与 LM_0 交于短期均衡点 E_1。此时产出增加,利率提高。前者使经常项目出现逆差,后者使资本项目出现顺差。由于资本流动性较强,所以后者的作用比较明显,综合作用就是国际收支出现顺差。因此本币会出现升值,本币升值会引起净出口减少,IS 曲线左移到 IS_2,同时 BP 曲线会向左移到 BP_1 处。最终形成新的均衡点 E_2。与 E_1 相比,E_2 的产出和利率都较低。所以这种情况下财政政策的扩张作用被弱化了。这种弱化的程度取决于 LM 曲线和 BP 曲线斜率的差别。两者差别越大,弱化程度越高。

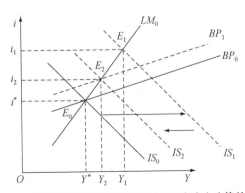

图 16.12　浮动汇率下资本流动性较强时财政政策的影响

当 LM 曲线的斜率小于 BP 曲线的斜率(包括资本不流动)时,如图 16.13

所示,假设 E_0 为初始经济的均衡状态。政府的扩张性财政政策会使 IS 曲线右移至 IS_1,交 LM_0 于 E_1,形成新的短期均衡。此时 E_1 在 BP_0 的右方,国际收支处于逆差状态,本币会发生贬值。本币贬值会使得本国净出口增加,IS 曲线会进一步从 IS_1 右移至 IS_2,同时本币贬值会使得 BP 曲线从 BP_0 右移至 BP_1。最终 IS_2、LM_0 和 BP_1 交于均衡点 E_2。与 E_1 相比,E_2 处的产出和利率都增加了,财政政策的扩张作用被加强了。加强的程度取决于 LM 曲线和 BP 曲线斜率的差距,两者差距越大,强化程度越高。

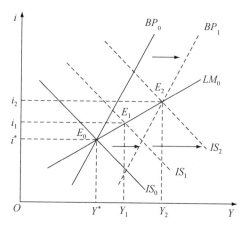

图 16.13 浮动汇率下资本流动性较弱时财政政策的影响

16.3.2 浮动汇率下的货币政策

浮动汇率下,货币政策对国民收入有很明显的影响,与资本是否完全自由流动无关。现在以资本完全流动时为例进行分析。如图 16.14 所示,假设经济初始时处于均衡点 E_0。若央行实施扩张性货币政策,LM 曲线从 LM_0 右移到 LM_1 处,交 IS_0 于短期均衡点 E_1,E_1 位于 BP_0 的下方,本国出现国际收支逆差,因此本币贬值。本币贬值使得本国净出口增加,IS 曲线从 IS_0 右移至 IS_1。只要国际收支没有平衡,本币就会一直贬值,净出口和国民收入就会一直增加,直到三条曲线交于新的均衡点 E_2。在该点上,利率不变,国民收入增加。可见,浮动汇率下货币政策会对国民收入产生巨大影响。

在资本有限流动时,货币政策在影响国民收入的同时,也会对利率产生影响,影响程度由资本流动性的强弱决定。资本流动性越强,利率变动越小。

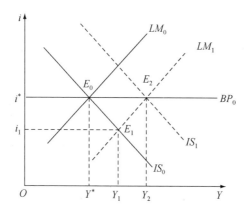

图 16.14　浮动汇率下资本完全流动时货币政策的影响

本章小结

本章利用开放条件下的宏观经济模型(即 IS-LM-BP 模型)讨论了固定汇率制和浮动汇率制下财政政策和货币政策的作用效果。IS-LM-BP 模型是在 IS-LM 模型中加入国际收支均衡之后的修正模型。在固定汇率制下,除资本不流动的情况外,扩张性财政政策对于提高一国的国民收入水平是比较有效的,资本流动程度越高,扩张性财政政策提高国民收入的作用效果越明显;而由于一国货币当局受到维持固定汇率义务的限制,使得固定汇率制下货币政策丧失了独立性。相反,在浮动汇率制下,随着资本流动程度的提高,扩张性财政政策对于提高一国国民收入水平的作用效果受到了限制,特别是当资本完全自由流动时,财政政策完全失效;而由于一国货币当局不再有维持固定汇率的义务,从而可以控制货币供给量,使得货币政策在浮动汇率制下能够有效发挥对国民收入的影响作用。

关键词

IS-LM-BP 模型

讨论与思考练习

1. BP 曲线在什么条件下比 LM 曲线更平坦?
2. 在固定汇率制下,资本完全自由流动对货币政策和财政政策的有效性有何影响?

3. 在固定汇率制和资本完全不流动、资本不完全流动和资本完全流动三种情况下,试比较:

(1) 扩张性财政政策在短期内(国内货币供给尚未来得及变动)对国际收支的影响(假设最初国际收支是平衡的);

(2) 扩张性财政政策在长期内(中央银行为维持固定汇率采取干预措施之后)对国内实际收入水平的影响。

4. 假设 A 国和 B 国经济联系紧密,均实行浮动汇率制度,A 国遭受严重失业问题,遂采取放松银根政策,B 国是否会受到影响?

第 17 章 国际货币制度

17.1 金本位制

国际金本位制是国际货币体系的最早期形式。它是以黄金作为本位货币的一种货币制度,始于1880年,到1914年第一次世界大战爆发时结束,历经三十余年。由于黄金作为本位货币和最主要的国际储备,这一时期的国际金本位制也称为古典的国际金本位制。

在国际金本位制下,流通中的货币包括金币、可兑换成黄金的银行券及其他少量的金属辅币,各国规定本国货币的黄金含量,并由此决定各国货币的兑换比例即汇率,各国政府按照本国货币所规定的含金量收兑黄金。

国际金本位制有两个明显的特点:(1)黄金可以自由地输出入,各国货币可自由兑换。货币的自由兑换和黄金的自由输出入,是各国货币之间的兑换比例得以稳定的基础。(2)在金币流通的国家,金币可以自由铸造,使得金币具有调节流通中的货币数量的作用,因此维持了各国物价水平的相对稳定。这两个特点是国际金本位制下汇率和国际收支平衡得以自动调节并保持稳定的重要基础,因此,国际金本位制是国际货币体系历史上最为稳定的货币制度,对于当时世界经济的发展起到了重要的作用。

17.1.1 国际金本位制下的调节机制

在国际金本位制下,汇率、价格水平和国际收支平衡的波动能够自动进行调节,即可以在不对经济进行干预的条件下,通过它所具备的自动调节机制实现汇率和国际收支平衡的稳定。

1. 汇率稳定机制

在国际金本位制下,由于各国货币的含金量固定,汇率也因此固定。例如,假定英国面值为1英镑的金币的纯金含量为113.0016克,而美国1美元金币的纯金含量为23.22克,那么可以计算出英镑和美元的兑换比例即汇率为 $E_{S/£} = 113.0016 \div 23.22 = 4.87$,这一比例称为金平价(mint parity)。

金平价确定以后,只要黄金的输出入不受限制,汇率的变化则被限制在以金平价为中心的一定范围内,该范围的大小取决于伦敦和纽约之间的黄金运送成本。假定价值为1英镑的黄金从伦敦运送到纽约的成本为3分,那么美元和1英镑的汇率的变化将被限制在 4.87±0.03 之间,即汇率的上限为4.90,下限为4.84。这是因为当英镑兑美元的汇率超过每英镑兑4.90美元时,美国的兑换者宁可用美元从美国的联邦储备银行购买黄金,然后运送到英国,再从英格兰银行换购英镑。因此,$E_{\$/£} = 4.90$ 称为美国的黄金输出点(gold export point)。同理,如果英镑对美元的汇率低于4.84,美国商人则不会按此汇率兑换美元,而是将手中持有的英镑在英格兰银行兑换成黄金,再运回美国,然后从联邦储备银行换取美元。因此,$E_{\$/£} = 4.84$ 称为美国的黄金输入点(gold import point)。

在美国的黄金输入点和输出点之间,英镑与美元的汇率由美国的英镑供给和需求曲线的交点决定,并被限制在每英镑兑换 4.84—4.90 美元之间。当美元贬值到 $E_{\$/£} = 4.90$ 时,美国输出黄金,黄金流出意味美国的国际收支出现赤字或逆差。反之,当美元升值到 $E_{\$/£} = 4.84$ 时,黄金流入美国,美国的国际收支表现为盈余或顺差。黄金的输出入,维持了汇率的稳定,如图17.1 所示:

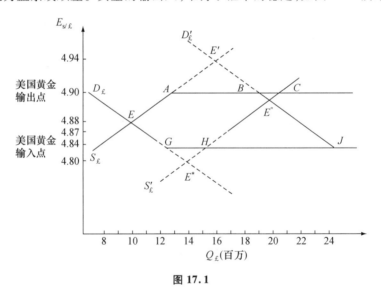

图 17.1

在上图中,由英镑和美元的纯金含量所决定的金平价为 £1 = \$ 4.87。JH-GE 为美国的英镑需求曲线($S_£$),在黄金输出点后呈现为水平线,表明黄金的需求弹性无限大;CBAE 为英镑的供给曲线($D_£$),在黄金输出点后呈现为水平线,表明黄金的供给弹性无限大。在黄金输出和输入点范围内,由 $S_£$ 和 $D_£$ 曲线决定的汇率为 £1 = \$ 4.88(即图中的 E 点),此时美国的国际收支处于平衡状态。

现在假定由于某种原因,美国对英镑的需求增加($D_£$ 移到 $D'_£$),汇率将上升到 $E_{\$/£}$ =4.94(图中的 E' 点),美元表现为贬值。但在国际金本位制下,没有人愿意按 £$_1$ = \$ 4.94 的比例以美元兑换英镑(即美国的英镑供给曲线在 $E_{\$/£}$ =4.90 时呈水平线),汇率只能上升到 $E_{\$/£}$ =4.90,$D_£$ 只能与 $S_£$ 交于 B。在 B 点,美国对英镑的需求约为 1900 万,而美国出口到英国的商品和服务所能提供的英镑只有约 1300 万美元(A 点)。英镑的供需缺口为 600 万美元(AB 线段),该缺口只能通过由美国向英国输出黄金来弥补,即美国的国际收支呈现逆差。

相反的情况是美国的英镑需求不变,但英镑的供给增加($S_£$ 移到 $S'_£$),由两曲线的交点决定的汇率为 $E_{\$/£}$ =4.80,美元表现为升值。同样,在国际金本位制下,没有人愿意按该汇率将英镑兑换成美元(美国的英镑供给曲线在 $E_{\$/£}$ =4.84 时呈水平线),英镑的汇率只能下跌到 $E_{\$/£}$ =4.84。$S'_£$ 只能与 $D_£$ 交于 H。在 H 点,美国英镑供给量约为 1500 万美元,而美国对英镑的需求只为 1200 万,超出需求的 300 万英镑则通过从英国输入相应数量的黄金来平衡,因此美国的国际收支呈现顺差。

2. 国际收支平衡的自动调节机制

国际金本位制下国际收支的自动调节机制是英国经济学家大卫·休谟提出的"物价—现金流动机制"(price-specie-flow mechanism),它描述了一国的国际收支出现失衡时,黄金的流动如何影响货币供给、价格水平,进而影响一国的进出口,使国际收支恢复平衡的过程。

在国际金本位制下,当一国的国际收支出现逆差时,就意味着该国黄金流出。由于黄金的外流,国内黄金存量下降,导致货币供给下降,国内物价水平也因此下降。国内物价水平下降后,本国商品在国外市场的竞争力提高,于是该国的商品和服务的出口增加,进口减少,国际收支的逆差得以减少或消除。同理,由于黄金的流动,一国的国际收支盈余也不可能长久维持下去,因为国际收支盈余导致的黄金内流使国内的货币供给增加,物价水平上升。物价上涨使商品和服务的出口下降而进口增加,从而使盈余逐渐消失。休谟调节机制的调节过程如下:

国际收支逆差→黄金外流→货币供给下降→价格水平下降→出口增加,进口减少
↑ ↓
出口减少,进口增加←价格水平下降←货币供给上升←黄金内流←国际收支顺差

虽然休谟的自动调节机制是在不对经济进行干预的情况下进行的,但是它要求各国政府严格地遵守国际金本位制下的有关"游戏规则",或者说这种调节机制是在一定的条件下实现的。这些条件是:第一,各国政府要严格地按金本

位制的要求实施货币政策,保证黄金的自由兑换、自由输出入和金币的自由铸造,各国政府对经济的干预只能是以恢复国际收支平衡为目的。但在当时的情况下,国际上没有一个监管机构,以保证各国严格按照游戏规则运作。因此,违反游戏规则的事情时有发生,特别是在金本位制的后期阶段。第二,商品的价格具有完全的弹性。商品价格的弹性可以使经济处于充分就业和没有通货膨胀状态,当这一条件得不到满足时,经济内部则会出现失业或通货膨胀。第三,当国际收支失衡引发了货币供给的变动时,政府不能采取冲销(sterilization)措施。第四,不存在国际间的资本流动。当国际间出现资本流动时,国际收支失衡的调整速度会大大加快,这一现象是哈佛大学的道西格(Taussig)等在上世纪20年代观察到的。他们发现,国际收支失衡的调整更多的是通过国际资本流动,而不是通过黄金的输出入来实现的。以英国为例,当英国国际收支出现逆差时,英国的货币供给下降导致了利率的上升,而利率上升吸引了以获得利率差价收益为目的的短期资本流入,使得国际收支逆差得以改善或消除。

国际金本位制在1880至1914年间的三十多年中盛行于各主要资本主义国家,对当时经济的发展起到了积极作用,是国际货币体系的发展过程中值得纪念的一段历史。但随着第一次世界大战的爆发和经济的发展,国际金本位制赖以运行的基本条件逐渐消失,最终导致了国际金本位制的崩溃。

17.1.2 国际金本位制的崩溃

随着第一次世界大战的爆发,古典的国际金本位制宣告结束。1919年到1924年间,汇率的剧烈波动使得实行古典的金本位制的国家试图再建金本位制下的汇率稳定局面。美国在1919年恢复了金本位制,英国在1925年4月按战前价格恢复了英镑和黄金之间的兑换,并且放松了战时实施的黄金出口禁运。继美英之后,其他国家也相继回到金本位。但是恢复后的金本位制体系与传统的金本位制有很大的不同,性质上更多地是以美元、英镑和法郎为中心的金汇兑本位制,而不是古典的黄金本位制。除了黄金外,可以兑换为黄金的货币(除英镑外,还包括美元和法国法郎)都开始作为国际储备资产。

由于战争,英国的国际竞争能力与美国相比大大下降,在这种情况下,按战前平价恢复的金本位制使得英镑定值过高,英国的国际收支出现赤字。与此同时,法国法郎经过1926年的贬值后趋于稳定,国际收支出现盈余。在这种情况下,巴黎理所当然地试图取代伦敦成为国际货币中心。1928年,法国通过一项法案,要求其国际收支的盈余部分用黄金而不是英镑或其他货币进行结算。这一做法对英国本来就不多的黄金储备来说,无疑是雪上加霜,并使得大量的短期资本从伦敦流向巴黎和纽约。当法国宣布要将它所持有的英镑全部兑换成黄金后,英国不得不在1931年9月宣布终止英镑和黄金的兑换,并宣布英镑贬值。在宣布英镑停止兑换黄金后的两个月内,英镑对黄金贬值了48%。它对那些持有英镑作为储备货币并在英镑停止兑换前没有来得及将其兑换成黄金的国家,造成了大量的资产损失。因此,英国宣布终止黄金兑换,标志着金汇兑本位制的结束。

可以说,法国宣布将持有的英镑全部兑换成黄金是金汇兑本位制崩溃的直接原因。但是,更为深层的原因有三个:第一,缺乏一种合适的机制,使各国能够在金平价发生较大变化后,能够通过本国的货币供给来消除国际收支失衡的影响;第二,伦敦和纽约、巴黎等新兴国际货币中心之间由于资本流动所带来的巨大冲击;第三,30年代初期经济大萧条的爆发。

随着金汇兑本位制的结束,各国相继放弃了金本位,一些国家的货币汇率自由浮动,一些国家则选择钉住有关基准货币,几乎所有的国家都卷入了1931至1936年间的竞争性货币贬值风潮,国际货币秩序陷入混乱。虽然主要的国际储备货币仍是英镑、美元和法国法郎,但却各自组成了相应相互独立的货币区域集团。此外,一些还没有放弃金本位制的国家,如比利时、荷兰等,也组成了黄金集团。各货币集团之间普遍实行外汇管制,货币不能自由兑换。英美之间围绕管理汇率展开了竞争。英国1932年初设立了"外汇平准帐户"(exchange equalization account),目的在于干预外汇市场,并为英镑的贬值创造条件;美国则在1934年设立了"美国稳定基金"(american stabilization fund),以干预外汇市场。继英、美之后,其他国家也陆续建立了各自的外汇干预基金,随时准备干预外汇市场。在这种情况下,英、美、法三个主要国家为了各自的目的,认识到将世界分为多个外汇基金并各行其是开展竞争,最终将使国际货币秩序陷入更为混乱的局面。因此,三国于1936年达成了"三方货币协议"(tripartite monetary agreement),设想通过三国外汇基金之间的相互合作,避免竞争性货币贬值。但随着第二次世界大战的爆发,这一协议没有得到实施。

三方协议结束了竞争性货币贬值这场以邻为壑的货币大战,主要货币之间的汇率也恢复到1930年竞争性货币贬值发生之前的水平。但此时人们发现,虽然汇率没有发生变化,但各国货币对黄金的价格却不同了。到1937年,以各国货币表示的黄金价格平均上升了70%,也就是说,各国之间竞相展开的货币贬值大战的净结果是相互抵消。如果这场贬值大战的过程能够代之以有效的国际间的货币合作,那么连续的货币贬值还不如全面地提高黄金价格。

从英国宣布停止英镑与黄金的兑换到1939年第二次世界大战全面爆发期间,国际货币体系基本上处于一种无序状态,期间货币秩序的混乱以及对世界经济发展的巨大冲击,使得各同盟国在二战结束前强烈地感到需要建立一种新的国际货币体系,并设想该体系在把稳定汇率作为首要因素考虑的同时,要有一定的灵活性。这个设想以后就成了战后建立的布雷顿森林体系。

17.2 布雷顿森林体系

1944年,第二次世界大战即将结束之际,英美和其他42个国家的代表在美国的新罕布什尔州(New Hampshire)的布雷顿森林城召开会议,商讨有关战后建立国际货币体系的事宜,会上决定建立战后新的国际货币体系——布雷顿森林体系。

17.2.1 布雷顿森林体系的建立

第二次世界大战使西方国家之间的实力对比发生了巨大变化。美国取代英国成为世界上经济实力最强的国家。二战结束时,美国的工业制成品占世界制成品的50%,对外贸易占世界贸易总额的1/2,黄金储备占资本主义世界黄金储备的59%,是资本主义世界最大的债权国。同期形成鲜明对比的是,英国的工业生产严重缩减,民用消费品的生产水平只有1939年的一半,出口不到战前水平的1/2,对外债务高达120亿美元,黄金储备锐减到100万美元。在设计战后的国际货币体系时,英国和美国分别提出了各自的方案,即英国的"凯恩斯计划"和美国的"怀特计划"。

凯恩斯计划是英国财政部顾问凯恩斯提出的。该计划从维护英国利益的立场出发,主张采取透支原则,设立一个称为国际清算联盟(clearingunion)的机构,并由它发行以一定量黄金表示的国际货币"班柯"(Bancor)作为国际清算单位。各国可用黄金换取班柯,但不能以班柯换取黄金。成员国的货币直接同班柯挂钩,并允许成员国调整汇率。成员国在国际清算联盟中所承担的份额,按战前3年进出口贸易的平均额计算。成员国不需缴纳黄金或现款,而只是在上述清算机构中开设往来帐户,通过班柯存款帐户的转帐来清算各国官方的债权债务。当一国的国际收支发生顺差时,将盈余存入帐户。发生逆差时,则按规定的份额申请透支或提存,各国的透支额不得超过300亿美元。实际上,这是将两国之间的支付扩大到国际多边清算,如果清算后一国的借贷余额超过份额的一定比例时,无论是顺差国还是逆差国均需对国际收支的不平衡采取必要的调节措施。国际清算联盟总部设在伦敦和纽约,理事会会议在英美两国轮流举行,以便英美两国能够分享国际金融领域的领导权。凯恩斯计划反对黄金作为主要储备,强调顺差国和逆差国共同承担调节的责任,这对于国际收支经常发生逆差的英国来说十分有利。

怀特计划是美国财政部官员怀特提出的国际稳定基金方案。该方案建议设置一个国际货币稳定基金,资金总额为 50 亿美元,由基金各成员国用黄金、本国货币和政府债券缴纳,认缴份额根据各国的黄金外汇储备、国民收入和国际收支差额的变化等因素决定,并根据认缴份额决定各国的投票权。基金组织发行一种称为"尤尼它"(Unite)的国际货币作为计算单位,其含金量为 $137\frac{1}{7}$ (1 格令 = 64.8 毫克),相当于 10 美元。尤尼它可以兑换黄金,也可以在基金成员国之间相互转移。各国规定本国货币和尤尼它之间的法定平价,平价确定后不经基金组织的同意不得随意变动。基金组织的首要任务是稳定汇率,并帮助成员国解决国际收支不平衡问题,维持国际货币秩序。成员国为了应对临时性的国际收支逆差,可以用本国货币向基金组织申请购买所需要的外币,但是购买数额不得超过基金组织的规定。怀特计划的目的是由美国操纵和控制该基金组织,从而获得国际金融领域的领导权。

由于美国的政治和经济实力大大超过英国,经过两国政府的多轮谈判和激烈的讨价还价,英国最终被迫放弃了凯恩斯计划而接受怀特计划,并达成有关协议。协议达成后,经过 30 多个国家的共同商讨,1944 年发表了《专家关于建立国际货币基金组织的联合声明》。同年 7 月在布雷顿森林城召开的国际金融会议上通过了以怀特计划为基础的两个协定,即《国际货币基金协定》和《国际复兴开发银行协定》,总称为《布雷顿森林协定》,布雷顿森林体系宣告成立。

17.2.2 布雷顿森林体系的主要内容

布雷顿森林体系的主要内容可以概括为三个方面:

第一,建立一个永久性的国际金融机构——国际货币基金组织,以促进国际间有关政策的协调。IMF 的目的主要有两个:一是监督各国在国际贸易和国际金融方面对所达成的有关规定的执行情况,二是对遭遇临时性国际收支困难的国家提供借款便利。有关国际货币基金组织的基本情况将在本章稍后加以介绍。

第二,实行以黄金—美元为基础的、可调整的固定汇率制。布雷顿森林体系本质上属于可调整的钉住汇率体系(adjustable peg system)。在该汇率制度下,美国将美元的价格定为 35 美元 = 1 盎司黄金(31.103 克),各国可以不受限制地按该比价用黄金向美国换取美元或用美元换取黄金。其他国家货币与美元保持可调整的固定比价,并在汇率波动超过对美元固定比价上下各 1% 时对外汇市场进行干预,以维持汇率的稳定。在规定的波动范围内,汇率由市场的供需状况决定,各国政府不加干预。只有当一国的国际收支发生"根本性不平衡"(fundamental disequilibrium)并得到 IMF 的批准后,才允许调整与美元的平价。由于各国货币与美元保持固定比价,整个货币体系就构成了一个以美元作为比照货币的固定汇率货币体系。

布雷顿森林体系的上述安排又称为"双挂钩",即美元与黄金挂钩,其他国家货币与美元挂钩,并通过与美元的比价确定彼此之间的兑换比例。当一国货币汇率的变化超出规定的上下各1%的幅度时,该国货币管理当局需要用本国货币购买美元,以防止本国货币的升值,或者动用本国的美元购回本国货币,以防止本国货币的贬值。到50年代末60年代初,当其他国家的货币和美元完全可兑换以后,美元实际上就成为唯一的"干预货币"(intervention currency),因此布雷顿体系是一种所谓的"美元—黄金本位体系",或是一种"改型"的国际金汇兑本位制。当然,这种国际金汇兑本位制同第二次世界大战前的国际金汇兑本位制不同,主要差别是:(1) 战前的国际金汇兑本位制下,英镑、美元和法国法郎是主导货币,其作用影响程度取决于各国的势力范围,而在布雷顿森林体系下的主导货币则只有美元;(2) 战前的国际金汇兑本位制缺乏一个协调机构,而布雷顿森林体系下的国际金汇兑本位制下则有国际货币基金组织来承担协调职能;(3) 与战前相比,布雷顿森林体系下的国际金汇兑本位制突出和加强了美元的作用。

第三,取消对经常帐户的外汇管制,但对资本帐户进行限制。由于30年代国际金本位制崩溃后,各国采取了严厉的外汇管制,使得国际经济活动受到严重的不利影响。为了促进国际贸易和国际间的经济往来,新建立的布雷顿森林体系要求各成员国尽快放开对经常帐户的管制,但是允许对资本帐户进行管制,以防止两次世界大战期间由于大量短期资本的国际流动引起的投机活动。

从布雷顿森林体系的主要内容可以得出,该体系的核心特点是美元是体系中的关键货币,它即是美国的本币,又是国际清算和国际储备货币。美元的这种特殊地位既反映了布雷顿森林体系建立时的历史背景和条件,也是该体系的根本特点。

17.2.3 国际货币基金组织

战后按照美国的"怀特计划"框架建立起来的国际货币基金组织、世界银行集团——包括国际复兴开发银行(International Bank for Reconstruction and Development,IBRD)即世界银行、国际开发协会(International Development Association,IDA)和国际金融公司(International Financial Corporation,IFC)——以及关税和贸易总协定(General Agreement on Tariffs and Trade,GATT)三大机构构成了战后国际经济秩序的三大支柱。IMF、世界银行设在美国首都华盛顿,GATT总部设在瑞士的日内瓦,1995年后被新成立的世界贸易组织(World Trade Organization,WTO)取代。到目前为止,IMF 成员国已经包括 184 个国家和地区。我国是 IMF 的创始国,1980 年 4 月 18 日恢复在该组织的合法席位。

1. IMF 组织的构成

IMF 的最高决策机构是理事会,其成员由成员国中央银行行长或财政部长组成,每年秋季举行定期例会,决定诸如接纳新成员、修改基金协定、调整基金份额等重大问题。IMF 的日常行政工作由执行董事会负责,该机构由 24 名成员组成,其中出资最多的美国、英国、法国、日本、德国和沙特阿拉伯各出一名,中国和俄罗斯作为单独选区各出一名,其余 16 名由包括若干国家和地区的 16 个选区各选派一名,每 5 年选举一次。董事会另设主席一名,由 IMF 总裁担任,每 5 年选举一次。总裁在通常情况下不参加董事会的投票,但在双方票数相等时投下决定性的一票。执行董事会下设出版部、统计部、基金司库、财务部、法律部、研究部、特别提款权、各地区行政部、货币与汇兑事务部以及驻各地区的分部或代表部等职能部门。

2. IMF 的宗旨与职能

IMF 的宗旨有五个:(1) 促进成员国在国际货币问题上的磋商与协作;(2) 促进汇率的稳定和安排,避免竞争性的货币贬值;(3) 为经常项目建立一个多边支付和汇兑制度,努力消除不利于世界贸易发展的外汇管制;(4) 在临时性基础和有保障的条件下,向成员国提供资金融通便利,帮助成员国克服临时性的国际收支困难;(5) 缩短国际收支不平衡的持续时间和程度,促进国际贸易的发展,实现就业和实际收入水平的提高及生产能力的扩大。

根据以上宗旨,IMF 主要负有三项职能:第一,就成员国的汇率政策、与经常项目有关的支付、货物的兑换性问题确立一套行为准则,并对各国执行准则的情况实施监督;第二,向国际收支发生困难的成员国提供必要的资金融通便利,以使他们遵守上述行为准则;第三,向成员国提供国际货币合作与协商的场所。

执行董事会和理事会之间还有两个机构:一个是"国际货币基金组织理事会关于国际货币制度的临时委员会",简称"临时委员会"(Interim Committee);另一个是"世界银行和国际货币基金组织理事会关于实际资源向发展中国家转移的联合部长级委员会",简称"发展委员会"(Development Committee)。两个委员会每年开会 21 次,讨论有关国际货币体系和开发援助的重大问题。

3. IMF 的份额

基金组织的份额(quota)指的是成员国参加基金组织时所认缴的一定数额的款项。牙买加体系之前,各国认缴份额的 25% 以黄金缴纳,其余的 75% 以本国货币缴纳;牙买加协议以后,以黄金缴纳的部分改以 SDR 或可兑换货币缴纳,其余部分不变。按 IMF 的规定,成员国的份额每 5 年调整和扩大一次。1946 年 IMF 成立时,基金份额总额为 76 亿美元,随后经过多次调整和扩大,到 1999 年 4 月 30 日已达到 2079.8 亿 SDR。成员国在基金组织所占有的份额是按照一国国民收入等变量计算得到的,[①]占有份额前 10 名的国家见表 17.1。

一国认缴的份额决定了该国在 IMF 的投票权、借款权和 SDR 分配权等权利、义务和地位。按规定,每个成员国的基本投票权为 250 票,然后每认缴 10 万美元份额增加一票投票权。由于美国认缴的份额最多,因此在 IMF 拥有的投票权也最多。此外,一国认缴的份额越多,它在基金组织内可借用的款项越多,分配到的特别提款权也越多,这表明该国在基金组织内的融资能力也越强。

国际货币基金组织为成员国提供多种形式和规模的贷款,除普通贷款的条件较为宽松外,其余贷款均有一定的条件要求,即所谓的"IMF 的贷款条件性"(IMF conditionality)。关于成员国通过 IMF 的融资问题,将在本书的其他章节中讨论。

4. IMF 的汇率监督职能

汇率监督是 IMF 的重要职能,目的在于保证有序的汇兑安排和汇率体系的稳定。它主要通过以下几个方面实施汇率监督:

表 17.1 国际货币基金组织份额的主要持有国

国家	份额	份额	占总份额的比例(%)
所有国家		207982.9	100%
其中:发达国家		128913.1	61.98%
发展中国家		79069.8	38.02%
1	美国	37149.3	17.86%
2	德国	13008.2	6.25%
3	日本	13312.8	6.40%
4	法国	10738.5	5.16%
5	英国	10738.5	5.16%
6	意大利	7055.5	3.39%
7	加拿大	6369.2	3.06%
8	俄罗斯	5945.4	2.86%
9	荷兰	51624	2.48%
10	中国	4687.2	2.25%

资料来源:IMF:International Financial Statistics,June,1999.

---

① 具体计算方法参见姜波克:《国际金融新编》(第二版),复旦大学出版社 1997 年版,第 190 页。

第一,宏观经济政策。基金组织在实施对成员国的汇率监督时,同时对该国的财政货币政策实施监督,因为财政和货币政策直接影响汇率的波动,并且财政补贴和税收减免又是导致实际汇率和名义汇率差异的直接因素。IMF 反对利用宏观经济政策、补贴等手段操纵汇率,谋取不公平的竞争利益。

第二,复汇率问题。IMF 原则上反对复汇率(包括双重汇率)以及其他任何形式的差别汇率政策,但有两种例外情况:一是在加入基金组织时已经采用并继续采用复汇率制的国家,基金组织对这类国家安排一个过渡期,在该过渡期内完成向单一汇率制的转变;二是在某些"特殊情况"下并征得基金组织同意后,采取复汇率作为一种过渡方法。值得提到的是,基金组织并没有对所谓的"特殊情况"给出确切的界定,但从基金组织的实践看,允许一些原来实行计划经济的国家在向市场经济的转换过程中采用复汇率。基金组织鼓励从计划经济向市场经济的转型。

第三,货币兑换和稀缺货币条款(scarce-currency clause)。关于货币兑换的含义,基金组织协议第 8 条对"货币自由兑换"的定义是:"任何成员国对其他成员国所持有的本国货币,当其他成员国提出申请并在满足下列条件时应予以购回:(1) 此项货币结存系最近从经常项目往来中所得;(2) 此项兑换是为支付经常项目往来所必需。"符合上述条件的国家的货币即为可兑换货币,或成为满足第 8 条款国。到 1995 年末,成员国中已有 121 种货币被确认为可兑换货币。当某个可兑换货币因国际收支的大量盈余而使得基金组织感到对该货币的需求日益难以满足时,即宣布该货币为稀缺货币(scarce currency)。当一种货币成为稀缺货币后,基金组织将根据自己对该货币的来源和有关成员国的需要来进行分配,同时授权各成员国对该货币的兑换实行临时性限制,或限制进口该国的商品和劳务。稀缺货币条款的设置旨在希望国际收支盈余国主动承担调整国际收支的责任,但实际上该条款没有能够得到有效的实施。

从技术程序上来看,基金组织实施汇率监督有三个步骤:第一是要求各成员国提供本国经济运行和经济政策的有关资料和有关统计报表;第二是在成员国资料的基础上就有关问题与成员国进行定期和不定期磋商,必要时向成员国提出有关政策建议和劝告;第三是对汇率安排、汇率的确定、外汇管制状况、影响汇率变动的因素和财政货币的运行状况等进行评估,并将结果汇集出版。

专栏 17-1

IMF 成员国的汇率安排

下表给出了 2001 年底国际货币基金组织 186 个成员国的汇率安排分布情况。可以看出,恰好一半的国家采用某种形式的固定汇率体系,而另一半国家的汇率具有弹性。实行固定汇率的国家有的采用别国货币(如厄瓜多尔、萨尔瓦多和巴拿马),有的采用统一货币(如欧洲货币联盟的成员国),有的采用货币发行局制(如阿根廷在 2001 年底前采取这种方式,其他国家或地区有保加利亚、中国香港、爱沙尼亚和立陶宛),还有的国家采用传统钉住汇率(如中国大陆)或在横向钉住内实行钉住汇率(如丹麦和匈牙利)。

实行汇率方式	国家数目
采用别国货币作为法定货币	40
采用货币发行局制	8
其他传统钉住汇率	40
横向钉住内实行钉住汇率	5
钉住小计	93
爬行钉住汇率	4
爬行钉住中确定汇率	6
管理浮动	42
自由浮动	41
据某种程度弹性国家小计	93
总计	186

在货币具有弹性的国家中,4 个国家实行爬行钉住汇率(包括玻利维亚、哥斯达黎加和尼加拉瓜),6 个国家在爬行钉住中确定汇率(如洪都拉斯、以色列和罗马尼亚),42 个国家采用管理浮动汇率(如印度尼西亚、泰国和俄联邦),剩下的 41 个国家实行完全浮动汇率(发达国家包括美国、日本、英国和加拿大,发展中国家包括巴西、朝鲜和墨西哥)。我们看到世界有多样化的汇率安排。

——IMF. International Financial Statistics, September, 2002, pp. 2—3.

17.2.4 布雷顿森林体系的根本缺陷和崩溃

尽管布雷顿森林体系对战后国际货币秩序的稳定和经济的发展起到了积极的作用,但是这个体系也存在着一些根本的缺陷,最终导致了该体系的崩溃。

1. 布雷顿森林体系的根本缺陷

布雷顿森林体系的根本特点是美元处于关键货币地位,它是建立在黄金—美元的基础之上。由于美元即是美元的本币,同时也是国际清算和国际储备货币,即承担世界货币的职能。作为美国的本国货币,美元的发行受到美国的货币政策和黄金储备的限制;作为世界货币,美元的发行又必须满足世界经济发展和国际经济往来的需要。显然,对作为本币的美元的要求和对作为国际货币的美元的要求之间是完全矛盾的,这种矛盾使得美元处于一种两难的境地;为了满足世界各国经济发展的需要,美元的供给必须保持持续增长,美元供给的持续增长,将使得美元同黄金之间的兑换性受到怀疑,从而发生对美元的信心问题;美元供给不足,又会发生国际清偿力不足的问题,使各国的经济交往受到影响。美元的这种两难,是美国耶鲁大学经济学教授罗伯特·特里芬(Robert Triffin)于上世纪50年代提出的,称为特里芬难题或特里芬两难(Triffin Dilemma)。特里芬难题指出了布雷顿森林体系的内在不稳定性和危机发生的必然性,这就是:随着美国美元的日益增加,美元同黄金之间按固定价格的可兑换性必将日益受到人们的怀疑,最终必将诱发人们对美元可兑换的信心危机,进而带来布雷顿森林体系的崩溃。

对美元信心危机的程度可以用"美元悬突额"(dollar overhang)这一指标来衡量,它指的是流出的美元超过美国黄金储备的部分。从60年代初到70年代初的10年间,随着美元悬突额的不断增加(10年间增加了200亿美元),美元危机终于爆发。美元危机的爆发动摇了布雷顿森林体系赖以维系的基础,最终使布雷顿森林体系走向崩溃。

2. 布雷顿森林体系的崩溃

如果从1960年第一次美元危机爆发,到1971年8月时任美国总统尼克松宣布停止美元同黄金的兑换,标志着布雷顿森林体系的实际结束时为止(它的彻底崩溃是1973年2月外汇市场再度爆发的美元危机),布雷顿森林体系的瓦解过程实际上就是美元危机不断爆发和拯救最后崩溃的过程。这个过程一方面不断地暴露了布雷顿森林体系的内在缺陷,另一方面使人们加深了对国际货币体系的认识。

继1960年第一次大规模的美元危机爆发后,1968年、1971年和1973年又多次爆发了美元危机。每次美元危机的爆发原因基本相同:各国对美元与黄金之间的可兑换性产生怀疑,由此引发大量的投机性资金在外汇市场上抛售美元。虽然每次美元危机发生后,美国和其他一些国家也采取了一系列的协调措施,但效果只是暂时性的,最终无法解决特里芬所揭示的布雷顿森林体系的致命缺陷。

(1)第一次美元危机及其拯救。第一次较大规模的美元危机是在1960年爆发的。危机爆发之前,50年代出现的"美元荒"(dollar shortage)已经过去,随之出现的是所谓的美元灾(dollar glut)。由于美元的过剩,一些国家开始将手中持有的美元向美国政府兑换成黄金,美国的黄金储备开始外流。到1960年,美国的对外短期债务首次超过它的黄金储备。在这种情况下,人们开始抛售美元,抢购黄金和德国马克等其他硬通货币。为了维持美元的可兑换性和固定汇率,美国要求其他国家在 IMF 的框架内与之合作以稳定国际金融市场。到 1962 年,有关挽救美元危机和稳定国际金融市场的措施主要有《互惠信贷协议》(Swap Agreement)、《借款总安排》(General Arrangement to Borrow)和《黄金总库》(Gold Pool)。

《互惠信贷协议》是美国和其他 14 个国家签订的相互间在规定的期限和规定的金额内利用对方货币来干预外汇市场以稳定汇率的一种协议。当美元对某国货币的汇率受到贬值压力时,美国可按协议规定向该国借用它的货币,在外汇市场抛售以收购美元,从而稳定美元与该国货币的汇率,进而间接稳定黄金与美元的比价。之后,美国在规定的期限内,分批或一次性归还借款国货币。《互惠信贷协议》签定时的规模为 117.3 亿美元,1973 年 7 月扩大到 197.8 亿美元。

《借款总安排》是 1961 年 11 月 IMF 与最重要的 10 个工业国家签订,并于 1962 年 10 月生效的借款协议。这 10 个工业国家是美国、英国、前联邦德国、日本、法国、意大利、加拿大、荷兰、比利时和瑞典,称为"10 国集团"(Group of Ten),义称"巴黎俱乐部"。该协议的目的是美国从其他 9 国拆借资金,缓和美元危机。《借款总安排》的资金由 10 国集团成员国共同出资,设立时规模为 60 亿美元,其中美国出资 20 亿,英国和前联邦德国各出资 10 亿,法国和意大利各出 5.5 亿,日本出 2.5 亿,荷兰和加拿大各出 2 亿,比利时出 1.5 亿,瑞典出 1 亿。瑞典以后也承诺在需要时出资,以帮助国际收支发生困难的国家。

《黄金总库》是美国、英国、法国、前联邦德国、意大利、荷兰、比利时和瑞士 8 国中央银行 1961 年 10 月达成的共同出资维持金平价稳定和布雷顿森林体系正常运转的一项协议。按协议规定,8 个成员国共同拿出相当于 2.7 亿美元的黄金建立黄金总库,出资比例是:美国 50%,英国、法国、前联邦德国和意大利各 9.3%,瑞士、荷兰和比利时各 3.7%。总库的黄金由英国中央银行——英格兰银行代管。当黄金价格发生波动时,在伦敦市场抛售或买进黄金,以调节市场上的黄金供求,稳定黄金价格。由于国际市场上黄金的交易量巨大,黄金总库的黄金所起的作用十分有限。1968 年,当美国实行黄金双价制(Two-tier Gold Price System)后,黄金总库即告结束。

(2) 第二次美元危机及其拯救。60 年代中期,受越南战争的影响,美国财政金融状况明显恶化,美元对内不断贬值,美元同黄金的固定比价再次受到严重怀疑,外汇市场上的投机浪潮转向美元,终于在 1968 年爆发了第二次美元危机。由于危机来势凶猛,仅在半个月内美国就损失了 14 亿美元的黄金储备,巴黎黄金市场美元一度跌到 44 美元 1 盎司的水平。此时,凭"黄金总库"和美国的黄金储备已经无法维持美元与黄金的固定比价。为了维护美元与黄金的固定比价,美国和 IMF 采取了两项拯救措施。

第一,从 1968 年 3 月开始实行黄金双价制,即在两个黄金市场上实行两种不同的黄金价格的制度。在官方之间的黄金市场上,继续执行 1 盎司等于 35 美元的比价;在私人黄金市场上,黄金价格随行就市。黄金双价制的实施使两个市场的黄金价格差距逐渐拉大,实际上意味着以美元—黄金为中心的布雷顿森林体系已经开始走向崩溃。实行黄金双价制也表明,在黄金产量的增长落后于经济增长的情况下,维持固定金价的努力只能是短时的,它不可避免地会引起金融市场的混乱。而以黄金作为基础的国际货币体系,最终会因黄金价格本身的不稳定而走向混乱和崩溃。

第二,设立特别提款权(special drawing rights,SDRs)。第二次美元危机的爆发使各国对布雷顿森林体系的缺陷和危机的性质有了更深刻的认识。经过各国的讨论和努力,IMF 于 1969 年创立了特别提款权,目的是补充黄金和外汇国际储备以及在国际货币基金组织中储备头寸的不足,它本身不与黄金挂钩,只用于国际货币基金组织会员国中央银行之间国际收支盈亏的清算,不用于私人的商业性交易结算。特别提款权的设立在很大程度上是使布雷顿森林体系下的国际货币体系从黄金—美元本位走向黄金—美元/特别提款权本位。因此,特别提款权是 1947—1971 年间布雷顿森林体系发生的最重要的事件,是历史上首次通过国际协调产生的一种国际信用储备资产,它表明各国政府对货币发行的干预已经走向国际化,同时也表明人们对把国际货币体系建立在一国货币基础上所带来的内在不稳定的认识以及为改变这种内在不稳定体系所作的努力。

1981 年以前,SDR 由 16 个最大的贸易国(各国出口超过世界出口总额的 1%)货币加权组成,因此 SDR 也称为篮子货币。SDR 对美元的汇率由各组成货币在 SDR 中所占权数及它们对美元的市场汇率计算得到,①组成货币及其权数每 5 年认定一次。1981 年后,SDR 由 5 个国家的货币组成,既美元、德国马克、法国法郎、日元和英镑。1996 年 1 月 1 日后上述 5 种货币在 SDR 中所占权数分别为美元 39%、德国马克 21%、日元 18%、法国法郎和英镑各 11%。1999 年 1 月 1 日欧元启动后,德国马克和法国法郎被欧元所替代,SDR 的组成货币及其权数变为美元 39%、欧元 32%、日元 18%、英镑 11%。

(3) 第二次美元危机及其拯救。1971 年爆发的第三次美元危机,其影响程度大大超过前两次危机。5 月和 7 月,外汇市场上两次出现抛售美元,抢购黄金和其他硬通货币的风潮。面对来势凶猛的挤兑黄金狂潮,尼克松政府不得已于

---

① See M. Meivin. International MoneyandFinance. Edition, Harper Collins Publishing Inc.

8月15日宣布停止美元与黄金的兑换,并对进口商品征收10%的临时附加税。国际金融市场再度陷入极度混乱。为了挽救这次美元危机,10国集团于12月在华盛顿特区的史密森研究所(Smithsonian Institution)召开会议,与会各国最后就拯救危机达成了一个协议,称为史密森协议(Smithsonian Agreement)。该协议的主要内容有:

第一,将美元的黄金价格从每盎司35美元升到38美元,即美元贬值约9%。与此同时,其他国家的货币对美元升值,其中德国马克升值17%,日元升值14%。

第二,将汇率的波动范围从新平价上下各1%扩大到2.25%。

第三,美国取消10%的临时进口附加税。史密森会议的努力维持了布雷顿森林体系下的固定汇率,但由于美元与黄金的不可兑换,国际货币体系实际上已经变成了美元本位。尼克松总统因此将史密森协议称为"世界历史上最有意义的货币协议",并许诺美元绝不会再次贬值。但是,史密森协议并没有涉及国际货币制度的根本改革,美元与黄金的不可兑换性使得布雷顿森林体系的核心部分已经崩溃,平价的调整也只是在非常小的幅度内进行的,其作用同样是极为有限的。因此,当1973年2月再度爆发美元危机时,史密森协议无法维系下去,布雷顿森林体系也就此彻底崩溃。

17.3 牙买加体系

布雷顿森林体系崩溃后,各国从1973年3月开始实行有管理的浮动汇率制(managed floating exchange rate system)。在实行有管理的浮动汇率制初期,各国也试图制定一些专门规则,以防止意在刺激本国出口的竞争性汇率贬值,但所有这些努力都没有成功。此后,各国为建立一个新的国际货币体系进行了长期的讨论和协商,最终就一些基本问题达成了共识,于1976年1月在牙买加首都金斯敦(Kingston)签署了《牙买加协议》(Jamaica Accords),经各国政府批准后于1978年4月开始生效。从此,国际货币体系进入了一个新的阶段——牙买加体系。

17.3.1 《牙买加协议》的主要内容

牙买加体系对布雷顿森林体系扬弃。它一方面放弃了布雷顿森林体系下的双挂钩制度,另一方面继承了布雷顿森林体系下的国际货币基金组织,并且还加强了基金组织的作用。《牙买加协议》的主要内容是:

第一,汇率安排的多样化。牙买加体系正式认可了有管理的浮动汇率制,成员国可以根据自己的情况选择汇率安排,但需事先取得 IMF 的同意。IMF 有权对成员国的汇率进行监督,以确保有序的汇率秩序安排和避免谋取不公平的竞争利益。根据 IMF 截止到 1995 年底的统计,①成员国的汇率安排中,钉住美元的 22 个,钉住法国法郎的 14 个,钉住德国马克等某一单一货币的 8 个,钉住特别提款权的 3 个,钉住一篮子货币的 19 个,单货币有限浮动的 4 个,联合浮动的 10 个,按一组指标浮动的 2 个,其他管理浮动的 34 个,自由浮动的 54 个。从 1997 年后,IMF 成员国中有约 2/3 的国家采取了某种形式的弹性汇率制,这些国家包括所有的主要工业国和主要发展中国家,世界贸易的 4/5 以上发生在采取了有管理的浮动汇率制的国家之间。

第二,黄金的非货币化。黄金与货币彻底脱钩,黄金也不再是平价的基础,成员国货币不能与黄金挂钩。国际货币基金组织将其持有的黄金总额的 1/6 (约 2500 万盎司)按市场价格出售,并将其超出官价部分的收益设立信托基金 (trust fund),用于对发展中国家的援助。另外还有 1/6 按官价归还各成员国。

第三,扩大特别提款权的作用。未来的国际货币体系应以特别提款权为主要储备资产,成员国可以使用特别提款权来履行对基金组织的义务和接受基金组织的贷款,各成员国之间也可以用特别提款权来进行借贷。

第四,扩大基金组织的份额。将基金组织原来的 292 亿特别提款权扩大到 390 亿,同时相应地调整各成员国的比例份额;降低美国的份额,增加前联邦德国、日本和其他一些发展中国家的份额。

第五,增加对发展中国家的资金融通数量。除了用出售黄金所得收益建立信托基金外,《牙买加协议》还扩大了普通信用贷款的限额(从占成员国份额的 100% 增加到 145%),出口波动补偿贷款(从份额的 50% 扩大到 75%)。

从牙买加体系的内容可以看到,它对布雷顿森林体系的改革集中在黄金、汇率安排和特别提款权三个方面。在汇率和黄金问题上,是对既成事实的一种法律形式的追认,但是对布雷顿森林体系及其以后发生的多次美元危机所暴露出来的许多问题,在《牙买加协议》中并没有得到反映和解决。协议签订后,国际货币体系也没有完全按协议规划的蓝图发展。

17.3.2 牙买加协议的运行情况与缺陷

牙买加体系建立以后,其总体运行情况良好,主要表现在三个方面:

第一,牙买加体系使得国际间的经济交往得以迅速发展。以国际贸易的发展为例,从 1973 年实行管理的浮动汇率制后,1972、1982 和 1992 年世界出口贸

---

① See IMF. International Financial Statistics, April, 1996.

易分别为 3900 亿美元、17314 亿美元和 37000 亿美元,其中 1972 到 1982 年 10 年间年均增长率为 16%,1982 到 1992 年 10 年间年均增长为 7.9%。相比之下,1962 到 1972 年 19 年间世界出口年均增长率为 11%。① 此外,70 年代后半期,世界的国际直接投资总额也比 60 年代后半期增长了近 300%。当然,70 年代以后,国际金融业中的一些创新工具,如金融衍生工具和风险防范技术的进步等对世界经济的交往也起到了一定的作用,但是世界各国从整体上接受了管理的浮动汇率制是最重要的原因。

第二,在牙买加体系下,各国的政策自主性得到加强,为各国开放的宏观经济的稳定运行提供了保障。据国际货币基金组织的统计,在 1979—1988 年和 1989—1998 年两个时段内,世界实际 GDP 的增长率均为 3.4%,其中发达国家分别为 2.9% 和 2.5%,发展中国家为 4.3% 和 5.8%。如果考虑到上述时间里不存在布雷顿森林体系成立初期时的那些刺激经济增长的有利因素,则上述增长速度的取得实属不易。

第三,牙买加体系建立后经受的多次冲击表明,该体系具有较强的适应能力。牙买加体系是在世界经济相对动荡的历史背景下建立起来的,它在运行过程中经受了几次较大的冲击:整个 70 年代西方国家高居不下的通货膨胀;1974 和 1980 年的两次石油危机;80 年代初期爆发的世界性债务危机;1992 年爆发的英镑和里拉危机;1994 年爆发的墨西哥金融危机以及 1997—1998 年爆发的亚洲金融危机等。在这些冲击面前,牙买加体系表现出良好的适应性。这也同时从另一个方面说明,在世界经济相对动荡的情况下,一个相对灵活的货币制度安排是必要的。

当然,牙买加体系本身也存在不完善的方面。主要表现在:

第一,在汇率波动剧烈情况下的汇率调整会出现"过度波动"现象。牙买加体系建立以后,汇率的波动幅度明显加大。② 而 90 年代以来发生的多次金融危机,汇率过度波动,使得各国之间的政策难以协调。

第二,牙买加体系下国际收支状况没有得到很好的调节。牙买加体系下对国际收支的调节有汇率调整和资金流动弥补两种方式,两者之间有一定的相互替代性。从经常帐户余额这一衡量国际收支状况的重要指标来看,1972 年以来美国、美国、德国和日本等一些国家的经常帐户均出现了较大的不平衡。当然可以利用国际资金流动弥补经常帐户的不平衡,但是如果控制不当,周围可能酿成债务危机。牙买加体系没有能解决好这一问题,80 年代初期爆发的国际债

---

① See IMF. International Financial Statistics, 1992.
② 参见 Barry Eichengreen:《资本全球化——国际货币体系史》,普林斯顿大学出版社 1996 年版,第 143 页。

务危机就是一例。

第三,牙买加体系加大了政府对开放宏观经济的调控难度。牙买加体系实施初期,有人认为浮动汇率制可以自发地实现外部均衡,但这一观点已经被实践所否定。在牙买加体系下,利用汇率进行调整的过程中经常对开放经济的许多方面产生更为严重的影响,这使得政府在实现经济的内外部均衡时经常处于顾此失彼的窘境之中。牙买加体系没有从制度上建立起解决这一问题的机制。

造成上述缺陷的原因从总体来说是牙买加体系在国际间的政策协调方面的欠缺。尽管如此,牙买加体系在相当程度上适应了历史条件的需要,而它在运行过程中所表现出来的不足与缺陷,则是以后的国际货币体系所要解决的问题。

17.4　固定汇率制与浮动汇率制之争

在国际货币制度中,货币制度处于核心地位。本节通过介绍固定汇率制度与浮动汇率制度的争论来加深对国际货币制度及其演变的理解,并对国际货币制度未来的发展方向加以展望。

17.4.1　固定汇率制与浮动汇率制的争论

自布雷顿森林体系解体以来,浮动汇率制已运行了30多年。在此期间,关于固定汇率制和浮动汇率制孰优孰劣的争论一直没有停止过。特里芬和蒙代尔等经济学家坚持认为固定汇率制有利,而弗里德曼、哈伯勒和米德等经济学家则提倡浮动汇率制。

1. 赞成固定汇率制的观点

固定汇率制的支持者们认为,浮动汇率制与固定汇率制相比存在以下几点缺陷:

(1) 浮动汇率的内在不稳定性,将会阻碍国际贸易和国际投资的发展

货币汇率的浮动,使出口方和进口方的未来收益变得不确定。这种不确定性,使国际贸易的成本增加,从而使各国从国际贸易中获得的收益下降。同样,汇率浮动带来的投资收益的不确定性,也会干扰生产性资本的国际流动。

(2) 浮动汇率下的投机行为,更容易导致外汇市场的不稳定

如果外汇投机者看到一种货币正在贬值,或预期它即将贬值,他们会不顾汇率的长期趋势,不断卖出这种货币。当越来越多的投机者采取这种行为时,预期的贬值将成为现实。这种反稳定的投机活动,加剧了汇率围绕其长期趋势的波动,使汇率有可能长期偏离其均衡水平。

(3) 在浮动汇率制下,政府有违反所谓"物价纪律"的倾向,即倾向于采取通货膨胀性政策

在固定汇率制下,一国若采取扩张性政策,就会使该国物价水平提高,导致国际收支逆差,国际储备减少。由于国际储备的减少不能长期持续下去,该国必须限制通货膨胀。因此,通过国际储备的变动,固定汇率制具有自动抑制政府采取扩张性货币政策的能力。但在浮动汇率制下,由于不再受国际储备流失的制约,政府很可能采取过分扩张的货币政策或财政政策,从而造成较严重的通货膨胀。

(4) 浮动汇率制下可能会出现"以邻为壑"的经济政策

固定汇率制帮助各国建立有秩序的国际贸易,因为它不允许发生各国货币竞争性贬值的局面。而在浮动汇率制下,各国又重新获得随意改变本国汇率的自由,可能会出现竞争性贬值的局面,从而导致所有国家都受害。

2. 支持浮动汇率制的观点

浮动汇率制的支持者们提出浮动汇率制具有以下几方面的优势:

(1) 货币政策的自主性

在固定汇率制下,政府在运用宏观经济政策实现国内目标的同时,还要对外汇市场进行干预。而在浮动汇率制下,各国中央银行不再因为固定汇率而被迫干预货币市场,各国政府就能够独立运用货币政策来达到国内平衡和国外平衡目标,并且各国不再会因为外部冲击而导致本国出现通货膨胀或通货紧缩,即浮动汇率制具有隔离国外经济冲击的作用。

(2) 汇率具有自动稳定器功能

在世界总需求不断变化的情况下,即使没有一个有效的货币政策,由市场决定的汇率也能迅速调整,从而能够帮助各个国家实现内部平衡和外部平衡目标。在布雷顿森林体系下,汇率重新调整之前的那段长时间令人痛苦的投机过程,在浮动汇率制下将不再出现。

(3) 汇率决定的对称性

在布雷顿森林体系下,美元在国际货币体系中至高无上的中心地位,导致了两种主要的不对称:第一,除美国以外的各国中央银行都将其本国货币"钉住"美元,并且积累大量美元作为国际储备,因此,美国的联邦储备体系在决定世界范围内的货币供给方面,也没有多大的自主权。第二,任何其他国家都可以在出现国际收支的"根本性不平衡"时,使其本国的货币相对于美元贬值,但布雷顿森林体系却不允许美元相对于其他货币贬值。浮动汇率制的实行,则可以消除上述不对称性。因为在浮动汇率制下,各国不再将本国的货币钉住美元,也就不必因此而持有美元作为储备,所以各国都可以自主决定本国的货币

状况。同样,美国在运用货币政策或财政政策改变美元汇率时,也不再遇到特别的阻碍。在全球范围内,所有国家的汇率都将由市场而不是政府决定。

事实上,世界经济发展的历史表明,固定汇率制和浮动汇率制各有优劣。总的来说,就保持国内经济稳定而言,当面临内部冲击时,固定汇率比浮动汇率更能稳定国内经济;而当面临外部冲击时,浮动汇率可使国内经济免遭外部冲击的影响,它比固定汇率更能起到稳定的作用。例如,假设由于某种原因国内投资突然自主减少(增加),则会在乘数作用下使得国民收入下降(提高)。国民收入减少(增加)之后,进口也随之减少(增加),国际收支出现盈余(逆差)。如果该国实行固定汇率制,国际收支盈余(逆差)使本币面临升值(贬值)压力,货币当局为维持汇率稳定,将不得不增加(降低)货币供给量,这种扩张性(紧缩性)货币政策可以抵消投资减少(增加)对国民收入的冲击,从而有利于保持国内经济的稳定。而如果该国实行的是浮动汇率制,则国际收支盈余(逆差)会导致本币升值(贬值),进而通过净出口的下降(提高)使得国民收入进一步减少(增加),从而加剧经济的波动。相反,如果冲击来自外部,例如,由于国外消费者偏好的变化使本国出口突然自主减少(增加),国际收支会出现逆差(盈余)。在浮动汇率制下,本币的贬值(升值)可消除出口减少(增加)的影响,从而使国内经济保持稳定。但在固定汇率制下,为维持汇率稳定,本国的货币供给量将不可避免地减少(增加),于是国内收入将降低(增加),经济波动加剧。

17.4.2 国际货币制度的改革方向

自牙买加体系建立以来,改革现行国际货币制度的呼声就没有停止过。改革方案大致可分为三类:一是在现行的牙买加体系的基础上进行调整和改革;二是重新回到布雷顿森林体系下的固定汇率制;三是实行全面的浮动汇率制。从目前的总体情况看,国际社会还是更加倾向于第一种方案,即在现有的国际货币制度基础上进行调整和改革,改进现有的国际金融机构(包括国际货币基金组织、世界银行、国际清算银行等),建立新的金融秩序,加强金融监管和援助力度,进一步协调发达国家和发展中国家之间、国际金融组织和私人组织之间以及其他利益冲突方之间的关系,在最大限度内维护主要货币汇率的稳定,减少全球范围内金融危机的发生等。

17.5 最优货币区理论及欧洲货币一体化的实践

在上一节探讨固定汇率和浮动汇率优劣之争的基础上,本节首先阐述最优货币区理论,然后介绍欧洲货币一体化的发展和实践。

17.5.1 最优货币区理论

最优货币区(optimum currency area, OCA)的概念是在固定汇率和浮动汇率的优劣争论中提出来的,最早由蒙代尔引入国际经济学领域。最优货币区是由一组国家组成的,在这个区域内,要么采用单一的货币(完全货币联盟),要么在保留不同国家货币的同时,在这些货币之间实行持久严格的固定汇率,且相互之间实行完全可自由兑换,但对非成员国的货币采用浮动汇率制。最优货币区理论所要探讨的是一个货币区的适当范围,特别是一个国家参加某一货币区(新建立的或已经存在的货币区)或留在某一货币区内对其是否有利的问题。

研究最优货币区理论主要有两种不同的方法,即传统方法和成本收益分析法。

1. 传统方法

传统方法(the traditional approach)试图找出一些关键的标准来界定一个适当的货币区域。这些标准包括:

(1) 国际要素流动性(international factor mobility)

要素流动性高的国家参与同一货币区可以有利可图,而要素流动性低的国家之间则应实行浮动汇率制。实际上,当要素流动性高时,国际调节就如同一国内各区域之间的调节一样,不存在国际收支问题。例如,假定在同一个国家,不同区域之间商品的贸易差额会引起逆差地区的收入和消费水平下降,为了消除该区域实际收入的下降,该区域将通过向区域外融资来消费比产出价值更高的产品(高资本流动性),而且失业工人可向区域外转移(高动力流动),这样,区域间的差异得以消除。如果没有要素的流动性,要消除国际不平衡就必然要求汇率变化。

(2) 经济的开放度(degree of openness)

经济的开放度,可以用一国生产可贸易商品(包括可进口商品和可出口商品)与不可贸易商品的部门的相对重要性来衡量。如果一国生产的可贸易商品占国内产出的比例较高,则该国参与某一货币区是有利可图的;相反,如果一国生产的可贸易商品占国内产出的比例较低,则该国最好采取浮动汇率制。例如,一国经济具有较高的开放度,当它发生国际收支逆差时,如果采用本币贬值的政策,相对价格的变化将引起资源由不可贸易产品生产部门向可贸易产品生产部门转移,以满足出口增加和进口减少所导致的国内外对可贸易商品的需求增加,这就会对不可贸易商品生产部门产生巨大的冲击(其中包括发生通货膨胀),因为不可贸易商品生产部门所占比重较低。在这种情况下,采用固定汇率反而较为有利,同时可采用减少支出的国内政策(减少进口,同时促进出口)来消除贸易逆差。

(3) 产品多样化(product diversification)

一国如果产品多样化程度较高,则其出口不同产品的范围也就较广。一般来说,经济事件通常不会同时对所有产品的生产和出口产生不利的影响。这样,产品多样性程度较高的国家的出口稳定性也较高,从而对汇率变动的要求就较少,因而更能适应固定汇率的要求,适宜参加某一货币区。相反,产品多样性程度较低的国家,其可供出口的产品范围有限,受出口波动的影响就较大,从而采用浮动汇率制较为有利。

(4) 金融一体化程度(degree of financial integration)

这条标准与第一条标准有部分的重叠,但这条标准主要考虑的是作为平衡国际收支手段的资本流动要素。如果国际金融一体化程度较高,为保持外部平衡就不一定需要汇率变动,因为利率的很小变化就能引起大量的国际资本流动来平衡国际收支差额。因而一国在资本流动性较高时,采取固定汇率是恰当的,参与某一货币区也是有利可图的。当然,要保证国际资本有较高的流动性,就必须消除各种对国际资本流动的限制。

(5) 通货膨胀率的相似性(similarity in rates of inflation)

通货膨胀率的差异过大,就会对贸易条件产生很大的影响,从而影响贸易商品的流量。在这种情况下,当发生经常项目差额时,就有必要改变汇率。相反,如果各国具有相同或相似的通货膨胀率,则不会对贸易条件产生影响,这时,采用固定汇率较为有利,参与某一货币区也是有利可图的。

(6) 政策一体化程度(degree of policy integration)

各国间政策一体化程度越高,越有利于组建货币区。政策的一体化可以有从成员国之间简单的政策协调到成员国将其财政政策或货币政策制定权交给一个超国家的货币或财政政策管理机构等不同形式。统一的货币政策要求区域内各成员国统一管理国际储备,并统一对非成员国货币的汇率等;统一的财政政策则要求区域内各成员国统一税收和转移支付以及其他财政措施。显然,政策一体化的理想情况是完全的经济一体化,而完全经济一体化的实现必然要求某种形式的政治一体化。

以上所列六条标准都是从一个方面给出了形成最优货币区的标准,这种单一标准的分析方法通常被认为是片面的和不完整的,需要进行综合归纳和发展。

2. 成本收益分析法

与传统分析方法不同,成本收益分析法(the cost-benefit approach)认为,一国参与某一货币区,不但会带来收益,而且也存在成本,因此一国要采取正确的行动,就要进行成本收益分析。

(1) 收益分析

一国参与某一货币区的收益,主要包括以下几个方面:

① 持久的固定汇率制可以消除成员国之间投机资本的流动。当然,这取决于人们对区域内固定汇率的信心。如果人们对区域内的固定汇率缺乏信心,不稳定投机就不可避免地会发生。而在实行共同货币的情况下这一问题显然不会出现。

② 可以节省国际储备。各成员国在区域内的经济交易不再需要国际储备,就像在同一个国家不同区域之间进行交易一样。当然,这取决于人们对固定汇率的信赖。但在货币区建立的初期,为了稳定地建立固定的货币平价,各国必须拥有足够的国际储备来保持汇率稳定。

③ 货币一体化可以刺激经济政策一体化甚至经济一体化。一国参与某个货币区,履行保持与其他成员国货币间的固定汇率的义务,可以在一定程度上使所有成员国制定统一的经济政策(特别是统一的反通货膨胀政策)。

④ 尽管货币区内各成员国的货币对非成员国的货币采用浮动汇率,但货币区采取共同的对外汇率政策,无疑有利于提高货币区整体的谈判实力。

(2) 成本分析

一国参与某一货币区的成本,主要包括以下几个方面:

① 各成员国会丧失货币政策和汇率政策的自主性。金融一体化及与此相关的完全资本流动,将导致货币政策失效。在完全货币一体化的情况下,各成员国的中央银行将合并成一个超国家的中央银行。当各成员国在工资、生产率、价格等方面存在差异时,汇率政策工具的丧失,将对成员国造成严重的影响,尤其是在受到外部冲击时,这种问题会变得更加严重。

② 财政政策受到约束。在固定汇率制下,虽然货币政策失效,但财政政策却是有效的,但这只对独立的国家而言。当一国参与某一货币区时,财政政策会受到货币区整体经济目标的约束。由于对各成员国财政政策的联合管理是以货币区内大多数成员的利益为目标的,因而有可能出现这种情况,即对大多数成员有利的政策,可能刚好使某些成员受到伤害。

③ 可能引起失业增加。假定货币区内某一个成员国通货膨胀率较低和有国际收支顺差,这个国家有可能对通货膨胀率较高且有国际收支逆差的成员国产生压力,迫使逆差成员国实施限制性政策,导致该成员国失业增加。按照货币学派的观点,在长期内,货币区内的低通货膨胀率将使所有成员国获利。但即使如此,我们并不知道这个长期会有多长,而且在短期,逆差国必定要承担失业增加的成本。

第17章 国际货币制度 275

④ 如果货币区内原先就存在经济发展的不平衡,则这种不均衡可能会恶化。由于在没有限制的条件下,国际资本的流动性比国际劳动力的流动性更大,因而,与劳动力相比,资本更容易找到报酬更高的机会。这样,欠发达地区的资本流失比劳动力流失更快,从而加剧货币区内经济发展的不平衡。

根据上述对一国参与某一货币区的成本和收益的分析,一国就可以在理性比较的基础上,作出是否加入或继续留在某一货币区的选择。当然,由于不同国家的社会福利函数不同,因而最终的选择结果可能并不统一。

17.5.2 欧洲货币一体化的主要内容

1. 欧洲货币一体化的实践

欧洲的货币一体化,从20世纪60年代末、70年代初即开始拟议并实行。1970年,欧共体拟定了"魏尔纳(werner)计划"。这个计划为欧洲货币联盟的实现规划了一个10年过渡期,过渡期分为三个阶段。大致说来,第一阶段从1971年初至1973年底,主要目标是缩小成员国货币汇率的波动幅度,着手建立货币储备基金,以支援干预外汇市场的活动,并着手协调货币政策与经济政策。第二阶段从1974年初至1976年底,主要目标是集中成员国的部分外汇储备,以充实货币储备基金,从而加强干预外汇市场的力量,此外,还要使欧共体内部汇率进一步稳定下来,并促使成员国间资本流动进一步自由化。第三阶段从1977年初至1980年底,目标是欧共体内部商品、资本及劳动力的流动将完全免受汇率波动的干扰,汇率趋于完全稳定,并着手规划统一货币,与此同时,货币储备基金则向联合中央银行发展。

1978年4月,在哥本哈根召开的欧共体首脑会议上提出了建立欧洲货币体系(European Monetary System,EMS)的动议;同年12月5日,欧共体各国首脑在布鲁塞尔达成协议,自1979年初起欧洲货币体系协议正式实施。欧洲货币体系的基本内容有三个方面:第一,继续实行过去的汇率联合浮动体制,争取逐步收缩内部的可容许波动幅度。第二,继续运用原来的"欧洲货币合作基金"(European Monetary Cooperation Fund,EMCF),拟议两年后扩大发展为"欧洲货币基金"(European Monetary Fund,EMF)。第三,建立"欧洲货币单位"(European Currency Unit,ECU),它是原来的欧洲计算单位(EUA)的继续与发展。

1988年6月底,欧共体首脑汉诺威会议决定委托以欧共体委员会主席德洛尔(Delors)为首的一个委员会提出关于欧共体成员国间进一步货币合作的方案。1989年4月,德洛尔向12国财政部长提出了"关于欧洲共同体经济与货币联盟"的报告(即"德洛尔计划")。1989年6月,在欧洲理事会马德里会议上,成员国首脑认可了这个报告,并决定自1990年7月1日起开始实行。"德洛尔计划"分三个阶段实现欧洲经济货币联盟。第一阶段在货币一体化方面的具体目标是:所有欧共体成员国的货币均纳入汇率联合干预机制,而且要求各国采用同等的汇率可容许波动幅度。第二阶段首先要求建立欧洲中央银行体系(European system of central banks,ESCB),它不排斥各成员国的中央银行,而是一个中央银行的中央银行。其次,将逐步收缩汇率可容许波动幅度,并尽量避免成员国间法定汇率的调整。最后,适当聚集各成员国的部分外汇储备。特别重要的是,各成员国货币政策的决定权将逐步让渡给共同体,由欧洲中央银行体系制定整个共同体的货币政策。第三阶段则要求:首先,外汇市场干预应尽可能使用共同体成员国货币,必要时才使用第三国的货币。其次,还要进一步集中成员国的外汇储备。最后,要求以欧洲共同体货币取代各国货币。

1992年,欧共体成员国签订了《马斯特里赫特条约》(简称《马约》),其中的《经济和货币联盟条约》提出,经过三个阶段的过渡,各成员国要实现统一的财政政策和货币政策,发行统一的欧洲货币"欧元",建立欧洲中央银行。

1999年1月1日,欧洲统一货币欧元正式启动。2002年1月1日欧元开始在市场上正式流通,各欧元实施国的法定货币开始退出市场。2002年7月1日,各欧元实施国的本国货币完全退出流通,欧洲货币一体化计划初步完成。到目前为止,欧盟27个成员国中已有16个加入了欧元区。

2. 欧洲货币体系的成就

(1) EMS使欧共体货币区成为西方国家中汇率最稳定的一个货币区。欧洲货币体系建立的第一个年头,就显示了它的优越性,参加这个体系的各国货币对ECU的年平均波动率为1.9%,而在此之前的6年(1973—1978年),年平均波动率为5.2%。汇率的稳定减少了外汇风险,有利于共同体成员国之间扩大贸易和投资。据统计,共同体成员国的内部相互出口占共同体国内生产总值的比重,从1978年的11.8%上升到1990年的14.4%。共同体内部贸易的增长,固然有许多因素的作用,但汇率稳定无疑是其中的一个极重要的因素。

(2) EMS成员国货币汇率的相对稳定,使成员国加强了抵御第三国货币(如美元、日元等)冲击的能力,这种能力是通过成员国货币对第三国货币的联合浮动而获得的。因此,EMS加强了成员国在国际金融体系中的地位。

(3) EMS的运转,增强了共同体经济发展的同步性和政策的协调性。保持汇率的基本稳定,仅仅依赖汇率干预机制是不够的,必须有成员国之间在短期和中期经济政策的协调与合作,这样才有利于共同体的整体利益,实现共同发展。据统计显示,在1979—1987年间,共同体成员国的主要经济指标大部分都是相互接近的,共同体九个成员国1979年在国内生产总值年增长率上的差异为15.2个百分点,到1987年缩小为8.7个百分点;工业生产增长率的差距从

1979年的4.6个百分点下降到4.5个百分点,消费物价增长率差距在同一时期由11.2个百分点下降为5.2个百分点;出口贸易增长率的差距稍有扩大,从5.6个百分点扩大到6.3个百分点。在1979—1986年间,共同体八国的短期利率差异,从9.1个百分点下降到8.7个百分点;长期利润率差异从9.3个百分点下降到5.8个百分点。在以上六组经济指标中,有五组指标都是向趋同的方向变化,这说明欧洲货币体系中汇率的稳定与成员国经济指标的趋同,是互为因果、相互促进的。

(4) 欧洲货币单位(ECU)使用范围不断扩大,为欧洲货币同盟和实行单一货币奠定了基础。由于欧洲货币单位的汇率稳定,风险较小,利率较低,其被使用的范围不断扩大,共同体内部公共服务事业的结算业务,逐步摆脱美元,改用ECU;共同体和欧洲其他国家的跨国公司以及跨国公司之间的成本核算、业务往来、联营与合营也越来越多地采用ECU;欧洲空中客车集团由于采用美元计价,曾吃尽了美元贬值的苦头(1987年一年间美元对欧洲货币贬值25%),这一痛苦的经验促使2500家欧洲企业联合起来,采用ECU开票发货;共同体成员国之间以及共同体成员国与第三国的贸易,也越来越多地以ECU计价结算。为了推动ECU的私人使用,共同体的政治家、银行家、企业家和学者作出了巨大的努力。1986年11月17日,一些著名的政治家、银行家、企业家和学者,包括吉斯卡尔·德斯坦(法国前总统)、赫尔穆特·施密特(原联邦德国前总理),在巴黎成立了"欧洲货币联盟委员会"。德斯坦和施密特在联合声明中指出,欧洲货币体系是未来欧洲经济和金融发展的决定性因素,并且指出:"欧洲货币的进展将为1992年建立欧洲共同体统一的国际市场奠定稳定的基础,并将有助于实现欧洲政治统一。"

专栏 17-2

《马约》的主要内容

《马约》确定了欧洲经济和货币联盟实现单一货币的时间表和主要任务,时间表如下:

(1) 第一阶段:1990年7月—1993年12月31日;

(2) 第二阶段:1994年1月1日—1996年12月31日;

(3) 第三阶段:1997年1月1日或1999年1月1日开始。

第一阶段,经济方面集中在减少现存的差异、完成内部统一大市场。具体任务包括:完全消除物质的、技术的和财政上的障碍,内部市场竞争在共同体竞争政策指导下得到加强;改革和加强欧共体共同基金、推进区域发展和纠正经济不平衡,进行更有效的经济和财政政策合作,建立多边监控程序机制和预算合作机制,促进经济趋同。在货币政策方面,集中于消除各种不利于金融一体化和货币政策合作的障碍,加强各国中央银行的自主性,汇率机制运行应有调整但调节应更有效,包括:金融工具应充分自由地运用,银行、保险和证券服务应统一运作;汇率机制应扩大到所有成员国货币;欧洲货币单位的私人运用障碍应拆除;欧洲中央银行管理委员会应开始建立,欧洲中央银行委员会包括货币政策委员会、外汇政策委员会和顾问委员会。

第二阶段,主要任务是建立健全经济和货币联盟的基本组织和结构。在经济方面,各组织机构应围绕以下三个方面加强行动:单一市场竞争、结构和区域政策实施、宏观政策趋同。在货币政策方面,欧洲中央银行体系建立并适应性地发挥管理共同货币政策的功能,完成由各成员国货币政策合作到共同货币政策实施的转换。在这一阶段,各国货币政策应同共同货币政策一致,一定数量的外汇储备应集中在欧洲中央银行体系(ESCB),以便进行市场干预。

第三阶段是关键性的阶段。进入这个阶段,欧洲经济一体化和欧洲货币体系的性质发生了变化,其标志是:在经济方面实现完全一体化的市场,统一的宏观经济政策和统一的国际合作政策。在货币政策方面,欧洲中央银行体系将充分发挥其功能,独立地制定货币政策,决定对外部货币汇率的干预,管理官方储备,为共同的货币交易准备技术、制定规则。这一阶段,欧洲中央银行体系发行统一货币,取代各成员国现有货币。考虑到第三个阶段的重要性和复杂性,在推进战略上有两种选择:一种是"平行货币战略",即在欧洲经济与货币联盟计划开始之初就发行新货币,让其在流通使用过程中与各成员国货币竞争,以达到挤出成员国货币,从而自然取而代之的目的。另一种是"锁定汇率"(exchange rates locked)的办法。欧盟委员会认为前者是不现实的,因为发行与实际经济活动无密切联系的新货币可能动摇价格稳定,也可能使现有的各国货币间的合作关系更复杂化。同时,认为进入第三阶段要根据具体条件而定,为此,《马约》规定了两个时间,但最迟也必须在1999年1月1日进入第三阶段。

《马约》确定了成员国进入单一货币体系的条件。进入条件包括五个方面:(1) 通货膨胀率指标,以欧盟国家中具有最低物价上涨率的3个国家的平均水平为基准,不超过平均水平的1.5%;(2) 长期利率指标,以欧盟成员国中最低的3个国家的长期利率的平均水平为基准,不超过基准的2%;(3) 一国财政赤字必须低于其GDP的3%;(4) 一国公共债务必须低于其GDP的60%;(5) 在预定进入期前两年中,一国货币没有贬值,其货币汇率必须保持在固定汇率机制所允许的正常波动范围(±2.5%)之内。《马约》还规定,为了给成员国进入第三阶段提供机会,当成员国不满足其中一个或两个条件时,也应当考虑允许其加入,这种情况可以讨论决定。

——杨培雷:《国际经济学》(第 2 版),上海财经大学出版社 2012 年版,第 275 页。

▶▶ 本章小结

1. 国际金本位制有两个明显的特点:黄金可以自由地输出入,各国货币可自由兑换;在金币流通的国家,金币可以自由铸造,使得金币具有调节流通中的货币数量的作用,因此维持了各国物价水平的相对稳定。

2. 布雷顿森林体系的主要内容可以概括为三个方面:第一,建立一个永久性的国际金融机构——国际货币基金组织,以促进国际间有关政策的协调。第二,实行以黄金—美元为基础的、可调整的固定汇率制。第三,取消对经常帐户的外汇管制,但对资本帐户进行限制。

3. IMF 主要负有三项职能:第一,就成员国的汇率政策、与经常项目有关的支付、货物的兑换性问题确立一套行为准则,并对各国执行准则的情况实施监督;第二,向国际收支发生困难的成员国提供必要的资金融通便利,以使他们遵守上述行为准则;第三,向成员国提供国际货币合作与协商的场所。

4. 《牙买加协议》的主要内容是:汇率安排的多样化、黄金的非货币化、扩大特别提款权的作用、扩大基金组织的份额、增加对发展中国家的资金融通数量。

▶▶ 关键词

金本位制　布雷顿森林体系　国际货币基金组织　牙买加体系　固定汇率制　浮动汇率制　特里芬难题　最优货币区　欧洲货币一体化

▶▶ 讨论与思考练习

1. 简述金本位制下国际收支的自动调节机制。
2. 简述布雷顿森林体系的主要内容。
3. 简述国际货币基金组织的职能。
4. 阐述牙买加体系的主要内容。
5. 简述休谟的自动调节机制的实现前提。
6. 固定汇率制和浮动汇率制各有何优劣?
7. 简述最优货币区理论的成本收益分析法。

第 18 章 国际要素流动

和商品在国际的流动一样,生产要素在国际的流动也是国际分工的重要组成部分,并且其相对地位随国际分工的发展而日益突出。随着 20 世纪 70 年代开始的经济全球化过程的不断深化,国际要素流动已经成为影响世界经济发展的根本因素,加上自第二次世界大战后跨国公司的兴起和不断壮大,以及 80 年代后要素国际流动冲击各国所形成的巨大后果,要素的国际流动便成为人们不得不关注的问题,在国际经济学中也逐渐成为独立的篇章,成为国际经济学的重要组成部分。国际要素流动是指资本、劳动力等要素的国际流动。本章探讨国际要素流动的若干基本原理。这对于进一步理解国际分工和国际的经济联系是必要的,因为要素的流动不仅直接或间接地对国际贸易产生影响,而且它本身就作为联系各国经济的重要渠道发挥着作用。

18.1 资本国际流动及其经济效应

本节将分析资本国际流动的情况,包括资本国际流动的原因、形式和其所引起的经济福利变化,以及其他影响等。

18.1.1 资本国际流动的动因

资本国际流动是指资本从一个国家、地区或经济体,转移到另一个国家、地区和经济体的过程。资本国际流动的根本原因在于追逐收益,尤其是经济的收益。二战后生产和资本的国际化过程促使资本在国际上流动的规模加大、速度加快。尽管在国际收支表中,资本的国际流动反映在资本和金融账户中,而一般意义上的国际资本流动反映在国际收支表的经常账户中,但从广义的角度讲,资本国际流动中实际包含着资本的国际单向流动,包含着国际收支平衡过程中的经济交易过程,如黄金的流动。在具体的逐笔国际资本的跨国流动中,人们会发现,它们的原因是有所区别的。

第一,不同国家间收益率的差异促使资本跨国流动,从收益率低的地方向收益率高的地方流动。如果在国际上不存在阻碍资本自由流动的障碍,则要素总会在能够发挥最高效率的地方相互结合进行生产,这意味着能够得到最高的要素回报。在国际经济的实践中,资本总是从相对丰裕(但收益相对较低)的场所流向资本相对稀缺(但收益相对较高)的场所。然而在现实国际经济生活中,阻碍资本自由流动的因素总是存在的,因此资本很难完全自由地流向具有最高回报的场所,但资本收益以及利息率的相对差异却总会使得资本从低收益的地方向高收益的地方流动,使得资本流出国的收益率上升,而资本流入国的收益率下降,直到两地的资本收益率接近,资本流动才放缓直至停止。

第二,由于汇率变动而产生的资本国际流动以及国际收支造成的资本国际流动。在国际金融市场中,人们总是抛售汇率趋势走软的货币而追捧汇率趋势走强的货币以避免汇率风险,或在汇率变动的过程中逐利。在人们的货币持有的转换过程中,会发生资金在不同币种间的流动,而国际收支的大量顺差或逆差会造成资金跨国流动,以清偿不同国家间的债权、债务,同时国际收支的不平衡会促使形成逆差国的货币走软、顺差国的货币走强的趋势。在上述过程中,资金的跨国流动便会由于抛售和追捧货币而发生。在这种资本的国际流动中,短期资本的大规模跨国流动会对汇率造成很强的冲击,而汇率的剧烈波动又会造成短期资本的大规模跨国流动,这在20世纪90年代末期的东亚金融危机中表现得非常清楚。

第三,由各种风险因素如汇率风险、市场风险等造成的资本国际流动。风险与收益的关系是投资者极为重视的。一般而言,资本在运动中遵循的是安全性、流动性和盈利性原则,但第一位的是将风险降到最低程度。在风险相同时投资者追求更高的回报率,在回报率相同时则追求更好的安全性。人们对相同的风险如经济风险、政治风险、金融风险等有不同的认识,于是在国际经济运行中,风险厌恶者就会在追求资本的安全时,使其从高风险的地方流向低风险的地方,形成资本的国际流动。同时,在经济中有的投资者是风险喜好者,他们希望在高风险的场合下牟利,因此会将资本从其他地方调入高风险区域,这也会形成资本的国际流动。在今天的国际经济中,发达国家具有较好的投资环境,收益较好而安全性较高,因此国际资本在20世纪末期大都流向了发达国家。

第四,由其他因素如投机、规避贸易保护、国际分工等造成的资本国际流动。在国际经济中,由于贸易保护主义的限制,存在着贸易壁垒,人们为了绕过贸易壁垒,往往会进行国际的直接投资,即厂商会在市场所在地投资办厂从事生产,就地出售产品,这一过程会引起资本的国际流动。另外,第二次世界大战后高速发展起来的跨国公司,在跨国经营的过程中,不管是进行垂直型的国际分工的投资,还是进行水平型的国际分工的投资,都极大地推动了资本的国际流动。同时,二战后发展起来的经济一体化进程,在一体化经济体中消除了成员国之间的贸易、资本流动和人员交流的障碍,使得要素以前所未有的可能性在国与国之间流动,加速了资本国际流动的进程。例如,欧洲经济一体化的进程,不仅推动了资本在欧盟范围内的流动,而且推动了资本在与欧盟有着密切经济往来的地区的流动。

18.1.2 资本国际流动的主要形式

资本国际流动从不同角度可以区分为国家资本的输出入、私人资本的输出入;长期资本的国际流动、短期资本的国际流动;直接投资与间接投资,等等。

1. 长期资本流动

长期资本流动是指使用期限在一年以上,或未规定使用期限的资本流动。一般而言,长期资本包括直接投资、间接投资、国家贷款等。直接投资是资金投入到采矿业、工商企业、农业生产的股权资本、利润再投资、跨国公司的资金转移等,但直接投资总是要求拥有企业的所有权和经营管理权。按照国际货币基金组织的定义,国际直接投资应该拥有国外厂矿企业股权的25%以上。而美国对国际直接投资的定义规定的标准为控制股权的10%以上。当然从来源讲,长期资本可能是私人、企业所有,也可能是国家政府所有,或国际经济组织所有。间接投资大都属于证券投资,如各个国家之间的借贷款、国外企业或政府发行的债券、不是出于追求经营管理权的目的而购买的股票等。人们买入证券意味着进行投资,对于一个国家或经济体而言,投资意味着资本流出,而企业、国家发行或售出证券则意味着筹措资金,即资本的流入。从第二次世界大战后到20世纪80年代之前,国际直接投资在世界经济中占有重要的地位。目前,国际间接投资的作用与影响已经超过了国际直接投资,在20世纪的后期,国际间接投资,尤其是这种投资所造成的发展中国家的债务危机对世界经济的冲击,引起了人们的特别关注。

2. 短期资本流动

短期资本流动是指使用期限在一年或一年以内的资本流动。短期资本的国际流动包含着许多形式,但大都属于间接资本流动的范畴。在国际经济实践中,短期资本流动可以大致分为以下几类:与国际贸易有关的资本流动,即在国际贸易过程中存在的资金融通或结算所造成的资本国际流动;保值性的资本流动,即资本的跨国抽逃,这是为了避免经济状况恶化带来的损失;投机性的资本流动,即利用利率、汇率的变化或证券、商品的价格变化,跨国转移资金所造成的资本的国际流动。短期资本流动大都以各种商业票据、短期政府债券、可转让存单、银行承兑汇票以及活期存款等形式存在。短期资本流动类型复杂、转移频繁、流向多变。在一国开放程度高、外汇管制松弛时,短期资本流动对经济的影响不仅深远,而且后果难以预料。1997—1999年东亚金融危机的整个过程,尤其是韩国、泰国和中国香港在危机中遭受的短期资本冲击的困扰,就是极好的证明。

18.1.3 资本国际流动的经济分析

1. 资本国际流动的图形分析

图 18.1 为资本流动的经济(福利)分析,设有 A、B 两国,坐标图中的横轴为资本的存量,纵轴为资本的边际收益率(资本的边际产品),即技术、劳动投入不变时,增量资本投入所增加的产量。左面为 A 国资本的代表性边际收益率,右面为 B 国资本的代表性边际收益率,可以看出,B 国的资本边际收益率高于 A 国,资本将从边际收益率低的 A 国流向边际收益率高的 B 国,当两国资本边际收益率一致时,资本流动停止。

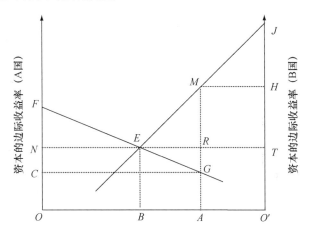

图 18.1 资本流动的产出与福利效应

说明:A 国的资本存量为 OA,B 国为 O'A,资本边际收益率在 A 国为 OC,总产出为 FOAG,其中 OCGA 为资本要素的收入,CFG 为其他要素收入。B 国资本边际收益率为 O'H,总产出为 O'JMA,其中资本产出为 O'HMA,HJM 为其他要素收入。由于 A 国资本边际收益率低于 B 国,在资本自由流动下,便会产生资本从 A 国向 B 国的流动,当资本收益 ON=O'T,即两国的资本边际收益率相等,在 E 点达到均衡时,资本便会停止流动,这时 A 国产出为 OFEB,B 国为 O'JEB,A 国减少 EBAG,B 国增加 EBAM,两国净增 EGM。因 A 国投资要有收益,A 国总收入为 AOFER,B 国为 O'JERA,A 国净增 EGR,B 国净增 ERM。资本跨国流动后产生了福利的增量,这是 B 国相对富余的劳动与 A 国相对富余的资本相结合而进行生产的结果。

2. 对外投资的利益分配分析

一个国家对于外资在本国的投资,可以运用某些手段进行调整。对外资在东道国的收入(包括直接投资与间接投资的收入)征收所得税,是这些调节手段的重要措施之一。这里我们运用两国之间的贷款来分析税收对于外国投资的调节。这一情况可以由图 18.2 给予解释。

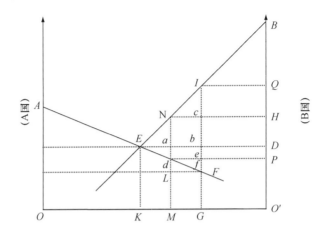

图 18.2　对外投资的利益分配分析

说明：图形的横轴为世界的资本量，纵轴为资本的边际生产率，B 国的资本回报高于 A 国，因此 A 国属于资本相对丰裕国，向 B 国提供贷款，其数量为 KG，利率为 $O'D$。若 A 国对于资本流出征收利息税 LN，则这时利率上升至 $O'H$，对 A 国的实际利率为 $O'P$，PH 为税率，贷款数量下降至 MG。这时借入国的利益从 $a+b+c$ 降低为 c，A 国利益则从 $d+e+f$ 改变为 $b+e+f$，少了 d，增加了 b。征税后，借款国需求降低，利率降低（从 $O'D$ 到 $O'P$），而世界产值的增减由 $INLF$ 界定，减少了 $a+b$。

18.1.4　国际资本流动的政策含义及案例分析

资本流动的利益分配是该流动理论的重大课题，因此而产生的跨国公司在今天的世界经济中有着重大的影响。资本的跨国流动往往与国际分工紧密结合，资本的国际流动意味着生产力、技术、设备、管理经验的跨国流动（即国际分工软、硬件的流动），同时也意味着市场的转移和市场份额的变化。资本的国际流动，还意味着资源在国际上更为合理的配置。各个国家自身因为禀赋等原因，无法获得资源的最佳配置，而资本的国际流动意味着资源的重新配置与组合，它会突破一国之内限制经济发展的某些因素，使得经济结构更为合理，从而节约社会劳动，提高劳动生产率，促进经济的发展。东亚地区通过引进外国资本和技术，经济获得了高速发展就是一例。但资本输出国尤其是日本在一定程度上发生了所谓的"产业空心化"现象，而资本引进国家在利用外资中又出现了问题，因此在一定程度上加重了 1997 年在这一地区发生的金融和经济危机。

18.2 劳动力国际流动及其经济效应

劳动力的国际流动是国际经济关系的一个方面,本节将对劳动力国际流动的原因、基本状况以及劳动力国际流动的福利状况等内容进行讨论。在人员发展的历史进程中,曾经历过三次人类的迁徙,第一次是15—19世纪初以贩卖奴隶为主要形式的人口迁徙,据1987年中国大百科全书出版社出版的《世界经济百科全书》的描述,在16—19世纪大规模贩奴的罪恶的"三角贸易"过程中,非洲减少了近一亿人口,但这并不是本节所要探讨的人口或劳动力的流动。第二次世界人口大迁徙发生于19—20世纪初,主要是从欧洲流入美洲。而自第二次世界大战后开始的第三次人口迁徙则主要是流向中东地区和欧洲地区。后两次人口流动体现了现代劳动力跨国流动的特点。

18.2.1 劳动力国际流动的原因

真正意义上的劳动力的国际流动,是指因经济原因产生的劳动力的跨国流动。其原因主要是国民收入的国际差异,即相同质量的劳动力在不同国家中的收入是不同的,劳动力总是从低劳动报酬的地方流向高劳动报酬的地方,短期流动的劳动力看重的是货币工资收入,长期移居的劳动力看中的则是实际报酬的差异。各国劳动力供求的不平衡也会造成劳动力的国际流动,这种流动大都从工业化程度较低的国家流向工业化程度较高的国家,这是因为前者相对于后者创造的就业岗位较少,当无法向劳动人口提供充足的就业机会时,劳动力就会产生国际流动。经济周期也是引起劳动力跨国流动的一个重要原因,例如当一个国家陷入经济危机时,该国将首先解雇国外的劳工,这将造成劳动力的回流,形成劳动力的跨国流动。伴随国际贸易和国际投资及其他国际经济活动,也会产生劳动力的国际流动,这是因为跨国的经济活动总要有本国的雇员随着资本、商品流动,以使资本和商品的跨国流动产生更好的效益。各国一般会在一定程度上鼓励劳动力的流动,除了经济方面的收益外,这种流动也会使流动者学习到劳动力输出国所需要的无形的经验或其他知识。当然,今天劳动力日益具有跨国流动的必要条件(如技能、人身自由等)也是促进劳动力国际流动的重要原因之一。

18.2.2 劳动力国际流动的形式

在劳动力的国际流动中,有若干种流动形式,如永久移民式的劳动力国际流动,这部分劳动力包括大量居住在国外的持有外国永久居民身份的打工者,如工程技术人员、科技人员、知识分子和其他长期工作者。在今天的劳动力国际流动中,中短期国际劳务出口(工程、服务等工作人员)已经成为劳动力跨国流动的最重要的形式之一,占有的比重日益提高。另外,留学人员、技术性劳务合作(人才流动)、在外资机构的工作人员(未跨国界的流动)等为外国利用的本国劳动力都可以算作劳动力的跨国流动。

18.2.3 劳动力国际流动的经济分析

1. 劳动力国际流动的图形分析

劳动力的国际流动具有重要的作用,图18.3为劳动力国际流动的经济(福利)分析。设有A、B两国,坐标图中的横轴为两国劳动力的存量,纵轴为劳动的边际收益率,即在技术、资金状况不变时,增加每单位劳动投入所增加的产量,左面为A国劳动的代表性边际收益率,右面为B国劳动的代表性边际收益率,可以看出,B国的劳动边际收益率高于A国,劳动力将从边际收益率低的A国,流向边际收益率高的B国,当两国劳动边际收益率一致时,劳动力流动停止。

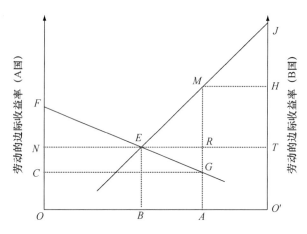

图18.3 国际劳动力流动的产出与福利效应

说明:有A、B两国,A国的劳动量从左原点出发为OA,B国从右原点出发为O'A,A国的总产出为FOAG,其中OCGA为劳动的收入,CFG为其他要素收入,劳动的边际收益率为OC。B国总产出为O'JMA,O'HMA为劳动的收入,HJM为其他要素收入,劳动的边际收益率为O'H。在劳动力自由流动的条件下,劳动力由收益率较低的A国流向收益率较高的B国。劳动力产生流动,在E点达到均衡,边际收益率为ON = O'T,A国总产出为OFEB,B国为O'JEB,总的情况从OFGA + O'JMA增为OFEB + O'JEB,净增EGM。

2. 劳动力国际流动的福利分析

在新增的 EGM 中，ERG 为劳动力流出国所得，MER 为劳动力流入国所得，A 国的总收入为 OAREF，劳动的收入为 ONRA，B 国的总收入为 O'JERA，劳动的收入为 O'TRA，A 国其他要素的收入为 NFE，B 国其他要素的收入为 TEJ，新增部分是劳动力国际流动的利益。

18.2.4 国际劳动力流动的政策含义及案例分析

劳动力的国际流动对流入国来说是吸引人才，同时可以节约大量的劳动力教育、培训、保健等费用。在今天，引进高科技人才，是真正引进创新，引进一种全新的生产力，因为在所有的生产要素中，人才是第一要素。因此人才的争夺，实际已经成为 21 世纪各国保持国际竞争力的根本方法，也是建立对于其他国家经济领先地位的根本基础。美国在 20 世纪后期吸引了大量其他国家的高级人才，这是美国经济建立在新基础上的重要因素，也是美国高科技保持领先地位的重要原因之一。但对劳动力的流出国来说，高科技人才的国际流动实际是智力外流，同时包含在劳动力身上的人力资本也会随之流到国外，这对流出国的经济影响是很大的。国际劳工的侨汇汇回，是今天发展中国家的重要外汇收入来源，同时也可以使流出者得到国外技术、管理的培训。另外，从发达国家流向发展中国家的劳动力也是一种对发展中国家所需人才的补充。从政策角度看，如何引进人才、留住本国的人才都是各国极为重视的问题。而如何将本国的人才派出学习，并使其在学成后回国，已经成为政策制定者的重要任务。

18.3 生产要素流动与商品贸易的关系

生产要素的流动和商品的流动之间的相互影响是一个比较复杂的问题。本节主要以资本流动为例进行介绍，阐述资本流动与商品贸易之间的关系。

1. 商品流动与资本流动的替代

所谓商品流动与资本流动的替代关系是指，商品在国际间流动可以代替资本的流动，而资本的流动也可替代商品的流动。

20 世纪 50 年代，美国经济学家罗伯特·蒙代尔依据国际经济学的一般理论，提出了资本流动可以代替商品流动的观点。他认为，商品流动和资本流动都是资源在国际范围内实现有效分配的途径。当我们假定资本的流动受到限制时，商品的流动或国际贸易可以起到在国际范围内实现资源最有效分配的作用；当商品在国际间的流动受到限制时，资本的流动就可以代替商品的流动，起到在国际范围内有效分配资源的作用。

这一基本理论观点不难理解。在市场不完全的条件下,可能资本的流动会代替商品的出口,相反,当商品的出口或依靠企业外部市场的成本很低,以致通过外部市场,企业能够转移其制成品和中间产品时,企业宁可选择商品的出口或商品的流动。在现实中,由于各国对商品的自由流动施加了关税和非关税的限制,因而商品流动的成本相对提高,这自然引起资本的流动。同时,由于科技的发展,具有垄断优势的企业倾向于进行直接投资。这种选择意味着,当这些企业将资本投到东道国市场直接从事生产活动时,客观上替代了该企业向该国的商品输出。

由于资本的流动,乃至由于这种替代关系,赫克歇尔—俄林的生产要素价格均等化定理增加了新的内容。在前面的理论中,我们曾经提出,由于各种对商品流动的限制,各国的市场未实现统一,因而俄林所假定的商品自由流动的条件尚未具备,所以生产要素价格的均等化还远未实现。根据蒙代尔的理论,在商品流动受到限制的条件下,资本的流动实现了生产要素在各国之间的直接结合,从而使资本输出国和输入国的资本收益率趋同,同时,直接投资所创造的就业机会将使劳动力的工资水平趋同。即在商品自由流动受到限制的条件下,资本的流动替代了商品的流动,使要素价格趋于均等化。在这里资本流动与商品流动对要素价格均等化影响上的差异在于,商品流动造成的生产要素价格均等化是通过生产要素在一国范围内的流动实现要素价格均等化的,而资本流动造成的要素价格均等化直接通过生产要素在国际间的流动实现。由此可见,在资本可以自由流动的条件下,各国间要素收入水平的趋同有了更多的渠道。但是商品流动和资本流动本身则是互相替代的。

蒙代尔的商品流动和资本流动的替代也有某种局限性。在他的研究中,所谓商品流动实际上主要是最终产品的流动。在现实中,不仅有最终产品的流动,还有中间产品的流动问题。根据国际生产综合理论,如果跨国公司试图将企业的垄断优势与区位优势相结合作为向国外投资的重要指导原则的话,企业将生产过程的不同阶段分别设在有某种区位优势的不同的国家或地区也是很自然的了。如果跨国公司将其企业内部生产的不同阶段分设在不同的国家,产品零部件在各国间的流动本身就是贸易规模的扩大。

2. 资本流动与商品流动的互补关系

在20世纪80年代,另一位经济学者卡玉翁提出,在一定的条件下,商品的流动和资本的流动是互补的关系,即商品的流动会带动资本的流动,资本的流动又可以带动商品的流动。

资本流动与商品流动互补论指出,首先,资本的流动本身就是商品流动的一个重要部分。当资本输往东道国时,机械设备等资本形式就是资本输出的载体,这种资本流动无疑是与商品流动携手并进的。其次,资本流动将带动中间产品的流动。当跨国公司在海外的投资是根据各国的区位优势确定时,每个国家的分支公司可能只生产制成品中的某个零部件,因而产品的组装、完成将意味着中间产品贸易的发展。因此,这种向公司母国的"再进口"本身就是商品的流动。最后,从单纯的商品流动和由资本流动引起的商品流动之间的比较看。可以肯定资本的流动将替代一部分商品,特别是原来已流向东道国市场的商品流动,会由这种资本流动替代。总体来看,如果资本的流动所引起的商品流动量超过了单纯的商品流动的量,那么我们可以说,资本的流动与商品的流动是互补关系;如果资本流动引起的商品流动少于单纯商品的流动量,那么资本流动与商品流动是互相替代的。

从资本流动与商品流动对要素价格均等化的影响看,按照蒙代尔的理论,资本流动将代替商品流动起到促使要素价格均等化的作用。然而要认真思考起来,这种商品和资本流动对要素价格的影响关系是建立在一定假设前提的基础上的。即当东道国的生产要素被充分使用且商品流动本身有替代作用时,资本流动将代替商品流动使生产要素的价格趋向均等化。但是当东道国的生产要素尚未充分利用(如发展中国家)时,资本的流动将有助于加快生产要素价格在各国间实现均等化的速度,即在使东道国生产要素接近或达到充分利用的同时,提高要素的收入水平。

》 本章小结

1. 资本国际流动是指资本从一个国家、地区或经济体,转移到另一个国家、地区和经济体的过程。

2. 长期资本流动是指使用期限在一年以上,或未规定使用期限的资本流动。短期资本流动是指使用期限在一年或一年以内的资本流动。

3. 劳动力的国际流动,是指因经济原因产生的劳动力的跨国流动,其原因主要是国民收入的国际差异。

4. 生产要素流动与商品贸易同时存在替代与互补关系。

》 关键词

国际要素流动   资本国际流动   劳动力国际流动   商品贸易

》 讨论与思考练习

1. 试分析资本国际流动的原因。
2. 试述资本国际流动的主要形式。

3. 试用图形解释资本国际流动的经济效应。
4. 资本流动如何增进相关国家的国民福利？
5. 试分析劳动力国际流动的原因。
6. 试用图形解释劳动力国际流动的经济效应。
7. 劳动力流动如何增进相关国家的国民福利？
8. 生产要素流动与商品贸易是否同时存在替代与互补关系？

第 19 章 国际直接投资

在上一章分析国际要素流动时,我们讨论了纯资本流动的发生机制。在资本流动的过程中,资本连同对它的实际控制权一同转手。交易过程不管通过什么环节和中介进行,最终大都表现为资金的贷出和借入。投资人(债权人)所关心的是其投资的报酬,除此之外并无其他要求与权利。我们将这种投资定义为间接投资。但是在国际资本流动中,也有一大部分资本是采取另一种形式进行的,这便是国际直接投资。所谓直接投资就是投资者在以资本流动的方式转移资源的同时,获得了对投资对象的直接控制权。当一家公司在国外建立分支企业后,分支企业不仅对母公司承担纯金融上的义务,而且它本身也成为母公司整个组织机构的一个部分。我们将这种在外国设有一个或一个以上的分支公司的企业称为跨国公司。正是从这个意义上讲,国际投资不只是一个资本流动问题,同时也是企业组织问题。

自 20 世纪 50 年代以来,有关跨国公司和国际直接投资的理论,随着实践一起获得了迅速的发展,迄今已经形成了流派纷呈的局面。在这一章中,我们将阐述其中的一些基本原理。

19.1 国际直接投资理论

19.1.1 垄断优势理论

直接投资理论的核心问题是解释直接投资发生的原因、机制和结果。垄断优势论是将国际直接投资的原因归于跨国公司具有和延续其垄断优势的理论。

该理论指出,跨国公司之所以在海外投资且在竞争中立于不败之地,主要是因为它具有当地企业所不具备的优势。我们知道,企业竞争优势的获得和维持只有在不完全竞争的市场上才能实现。因此跨国公司面对一个不完全竞争的市场是该理论的前提。在此基础上,跨国公司的优势主要来自以下几个方面:

1. 对某种技术的垄断

跨国公司能够在海外投资的一个很重要的优势是它拥有某种先进的技术。我们这里的技术是一个广义的概念,它既包括了生产过程中所实际运用的具体技术,也包括诸如知识、信息、诀窍等以无形资产形式存在的技术,所有这些都是跨国公司竞争优势的重要来源。凭借这些技术，跨国公司可以在不完全竞争的市场上获得某种垄断优势，从而制定垄断价格，弥补自己在其他方面比当地企业多耗费的成本。

2. 产业组织形式的寡占性特点

跨国公司的行业分布情况表明，国际直接投资与行业集中度有着密切的关系。世界上500家最大的企业几乎都已成为跨国企业。这是因为规模经济对通过研究与开发而获得的技术上的优势具有十分重要的作用。同时，在对已经获得优势的维护和保护方面，由规模因素而形成的垄断也是十分重要的。

3. 企业家才能或管理能力的"过剩"

卓越的管理才能作为企业优势的一个重要来源是显而易见的。但更重要的是管理能力在其发展的某些重要阶段常出现利用不足的现象，这种管理能力的"过剩"是推动企业不断扩大其规模，进而发展为跨国公司的重要动力源泉。因此它比资本过剩论具有更强的解释力。

4. 获取廉价的原材料和资金的渠道

对特殊原材料的需求可能使东道国的国家特有优势（或吸引力）成为跨国公司选择投资区位的重要决定因素。如果跨国公司已经获得了使用原材料或矿山的特权，那么它就成了企业特有的优势。因为一个已经建立了市场营销体系的企业，比一个在发达国家没有市场渠道的东道国企业可能会从开发这种原材料中获得更多的利润。与获取原材料同样重要的是进入资本市场的能力。跨国公司的母公司由于上述提及的各种优势，特别是与其规模优势相联系的资金实力和信用等级，能够使跨国公司的子公司在当地筹资中得到较优惠的条件。

当然，跨国公司优势的来源也可以从其他方面概括，我们也可以列出更多的方面来表明这种优势。但是我们所要说明的是，企业优势的获得总是与其生存和发展的环境有着密切的联系。因此，考察企业特有优势就必须与考察国家特有优势联系起来进行。国家特有优势在贸易理论中占有重要地位，要素禀赋论便是其中一例，但是我们这里所强调的国家特有优势，主要着眼于一国的经济环境对该国企业成本过程的影响。因为企业特有的优质是在特定的环境下形成的。一个企业对外投资活动在很大程度上受其国内经验的影响。例如，在企业所表现出来的技术优势方面，美国在有利于节约劳动的技术上独领风骚，欧洲则以节约原材料的耗费为长，而有效地节约空间也是日本技术优势的重要表现。所有这一切无不同各有关国家和地区独特的资源条件、市场结构乃至文化背景等条件密切相关。所以说，只有将国家特有优势与企业特有优势结合起来，才能更加清楚跨国公司垄断优势的来源。

凭借这种特殊优势,跨国公司在不完全竞争的市场上具有和维持自己有利的竞争地位,获取高额的利润。

19.1.2 市场内部化理论

所谓市场内部化是指,企业为减少交易成本、减少生产和投资风险而将该跨国界的各交易过程变成企业内部的行为。

企业拥有某种优势只是它成功地进行对外投资的必要条件。因为当一个企业具有某种垄断优势,并决定在国外实现其市场价值时,它至少有三个可供选择的途径:(1)在国内生产,将这种优势凝结在商品中,并以出口的方式进入国外市场,使企业的优势通过商品的竞争力表现出来并实现其价值;(2)企业也可以通过向国外企业发放技术使用许可证的方式将其技术优势有偿转让出去,直接在技术市场上实现其价值;(3)企业选择通过直接投资到国外设立分支企业,在当地生产并销售,将其拥有的优势就地市场化。

企业选择第三种方式,即对外直接投资方式的重要原因是市场的不完全性。对于国家而言,这种市场的不完全性表现在多个方面。如各国大量存在的关税和非关税的壁垒,生产要素不能完全自由流动等。这种市场的不统一或不完全在很大程度上造成了各个国家和地区之间成本水平的差异,这些方面的市场失灵连同运输成本等因素一起,构成企业选择直接投资,选择成本较低的地区进行生产,进而将其作为生产和向其他国家出口产品的重要依据。

其他方式尽管也可以作为企业向国外发展的重要途径,但与直接投资相比具有某种不确定性。要说明这一点,我们必须从中间产品市场的不完全性的角度加以说明。所谓中间产品是指,在基本投入和最终产品之间,为生产过程所不可缺少的所有中间投入。其中技术、信息(渠道)、诀窍、营销技巧、管理方式和经验等无形资产形式是中间投入或中间产品的主要内容,这些方面的优势将成功的企业和一般的企业区分开来。

由于中间产品市场是不完全的,所以这些无形资产通过市场交易很难实现其价值,原因有以下三个方面:

第一,在某种程度上,无形资产具有"公共物品"的性质。我们常常遇到的情形是,一旦某个地方发明并使用了某种新的"想法"(或知识),那么在另一个地方使用它的边际成本很低,甚至为零,且并不减少这个想法的提出者的使用价值。从社会的观点看,有效地配置这种资源的条件是根据其边际成本来定价,那么按照现在的使用情况,这种无形资产的价格就是零或接近于零。这样,便会出现两种情况,要么这种无形资产没有人提供,要么定价不符合效率原则。

第二,无形资产的定价受信息不对称现象的困扰。所谓的信息不对称是指,交易双方对交易对象所掌握的信息量不相等。关于这一点可以通过一个简单的例子加以说明。假设某人对你说:"我有一项技术,我确信对你很有用",并且他通过描述这项技术的一般性特点和大略的机理使你相信他的话。但是无论如何,在你付钱给他之前他不会将这项技术的全部细节都向你公布,否则等于你免费得到了该项技术。于是,你们之间就存在一种信息不对称问题。交易的卖方根据他掌握的全部情况向你索取某一价格,而对你来说,如果不了解有关细节,你怎能判断这一价格是否合理并接受它呢?因此这种无形资产的交易难以成交,或者要付出较高的交易成本。在这种情况下,无形资产的持有人便倾向于自己使用这种无形资产来实现其价值。

第三,不确定性的存在使上述的不对称现象难以克服。假设在上面的例子中,对方打算向你出售的是一种新型蛋糕的技术,他可以让你亲口尝一尝用这种技术所制造的蛋糕,并且告诉你,如果你能购买并恰当地使用这项技术的话,你也可以制造出同样的高级产品来。但你们谁有把握保证能真正恰当地使用这项技术呢?特别是设计诀窍之类的技术转让时问题会更为复杂。这种不确定性的存在无疑会减少成交的可能性。

上述情况如果发生在两个企业之间,转移这种技术的一个最重要的办法就是两个企业合二为一,共同分享这种技术。换言之,在一个企业内部转移和使用这种无形资产,比通过外部市场来解决这一问题更有效率。显然,把这一逻辑再引申一步,如果上述交易涉及的是两个不同国家的企业,那么最有效的办法是采取直接投资的方式,而不是发行许可证的方式来完成这种无形资产的转移。

以上分析表明,市场不完全性导致许多交易无法通过外部市场达成,或即使达成也要承担较高的交易成本。所谓交易成本,狭义上是指通过市场交易时所必须付出的代价。它包括寻找相应价格的成本、确定交易条件、签约、履约以及为避免对方违约而付出的成本等。由于交易成本的存在,在一定意义上,企业作为一种组织便具备了替代市场的功能。凡是企业内部组织交易的成本低于市场的交易成本时,企业便获得了扩张力,这种扩张过程跨越国界便产生了跨国公司,而企业创造其内部"市场"的过程便是所谓的内部化过程。

19.1.3 国际生产折中理论

英国经济学家约翰·邓宁在1977年提出国际生产折中理论,它是从西方传统国际贸易理论发展而来的,并把生产要素论、比较利益论和生产区位论结合在一起,对国际直接投资问题作出一般的解释。

在邓宁看来,对外直接投资是由三种特殊优势综合决定的,这三种优势是所有权优势、内在化优势和区位优势。所有权优势指企业所独享的利益,如技术、管理和推销技巧、发明创造能力。内在化优势主要包括多国体系、组织结构和市场机制等方面,这使跨国公司能够利用所有权优势直接到国外去投资生产,使之内在化,这种内在优势决定着跨国公司进行海外投资的目的与对外投资的形式,从而实现企业全球化经营以便带来较好的经济效益。区位优势是指地区的特殊禀赋,包括交通便利、资源、政策和工艺性质、产品和竞争情形,直接投资并不取决于资金、技术和经济发展水平的绝对优势,而是取决于相对优势。

邓宁认为,只有这三个基本因素同时存在,国际直接投资才能发生,这三个因素结合在一起,不仅使对外直接投资成为可能,而且决定着对外直接投资的部门结构和地区结构。邓宁的国际生产折中理论之所以成为国际直接投资的主要理论,并不是由于它的新颖性、独立性,而是在于它博采众长,克服了过去国际直接投资理论只重视资本流动方面研究的局限性,把内部化理论、区位理论、市场缺陷理论、要素禀赋理论等综合起来考虑,并且以三种优势来解释跨国公司的对外直接投资行为,从而具有普遍的解释意义,对近十年来发展中国家对外直接投资的迅速发展也具有现实意义。但是,就如何解释中小企业的对外直接投资行为,并把国际投资理论与跨国公司理论有机结合起来,该理论还存在着明显的不足。除此以外,国际生产折中理论的另一个明显不足在于该理论将所有权、内部化、区位优势这三种因素等量齐观,缺乏主次之分和无动态变化分析,这与千变万化的国际直接投资现象是有较大差距的。

19.2　中国的外资引进

19.2.1　中国利用外资的发展状况

1. 新中国成立初期利用外资的情况

新中国成立后,由于国际环境的变化和"左"的思想的影响,在相当长的一段时间里,中国基本处于封闭半封闭的状态,利用外资基本陷入停顿。20 世纪 50 年代,为了恢复经济、发展国民经济,中国向苏联和东欧社会主义国家寻求援助,苏联共提供了 74 亿旧卢布的长期贷款,主要用于"一五"计划的 156 个大型骨干项目。同时,还从苏联和东欧国家引进了一大批冶金、电力、煤炭、机械、军工技术和成套设备,在较短的时间内初步建成了较完整的工业体系。当时,在苏联和波兰开办了 5 家合营企业。20 世纪 60—70 年代,中国与苏联及东欧国家经济关系终止,为发展经济,中国从日本和一些西欧国家进口了一批石油、化工、冶金、矿山、电子等方面的技术设备,其中部分项目的资金通过卖方信贷方式实现。从 1965 年还清苏联全部债务以后至 1978 年党的十一届三中全会之前,中国一直处于"一无外债,二无内债"的状况。

2. 改革开放时期中国利用外资的情况

1978年党的十一届三中全会决定把全党全国的工作重点转移到经济建设上来,制定了以经济建设为中心,坚持四项基本原则、坚持改革开放的基本路线,并将对外开放确定为中国的一项基本国策。从此,中国利用外资进入了一个崭新的发展阶段。

改革开放以后,中国吸收利用外商直接投资的发展大体经历了五个阶段:

(1) 第一阶段(1978—1986年)。这一阶段通常也被称为"起步"阶段、"初创"阶段或"试办"阶段。这一时期的特点是,立法尚不完善,《合资企业法》及其配套法规刚刚建立,投资方式比较单一,外商多属投石问路。另外,审批权多集中在中央,限制了地方积极性。这一阶段全国实际利用外资金额288.7亿美元。其中,对外借款222.6亿美元,占全部实际利用外资金额的77.1%;外商直接投资66.1亿美元,占全部实际利用外资金额的22.9%。

这一阶段的外资主要来自中国港、澳地区,以劳动密集型的加工项目为主,而且大部分集中在广东、福建两省以及其他沿海省市,内地吸收利用外资则刚刚开始起步。这一阶段由于经验不足,产生了宏观管理薄弱和投向偏失等问题,使非生产性项目发展过快,特别是出租汽车、旅游宾馆、彩色打印、建筑装饰等一哄而上,在投资结构上产生了一系列问题。1986年,国家对经济过热进行了调整,为了扭转局面,国务院成立了外资工作领导小组,公布了鼓励外资投资的22条,为吸收外资工作迈入新阶段作好了准备。

(2) 第二阶段(1987—1991年)。这一阶段通常被称为"持续发展阶段""稳步发展阶段"。这一阶段,在国务院"22条"以及一系列扩大开放和利用外资的实施办法与新举措公布后,外商投资环境得到进一步改善,吸引力大大增强。1987—1991年,中国实际利用外资金额505.9亿美元。其中,对外借款320亿美元,外商直接投资185.9亿美元,分别占全国实际利用外资金额的63.3%和36.7%。外商直接投资所占比重有一定的上升。

这一阶段的特点是,外资投向得到有效引导和控制,投资结构有较大改善;生产性项目及产品出口企业所占比重有一定的上升,先进技术型和产品出口型企业鼓励明显增多,投产企业开始发挥效益;中央和地方致力于投资环境改善,为外商和企业排忧解难;不合理的行政干预有所减少,企业经营环境日益宽松;各种投资活动十分活跃,国际经济交往日趋频繁;外商投资的区域和行业有所扩大,台湾同胞的投资开始进入,并且迅速增加。

(3) 第三阶段(1992—1995年)。这一阶段通常被称为"高速增长阶段""大发展阶段"。在这一阶段,一方面,国内政局稳定,社会安定,经济持续发展,以及立法日臻完善,体现了投资环境的优越,促使外商投资再度踊跃;另一方面,1992年邓小平同志发表南方讲话以后,中共中央政治局召开会议,提出了进一步加快改革开放的决策和措施,为更多地利用外资扫除了障碍,使20世纪90年代后中国利用外资工作又上了一个新的台阶。与此同时,亚太地区经济形势看好,这又为中国利用外资提供了良好的外部机遇。国家出台了一系列政策措施,有力地促进了利用外资的发展。在这一阶段,中国累计批准利用外资项目23万个,协议利用外资金额4000多亿美元,实际利用外资金额1600多亿美元,外商直接投资成为中国利用外资的主要形式,占全部利用外资协议金额的96.9%和实际利用外资总额的70.9%。

(4)第四阶段(1996—2000年)。这是利用外资的新阶段,也是"调整发展阶段"。上一阶段中国利用外资的总量和规模已经取得了巨大的突破,这一阶段中国在保持利用外资规模的同时注重提高利用外资的水平和质量,利用外资的重点由注重数量转向注重质量和结构优化。中国开始对外商投资逐步实行国民待遇原则,对原有的利用外资的税收和外汇等方面的政策作了一些调整。1997年9月,党的十五大提出了努力提高对外开放水平的方针,并对中国利用外资的政策作出新的表述:积极合理有效利用外资。

在这一阶段,中国利用外资的特征是,质量明显改善,在外商投资规模继续攀升或得到维持的同时,欧美大型跨国公司来中国投资明显增多,外商投资企业的资金来源结构和技术结构进一步改善;资金与技术密集的大型项目和基础设施项目增加,投资产业结构优化,平均单个项目投资额明显增加;外商投资的产业与行业结构日趋合理,投资于高新技术产业出现了积极的势头。另外,中西部地区利用外商投资的落后状况有了很大的改善,利用外资的增速快于东部沿海地区。截至2000年7月底,来自世界180多个国家(或地区)的投资者已在中国累计设立外商投资企业353704家,合同外资金额超过6323亿美元,实际投入外资金额3277亿美元。

(5)第五阶段(2011年至今)。这一阶段通常被称为"成熟稳定期"。2001年,中国经过15年的艰苦谈判最终加入世界贸易组织,正式成为世界贸易组织成员,同年中国的"十五"计划开始实施,开始全面建设小康社会的进程。为了更好地执行世界贸易组织的规则和履行"入世"承诺,中国修订了利用外商投资的政策法规,完善了法律体系,改善了外商投资的法律环境。近些年来,随着服务业"入世"承诺的兑现,服务业成为利用外资的新热点和新增长点;外资并购法律体系的建立激活了外商在中国开展并购活动的积极性,使并购成为一种新的外商投资方式;外商投资也呈现出集群的特点,把产业协调配套环境看成是投资重点考虑的要素;在此同时,跨国公司也扩大了在华的投资。

但是,自亚洲金融危机以后,中国在利用外资方面出现了一些新情况,主要表现在以下七方面:

① 外资在整个投资中的比重下降,进入了低比重时期,中国对外资在绝对数量上的需求已趋于饱和。

② 外资在中国市场的竞争力和地位下降明显,而中国企业的竞争力相对提高得很快。

③ 投资需求与环境发生变化。一方面,由于纯粹的资金需要有限,外商对投资环境的需求发生变化;另一方面,中国经济目前已进入资金与产品相对过剩阶段,对利用外资的国际环境和要求也进入了一个新的阶段。

④ 利用外资结构面临大的调整。

⑤ 利用外资的主体状况和市场状况都发生了根本性转变,外资数量对企业已经不重要,证券化资金筹集及直接利用外资更重要。

⑥ 利用外资,政策的、主观的愿望将让位于市场的、客观的事实。

⑦ 利用外资进入区分资金与人才、技术、管理和制度的新阶段。

表19.1　1979—2012年中国实际利用外商直接投资金额(不包括银行、保险、证券领域)

年份	金额(亿美元)	年份	金额(亿美元)
1979—1982	17.69	1998	454.63
1983	9.16	1999	403.98
1984	14.19	2000	407.15
1985	19.56	2001	468.78
1986	22.44	2002	527.43
1987	23.14	2003	535.05
1988	31.94	2004	606.30
1989	33.93	2005	603.25
1990	34.87	2006	630.21
1991	43.66	2007	826.58
1992	110.08	2008	923.95
1993	275.15	2009	900.33
1994	337.67	2010	1057.35
1995	375.21	2011	1160.11
1996	417.26	2012	1117.16
1997	452.57		

资料来源:商务部网站。

进入21世纪以来,世界经济持续增长,国际多边和双边合作取得新发展,包括直接投资在内的跨国资本移动呈现稳定上升态势。在党中央、国务院的正确领导下,中国以科学发展观为指导,统筹国内发展和对外开放,把握发展机遇,扩大开放领域,深化涉外经济体制改革,各地区特别是中西部地区投资环境不断改善,在更大范围内、更高层次上开展了国际经济合作,较好地适应了加入世界贸易组织后过渡期带来的各种变化,利用外资的质量和水平进一步提高。

19.2.2 中国利用外资的作用

改革开放以来,外资对中国经济发展发挥了重要作用。突出表现在以下七个方面:

1. 有利于弥补国内建设资金的不足

资金短缺是长期制约中国经济增长的一个主要因素。改革开放以来,外资的大规模投入,有效地缓解了中国建设资金紧张的矛盾,为经济的高速增长发挥了重要作用。中国每年实际利用外资占全社会固定资产投资完成额的比重逐年递增。截至2011年,中国利用外资保持了继续发展的良好态势,利用外资总量增长,多方式利用外资更为活跃,全年实际利用各类外资总额约1160.11亿美元,比2010年增长了9.72%,再创历史新高。全部新批设立外商投资企业27712家,同比增长1.12%。这使得中国利用外资连续19年保持在发展中国家的首位。2012年共有71家企业在境外资本市场首次公开募股,累计融得资金645.9亿元。其中,58家中国内地企业登陆中国香港资本市场,融资约631.6亿元;6家企业登陆德国法兰克福证券交易所,3家企业登陆英国资本市场,2家企业登陆美国资本市场,1家企业登陆澳大利亚证券交易所,1家企业登陆新加坡证券交易所。外资弥补了中国存在的资金缺口和外汇缺口。中国借用的外资绝大部分投入交通、通信、能源等制约国民经济发展的"瓶颈"部门和原有企业技术改造,扩大了这些产业的生产能力,增强了国民经济增长的后劲。外资还是石油勘探开发等部分行业的主要资金来源。

2. 有利于引进先进技术,促进产业升级

外商直接投资带来了一批实用的技术,填补了中国的许多产品技术空白,使许多行业的大批产品更新换代,一大批企业得到技术设备改造。外商投资促进了中国汽车、电子、通信等重要产业技术的发展。例如,上海大众企业公司和北京吉普车公司,在短短几年里,将中国轿车工业的技术水平从20世纪50年代带进20世纪80年代。目前,中国彩电、小汽车、电梯等行业,外商投资企业占相当的比重。外商投资企业生产的丰富多彩的轻纺产品,不但满足了国内市场的部分需求,同时大量出口到国际市场。合营企业不仅自身引进技术和设备,而且带动了相关工业的技术进步,很多配套企业的产品已进入国际市场。

借用外资在引进技术改造国内工业方面发挥了重要作用。2002—2011年,中国技术引进合同签订数量翻了一番,合同总金额由 173.9 亿美元增长到 321.6 亿美元,增长 84.9%,年均增速 9.4%。2011 年一季度,中国共登记技术引进合同 3125 份,合同总金额为 55.2 亿美元,同比增长 4.2%。其中,技术费 52.2 亿美元,占合同总金额的 94.6%,技术费占比与 2010 年同期相比有所上升,技术引进质量进一步提高。利用外资引进技术使一大批老企业得到了技术改造。利用国外贷款引进技术、进口成套设备为中国工业新添了一大批关键项目,如大型钢铁联合企业、大型火电厂、通信设施等,壮大了中国工业的综合实力,为工业的快速发展奠定了坚实的基础。与此同时,技术较先进的外商投资企业还通过市场竞争、商业往来和人员交流对国内企业产生示范效应与扩散效应。

改革开放以来,外商特别是跨国公司在中国投资最密集的行业有电子、汽车、家电、通讯、化学、办公用品、仪器仪表、制药等,这些行业正是中国产业结构调整与升级中重点发展的行业,外资较密集地进入这些行业,无疑会有力地推动中国产业结构的升级和优化。

3. 引进先进的管理经验

吸收外商投资和借用国外资金,不仅带来资金和技术,也带来了先进的管理经验。外商投资企业造就了一批新型的管理人才,企业中的中方管理人员和技术人员参与管理与经营,身体力行地学习国外的先进管理方法,成为新型的企业管理专家。这些人员的流动,使国际管理经验在国内迅速传播。外商投资企业还通过各种方式培训员工。外商投资对国内企业的规范管理,还会通过产业关税和示范效果等渠道发挥作用。

4. 增加财政收入,创造就业机会

大量外商投资企业的建立和投产开业,为国家增加了财政收入的来源。中国主要来源于外商投资企业的涉外税收收入逐年大幅度增加,1994 年达到 390 亿元(不包括关税),占当年全国财政收入额 5182 亿元的 7.5%。2001—2005 年,外商投资企业的涉外税收(不包括关税和土地费)总额达到了 22384.34 亿元。截至 2005 年底,外商投资企业上缴税收已占中国财政收入的 17%,外商投资企业涉外税收在工商税收总额中的比重达到 20.5%,成为国内工商税收中增长最快的税源。仅就 2010 年而言,外商投资企业工业产值、税收、出口分别占全国的 27.1%、21.2% 和 54.7%,直接吸纳就业约 4500 万人。

5. 促进开放型经济的发展

外商投资企业与国际经济有着天然的联系,如供销渠道、技术开发、市场、信贷关系等,这些经济联系带动了外商投资企业及其配套企业产品的出口。外商投资企业是中国出口增长的重要源泉。由于国家实行鼓励出口政策,出口加工型外商投资企业占相当大的比重。外商投资企业的迅速增长,有力地推动了中国开放型经济的发展。2012 年外商投资企业进出口 18940 亿美元,占全国外贸总值的 49%。其中,出口 10227.5 亿美元,与 1986 年的 4.6 亿美元相比增长了 2223 倍;外商投资企业占全国出口总值的比重,1989 年为 9.1%,2012 年则上升到 49.9%。外商投资企业产品出口的不断扩大,优化了中国出口商品的结构。外商投资企业出口商品构成中,工业制成品一直占 93% 左右,对改变中国出口商品以石油、煤炭、农产品等原材料和初级产品为主的状况,使制成品比重从 1980 年的不到 50% 上升到 2011 年的 94.7%,发挥了十分重要的作用。在出口贸易发展中,借用外资也十分重要,借用外资中有相当一部分是用于扩大和改造出口产业,从而扩大了出口产品的生产能力,促进了产品的更新换代,增强了产品的国际竞争力,推动了出口贸易的发展。

6. 有助于社会主义市场经济体制的建立和完善

外资是社会主义市场经济的有益补充,对我国经济体制的转轨有明显的促进作用。外资的流入促进了中国经济结构的多元化和传统所有制结构的改变,也推动了企业产权的流动和重组,国有、集体和外资等混合所有的经济单位逐步增加,形成了新的财产所有权结构。外商投资企业以市场为导向,采用国际上通行的企业组织形式,客观上促进了中国国有企业制度的改革,加速了中国传统所有制结构的改变。外商投资引进了市场机制和竞争机制,有利于打破垄断,推动国内各种要素市场的发育和形成。外商投资企业还推动了中国宏观经济管理体制的改革。外商投资要求宏观管理部门必须应用利率、税收、汇率等经济手段和法律手段调控经济,从而促进了政府职能的转变。

7. 缩小了中国与发达国家经济发展的差距

发展中国家要想缩小与发达国家经济发展的差距,应先缩小技术差距和知识差距,主要方法有:一是引进外国直接投资;二是扩大国际贸易;三是获得技术转让和技术许可证。改革开放 30 多年来,中国与发达国家的差距明显缩小,应当说作为经济增长发动机之一的外商直接投资起到了重要的作用。

19.2.3 利用外资的战略

一个国家推行吸引外资、利用外资的政策,在不同时期必须有一个明确的外资战略。韩国在 20 世纪 60—70 年代推行的外资战略主要是以借用外债为主,外国直接投资在整个外资中所占比例极低。这一战略对轻纺工业出口和重化工业起到促进作用。进入 70 年代中期,西方国家进入经济停滞与通货膨胀并存阶段,阻止国外产品流入,这对韩国出口导向型的经济带来极大的妨碍。韩国政府及时调整外资战略,由借债为主转为以利用外国投资为主,放宽外国人直接投资的限制。20世纪70年代末80年代初,西方贸易保护主义崛起,韩国政府意识到,仅靠劳动密集型和资本密集型制成品出口,很难使经济持续增长,很难跻身于工业发达国家之列。于是提出了"技术立国"口号,通过技术水平的提高来提升产品结构,增强经济实力。中国引进外资必须借鉴国外成功的经验,结合国情确定引资战略,应注意以下四点:

（1）利用外资引进的技术是适用的、先进的,使其产品在国内具有显著的社会经济效益或在国际市场上具有竞争能力。但对引进付出的代价要估计充分,算好"得失帐"。

（2）搞清楚哪些可以引进,哪些想引进但引进又有困难。如技术引进中关键技术不易引进。

（3）引进技术投资要注意,对方的技术是否是已淘汰的。由于科技发展快,技术更新换代快,因此,外商用技术作股份比重不能太大,一般应小于20%。

（4）引资要与资产改组、重组相结合,鼓励国内同行或跨行业联合共同引资改制、资产重组,然后进行技术改造。

19.3 中国的对外直接投资

19.3.1 中国对外投资概述

1. 中国对外投资的发展历程

新中国成立60多年来,中国企业对外直接投资大体上经历了以下五个发展阶段:

（1）第一阶段（1949—1978年）,初步发展阶段。从新中国成立到改革开放政策以前的30年间,中国企业在境外开展了一些直接投资活动。在这期间,为了开拓国际市场,发展与世界各国或地区的贸易往来,各专业外贸总公司先后分别在巴黎、伦敦、汉堡、东京、纽约、香港、新加坡等国际大都市设立了分支机构,建立了一批贸易企业。与此同时,中国的一些与贸易相关的企业也在境外投资开办了一批海洋运输和金融方面的企业。这是继新中国政府接管香港地区的一批中资企业后,新中国国内企业自己到境外投资开办的首批企业。这批境外企业的投资规模普遍较小,多分布在世界上一些著名港口和大城市,主要从事贸易活动,基本属于贸易性的对外投资。这批境外企业的设立为新中国对外贸易事业的发展做出了积极的贡献。

（2）第二阶段（1979—1985年）,进一步发展阶段。改革开放的第二年,中国企业的跨国经营得到较迅速的发展,国务院提出了15项经济改革措施。其中,第13项明确提出"要出国办企业"。这是社会主义中国在经过30年的建设历程后,第一次把对外直接作为政策正式确定下来。这项政策的确立为中国企业跨国投资开辟了道路。1979年11月以北京市友谊商业服务公司同日本东京丸一商事株式会社合资在东京开办京和股份有限公司为先导,正式拉开了中国企业跨国经营的序幕。以非贸易投资企业的统计资料为例,1979—1983年的最初五年中,中国只有中央级大公司和个别省市属企业在境外投资,开办合资经营、合作经营和独资经营企业61家,中方投资仅为4573万美元,分布在23个国家和地区,项目少、规模小,投资领域主要集中在交通运输、金融保险、承包工程和中餐馆等几个行业。

(3) 第三阶段(1986—1992年),加快发展阶段。1992年,一批有一定国际经营经验、一定技术基础和管理水平较高的大中型企业参与国际市场上的角逐,使中国的对外投资事业有了突破性的进展。这一阶段的主要特点表现在:① 参与对外投资的国内企业类型增加,不仅外经贸企业,而且工业企业、商贸物资企业、科技企业及金融保险企业等也参与到了对外投资之中;② 对外投资的领域进一步拓宽,在服务业、工农业生产加工、资源开发等几个产业内的若干行业中都有境外企业设立;③ 境外企业的数量增加,截至1992年底,境外非贸易性企业达1360家,境外贸易型企业达2600家左右,境外贸易型企业和非贸易型企业中方投资总额达40多亿美元;④ 境外企业分布的国家和地区更加广泛,到1992年底,中国企业已经在世界120多个国家和地区设立了境外企业。

(4) 第四阶段(1993—1998年),调整发展阶段。由于整个国民经济发展中存在着经济发展过热、投资结构不合理、物价上涨过快等现象,从1993年开始,国家决定实行经济结构调整,紧缩银根,让过热的经济"软着陆"。与此相应,对外投资业务也进入清理和整顿时期,国家主管部门对新的对外投资实行严格控制的审批政策,并对各部门和各地方已开办的境外企业实行重新登记,对外投资的发展速度开始放缓。在这6年间,中国对外直接投资为12.78亿美元,批准设立境外企业1500家左右。通过对以往对外投资经验教训的总结和对中国企业国际竞争力现实状况的分析,在这一阶段的后期,中国政府提出了发展对外投资的新的战略方针:鼓励发展能够发挥我国比较优势的对外投资,更好地利用两个市场、两种资源;组建跨行业、跨部门、跨地区的跨国经营企业集团;在积极扩大出口的同时,要有领导地组织和支持一批有实力、有优势的国有企业走出去,到国外主要是到非洲、中亚、中东、东欧、南美等地投资办厂。新的对外投资战略方针的提出,预示着对外投资将进入新一轮快速发展时期。

(5) 第五阶段(1999年至今),新一轮较快发展阶段。从1999年开始,为了推动出口贸易的发展,加快产业结构的调整,向国外转移国内成熟的技术和产业,中国政府提出鼓励有实力的国内企业到国外投资,通过开展境外加工装配、就地生产就地销售或向周边国家销售,带动国产设备、技术、材料和半成品的出口,扩大对外贸易。上述新的政策措施就是"走出去"战略。从"走出去"战略来说,积极推进有条件的中国企业参与国际经济贸易合作,到国际上寻求新的发展空间,以多种方式参与到发展中国家、参与到其他国家的经济发展中去,在中国整个发展过程中,对于推进实现国家提出的共同发展战略会起到非常重要的作用。据商务部统计,2012年1—11月,中国非金融类对外直接投资625亿美元,对外承包工程业务完成营业额1024亿美元,新签合同额1288亿美元,分别同比增长25%、18.7%、12.9%;派出各类劳务人员41万人。预计2012年全年对外投资合作各项业务将继续保持增长。2002—2011年,中国对外直接投资保持了十年连续增长。对外承包工程完成营业额已连续8年保持20%以上的增长速度,新签合同额连续11年保持10%以上的增速。同时,对外投资合作由单个项目建设逐步向区域化、集群式模式稳步发展。境外经贸合作区建设取得阶段性进展。跨国并购成为对外投资新亮点,2012年前11个月通过并购方式实现直接投资155亿美元,占中国同期投资总额的25%。并购领域以采矿业、制造业、电力生产和供应业为主。可以看出,"走出去"战略被更多企业无论是国有企业还是民营企业所认知。目前,对外投资行为更趋合理,盲目投资减少,以市场为导向、以效益为中心正逐步成为中国企业对外投资遵循的基本原则。随着对外投资规模的扩大和对外投资企业数量的增加,中国的跨国公司也应运而生。按照跨国公司的定义来推算,目前中国已经具有了一批自己的跨国公司。

2. 中国对外投资的特点

(1) 起步晚但发展迅速

自实行改革开放政策以来,仅仅几十年的时间,中国境外企业从无到有迅速发展起来,并已形成了一定的规模,境外企业数量和对外直接投资额的年均增长率都较高。据1992年统计,以非贸易型企业为例,中方投资在100万美元以上的企业约有96家,占企业总数的8%;在500万美元以上的有27家;1000万美元以上的有17家;超过1亿美元的项目有3个。这就是说,占中国境外企业总数92%的企业的投资规模都在100万美元以下。而根据1998年底的统计数据,中国批准的对外投资企业户平均投资额为227.6万美元,中方投资额户均超过108万美元.2003年又有了一个新的飞跃,当年平均每家投资额达409.21万美元。同时,中国对外投资事业的发展超过了许多发展中国家最初十几年的发展速度。据联合国跨国公司中心统计,韩国1959—1979年的整整20年间,对外投资额累计1亿美元,年均增长700万美元。而中国1998—2004年的6年间对外直接投资从2.67亿美元增加到36.2亿美元,6年增长近12.5

倍。截至 2011 年底，中国 13500 多家境内投资者在国（境）外设立对外直接投资企业 1.8 万家，分布在全球 177 个国家（地区），对外直接投资累计净额 4247.8 亿美元，境外企业资产总额近 2 万亿美元。但是，也应该看到，就总体而言，中国对外直接投资的实力还较薄弱，对外直接投资的累计总额还较小。联合国茂发会议（UNCTAD）《2012 年世界投资报告》显示，2011 年全球外国直接投资流出流量为 1.69 万亿美元，年末存量 21.17 万亿美元，2011 年中国对外直接投资分别占全球当年流量、存量的 4.4% 和 2%，2011 年中国对外直接投资流量名列按全球国家（地区）排名的第 6 位，存量居第 13 位。

(2) 投资市场日趋多元化

从地区分布来看，中国企业的对外投资在区域分布上遍及 170 多个国家和地区。无论是欧洲、美洲还是亚洲、非洲均有分布，但相对集中在亚洲地区，大约占 71.43%；其次是拉丁美洲；第三是欧洲；第四是大洋洲；第五是非洲；最少的是北美洲。从具体的国家和地区的流量来看，中国香港、英属维尔京群岛、开曼群岛、法国以及新加坡等是投资重点地区。但近几年，尤其是 2010 年以来，这种格局已经被打破，对主要经济体的投资已经呈现出快速发展的态势。2012 年中国对外投资中，对俄罗斯投资实现高速增长，达 117.8%，对美国、东盟投资也均实现两位数的较快增长，分别为 66.4% 和 52%。总体来看，中国对外投资的区域分布呈现出日趋多元化的趋势，境外企业的分布格局与中国对外贸易的市场结构有一定的联系。从行业分布来看，投资领域重点与一般相结合，分布较广。中国对外投资企业在一、二、三产业中都有分布，其中，商务服务业、采矿业、批发零售业和制造业等行业相对集中。截至 2011 年，这四个行业累计投资额（投资存量）占中国累计对外直接投资总额的 76.69%。这说明中国对外投资中资源开发和贸易性投资居重要地位。同时，中国对外投资在交通运输与仓储业、建筑业、农林牧渔业、信息通信业等行业也有分布。近几年，境外加工贸易和资源开发因受国家政策鼓励而成为中国对外投资的重要领域，发展较快。

(3) 投资主体日趋多元化

投资主体日趋多元化主要表现在两个方面：第一，从单一的国有企业向多种所有制经济主体转变。民营企业在"走出去"方面积极性高于国有企业，并且成功率也高。由于民营企业的经营机制比较灵活，较少受到产权问题的困扰，而且可以采用有效的激励创新机制，在跨国经营时可采用分成、入股等方式强化企业内部的利益共享机制，稳定人才队伍，也可以高新聘用当地人才为我所用，并能够主动适应国外的市场环境，在资金、人才、网络建设、营销等方面全面实行"本土化"经营，因而取得了良好的效果。第二，从以外贸企业为主向以生产性企业为主转变。近年来，国内工业巨头加快了开拓国际市场的步伐，在境外生产性投资中发挥了主力作用,并取得了较好的成效,一些高科技企业凭借其技术优势、产品优势和市场优势率先"走出去",在亚、非、拉发展中国家投资办厂,取得了一定的成效。商务部和国家统计局公布的2011年中国对外投资额为746.5亿美元,同比增长8.5%。

(4) 投资方式日趋多样化

从企业所有权结构和设立方式来看,出资方式多种多样,中国对外投资企业可以划分为独资公司、境外分公司(或分支机构)、合资经营企业以及合作经营企业四种类型。中国境外非贸易性企业中采用合资方式的企业约占70%左右,独资经营的企业占20%,10%左右的投资属于另外两种类型。造成这一现象的原因是,有些发展中国家对外资控股额有一定的限制,有些是因为中方企业对东道国的政策、法律与经营环境不熟悉,为此需要对方合作者加以引导和支持,以避免或减少经营风险和政治风险。但是,中国在以加工贸易方式经营的企业中,以控股方式成立的合资企业占五成以上,独资企业比重也在近30%左右。这一比例说明,中国加工贸易企业在东道国具有较大的比较优势。近几年,中国企业设立方式新建与并购并举,独资企业的比例不断扩大。

(5) 对外投资企业行业类型日趋多样化,但仍以贸易型企业居多

20世纪90年代以来,出于完善经营体系、降低经营成本、提高全球化经营效率和增强国际竞争力的目的,一些跨国公司将对外投资的目标由传统的制造业转向金融服务业。目前中国对外投资涉及的领域也从过去的以贸易和餐饮为主逐步拓宽到矿产、森林、渔业、能源等资源开发,家用电器、纺织服装、机电产品等境外加工贸易,农业及农产品开发、餐饮、旅游、商业零售、咨询服务等行业在内的全方位的经营活动。总体上看,在投资企业中,从事商品流通的外贸企业多,约占50%。但从近年的发展趋势来看,境外加工贸易和资源开发增长比较快,两者比例都在20%左右。

3. 中国对外投资的必要性

在经济全球化的大背景下,国际化经营能力已成为决定企业未来长期生存和发展的关键因素。而对外直接投资正是当前最具代表性的国际化经营方式之一,是企业参与国际竞争、培育国际化经营能力的重要途径。

改革开放以来,中国经济发展取得了巨大的成就,人民生活水平显著提高,吸引外国投资及对外贸易也获得了很大的发展。与此同时,中国企业的竞争力不断提高,国内市场和资源已经限制了中国企业进一步发展,所以在"引进来"的同时积极引导和鼓励中国企业"走出去"成为当前中国经济进一步发展的重要举措。此外,对外直接投资的发展是经济全球化的必然产物,在世界经济一体化的今天,中国企业要走向国际,与世界接轨,增强竞争力,优化产业结构,就

必须要积极开展对外直接投资,抢占国外市场,利用国外丰富的资源和广阔的市场为中国经济发展创造新的增长点和契机。

(1) 中国商品出口所受到的限制要求发展对外投资

近年来,中国的对外贸易高速发展。2011 年 1—12 月全国进出口总值为 36418.6 亿美元,同比增长 22.5%,其中,出口 18983.8 亿美元,增长 20.3%;进口 17434.8 亿美元,增长 24.9%;进出口顺差 1549 亿美元。这样的进出口贸易额对中国经济的拉动作用是很大的。然而,近年来中国商品的出口在世界市场上受到了反倾销、技术壁垒以及绿色壁垒等各种壁垒的限制,严重阻碍了出口的进一步增长和经济的快速发展。

面对这样的出口形势,再想通过扩大出口来拉动经济增长和抢占国外市场是困难重重、举步维艰了,而国际直接投资可以克服这些限制和弊端。通过对国外的投资,享受同国外企业一样的国民待遇,商品销售免除进出口限制,既节省了国际贸易的成本,又能绕过国外这些贸易壁垒的限制。这样看来,面对中国商品出口的形势,发展中国的对外直接投资是必要的。

(2) 适应经济全球化发展的必然要求

在当今世界经济中,各国企业开展跨国经营已形成趋势和潮流,中国企业也不例外。能否在利用国外资源和市场发展中国经济方面取得新的突破,是关系中国今后发展全局和前景的重大战略问题。经济全球化的发展把整个世界变成一个"地球村",中国只有顺应这一潮流,突破国界的局限,把视野和目标从国内扩展到全球,建立一个在全球化环境中同样能够取得成功的经济体系,才能确保中国现代化目标的实现和长期持续的发展。经济全球化还使世界经济格局发生新的变化,几乎所有国家都感受到了由此而带来的巨大压力和深刻影响,各国政府不得不重新考虑自己在新的世界经济分工格局中的地位,认真分析如何在一个更加开放、更加相互依存、更加市场化的世界中生存与发展。中国进行对外直接投资,是中国对外开放发展到一个新水平的重要举措。它的实行有利于中国适应经济全球化的新形势,更好地参与经济全球化进程,在新的国际分工格局中占据有利地位,有利于发挥中国的比较优势,促进国内企业积极参与国际竞争和合作。

(3) 合理配置资源和更好地利用国外资源的要求

世界上任何一个国家都不可能拥有经济发展所需要的全部资源,都会遇到资源约束的问题。为了满足本国经济发展的需要,就需要从国外输入各种自然资源和各种生产要素,与此同时,也可以向国外输出本国相对充裕的各种资源和生产要素。利用本国与他国的不同资源和要素优势,在国际间实现资源和要素的合理移动与重新组合配置,获得绝对和相对利益,资源特别是关系国计民生的战略资源仅依靠传统的贸易渠道获得是不稳定的,因此,需要审时度势,抓住机遇,通过对外直接投资获得国内经济发展长期需要的短缺资源。

(4) 由中国经济发展的水平和阶段所决定

中国目前正处于从传统经济向现代经济转轨的过程之中,现代工业部门大部分属于劳动密集型产业,资本密集型产业和技术密集型产业刚刚起步。从国际分工与国际产业级差的角度来看,中国基本上属于半工业化国家这一层次。经济发展理论表明,经济落后的国家要想达到先进水平,必须利用后发优势,采用跨越战略,从本国的实际出发,用最先进的技术来解决本国经济发展的各种具体任务,以科技水平的提高促进社会生产力的发展,并带动整个经济结构的变化,即产业的高度化。这是技术落后国家缩小差距、赶上技术发达的先进国家的唯一途径。针对中国的实际,中国已经从引进外资中获取了不少的成熟和标准化的技术,促进了中国经济的发展,并使中国的技术达到了一定的水平。在这样的背景下,必须要进一步引进世界先进技术,以维持经济的进一步高速增长。

(5) 对外直接投资有反向技术溢出效应

对外直接投资对东道国有技术溢出效应,所以利用好大量投资的契机,充分接受和吸收它们的技术溢出,不失为一项推动中国技术创新的良策。技术溢出是指由于外资以其技术在东道国投资,通过示范模仿、竞争带动、人力资本流动等途径促进了东道国的科技进步。技术溢出分为技术的水平溢出和垂直溢出。水平溢出是由于同行企业之间相互竞争、相互学习而产生的,市场上每一家公司引进吸收或创造一套新技术,其他相关企业就会向创新企业学习,并在学习的基础上创造出新的技术,或者有些企业就直接复制该技术。那么,经过一段时间以后,相关市场所有的产品和服务都会体现这种技术,整个行业的技术水平就会得到提升,当这些供应商、经销商将该技术运用到其他产品和服务上时,垂直溢出就产生了。

近年来,一些经济学家对跨国公司对中国的直接投资与国内经济增长率之间的关系进行了大量的实证研究。结果表明,跨国公司直接投资,通过引进高技术含量的产品产生了"技术深化"效应,从而提高了中国的技术水平。

(6) "入世"后国内经营环境的变化和市场竞争的加剧

中国已经是世界贸易组织成员,中国对外开放的步伐比"入世"前明显加快,国界对国际竞争的屏障作用越来越小,国内企业面临着发展空间受到挤压的危险。首先,"入世"后,由于贸易壁垒的大量减少和国民待遇的实施,外国商品和服务将更容易进入国内市场,随着国外商品和服务进入数量的增加,国内商品市场和服务市场将出现更加激烈的竞争,国内企业将面临更加困难的经营局面。其次，由于"入世"后国内服务市场将扩大对外资的市场准入，外国服务企业尤其是服务业跨国公司将大举进入中国的金融、保险、电信等服务行业，因而国内市场在这方面的竞争也将空前激烈，企业也将遇到挑战。再次，"入世"后，中国将根据世界贸易组织的原则对已经批准设立、目前仍在注册运营的40多万家外商投资企业逐步实行国民待遇，主要是取消给予外商投资企业的低国民待遇，这将使内资企业以往所获得的一定程度的产业保护消失，从而增加生产经营风险和困难。

面对"入世"后日益激烈的市场竞争，国内企业要积极地迎接挑战：一方面，要发挥本土作战的优势，改进管理，勇于创新，切实提高竞争力；另一方面，是要实施"走出去"战略，走向广阔的国际市场，寻找新的企业生存和发展空间。中国企业只有实施了"走出去"战略，才能更好地享受"入世"后所享有的权利，才能更好地抓住"入世"所带来的发展机遇。

（7）有利于经济结构调整和产业结构优化

要想在更广阔的空间里促进经济结构调整和产业结构优化配置，拓展新的经济发展空间和新的经济增长点，增强中国经济发展的动力和后劲，就需要实施对外投资的道路。20世纪90年代以来，中国经济已经从卖方市场转向买方市场。由于国内家电、纺织、重化工和轻工等行业的生产能力过剩，产品积压，技术设备闲置，造成浪费，急需寻找新的市场。通过对外投资，带动国产设备、原材料以及半成品出口，可以有效拓展国际市场。例如家电行业，近年来持续不断地以降价为主的价格战说明该行业总体上已经是供过于求。在国内市场供过于求的情况下，一方面企业要考虑转产，要考虑提升技术水平；另一方面，企业应积极走向国外，实施"走出去"战略，尤其是对外投资设厂，向国外输出生产加工能力，把成熟的技术转移到其他有需求的市场上去。中国企业要想在国际市场占据更大的份额，必须在建立销售网络和售后服务网点的基础上，拓展新的生存和发展空间，变商品输出为资本输出，在国外投资设厂，并按照当地的需求进行生产和服务，从而向国际市场纵深渗透。

4. 中国对外投资的可行性

随着经济全球化发展趋势的日益强化，中国经济国际化的水平和对外开放的战略层次在不断提高。在此背景下，中国企业"走出去"开展对外投资已经引起决策层和学术界的广泛关注，因此，发展对外投资是必要和可行的。

（1）综合国力不断增强

综合国力（comprehensive national power）的增强是企业对外直接投资的重要支撑。按照克莱因"综合国力方程式"，综合国力是一国在一定时期内拥有的各种力量的有机总和，是由多种因素决定的，涉及一国所拥有的物质要素和精神要素。目前,中国国际收支持续顺差,人民币汇率保持稳定,外汇储备充足。中国吸收外资取得健康发展,外商在华投资企业运营情况良好。吸收外资不仅弥补了国内建设资金的不足,而且引进了一大批国外先进的实用技术、设备和管理经验,增加了税收和外汇收入,扩大了就业,培养了人才。外商投资企业对于调整经济结构、提升产业水平、加速技术创新以及促进国民经济持续健康快速发展做出了重要贡献,推进了我国社会主义市场经济体制的建立与完善。经过改革开放30多年的积累,中国的综合实力大为增强,开放型经济的迅速发展,使中国经济与全球经济更加紧密地融合在一起。

(2) 具有一批拥有一定实力且在国际上享有信誉的企业

在对外开放中,一批企业迅速发展壮大,积累了对外投资的经验。中国企业在同外商投资企业的学习、合作与竞争中逐渐成长壮大,国际竞争力日益提高。改革开放以来,中国已经形成了一批有竞争力的大中型跨国公司。它们具有雄厚的资金和技术实力,引进国外先进的管理理念,在国际竞争中明显具备所有权优势和内部化优势,如中国国际信托投资公司、中石化、海尔集团和首都钢铁总公司等,在国外市场竞争中处于比较有利的地位,有力地促进了中国对外投资事业的发展。

(3) 中国企业具备一定的对外投资比较优势

发展中国家欢迎外国资本流入,但其能提供的投资环境并不完善,市场范围小,从客观上限制了国际大型跨国公司的进入。中国小型企业尚处于小规模阶段,可避免与大型跨国公司的激烈竞争,适应发展中国家投资环境的需要。另外,中国跨国公司派出人员的费用和出口零部件相对便宜,使中国境外加工的产品能以低价占领国外市场。中国企业已经拥有相当数量的具有自主知识产权的技术和产品,具备发展对外直接投资的相对优势。一方面,相对于发达国家的跨国公司,中国的国际经营企业往往拥有更加适合当地市场条件的生产技术,因此,在同类型发展中国家市场中具有竞争优势;另一方面,对于许多欠发达国家的当地企业,中国的国际经营企业又具有先进的生产技术,因而具有竞争优势,可以在中国对外直接投资中发挥比较优势。

(4) 雄厚的外汇储备是对外投资的保证

在整个20世纪90年代,中国一直保持着经常项目和资本项目的顺差,国际储备持续增加,中国外汇储备的大量增加为企业开展对外投资提供了必要的条件,同时也为中国大量闲置的外汇储备找到了收益的途径和渠道。

(5) 政府的支持

在改革开放初期,国务院就曾提出,在所制定的15项经济改革措施中,将出国办企业列为一项重要措施。1992年党的十四大报告第一次明确了出国办企业的战略意义:企业开展对外投资就是为了"更多更好地利用国外资金、资源、技术和管理经验"。到了1999年2月1日,国务院转发了原外经贸都、国际经贸委、财政部《关于鼓励企业开展境外带料加工装配业务的意见》,对中国的对外投资起到了重要的导向和鼓励作用。与此同时,各地方政府也相继出台了相关政策措施,以推动本地区企业"走出去"。这些政策和措施都反映了中国高度重视对外投资、鼓励企业"走出去"的战略方针。随后,党的十六大报告把实施"走出去"战略与信息化、西部大开发、城镇化进一步明确为国家新世纪发展的四大战略,进一步明确了发展对外投资的重要性。党的十八大报告中也明确指出,加快"走出去"步伐,增强企业国际化经营能力,培育一批世界水平的跨国公司。这些政策的颁布和实施,都为中国企业对外投资创造了条件、提供了便利。

由于认识到中国企业对外投资的重要意义,近年来,商务部和财政部、国家外汇管理局等有关部门出台了一系列鼓励企业开展境外加工类投资的政策和措施,主要包括简化审批手续、下放审批权限、加大对该类境外投资的资金支持力度、完善信息服务体系等。新的措施规定,中方投资额在300万美元以下的境外加工类投资项目的审批下放到地方省级外经贸主管部门,其外汇资金来源审查也由投资主体所在地外汇管理部门办理,同时,取消对项目建议书和可行性研究报告的审查,从而方便了企业。在资金扶持方面,进一步扩大了项目贷款贴息范围,提高了贴息比例,降低了企业的投资成本。在信息服务方面,商务部组织编印了纺织、家电行业境外加工类投资的国别指导目录,列举了一些国家的投资环境、与中国的双边经贸合作情况等,以便企业在投资前期进行国别选择。商务部还在政府相关网站上建立了企业对外投资意向信息库和对外投资项目招商信息库,发布相关信息,为国内外各类机构和企业搭建了一个相互了解和沟通的信息平台。

总之,无论从客观条件还是从主观条件来看,中国企业进行对外投资和跨国经营都是具有可能性的,我们应当以更加积极的姿态推动这项大有希望的事业的发展,促进更多的中国企业走出去,使它们在国际经济舞台上扮演更加重要的角色。

19.3.2　中国企业对外投资的方式和战略

1. 中国对外投资的方式

对外投资主要包括绿地投资和并购两种方式。绿地投资即新建投资,包括独资或合资,是指在东道国通过投资活动创办新的工厂或企业,形成新的生产经营实体。并购是指通过购买东道国企业股权,取得对目标企业的所有权或经营权。从收购和创建的内涵中我们可以看到,这是两种既相互替代又相互对立的直接投资方式,收购方式的长处往往就是创建方式的短处,反之,收购方式的缺点往往正是创建方式的优点。

中国企业以境外收购方式实现的对外投资所占比例逐年提高。2010年,中国以收购方式实现的直接投资达238亿美元,占投资总额的40.3%。收购领域主要涉及采矿业、制造业、电力生产和供应业、专业技术服务业等。主要项目包括中石化集团(通过香港公司)71.39亿美元收购雷普索尔公司巴西公司40%股权;中石油集团联合壳牌能源公司23.71亿美元共同收购澳大利亚Arrow能源有限公司;浙江吉利控股集团公司17.88亿美元收购瑞典沃尔沃轿车公司100%股权;国家电网公司9.89亿美元收购巴西7家输电公司及输电资产30年经营特许权项目等。2003—2011年,跨国并购类对外直接投资合计1308.6亿美元,占同期对外直接投资总额的51.6%。对外投资、承包工程、资源开发协同发展。油气、矿山开采等资源领域投资项目与相关公路、港口等交通基础设施项目并举。企业间协作不断加强。多个企业发挥各自优势采取集团式承揽项目,增强整体竞争。

2. 中国企业对外投资存在的问题

(1) 对外投资水平不高

主要表现为对外投资的规模偏小、占全球对外投资存量比重低。中国境外投资企业平均投资规模不足100万美元,比发达国家的600万美元低得多,且大部分到境外投资的中国企业投资额不超过200万美元,即使与国内利用外资规模相比,也属于小型项目。这些公司一般规模都很小,主要是为了联系客户、催缴货款、监督发货。中国比较多的企业境外投资项目就像一个据点或办事处,仅仅具备维持基本运转的能力,而没有独立发展和抗风险的能力。在对外投资中,中国企业无法形成规模优势,在资金上很难引进先进的设备,没有研发能力,更没有能力去支持销售服务,市场的开拓能力变弱。与发达国家的对外投资企业相比,中国企业对外投资的国际竞争力偏低,对外投资风险加大,总体经济效益低下,大约只有55%的企业能够盈利。

据《中国对外投资统计公报》统计,截至2011年,中国累计对外投资总额4247.8亿美元,占全球对外投资存量比重的2%,仅相当于美国对外投资存量的9.4%,英国的24.5%,德国的29.5%,法国的30.9%,日本的44.1%。这与中国经济快速而健康的发展、与已在世界前列的中国综合经济实力不相匹配。从2010年对外投资的存量占GDP比重来看,世界平均水平是33%,发展中国家是16%,中国是5%。

(2) 对外投资的行业分布、区域结构不合理

一方面,仍然过度集中于传统的制造业和亚洲、拉丁美洲等少数国家和地区。据商务部统计,截至 2011 年,中国对外投资主要集中于租赁和商务服务业、金融业、采矿业及批发和零售业等行业,仅以上四个行业的投资额就占中国对外投资总额的 76.69%。对于新兴产业的对外投资较少,对于发达国家的对外投资较少,这样的结构并不利于中国大型制造业与其他跨国企业的竞争,长远而言削弱了中国企业的国际竞争力。另一方面,投资的国内来源地单一,主要集中在广东、上海、北京等沿海地区,内地却寥寥无几,这样导致了国内发展的不平衡。大型制造业是一种资源依赖非常强的行业,内地拥有丰富的自然资源和劳动力资源,大型制造业在内地更能发挥比较优势作用,而且中国政府正积极推动西部大开发,大型制造业可以先利用西部丰富的资源加快发展,并利用发展所得进行对外投资,让投资效益返还于西部的发展。此外,投资的主体以国有垄断型大企业为主,该部分企业凭借着对国内市场的长期垄断,在国内是靠政府支持发展起来的,进行对外投资在投资国往往就因缺少了这样的政府支持而遇到政治风险,例如,中海油收购美国优尼科石油公司,就是因为未能得到美国监管部门的通过而失败。

3. 中国企业对外投资战略分析

(1) 利用外国资源补充国内的不足

中国虽然是一个资源大国,但资源的人均占有量小。制造业所需要的一些主要资源,国内战略储备不足,要保持制造业快速而稳定的增长,国内的相关资源从质和量上都难以满足其增长的需要,对于钢铁资源的需求就是一个很好的例子。如果相关的资源主要靠进口,不仅数量上是个不稳定的因素,且其价格会受到国际市场的冲击和影响,甚至使国内制造业在资源上受到外国的制约。例如,澳大利亚就经常会对出口到中国的铁矿石提价,极大地影响了国内制造业的发展。因此,中国企业可以到国外资源相对丰富的地区建立稳定的资源供应渠道,使外国资源为我所用的同时,也提高了其国际竞争力。所以,根据比较优势理论,国内企业应该到更有比较优势的资源丰富的国家进行对外投资,尤其是那些关系到国民经济发展命脉的自然资源,例如,铁矿石、石油等,应该是国内企业对外投资重点考虑的项目。这样的投资能使两国的优势要素达到互补。对于企业的发展而言,多种优势资源在国际间整合,不仅能够节约成本,而且能够提高优势资源的利用率,从而在国际竞争中处于有利地位。

(2) 利用国外丰富的资金

对外投资是一项资金需求量非常大的行为,而且人民币对美元的汇率较低,如果单独进行会给中方企业的资金链带来较大的压力。例如,联想收购

IBM 的 PC 业务时 17.5 亿美元的代价给联想带来极大的资金压力,而且当时人民币兑换美元的水平较现在低,如果用现在的汇率水平计算,联想至少节省 3500 万美元。因此,中国大型制造业可以适当地利用国外资金,尤其是国外庞大的金融机构及完善的金融市场,建设双方预期较好的产业,为对外直接投资融通资金。一方面,可以减小企业在资金方面的压力,防止资金链断裂给企业带来经营危机;另一方面,由于东道国资金的注入,使得新企业更能融入该国环境,更快地实现本土化。这样的共赢战略也是大型制造企业更快、更好地完成对外投资的有效方式。

(3) 加大宣传力度,提高对开展对外投资重要性的认识

目前,对于中国要不要开展对外投资,一些人心存疑虑。因为按照传统的西方投资理论,对外投资和经营的企业需具有垄断性的竞争优势,而中国大多数企业无论在规模、资本还是技术水平和经营管理方面均与大国间的跨国公司存在明显的差距,因而他们认为中国企业还不具备开展对外投资的条件,还不宜"走出去"。我们认为这种认识是片面的。因为企业的竞争优势是相对的,不是绝对的。虽然中国企业的整体实力偏弱,但并不代表任何企业的实力都较弱小。像中国电子行业、软件技术行业、航天技术行业、遥测遥控技术行业等不但在发展中国家处于明显优势,就是与某些发达国家相比也略胜一筹。选择这些行业的企业开展对外投资就具有明显的可行性。另外,企业优势不是静止不变的,而是具有动态性的,许多优势都是在参与国际竞争中逐步培养起来的。因此,无论是政府还是企业,都应充分地认识到开展对外投资的重要性,尽快着手制定对外投资的规划,以便早行动早得益。

(4) 学习和引进先进技术与管理经验,提高企业竞争力

借助对外投资企业,国内企业就能更好地学习外国先进的生产、管理技术,为国内所用,不仅能提高其在国内企业的生产能力、生产技术水平,还能更好地学习国外先进的管理经验,提高企业的国际竞争能力。一般而言,对外投资所获得的国外企业的技术溢出,要比外国企业来华投资所学习到的技术溢出多。因为对外投资使国内企业拥有了国外先进技术的拥有权,在拥有控股权的情况下学习,效率当然更高。同样,根据"边际技术扩张理论",如果国外先进的生产技术要流入中国这样的发展中国家,它必须经历发明国—模仿国一(发达国家)—模仿国二(发展中国家),也就是说,中国国内的一些技术是通过两次或以上的模仿吸收才被国内掌握,但对外投资能直接跳过这样的技术模仿,使得国内大型企业能够直接掌握最新的技术,加快技术革新的步伐。

(5) 确立"走出去"的总体战略

"走出去"战略有广义和狭义之分。广义的"走出去"战略包括产品、服务、

资本、技术、劳务的对外输出;狭义的"走出去"战略是指企业到国外投资办厂、办企业而带动各种生产要素向外输出,生产能力向外延伸。"走出去"战略又称跨国经营战略、国际化经营战略或全球经营战略等。"走出去"战略是与"引进来"战略相对应的。改革开放初期,中国的战略是以"引进来"为主,引进国外资金、设备、技术、管理、服务,也引进商品,以便带动中国的商品"走出去"。在这个过程中,中国的产业完成了"引进—吸收—扩大生产—扩大出口"的雁型发展历程,中国的经济实现了与世界经济的融合,中国的法律制度完成了与国际规范的逐步接轨。"引进来"战略为今天的"走出去"战略作了必要的铺垫。"走出去"是中国参与经济全球化的必然选择,是一项长期的对外开放战略,与中国的产业发展战略密切相关。许多发达国家都是随着工业化的不断发展逐步将国内优势产业推向国际市场,进而推动国内产业结构调整。中国"走出去"的中长期开放战略应是:利用国外资源和地区合作开发国内短缺的资源;鼓励有比较优势的企业到市场环境良好的国家和地区投资设厂,进行生产经营,并带动产品、服务和技术出口,鼓励发展中国的跨国公司。

(6) 组建专门的外投资管理机构

充分利用中国加入世界贸易组织的有利时机,加快管理体制改革,尽快适应市场经济的要求。对于明显滞后于中国"走出去"战略的管理方法和措施,应立即进行修改,例如,进一步简化对外投资的审批环节,增加透明度,提高有关部门的工作效率;赋予企业更多的投资决策权,放宽对企业海外投资的额度限制和外汇管制;加快金融和外汇管理体制改革的步伐,完善金融和外汇监管制度;增强政府部门的服务意识,改变工作作风,简化对外投资的审批环节和手续,提高政府工作效率,加强有关部门之间的协调。建议把对外投资管理机构从众多部门中分离出来,成立一个集外贸、外资、外汇、计划、管理于一身的类似于中国对外贸易促进委员会的机构——中国对外投资管理中心。可将该机构作为对外投资管理的政府代表,主要负责贯彻国家的方针政策,作好战略规划,强化监督管理,制定指导政策,确保对外投资的各项活动按照国家宏观规划健康有序地发展。

(7) 加快立法

建立高效的跨部门领导协调机制,实施国家对外投资的整体战略。为了保证中国对外投资政策的系统性、长期性和稳定性,并适应中国加入世界贸易组织的要求,中国应该根据本国经济发展、产业结构调整、参与国际分工的比较优势与后发优势的要求,结合中国对国际关系与国际政治的考虑,制定中国企业对外直接投资的整体国家战略。加快出台《对外投资法》,将现有的对外投资的政策和条例纳入法制化的轨道,规范和管理中国的对外投资,同时增加透明度。

尽量避免人为因素和许多不确定性影响企业对外直接投资的积极性。在此基础上，中国还应成立由国家领导人牵头的权威领导协调机制，全面规划和指导企业的对外直接投资工作，解决国家对外直接投资整体战略中的重点和难点问题，加强对相关政府部门的协调，加快行政审批制度，简化和规范审批程序，提高行政效率，并在融资、担保、外汇使用和海关程序等方面为企业对外直接投资提供服务与支持。

(8) 全面加强服务体系建设

① 建立促进企业对外投资的政府公共服务体系。应设立对外投资促进专门机构，从事政府资助与服务的具体执行。为企业提供国外政治、经济、法律、社会风俗、市场、产品和行业等方面的消息，减少企业在对外投资和生产经营时所遭遇的风险。此外，各地商务部门和国外的使领馆应强化服务，为企业国际化经营创造条件，提供及时有效的信息服务。建立对外投资国别环境库，发布《国别贸易投资环境报告》，为国内企业提供各国和地区法律法规、税收政策、市场状况和企业资信等投资信息。发挥中国驻外使领馆经商机构的前沿信息优势和国内有关行业组织联系企业的职能，通过网络、报刊等渠道，及时收集、传递和发布境外市场、境外项目信息，为企业提供信息咨询服务。

② 建立完整的对外投资社会服务体系。要逐步建立与企业"走出去"相关的社会服务体系，积极发挥各行业组织的作用，完善社会中介服务，为企业提供法律、财务、知识产权和认证等方面的咨询服务，为企业对外投资提供支持。加快培育中介组织，充分发挥律师事务所、会计师事务所等中介机构的工作，加强与国外中介组织的合作，为企业对外直接投资提供法律、财务、认证等服务，积极稳妥地通过社会力量帮助企业开展对外直接投资。同时，加强国内商会、协会等中介组织建设，通过行业自律和政府部门的治理相结合，解决规范"走出去"经营秩序的问题。

③ 加快金融服务体系建设，加大对对外投资的金融支持。借鉴发达国家对外投资的促进和管理经验，在加强对境外投资保护的基础上，加大投资促进力度，特别是要加快和完善国内金融服务体系的建设，为中国企业"走出去"开展对外投资和工程承包项目提供优惠贷款、担保及保险等更多的服务，对于有实力的企业，允许带资承包项目，积极探索BOT等融资方式，帮助企业拓展市场，提高竞争力。加强金融服务和监管功能，重要的是要将商业银行纳入中国政府对境外投资、境外资源开发、境外加工贸易及对外承包工程项目商业贷款的审批管理过程，由相关的商业银行部门负责审查项目的风险并进行可行性评估，提高商业银行的积极性，改变普遍存在的"惜贷"现象。利用中央外贸发展基金贷款贴息的支持，带动各地方相应加大支持力度。

（9）健全对外投资的微观主体。一是深化企业制度改革，尽快完善现代企业制度，并按照我国社会主义市场经济的客观要求消除地区格局和封锁，建立一批打破地区、行业和所有制限制的大型、超大型企业或企业集团，增强我国企业尤其是工业企业在国际市场上的竞争力。二是规范企业的财务管理，按国际通行规则建立财务制度，既要合法避税，又要按照东道国的法律依法经营。三是培育出一大批具有国际知名度的产品和服务，并创造条件使更多的企业通过国际性和地区性的质量、安全、环保认证。四是对境外企业推行目标管理，完善风险责任约束机制、内部控制机制和激励机制，减少企业对外投资的风险。

（10）大力培养从事对外投资的人才。我们必须重视对外投资人才的培养，把大力培养适合对外投资需要的复合型人才作为一项重大的战略措施来抓。为比，首先，必须建立一套完善的国际人才选拔、培训、聘用机制，在全国甚至全世界范围内选拔人才进行培训、聘用；其次，要完善企业自身的经营机制和激励机制，给高素质人才一个广阔的施展才能的空间；最后，要加强对现有经营人员的岗位培训，不断增强其从事对外投资的能力。

≫ 本章小结

1. 垄断优势论强调，企业开展对外直接投资需要拥有一定的所有权优势，这是其向国外投资的重要因素。

2. 市场内部化理论强调，产品市场特别是中间产品市场的不完全性，以及由此引起的信息不对称性，促使企业在开拓海外市场的三种方式——出口、直接投资、发放许可证上倾向于选择直接投资。

3. 国际生产折中理论强调，现代跨国公司将自身的所有权优势、内部化优势和区位优势有机结合起来是其选择直接投资的重要原因。

4. 中国引进外资的作用表现为：有利于弥补国内建设资金的不足、有利于引进先进技术，促进产业升级，引进先进的管理经验，增加财政收入，创造就业机会，促进开放型经济的发展、有助于社会主义市场经济体制的建立和完善，缩小中国与发达国家经济发展的差距。

5. 中国对外直接投资的问题包括对外投资水平不高，对外投资的行业分布、区域结构不合理。

≫ 关键词

垄断优势理论　内部化理论　国际生产折中理论　中国引进外资　中国对外直接投资　绿地投资　并购

讨论与思考练习

1. 阐述垄断优势理论的主要内容。
2. 阐述市场内部化理论的主要内容。
3. 阐述国际生产折中理论的主要内容。
4. 中国利用外资的作用有哪些？
5. 简述中国对外直接投资的方式和战略。

第20章 经济一体化与关税同盟

地区经济一体化的迅猛发展是第二次世界大战以后在世界经济发展中出现的新趋势,它与当前方兴未艾的经济全球化趋势相辅相成、并行不悖,正在对国际经济与贸易发生着深刻的影响。因此,极有必要认真研究地区经济一体化发展的历程、地区经济一体化的主要类型和有关地区经济一体化的基本理论与运行机制。

20.1 区域经济一体化

20.1.1 区域经济一体化的类型

区域经济一体化是指若干国家依据一套精心设计的制度性安排组成一个特殊经济区,在区内各成员之间实行完全的自由贸易,但对区外的国家则仍保留各种贸易限制。在初始阶段,区内的各成员方之间相互减少或取消歧视性贸易壁垒,对区外国家则继续保留贸易壁垒。随着区域经济一体化程度的不断提高,组成区域经济一体化的成员国更会在一个由各方授权组成并具有超国家性质的共同机构协调下,通过制定统一的政策,消除成员方之间经济贸易发展的障碍,实现区域内共同发展、资源优化配置,促进经济贸易发展,最终形成一个经济、贸易高度协调统一的整体。

因此,区域经济一体化的发展,有一个由低级到高级的动态进化过程。一般来讲,依一体化程度的高低,区域经济一体化有以下几种主要类型:

1. 优惠贸易安排

这是区域经济一体化的程度最低并且结构最为松散的一种组织形式。在这一阶段上,成员方之间达成协议,对全部或部分货物相互给予特别的关税或非关税方面的优惠。但对非成员方,仍保留各自对外的贸易壁垒。

2. 自由贸易区

自由贸易区是指,两个或两个以上的国家或行政上独立的经济体之间通过达成协议,相互取消进口关税和与关税具有同等效力的其他措施而形成的国际经济一体化组织。

自由贸易区的一个重要特征是,在一体化组织参加者之间相互取消了商品贸易的障碍,成员经济体内的厂商可以将商品自由地输出和输入,真正实现了商品的自由贸易。但是它严格地将这种贸易待遇限制在参加国或成员国之间。

自由贸易区的另一个重要特点是,成员经济体之间没有共同对外关税。自由贸易区明确指出,各成员经济体之间的自由贸易,并不妨碍各成员经济体针对非自由贸易成员(或第三方)采取其他的贸易政策。因此,它表明自由贸易成员经济体之间没有共同的对外关税。

随之而来的苦难是,在执行自由贸易政策时很难分清某种产品是来自成员国,还是来自非成员国。可能出现的情况是,某种第三国的产品从对外关税较低的成员国运进自由贸易区市场后,再将其转运到对外关税水平较高的成员国,从而造成高关税成员国的对外贸易政策难以执行。解决这一问题的最好方法是,实行原产地原则。这一原则的基本内容是,只有产自成员经济体内的商品才享有自由贸易,或免征进口税的待遇。从理论上说,所谓的原产地产品是指成品价值的50%以上是自由贸易区内各成员国生产的产品。有的经济一体化组织对某些敏感产品的原产地规定更加严格,要求产品价值的60%,甚至75%以上产至成员国时才符合原产地产品的规定。

3. 关税同盟

关税同盟是指,两个或两个以上的国家或经济体通过达成某种协议,相互取消关说和与关税具有同等效力的其他措施,并建立共同对外关税或其他统一限制措施的经济一体化组织。

关税同盟的特点是,成员国在相互取消进口关税的同时,建立了共同对外关税,因此成员经济体之间的产品流动不再需要附加原产地的原则。

关税同盟规定成员国之间的共同对外关税,实际上是将关税的制定权让渡给经济一体化组织。它不像自由贸易区那样,只是相互之间取消关税,而不作权利让渡。因此关税同盟对成员经济体的约束力比自由贸易区大。

从经济一体化的角度看,关税同盟也具有某种局限性。随着成员国之间相互取消关税,各成员国的市场将完全暴露在其他成员国厂商的竞争之下。各成员国为保护本国的某些产业,需要采取更加隐蔽的措施,如非关税壁垒。尽管关税同盟成立之初,已经明确规定了取消非关税壁垒,然而非关税壁垒措施没有一个统一的判断标准,因此关税同盟包含着鼓励成员国增加非关税壁垒的倾向。同时,关税同盟只解决了成员国之间边境上的商品流动自由化的问题。当某成员国商品进入另一个成员国境内后,各种限制措施仍然是自由贸易的重要障碍。因此国际经济一体化方面的专家认为,解决这一问题的最好办法是向"共同市场"迈进。

4. 共同市场

共同市场是指,两个或两个以上的国家或经济体通过达成某种协议,不仅实现了自由贸易,建立了共同对外关税,还实现了服务、资本和劳动力自由流动的国际经济一体化组织。

共同市场的特点是,成员国之间不仅实现了商品的自由流动,还实现了生产要素和服务的自由流动。服务的自由贸易意味着,成员国之间在相互提供通讯、咨询、运输、信息、金融和其他服务方面实行自由贸易,没有人为的限制;资本的自由流动意味着,成员国内的各企业的资本可以在共同体内部自由流动和流入;劳动力的自由流动意味着,成员国的公民可以在共同体内的任何国家自由寻找工作。为实现这些自由流动,各成员国之间要实施统一的技术标准、统一的间接税制度,并且协调各成员国之间同一产品的课税率,协调金融市场管理的法规,以及成员国学历的相互承认等等。

共同市场的建立需要成员国让渡多方面的权利,主要包括进口关税的制定权,非关税壁垒,特别是技术标准的制定权,国内间接税率的调整权,干预资本流动权等等。这些权利的让渡表明,一国政府干预经济的权利在削弱,而经济一体化组织干预经济的权利在增强。然而由于各成员国经济有差别,统一的干预政策难以奏效,所以超国家的一体化组织的干预能力也是有限的。

5. 经济联盟

经济联盟是指,两个或两个以上的国家,在实现商品、服务、资本和人员自由流动以及进一步协调成员国之间的经济政策的基础上建立起来的国际经济一体化组织。

经济联盟的特点是,成员国之间在形成共同市场的基础上,进一步协调他们之间的财政政策、货币政策和汇率政策。当汇率政策的协调达到一定程度,以致建立了成员国共同使用的货币或统一货币时,这种经济联盟为经济货币联盟。

经济联盟的特点是,各成员国不仅让渡了建立共同市场所需让渡的权利,更重要的是成员国让渡了使用宏观经济政策干预本国经济运行的权利。而且成员国不仅让渡了干预内部经济的财政和货币政策以保持内部平衡的权利,也让渡了干预外部经济的汇率政策以维持外部平衡的权利。这些政策制定权的让渡对共同体内部形成自由的市场经济,发挥看不见手的作用是非常有意义的。

6. 完全经济一体化

完全的经济一体化是指,两个或两个以上的国家或经济体通过达成某种协议,在实现了经济联盟目标的基础上,进一步实现经济制度、政治制度和法律制度等方面的协调,乃至统一的国际经济一体化组织。

完全的经济一体化的特点是,就其过程而言是逐步实现经济及其他方面制度的一体化。从结果上看,它是类似于一个国家的经济一体化组织。从完全经济一体化的形式看,主要有两种:一是邦联制,其特点是各成员国的权利大于超国家的经济一体化组织的权利;二是联邦制,其特点是超国家的经济一体化组织的权利大于各成员国的权利。联邦制的国际经济一体化组织类似于一个联邦制的国家。

自由贸易区、关税同盟、共同市场、经济联盟和完全的经济一体化是处在不同层次上的国际经济一体化组织,根据他们让渡国家主权程度的不同,一体化组织也从低级向高级排列,但是这里不存在低一级的经济一体化组织向高一级经济一体化组织升级的必然性。他们可以根据成员国的具体情况决定,经过一段时期的发展是停留在原有的形式上,还是向高一级经济一体化组织过渡,其关键的问题是各成员国需要权衡自己的利弊得失。

表 20.1 主要国际经济一体化组织特点的比较

	相互间关税减让	商品自由流动	统一的对外关税	生产要素自由流动	经济政策协调	经济政策完全统一
优惠贸易安排	√					
自由贸易区	√	√				
关税同盟	√	√	√			
共同市场	√	√	√	√		
经济联盟	√	√	√	√	√	
完全经济一体化	√	√	√	√	√	√

20.1.2 区域经济一体化的发展

作为一种世界经济发展中带有一定规律性的经济现象,区域经济一体化的历史可以追溯到 200 多年以前。早在 18 世纪到 19 世纪期间,欧洲就已经出现过奥地利与其邻近的国家建立的五个关税同盟以及瑞典与挪威建立的关税同盟。上世纪初,比利时与卢森堡又建立了关税同盟。当然,这些都只是区域经济一体化组织的雏形。第二次世界大战以后,在世界经济与贸易发展的新形势下,区域经济一体化取得迅速发展,并成为影响世界经济贸易发展的重要力量。战后区域经济一体化的发展,主要经历了三个阶段:

第一阶段:战后初期到上世纪 60 年代是区域经济一体化的高速发展时期。这一时期建立了一大批区域经济一体化组织。如 1949 年 1 月,前苏联和东欧国家成立了经济互助合作委员会;1951 年 4 月,法国、联邦德国、意大利、比利时、荷兰、卢森堡 6 国签订了《欧洲煤钢联营条约》,决定建立煤钢共同体;1957

年3月,上述6国又在罗马签订了《罗马条约》,并于1958年1月1日正式生效,成立了欧洲经济共同体;1960年1月,英国、瑞典、丹麦等国签订了《建立欧洲自由贸易协会公约》,建立了欧洲自由贸易区。进入60年代以后,广大发展中国家在取得政治上的独立以后,也相继建立了20多个区域经济一体化组织,希望借此推动对外经济合作,加快自身的经济发展。如亚洲的东盟;非洲的西非共同体;阿拉伯世界的海湾合作委员会;拉美地区的中美洲共同市场等。

第二阶段:上世纪70年代中期至80年代中期是区域经济一体化发展中的相对停滞时期。这一时期世界经济的发展受到石油危机的强劲冲击,主要发达国家陷入经济滞胀,发展中国家的经济发展面临巨大困难,整个世界经济和国际贸易环境恶化,各国间的利益冲突加剧,因而极大地影响到区域经济一体化的进程。具体表现为欧洲经济共同体内部一体化进程放缓,发展中国家的区域经济一体化进展受挫,过去已经建立起来的一些区域经济一体化组织也中断了活动或归于解体。

第三阶段:上世纪80年代以来是区域经济一体化的高速发展时期。这一时期世界范围内共建立了30多个区域经济一体化组织,其成员涵盖了世界上的130多个国家和地区。其中较为突出的有90年代初欧洲经济共同体过渡到欧盟且欧盟的成员不断增加;1988年1月,美国、加拿大签署了《美加自由贸易协定》,随后,美、加、墨三国建立了北美自由贸易区;80年代末建立了亚太经济合作组织等。这一时期,发展中国家的区域经济一体化也进一步加强。从上世纪90年代开始,中国也积极地参与了区域经济一体化发展的进程,眼下正在同有关各方通力合作,推进中—东盟自由贸易区的建立,并努力探讨加强中、日、韩经济合作以及中、日、韩与东盟加强经济合作的机制。

在第二次世界大战以后世界经济发展的新形势下,区域经济一体化获得了长足的发展,通过一系列政策措施,为区内各国的经济发展创造了相对良好的条件,各主要区域经济一体化组织的经济实力大增,对世界经济和国际贸易产生着越来越重要的影响。根据世界贸易组织的统计资料,从表20.1可以看到,当前世界上那些主要的区域经济一体化组织,特别是有发达国家参加的区域经济一体化组织在世界贸易总额中占了相当大的比重,可以说,区域经济一体化已经成为左右世界经济与国际贸易发展的一支重要力量。

表 20.2　1992—2002 年主要区域经济一体化组织的出口贸易额

（10 亿美元）

年　份	1992	1993	1994	1995	1996	1997	1998	1999	2000	2001	2002
世界贸易额	3766	3777	4326	5161	5391	5577	5496	5708	6445	6191	6455
亚太合作组织(21国)											
贸易额	1536	1638	1882	2208	2285	2448	2345	2498	2935	2705	2779
比重	41%	43%	44%	43%	42%	44%	43%	44%	46%	44%	43%
欧盟(15国)											
贸易额	1584	1489	1703	2084	2155	2141	2234	2237	2316	2315	2449
比重	42%	39%	39%	40%	40%	38%	41%	39%	36%	37%	38%
北美自由贸易区(3国)											
贸易额	629	662	739	856	923	1014	1014	1068	1224	1149	1107
比重	17%	18%	17%	17%	17%	18%	19%	19%	19%	19%	17%
东盟(10国)											
贸易额	186	212	262	321	341	353	330	359	428	386	405
比重	5%	6%	6%	6%	6%	6%	6%	6%	7%	6%	6%
南方共同市场(4国)											
贸易额	50	54	62	70	75	83	81	74	85	88	89
比重	1%	1%	1%	1%	1%	1.5%	1.5%	1%	1%	1%	1%
安弟斯国家共同体(5国)											
贸易额	28	28	34	39	46	46	39	43	58	53	53
比重	1%	1%	1%	1%	1%	1%	1%	1%	1%	1%	1%

资料来源：根据 WTO 的统计数据编制。

20.1.3　战后主要的区域经济一体化组织

1. 欧洲联盟

欧洲联盟简称"欧盟"，至今已发展到包括 25 个成员国，是在欧洲共同体基础上发展而来的区域经济一体化组织。

1951 年 4 月 18 日，法国、联邦德国、意大利、荷兰、比利时和卢森堡在巴黎签署了建立《欧洲煤钢共同体条约》，1952 年 7 月 25 日生效。1957 年 3 月 25 日，上述 6 国又在罗马签订了《欧洲经济共同体条约》和《欧洲原子能共同体条约》，统称《罗马条约》，并于 1958 年 1 月 1 日正式生效。根据《罗马条约》，6 个成员国从 1958 年 1 月 1 日至 1969 年 12 月 31 日用 12 年的时间建成关税同盟，而实际只用了 10 年时间在 1968 年就提前完成建立关税同盟的目标。其间于 1965 年 4 月 8 日,六国签署了《布鲁塞尔条约》,决定将三个共同体的机构合并,统称欧洲共同体,简称欧共体。该条约于 1967 年 7 月 1 日正式生效。

为了推动欧洲一体化建设,1986 年 2 月 17 日,欧共体各成员国政府首脑在卢森堡签署了旨在建立欧洲统一大市场的《欧洲单一文件》。1991 年 12 月,欧共体政府间会议在荷兰的马斯特里赫特签署了旨在使欧洲一体化向纵深发展和建立政治及经济货币联盟的《欧洲联盟条约》,也称《马斯特里赫特条约》,简称《马约》。1993 年 11 月 1 日,《马约》获得所有成员国批准生效,欧洲联盟正式成立。

在欧洲联盟的发展过程中,迄今共完成了五次扩大。1973 年,当时的欧共体完成了它的第一次扩大,吸收了英国、丹麦、爱尔兰 3 个新成员,由 6 国发展成为 9 国;1981 年,欧共体完成了它的第二次扩大,吸收了希腊为其新成员,由 9 国扩大至 10 国;1986 年,欧共体完成了它的第三次扩大,吸收了西班牙、葡萄牙两国的加入,由 10 国发展为 12 国;1995 年,欧盟完成了第四次扩大,芬兰、奥地利、瑞典成为欧盟成员国,使欧盟成员国增至 15 国;2004 年 5 月,随着波兰、捷克、匈牙利、爱沙尼亚、立陶宛、拉脱维亚、斯洛伐克、斯洛文尼亚、马耳他和塞浦路斯 10 国的加入,欧盟已经发展到 25 个成员国。从上世纪 50 年代的欧洲煤钢联盟到今天的欧盟,作为取得巨大成功的区域经济一体化组织,欧盟已经成为欧洲政治、经济发展的主导力量,在世界经济中也处于举足轻重的地位。2002 年,当时欧盟 15 国的出口贸易额就占了世界贸易总额的 38%。

2. 北美自由贸易区

1985 年 5 月,美国、加拿大就两国间实行自由贸易开始进行谈判。1988 年 11 月,两国政府正式签署《美加自由贸易协定》并于 1989 年 1 月 1 日正式生效。该协定并没有要求在美国和加拿大之间实行完全的自由贸易,只要求从 1989 年到 1998 年 10 年内,逐步削减并最终取消双边贸易的全部关税及许多的非关税壁垒。对从区外第三国进口的商品,双方仍使用各自现行的关税。为防止第三国利用自由贸易区逃避关税,双方确认了原产地规则。

上世纪 80 年代中期,墨西哥陷入了严重的债务危机。进入 90 年代以后,为了尽快摆脱危机,恢复经济的活力,促进经济复苏与增长,墨西哥采取了扩大对外开放、减少政府干预的政策,与美国签署了广泛的双边贸易协定,以加强同美国的经济贸易关系、应对国际竞争与挑战。随后,已经与美国签署了《美加自由贸易协定》的加拿大加入谈判。美、加、墨三国与 1992 年 12 月签署了《北美自由贸易协定》,并于 1994 年 1 月 1 日正式生效。其间,美、加、墨三国于 1993 年就环保、劳动就业等问题达成协议,并将之作为《北美自由贸易协定》的补充文件。

为了适应加强美洲地区各国的经济贸易联系,扩展北美经济一体化的范围与规模的需要,以便能更好地应对来自于欧盟和东南亚国家的竞争,1994年12月在美国迈阿密召集了有南、北美洲34个国家参加的美洲高峰会议。会上,34国首脑签订协议,一致同意建立"美洲自由贸易区",并将2005年确定为完成谈判的最后期限。

3. 亚太经济合作组织

亚太经济合作组织于1989年11月在澳大利亚堪培拉召开的部长级会议上发起成立,当时有12个国家和地区的代表参加了这次会议。中国于1991年正式加入。亚太经济合作组织目前共有21个成员(澳大利亚、文莱、加拿大、智利、中国、中国香港、印尼、日本、韩国、马来西亚、墨西哥、新西兰、巴布亚新几内亚、秘鲁、菲律宾、俄罗斯、新加坡、中国台湾、泰国、美国和越南)。亚太经济合作组织的大多数成员都参加了其他各种类型的区域经济一体化组织。1993年,亚太经济合作组织成员领导人提出了建立亚太经济共同体的构想,计划在2020年之前消除该地区存在的贸易和投资障碍。所有的国家将在一个统一的日期开始自由化,但实施的进度要考虑各成员之间经济发展水平的差异。要求工业化国家和地区实现自由贸易和投资的时间不得迟于2010年,发展中国家和地区则不得迟于2020年。

4. 中国—东盟自由贸易区

中国参与区域经济一体化进程起步较晚,但近年来发展迅速,成效显著。

1991年,中国正式加入亚太经济合作组织,成为这个目前世界最大的区域经济一体化组织的重要一员。

1994年4月,中国正式申请加入《曼谷协定》,经过7年谈判,自2001年5月23日起,中国正式成为《曼谷协定》的成员,并自2002年1月1日起实施《曼谷协定》。《曼谷协定》的全称为《亚洲及太平洋经济和社会理事会发展中成员国关于贸易谈判的第一协定》,它是在联合国亚太经济与社会理事会主持下,在发展中成员国之间达成的一项优惠贸易安排,也是中国加入的第一个具有实质性优惠关税安排的区域贸易协定。该协定的核心内容和目标是,通过相互提供优惠关税和非关税减让来扩大相互间的贸易,促进成员国经济发展。该协定现有成员包括中国、印度、韩国、孟加拉、斯里兰卡和老挝。中国已完成了与韩国、斯里兰卡和孟加拉的优惠关税谈判,与印度的谈判也正在进行中。

2001年11月,中国与东盟达成共识,在未来10年内,即在2010年之前建立中国—东盟自由贸易区。2002年11月,当时的中国国务院总理朱镕基和东盟领导人在柬埔寨首都金边签署了《中国东盟全面经济合作框架协议》,这是中国与东盟全面经济合作的里程碑,标志着中国与东盟的经贸合作进入了崭新的历史阶段。同时,这也标志着建立中国—东盟自由贸易区的进程正式启动。

《中国—东盟全面经济合作框架协议》的目标是中国与东盟结成全面经济合作伙伴,核心内容是确定自由贸易区的目标、范围、措施和时间,为自由贸易区奠定法律基础。双方确定,中国—东盟自由贸易区的建成时间为 2010 年,此时间框架仅包含中国与文莱、印尼、马来西亚、菲律宾、新加坡和泰国东盟 6 国,越南、缅甸、老挝、柬埔寨东盟另 4 个成员有 5 年的宽限期,即到 2015 年。双方就货物贸易关税减让谈判从 2003 年开始,到 2004 年 6 月 30 日之前结束。中国—东盟贸易区建成后,将形成一个拥有 18 亿消费者、近 1.8 万亿美元国内生产总值、1.23 万亿美元贸易总额的经济区。

20.1.4 区域经济一体化巩固和发展的条件

战后以欧盟(原欧共体)为代表的工业发达国家组建的区域经济一体化组织,大大扩展了一体化组织各成员国的贸易空间,有力地促进了这些国家经贸和社会的发展。但是,从上世纪 40 年代末期即开始的发展中国家的区域经济一体化,其经贸实绩却迥然相反。截至目前,发展中国家组建的一体化组织已近百个,却几乎找不到很成功的例子。造成上述现象的原因究竟何在?这要从区域经济一体化获得成功的必要条件中去寻找。

第一,在区域经济一体化组织成员国之间,其制造业内部的水平分工有了相当程度的发展,即同一产品的生产过程分离开来,将零部件生产分散在许多国家进行。这种水平分工能发挥各国的专业技术、专业设备、专业管理的优势,同时还能扩大生产规模,产生巨大的规模经济效益,极大地提高劳动生产率,增加社会福利。这种成员国之间的制造业水平分工,客观上要求撤除国家之间的经贸障碍,这是建立区域经济一体化组织的客观基础,也是成员国之间凝聚力的源泉。

第二,一体化组织成员国的技术和劳动生产率水平较高,在贸易产品上具有成本优势。一体化组织组建以后,由于大幅度撤减各种贸易障碍(如降低或取消关税,减少进口数量限制,放宽技术限制标准等),这将造成相当大的一部分贸易从一体化组织的外部转向内部。如果区域经济集团成员国的技术水平和劳动生产率与世界最高水平相差很远,成本的差距较大,处于成本劣势,那么组成一体化组织后,贸易转移将会带来巨大的损失,从而区域经济集团的内部贸易发展会受到较大的制约。商品贸易是区域经济一体化得以启动和巩固的初始因素,如果它的发展受到较大制约,则建立的一体化组织难以逃脱夭折的命运。

第三,区域经济一体化组织各成员国的供给弹性和需求弹性都比较高。当一体化组织建立以后,大幅度地削减或撤销关税和非关税壁垒,会大大降低商品的价格。如果有关商品的需求弹性较大,需求会大幅度上升,从而出现贸易创造,促使贸易产生较大增长。同时,如果一体化组织内部供给弹性也较高,则生产可以迅速增长,替代从非成员国的进口,促进成员国生产的巨大发展,极大增加一体化组织各成员国的福利。如果需求和供给弹性都较低,一体化组织内部经贸障碍的撤除对其生产和需求的影响较小,组建区域性经济集团所带来的福利有限,其基础也就不会十分坚固。

第四,不断设计并制定有凝聚力与趋同的政策。尽管大部分研究表明,区域经济一体化措施有利于促进成员国之间效率和福利的提高,有利于一体化整体收益大于损失。但如果一体化机构是成员国经济的重要决定因素,那么,这种结果将有可能严重损害那些缺少超国家政治权威的经济共同体的凝聚力。单靠市场机制的运作,是很难确保区域经济一体化内部成员在收益分配上的基本公平合理。这就需要针对一些受一体化不利影响,或者没有从一体化中得到公平收益的成员国,制定一些政策以改善它们的经济结构,使其经济运作更为有效。这就需要在区域性机构的主持下,把有条件的、与经济绩效相联系的专款从共同体转移到成员国。区域经济一体化发展到一定程度特别需要成员国之间宏观经济政策的协调,只有彼此在货币、汇率等宏观政策上协调才能不断推动区域经济一体化向前发展。

从现实世界的发展情况来看,发达国家更具备区域经济一体化成功的前述必要条件,由欧共体到欧洲统一大市场,再到欧洲联盟,其间所取得的巨大成功,原因就在于此。相比而言,发展中国家前述的一些条件似乎不够。

第一,大多数发展中国家的制造业处在初级发展阶段,而且水平分工不发达。许多发展中国家由于制造业不发达,大多出口初级产品。例如,1995年喀麦隆的出口总额中,石油出口占其总额的50.6%;尼日利亚的出口总额中,石油出口额占其总额的97.4%;扎伊尔的出口总额中,铜的出口额占其总额的64.4%。此外,发展中国家产业内贸易指数很低,发达国家产业内贸易指数通常较高,个别可达80%以上,其制造业相互依赖达到相当高的程度。这里需要说明的是东亚地区的发展中国家。尽管东亚地区制造业内部分工有了相当的发展,但这种分工主要是不同产业间的分工,如劳动密集型产业、资本密集型产业和技术密集型产业间的分工。制造业内部同一产品的零部件或工序型的水平分工尚未充分发展起来。

第二,一般说来,发展中国家的技术水平和劳动生产率较低,产品的成本较高,与世界最低成本相差较大。这些国家的贸易在相当大的程度上是与发达国家之间进行的。例如,1995年,喀麦隆出口总额中,出口到法国的为18.5%,出口到意大利的为 13.9%,出口到西班牙的为 13.8%;从法国进口占其进口总额的 35.4%。又如,1995 年,哥伦比亚出口总额中,出口到美国的占其出口总额的 34.5%,进口总额中,来自美国的占 35.8%。一旦这些发展中国家与本地区的其他发展中国家建立一体化组织,将有相当大的一部分贸易从区域外部转向区域内部。由于区域内部成员国的技术水平和劳动生产率距世界最高水平相差甚远,成本差距较大,那么建立一体化组织后,贸易转移将会带来巨大的损失。即使就技术水平和生产率较高的东亚发展中国家而言,其相当一部分产品,例如飞机制造和农业生产的技术水平和劳动生产率仍然较低,生产成本距世界最低成本差距较大。如果东亚发展中国家建立一体化组织,那么就有相当一部分对第三国的贸易转向一体化组织内部,这种贸易转移不仅不会带来福利,还会带来损失。

第三,从总体来看,发展中国家的供给弹性和需求弹性相对较低。例如,非洲一些发展中国家人均 GNP 相当低,1994 年,坦桑尼亚为 90 美元,埃塞俄比亚为 130 美元,相当一部分国家在 200—300 美元。近几十年来,东亚发展中国家的经济有长足的进步。然而,有的国家人口众多,经济发展迅速,国内市场的潜在需求巨大,但现实的人均 GNP 和人均收入水平仍不高,需求弹性也不高。新加坡、中国香港等人均 GNP 很高,但是内需的增长有限。总之,在需求弹性较低的条件下,成立一体化组织后,相互间撤除贸易壁垒,需求也不可能大幅度增长,不会出现较大的贸易创造。从供给弹性来看,大多数发展中国家的交通运输、通讯、能源等基础设施较差,劳动力素质较低,缺乏资金,供给弹性也不高。这样,一体化组织成员国之间贸易障碍撤除后,生产不会迅速增加,从而也不会较大幅度地替代从非成员国的进口。

第四,发展中国家的区域经济一体化难以取得成功,还来自于以下两个障碍:其一,对于大多数发展中国家来说,关税是一国财政收入的重要来源,这给一体化组织成员国统一降低关税造成了难以逾越的障碍。其二,区域经济一体化一般要求有关成员国在相当程度统一贸易和经济政策,但由于成员国彼此的经贸结构不同,势必造成苦乐不均,这就需要建立类似欧共体"农业共同基金"的机制给利益受损的成员国以补偿,而发展中国家由于财力有限,所以难以承担这类基金所带来的沉重负担。

在区域经济一体化这一问题上,发展中国家需要吸取的主要教训就是,不要以为工业国家一体化成功的经验可以照搬给发展中国家区域集团。工业国市场大、产品种类多、人均收入水平高,有扩大工业部门内部贸易的潜力,而许多发展中国家的集团还包括一些市场很小、人均收入很低、生产要素类同、生产结构相似的小国家,这种经济结构的类同不利于利用工业内部的分工和商品多元化来扩大贸易。

综上所述,区域经济一体化获得成功是需要一系列条件的,而广大发展中国家并不具备建立区域经济一体化组织的必要条件,鉴于此,发展中国家在加速实现国内工业化和大力发展外向型经济时,应选择适合自身特点的发展道路,而不要盲目照搬发达国家的区域经济一体化模式。

专栏 20-1

统一欧盟市场的所得

1993年初,欧盟成员国内部取消了一切对产品、劳务、资本和劳动力自由流动的限制,欧盟变成一个统一的、一体化的市场。欧盟希望由此产生显著的高效率和其他效率。下表说明欧盟国内生产总值在取消非关税贸易壁垒后增加了0.2%,取消产品壁垒后增加了2.2%,因经济规模的扩大增加了1.65%,因竞争的增强增加了1.25%,1988年欧盟的国内生产总值一次性的总增加值达5.3%,大约2650亿美元。另外,通货膨胀率有望降低6.1个百分点,增加了180万个就业机会,因此使平均失业率下降了1.5个百分点(20世纪90年代早期的失业率普遍在10%以上)。因预期对外部世界保护主义的加强,欧盟92计划也大量吸引了美、日的直接投资。

表1　1992年后欧盟经济充分一体化内部市场的潜在收益

所得来源	1988年欧盟GDP百分率(%)
取消非关税贸易壁垒	0.20
取消产品壁垒	2.20
经济的规模性	1.65
竞争的加强	1.25
总所得	5.30

——〔美〕Domminick Salvatore:《国际经济学》(第8版),清华大学出版社2004年版,第283页。

20.2　关税同盟理论

关税同盟是区域经济一体化的一种重要形式。对内实行自由贸易,对外则保留各种贸易壁垒,这是关税同盟的两大特征。关税同盟的这种特征,会使成员和非成员之间的贸易发生变化,从而给参与关税同盟的各方带来不同的影响。对于关税同盟可能带来的经济效应,经济学家雅各布·范纳(Jacob Viner)

在其 1950 年出版的著作《关税同盟问题》中作了详细的分析。范纳认为,关税同盟可为成员方带来静态和动态两方面的效应,并且并非在所有的情况下,关税同盟都会增加福利。因此,对具体问题要作具体分析。

20.2.1 关税同盟的静态效应

关税同盟的静态效应包括带来正效应的贸易创造和带来负效应的贸易转移两个方面。

贸易创造(trade creation)是指由于关税同盟的建立而使一个成员方的部分国内高成本产出被来自其他成员方低成本产出的进口所取代而增加的收益。贸易创造使成员方之间的贸易自由化程度提高,从而提高了成员方之间按照比较优势原理进行专业化分工的程度,因此能够提高成员方的福利水平。

贸易转移(trade diversion)则是指由于关税同盟的建立使原来由同盟外的低成本国家提供的产品转由同盟内的高成本成员提供而造成的损失。在关税同盟实施对外贸易保护下的这部分产品的生产是缺乏效率的。因此,贸易转移意味着福利的损失。在关税同盟运行中产生的贸易创造和贸易转移效应见图 20.1:

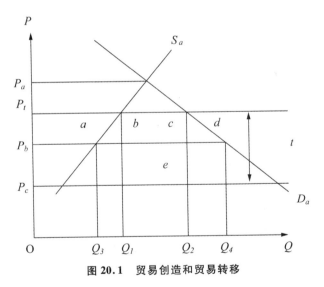

图 20.1 贸易创造和贸易转移

假定世界市场上有 A、B、C 三国生产 X 产品。由于劳动生产力水平不同,三国 X 产品的国内市场价格各不相同。分别为 P_a、P_b、P_c。很明显,A 国的价格最高,C 国的价格最低。另外,图 20.1 所反映的是 A 国的国内供求曲线,其中 S_a 是 A 国的国内供给曲线,D_a 是 A 国的国内需求曲线。在封闭市场条件下,A、B、C 三国分别按各自的国内市场价格销售产品。但在开放市场条件下,则有可能会出现以下三种情况：

其一，假定三国实行完全的自由贸易，则 A、B 两国都可通过从成本最低的 C 国进口而从中获利。其中 A 国无论是从 B 国还是从 C 国进口都可获利，只是获利多少而已。一般而言，A 国会从成本最低、获利最多的 C 国进口。

其二，假定效率最低的 A 国为保护国内产业而对进口商品征收 t 的进口关税，则 A 国只会从 C 国进口商品，而绝不会从 B 国进口。因为如从 B 国进口，加上关税，成本将会大大高于其原来的国内市场价格。当 A 国以 P_c 价格从 C 国进口并加上进口关税后，其成本为 P_t。与封闭市场条件下相比较，A 国的国内市场价格也由原来的 P_a 降为 P_t。

其三，假定 A 国与 B 国结成了关税同盟，成员国内部互相取消关税实行自由贸易，对非成员国仍征收 t 的关税。此时，A 国将不再会从 C 国进口而转由 B 国进口。这样，会使 A 国的国内市场价格从 P_t 降到 P_b。由于价格的变化，会使 A 国的国内福利水平也发生变化。与以上第二种情况比较不难看出，关税同盟成立后，A 国把进口由 C 国转向 B 国，国内市场价格由 P_t 降至 P_b，进口量也由 Q_1Q_2 增至 Q_3Q_4。由于价格降低，使 A 国的消费者剩余增加了 $(a+b+c+d)$，而生产者剩余减少了 a，政府税收则减少了 $(c+e)$。与关税同盟成立前相比，A 国的总体福利水平变化为消费者剩余加上生产者剩余和政府税收的总和，即：$(a+b+c+d)-a-(c+e)=(b+d)-e$。由此看来，关税同盟的建立对同盟成员国福利水平不见得一定是正面的影响。关税同盟对成员国的影响是正面的还是负面的，取决于 $(b+d)$ 和 e 的相互对比关系，即二者孰大孰小。

这里的 $(b+d)$，就是贸易创造效应，它由生产效应和消费效应构成。其中 b 为生产效应，d 为消费效应。从图 20.1 可以看出，在同盟成立前 b 是由效率较 B 国低的 A 国生产的，在关税同盟成立后转由效率较高的 B 国生产。因此，b 是由于关税同盟建立后高效率生产替代了低效率生产而创造的收益，所以称为生产效应。而 d 是由于关税同盟成立后，A 国国内市场价格降低，使更多的消费者可参与消费而增加的福利。所以这部分称为消费效应。

这里的 e，就是贸易转移效应。从图 20.1 可以看出，e 其实是 A 国政府在关税同盟成立之前通过对进口商品征收进口关税而带来的关税收入的一部分。关税同盟成立后，Q_1Q_2 这部分进口产品由同盟成立前从 C 国进口转移至从 B 国进口。由于 B 国是同盟国，因此在进口这部分产品时政府原来的那部分关税收入就没有了。但并不是全部政府关税收入的减少都成为 A 国的净损失。其中 c 这部分由于国内市场价格的降低而转化为消费者剩余的一部分，即这部分收益由 A 国政府转移到消费者的手中，因此它并不构成净损失的一部分。但 e 部分则是因建立关税同盟给 A 国带来的净损失。这部分损失是因生产效率的降低而引致。因为 Q_1Q_2 这部分进口产品,在同盟成立前是由世界市场上效率最高的国家 C 国生产的,但在同盟成立后,这部分产品转由生产效率低于 C 国的 B 国来生产。因此,e 就成了由于生产效率的降低而引致的损失。

从以上分析可以看到,建立关税同盟会带来正、负两方面的效应。关税同盟的建立能否为同盟国带来好处,取决于关税同盟成立后带来的贸易创造效应和贸易转移效应的相互对比关系。只有在因关税同盟的建立而使贸易创造效应大于贸易转移效应时,建立关税同盟才会增加成员方的福利。因此,关税同盟的成功与否,在很大程度上取决于影响贸易创造和贸易转移的各种因素。

第一,取决于关税同盟成立前成员国的关税水平。关税同盟成立以前关税水平越高,同盟成立后的贸易创造效应越大。如果关税同盟成立前,关税是禁止性的,以至于 A 国的进口量为零,那么,关税同盟成立后,就只会产生贸易创造效应,而不存在任何贸易转移效应。

第二,取决于关税同盟规模的大小。关税同盟包括的成员国越多,关税同盟的正效应就越大。因为成员国越多,就越有可能把世界市场上高效率的国家囊括其中。这也就是说存在着一种理论上的可能性,即当整个世界组成为同一个关税同盟时,就只有贸易创造效应,而不会存在贸易转移效应。

第三,取决于关税同盟成员国的供给和需求弹性的大小。关税同盟成员国的供给和需求弹性越大,贸易创造效应也越大。因为当关税同盟成立,使进口商品的国内市场价格下降时,供给与需求弹性越大,国内生产越会减少,国内消费越会增加,因此贸易创造的效应也越大。

因此,当建立关税同盟时,应该通盘考虑相关因素,以争取取得最大的效益。

除贸易创造效应和贸易转移效应以外,关税同盟的建立还会带来一些其他方面的静态效应。包括:(1)降低管理成本。由于关税同盟成员国之间互相取消了关税,便无需再配置政府官员来监督越过边境的伙伴国的产品及服务,从而减少政府支出,降低管理成本。(2)有利于改善同盟成员对外贸易条件。就单个国家而言,市场规模有限,难以成为贸易大国,从而影响国际市场价格。但组成同盟后,成员内的市场规模扩大,成为一个共同对外的大贸易体,从而可按对同盟最为有利的方向影响国际市场价格,改善同盟各成员的贸易条件。(3)增强对外谈判能力。关税同盟成立以后,增强了各成员的经济实力,从而使其在对外谈判特别是在关税减让谈判中,拥有比其依靠自身力量参与谈判时更强的讨价还价能力。

20.2.2 关税同盟的动态效应

关税同盟的建立不但会对各成员的经济产生静态的影响,还会带来长期动态的影响。

首先,关税同盟的建立可带来规模经济效益。关税同盟建立以后,各成员国相互之间取消贸易障碍,各成员的企业可以自由进入其他成员的国内市场,因此能够获得在贸易限制下的小市场中无法实现的规模经济效益。规模经济效果鼓励大企业的组建和成长,同时不鼓励、甚至淘汰小企业,以提高一体化组织内部资源的利用效率。从一个成员国的角度看,大市场效应有助于根除该国国内存在的"小而全"型自给自足经济。市场的扩大,有利于提高工人和机器的专业化程度,企业可以采用最有效的设备,更彻底地利用副产品,提高生产效率。大量证据表明,欧盟已在钢铁、汽车等产品的生产中取得了显著的规模经济效益。

其次,关税同盟的建立有利于加强竞争。一般认为,贸易限制会助长垄断,从而降低效率。在贸易壁垒的保护下,控制国内市场的少数几个企业更愿意彼此相安无事,他们往往达成协议,而不是以价格为基础进行竞争。但这种串谋成功的可能性会随着关税同盟内部市场的日益开放和竞争者数目的增加而降低。如高科技部门、重化工业部门等都会形成某种程度的垄断,这种垄断在一定程度上不利于国内竞争局面的形成。这些部门在保持长期稳定的情况下,缺乏竞争的压力,进而缺乏技术进步的动力。组建关税同盟之后,各国的垄断企业在一个较大的市场中变成了竞争企业。为了企业自身的生存,它必须改进技术,扩大生产规模,力争实现在关税同盟范围内的规模经济,占领整个市场。因此,关税同盟为企业间的竞争注入了动力,客观上有利于单个企业生产规模的扩大和技术的进步。

最后,关税同盟的建立有利于激励投资。关税同盟的建立会刺激同盟内部或外部的投资者增加投资。由于关税同盟的建立而出现的结构调整、内部与外部经济性以及收入和需求的预期增长都会导致投资行为。另外,关税同盟的建立使生产者面对一个在经济上和地理上都更为广阔的市场,从而降低了投资的风险和不确定性。这也会刺激投资的增加。非成员国的投资者也会希望通过在成员国内的投资,来达到规模经济的目的。

≫ 本章小结

1. 区域经济一体化是指若干国家依据一套精心设计的制度性安排组成一个特殊经济区,在区内各成员之间实行完全的自由贸易,但对区外的国家则仍保留各种贸易限制。

2. 区域经济一体化组织有六种形式:优惠贸易安排、自由贸易区、关税同盟、共同市场、经济联盟、完全经济一体化。

3. 区域经济一体化获得成功的必要条件：首先，在区域经济一体化组织成员国之间，其制造业内部的水平分工有了相当程度的发展，即同一产品的生产过程分离开来，将零部件生产分散在许多国家进行；其次，一体化组织成员国的技术和劳动生产率水平较高，在贸易产品上具有成本优势；第三，区域经济一体化组织各成员国的供给弹性和需求弹性都比较高；第四，不断设计并制定有凝聚力与趋同的政策。

4. 关税同盟的建立对各成员国会产生静态效应和动态效应。静态效应包括贸易创造、贸易转移。动态效应包括规模经济效益、加强竞争、激励投资。

≫ 关键词

区域经济一体化　优惠贸易安排　自由贸易区　关税同盟　共同市场　经济联盟　完全经济一体化　静态效应　动态效应

≫ 讨论与思考练习

1. 何为区域经济一体化？它有哪些类型？
2. 区域经济一体化的巩固与发展一般需要哪些条件？
3. 画图解释关税同盟的经济效应。
4. 一个小国以世界市场价格每袋 10 元进口花生。它的需求曲线是 $D = 400 - 10P$，供给曲线是 $S = 50 + 5P$。
   (1) 计算自由贸易时它的进口量。
   (2) 如果它征收每袋 50% 的进口关税，它的国内价格和进口量各为多少？
   (3) 如果它与邻国结成关税同盟，相互取消关税，而对外关税不变，其邻国以每袋 12 元的价格向它出口花生，它的国内价格和进口量各为多少？贸易转移和贸易创造的效应有多大？

参考文献

1. 〔荷〕麦迪逊:《世界经济二百年回顾(1820—1992)》,李德伟、盖建玲译,改革出版社 1997 年版。
2. 〔美〕保罗·R·克鲁格曼、〔美〕茅瑞斯·奥伯斯法尔德:《国际经济学:理论与政策(第 8 版)(上册)(国际贸易部分)》,黄卫平等译,中国人民大学出版社 2011 年版。
3. 〔英〕大卫·李嘉图:《政治经济学及赋税原理》,郭大力、王亚南译,商务印书馆 1972 年版。
4. 〔英〕亚当·斯密:《国民财富的性质和原因的研究》,郭大力、王亚南译,商务印书馆 1972 年版。
5. 〔瑞典〕伯尔蒂尔·俄林:《地区间贸易和国际贸易》,王继祖等译校,商务印书馆 1986 年版。
6. 海闻、〔美〕P. 林德特、王新奎:《国际贸易》,格致出版社、上海人民出版社 2012 年版。
7. 徐康宁、王剑:《自然资源丰裕程度与经济发展水平关系的研究》,载《经济研究》2006 年第 1 期。
8. 许斌:《漫谈国际贸易学研究在美国》,载《经济学家茶座》2003 年第 1 期。
9. 冯梅:《中国制造业比较优势演化与要素禀赋特征分析》,载《统计与决策》2012 年第 10 期。
10. 林毅夫、李永军:《比较优势、竞争优势与发展中国家的经济发展》,载《管理世界》2003 年第 7 期。
11. 徐康宁、王剑:《自然资源丰裕程度与经济发展水平关系的研究》,载《经济研究》2006 年第 1 期。
12. 余官胜、马颖:《贸易开放、要素禀赋与就业增长:基于中国省际面板协整的实证研究》,载《人口与经济》2011 年第 1 期。
13. 董秘刚:《技术进步与国际贸易:中国对外贸易增长模式研究》,中国经济出版社 2011 年版。
14. 李小平、朱钟棣:《国际贸易的技术溢出门槛效应——基于中国各地区面板数据的分析》,载《统计研究》2004 年第 10 期。

15. 苏振东、逯宇铎、刘海洋:《异质性企业、产品生命周期与企业动态国际化战略选择》,载《南开经济研究》2011年第6期。

16. 吴晓波、聂品:《现代国际领域产品生命周期研究——对弗农(Vernon)学说的一种拓展》,载《国际贸易问题》2005年第5期。

17. 于纯容:《产品生命周期理论与雁形发展模式之比较》,对外经济贸易大学2006年硕士学位论文。

18. 喻美辞:《国际贸易、技术进步对相对工资差距的影响——基于我国制造业数据的实证分析》,载《国际贸易问题》2008年第4期。

19. 岳咬兴:《产品生命周期贸易说简介》,载《外国经济与管理》1985年第5期。

20. 张小瑜:《以产品生命周期理论指导中国出口贸易结构优化》,载《对外经贸实务》2007年第10期。

21. 李坤望编著:《国际经济学》,高等教育出版社2000年版。

22. 张为付编著:《国际经济学》,高等教育出版社2014年版。

23. 程大中编著:《国际贸易:理论与经验分析》,格致出版社、上海人民出版社2009年版。

24. J. A. Brander, P. R. Krugman, A "Reciprocal Dumping" Model of International Trade, Journal of International Economics, Vol. 15, 1983, pp. 313—321.

25. P. R. Krugman, Increasing Returns, Monopolistic Competition and International Trade, Journal of International Economics, Vol. 9, 1979, pp. 469—479.

26. Raymond Vernon, International Investment and International Trade in the Product Cycle, Quarterly Journal of Economics, Vol. 83, pp. 190—207.

27. Robert M. Stern and Keith E. Maskus, Dterminants of the Structure of US Foreign Trade, 1958—76, Journal of International Economics, Vol. 11, 1981, pp. 207—224.

28. Wassily W. Leontief, Domestic Production and Foreign Trade: the American Capital Position Re-examined, Proceedings of the American Philosophical Society, Vol. 97, 1953, pp. 331—349.

29. Wassily W. Leontief, Domestic Production and the Structure of Amercian Trade: Further Theoretical and Empirical Analysis, Review of Economics and Statistics, Vol. 38, 1956, pp. 386—407.

30. Andrea Maneschi, 1998, Comparative Advantage in International Trade: A History Perspective, Edward Elgar, UK.

31. John Chipman, Factor Price Equalization and the Stolper-Samuelson Theorem, International Economic Review, Vol. 10, No. 3, October, 1969.

32. P. A. Rybczynski, Factor Endowments and Relative Commodity Prices, Economica, Vol. 22, 1955.

33. P. A. Samuelson, International Factor Price Equalization Once Again, Economic Journal, Vol. 59, 1949, pp. 181—197.

34. W. F. Stolper, P. A. Samuelson, Protection and Real Wages, Review of Economic Studies, Vol. 9, 1941, pp. 58—73.